美国传媒素养教育

（基础教育篇）

秦学智　秦倩　何娟 /著

Media Literacy
Education
in the United States
(Basic Education)

图书在版编目（CIP）数据

美国传媒素养教育．基础教育篇／秦学智著．—北京：中央编译出版社，2019.8
ISBN 978-7-5117-3477-8

Ⅰ．①美⋯
Ⅱ．①秦⋯
Ⅲ．①中小学－传播媒介－素质教育－研究－美国
Ⅳ．①G631

中国版本图书馆 CIP 数据核字（2017）第 310502 号

美国传媒素养教育．基础教育篇

出 版 人：葛海彦
出版统筹：贾宇琰
责任编辑：邓　彤
责任印制：刘　慧
出版发行：中央编译出版社
地　　址：北京西城区车公庄大街乙 5 号鸿儒大厦 B 座（100044）
电　　话：（010）52612345（总编室）　　（010）52612368（编辑室）
　　　　　（010）52612316（发行部）　　（010）52612346（馆配部）
传　　真：（010）66515838
经　　销：全国新华书店
印　　刷：北京中兴印刷有限公司
开　　本：710 毫米 × 1000 毫米　1/16
字　　数：370 千字
印　　张：25.75
版　　次：2019 年 8 月第 1 版
印　　次：2019 年 8 月第 1 次印刷
定　　价：108.00 元

网　　址：www.cctphome.com　　邮　箱：cctp@cctphome.com
新浪微博：@中央编译出版社　　微　信：中央编译出版社（ID: cctphome）
淘宝店铺：中央编译出版社直销店（http://shop108367160.taobao.com）
　　　　　（010）55626985

本社常年法律顾问：北京市吴栾赵阎律师事务所律师　　闫军　　梁勤
凡有印装质量问题，本社负责调换，电话：（010）55626985

前　言

传媒素养教育①是一个古老而又现代的话题。说其古老，是因为它最初是以口头语言素养、符号语言素养和动作语言素养的形式存在的。到了文字传播时代，文字识读素养就成为人类必需的基本生存和发展能力之一。随着现代文明时代的到来和新的传媒技术不断融合创新发展，在听说读写能力的基础上，又延展了印刷媒体素养、电子媒体素养、信息技术素养、数字素养、社交媒体素养、新媒体素养、批判性媒体素养等意涵和形式。显而易见，无论是未来的媒体素养如何发展，听说读写的能力和素养都是其根本所在。换言之，听说读写能力是媒体素养的根本，其他的媒体素养都是这个听说读写素养和能力的延伸和扩展。因此，从实质意义上而言，传媒素养及其教育绝不是近代才出现的，作为听说读写能力的教育一直是包括学校在内的人类教育的重要基础，只不过由于现代媒体和新媒体的出现，更加丰富多样的先进发达的媒体形式带来的社会革命和冲击如此巨大，每个社会人、教育研究者和学校教师都不得不正视它们的影响和作用。

因为超越保护主义的批判性媒体素养教育是进步主义、建构主义、批判质疑思维训练、探究式教学、脚手架式教学、多元文化教育和多媒体方法等教育理念和方法的集大成者，代表着与以教师为中心的传统填

---

① 特别说明：因国内不同的研究者使用偏好的不同，有的喜欢使用"媒体素养教育"，有的倾向于使用"传媒素养教育"，还有的习惯于使用"媒介素养教育"，等等。在本著中，这三个术语都在同一个意义层面上使用。

鸭式教学相对立的以学生为中心的赋权式教学的素质教育理念和方法，所以，在英国、加拿大、澳大利亚、美国、中国等世界许多国家都引起了众多教育者和研究者的高度重视和投入。与英国、加拿大、澳大利亚等现代传媒素养教育起步早的国家相比，美国虽然起步晚，但现在也是奋起直追、遍地开花，不仅在所有州的教育标准中都有了媒体素养教育的成分，甚至有明确的教育要求和规定，而且，拥有了托曼、海伦、李驰、贝克、詹金斯、斯尔夫布莱特、霍布斯、丹妮丝、亨利、拉里、阿夫雷乌、凯尔纳、晒尔、格雷斯、马塞多、马丁森、斯坦伯格、塔夫特、恩格尔、斯佩里、贝斯等一大批的教育研究者和教育实践者，涌现了一大批的教育理论研究和教学实践研究的成果，并最终形成了美国特色的传媒素养教育教学框架体系和经验。特别是，美国是一个大众媒体产业相对先进发达的国家，又是世界上首屈一指的超级大国，因此，全面地、点面结合地探究和梳理美国传媒素养教育的理论理念、实践经验就成为一件迫在眉睫的事情。本著的完成就是为了实现这一使命。

　　素养包括阅读、解释、生产文本和产品的知识和技能，以及能使自己完全地参与到文化和社会生活中的知识和技能。"教育和素养之间是紧密联系的。在我们的概念中，'素养'由通过有效地学习和社会地使用传播和再现的建构形式而获得的能力组成。因为素养是在不同制度的教育和文化领域的话语和实践中社会建构出来的，所以，素养培养包括在规则和规范统治的环境中获得实践的能力。随着社会和文化的变化、控制霸权制度的精英利益以及新技术的出现，素养也会相应地发展和转换"。① 对于阅读、写作和传统印刷素养领域而言，在一个技术革命的时代，教育者必须发展健康形式的媒介素养、计算机素养和多媒体素养，从而在教育的重构中培养"多重素养"。计算机和多媒体技术要求新的技能和能力，如果教育与当代生活的问题和挑战相关，那么，相关教师

---

① Kellner, D., & Share, J. (2007), "*Critical media literacy, democracy, and the reconstruction of education.*" In D. Macedo & S. R. Steinberg (Eds.), *Media literacy: A reader* (pp. 3 – 23). New York: Peter Lang Publishing.

必须扩展素养的概念和发展新的课程和教育学方法。①

然而，明智的学者和教育工作者会认识到，就像现在建立在过去的基础上，未来建立在今天的基础上一样，书籍和印刷素养的时代并没有随着多媒体时代、信息社会的来临而彻底终结，而是积极地以与时俱进的态度和崭新的多媒体形式出现于当代人们的生活和工作中。如电子书籍、电子阅读、网络讨论组、聊天室、电子邮件、短信、博客、维基和各种网络论坛都要求写作技能，并且在信息饱和和过载的环境下，人们需要批判地审视和滚动翻看巨大数量的信息，人们开始厌倦垃圾的臃肿的信息，开始强调清晰和精确写作的重要性。特别是具有相当忧患意识的教育领域的学者和工作者更是强调在掌握计算机和网络技术的基础上要更加将新的重点放在发展阅读和写作能力、发展批判性阅读和质疑探究的能力以及发展多媒体文本的生产和实践上。毋庸讳言，因为人类的思维自古迄今，以意识为基础，以语言等符号系统为载体，所以听说读写的传统素养在任何时代都是根本性的素养，新延展的素养只能是这个根本性素养的枝叶性的扩展、丰富或嫁接。

就扩展性、丰富性和嫁接性而言，媒体素养就是人们所需的众多素养之一。也因为其扩展性、丰富性和嫁接性，媒体素养可以与各门学科、各个科目的教学相融合，而成为这些学科和科目教学中的有机组成部分。1992年，美国媒介素养研究中心给出定义，认为"媒体素养是人们面对各种媒介信息时的选择能力、理解能力、质疑能力、评价能力、创造和制作能力以及思辨的反映能力"。②"对于学生而言，这是一个机会的恩赐。在线发短信、聊天和创制信息已经超越了其他的媒介，也胜过了其他任何一代。然而，能够利用信息并不必然意味着其具有信息素养。媒介素养教育给学生提供了批判地思考他们所接收到的信息和认识到真实与虚假之间差别的机会。事实上，媒介素养教育是唯一的学校能

---

① Kellner, D., & Share, J. (2007), "Critical media literacy, democracy, and the reconstruction of education." In D. Macedo & S. R. Steinberg (Eds.), *Media literacy: A reader* (pp. 3 – 23). New York: Peter Lang Publishing.

② Elizabeth Thoman, *Skills and Strategies for Media Education*. London: Center of Media Literacy of USA, 1992.

够提供一个起作用的建构语言、思想和媒介知识的方式。"① "媒介素养教育把批判性知识和分析工具提供给媒介受众，赋权他们成为自治和理性的公民，使他们能够明智地使用媒介……媒介素养是一个主要的新工具，能够为公民提供他们理解日常媒介、新媒介中有时候是压倒性的信息流动，特别是通过新传播技术传播的新媒介信息所需的技能。这些力量在将传统的价值观改造为当代的理解生活、社会和文化的新方式的同时重塑着它们。"②

美国学者格雷斯指出："培养批判性和分析媒体技能的最佳方式是让学生自己制作媒体，无论是校报、课堂漫画、音乐视频、闭路电视新闻节目，还是视频纪录片。当学生撰写剧本、制作情节串连图板、为各种目的和观众制作和评估媒体的时候，他们就被以这种方式鼓励而成为有创造性的思考者和问题解决者。因此，批判观看技能会自然和真实地产生，是生产过程的一个副产品。这种方法比教师关于媒体动机和操作的讲座和注重解构学生的观看乐趣的课程要有效得多。"③ 当学生被鼓励制作自己的媒体时，他们会迅速学习媒介素养的重要概念，如机构、类别、技术、语言、受众和再现。在这个过程中，学生也有机会调解、返工并在某些情况下抵制媒体的讯息④。当学生制作、评估和评价自己的媒体产品的时候，他们会获得新的理解，并学习探讨新闻、广告、电影、电视节目、政治评论、公共服务广告和其他媒体类型相关的问题。学生也获得从创建媒体迁移到观看媒体的兴趣和技能。参与生产过程也拓宽了未来职业的机会。特别是对女孩来说，它打破性别界限，因为她

---

① Belinha De Abreu, "*Changing Technology = Empowering Students through Media Literacy Education,*" *New Horizons in Education*, Vol. 58, No. 3, Dec 2010.

② Thomas Tufte (ed.) and Florencia Enghel, ed. *The International Clearinghouse on Children, Youth and Media's Yearbook 2009*, November 2009.

③ Donna J. Grace, *Media Literacy: What, Why, and How?* http://101.96.8.164/files.eric.ed.gov/fulltext/EJ877622.pdf.

④ Grace, D. & Tobin, J. (1997), "*Carnival in the Classroom: Elementary students making videos. In J. Tobin (Ed.),*" *Making a Place for Pleasure in Early Childhood Education*. New Haven, CT: Yale University Press.

们学习了新技术、实验和通常由男生扮演的生产角色①。此外，在制作新闻报道和视频纪录片过程中，学生被赋权研究他们社区的问题，成为变革的倡导者。"当学生学习成为生产者，而不仅仅是媒体的消费者的时候，他们获得了新的我们生活在其中的技术驱动的和电子媒介文化所需的知识和技能。在这个过程中，他们被提供了创造性的表达和获得在课堂上使用新交流方式的经验的创新机会。今天的青年是明日媒体的创造者。随着技术的发展和社会需求的不断变化，将媒介素养融入小学、中学和大学课程的需要变得越来越强烈和越来越重要。"②

青少年儿童是各国媒介素养教育关注的重点，美国也不例外。美国的媒体素养教育工作者自20世纪二三十年代以来，就一直在探寻新的电影、电视、广告、数字网络等媒体与中小学教育结合的可能性和结合点。虽然期间有曲折、困难，但仍在坚持发展着。虽然并不是所有的中小学都接受了正式的媒体素养教育，但至少在部分高中已经得到确立和持续发展。由于美国各州，特别是各个学区具体负责和管理各自的教育教学工作，所以不同的州和学区在中小学开展媒体素养教育或项目活动的情况呈现较大的差异性，很大程度上主要依靠教师及研究者自己的力量，以分散的方式不同程度地开展媒体素养教育教学活动。

具体而言，美国各州和各学区的课程标准、课程政策和课程资金深刻地影响着美国中小学媒介素养教育课程的发展。研究发现，首先，媒介素养教育与语言艺术、社会研究等核心课程的标准和框架自然地吻合，强调批判性分析和文本解码等。这为将其融入核心课程提供了"立足点"，也是教师实施媒介素养教育的准绳，能够给教师一种"舒服感"。但是，如何使教师的课程计划与这些标准相关就需要教师和研究者一致的努力。其次，来自联邦政府、州政府、学区，以及各教育学会的政策推动为媒介素养教育提供了重要的动力。奥巴马政府提出的"力

---

① Grace, D. (2003), *Gender, Power and Pleasure: Integrating Student Video Production in to the Elementary Curriculum. Curriculum Perspectives*, 23 (1), 21 - 27.

② Donna J. Grace, *Media Literacy: What, Why, and How?* http: //101.96.8.164/files.eric.ed.gov/fulltext/EJ877622.pdf.

争上游"计划,教育部2010年国家教育科技计划奈特委员会2009年度报告,以及凯瑟琳·T.麦克阿瑟基金会8亿美元的资助,为中小学媒介素养教育发展提供了重要契机。最后,政府资助和社会资金赞助是美国媒介素养教育课程资金的两个主要来源。课程资金不仅影响课程的实施范围、力度,还是一些课程内容的选择标准。

总的来说,美国传媒素养教育教学呈现出以下几个基本特点[①]:(1)以现有课程标准为基设计媒介素养课程标准。以标准为基是美国在20世纪80年代进行的教育改革成果,它要求各州在实施教学活动之前首先要制定出详实的课程标准,以此来保证所有学生都能达到相关要求。美国中小学媒介素养教育融合课程标准就是在美国各州各学区现有的传统学科课程标准的基础上制定的。事实上,随着媒介素养教育在美国不断得到重视,根据贝克和库贝的州课程框架调查报告,1999年美国50个州中已有48个州的课程标准或课程指导准则中含有一些传媒素养概念,到2002年,这个数字扩大到所有的50个州。在这些州的中小学"英语语言标准"、"社会和历史研究标准"及"健康标准"课程标准中都已经包含有媒介素养的内容,其中佛罗里达州、新泽西州、新墨西哥州、德克萨斯州、犹他州、弗吉尼亚州将"媒体素养"作为"英语语言标准"的一部分明确标示出来,蒙大拿州、犹他州、马里兰州三个州更是已经制定出符合本州背景特点的媒介素养教育标准。研究者认为,媒介素养教育融合课程的开发者应从核心内容(而不是媒介素养方面)开始,牢记核心课程教师自己的目标、需求和基本学习标准。教核心课程领域的核心信息和词汇被作为媒介素养教育与核心领域课程融合的首要目标。并且,教师们倾向于从核心课程领域已有的教育框架中的目标列表中选择适合自己课程的目标。因此,以现有课程标准为基设计媒介素养课程标准,保证了现有课程的主体性和主导性,不会额外增加学生的学习时间,只需在现有课程内容的基础上就与媒介素养相关的内容进行引导和深化,从而使得学生在达到现有课程标准的同时兼顾了媒介素养

[①] 秦倩:《美国小学媒介素养教育融合课程研究——以SMARTArt项目为例》,中国传媒大学硕士学位毕业论文,2013年。

教育的要求，从实践上具有可行性和科学性。（2）以传统科目为载体设计融合课程。美国中小学媒介素养融合课程多以传统课程如英语语言艺术、社会与历史、科学与环境、健康、艺术等课程为主体进行融合，这就要求教师必须准确找到媒介素养与这些科目的融合点。事实上，在媒介概念已经拓展为"一切可以传递信息的物品"的前提下，现有的英语语言及艺术课程已然是一种媒介素养教育了。媒介素养与社会、历史、科学、环境、健康等科目的融合主要体现在媒介信息及形式对这些主题内容的塑造，以及媒介信息对大众行为和态度的影响等方面。媒介素养与数学、科学科目的融合还体现在对学生数据分析和解释能力的培养，提高学生的逻辑推理和创造性想象等技能上。以传统科目为载体设计媒介素养融合课程，符合时代发展和媒介特点，使得二者能够相得益彰，优化组合。随着媒介在大众生活中的作用越来越大，媒介对学生在校的学习方式、内容和评估的影响也越来越大。而媒介是一种工具，对媒介素养的学习离不开对媒介所传播内容的掌握，因而媒介素养和现有传统课程能够得到相辅相成的发展。（3）以社会议题为主题组织和实施媒介素养课程。美国中小学媒介素养课程内容具有批判性、实用性、系统性和针对性，看重培养学生的知识和技能，一般会依托于当下的社会环境和现实，以解决实际问题如暴力、色情等媒介不良影响为目的，教给学生媒介素养分析框架，引导学生利用媒介为自己所用，培养学生和社会大众的媒介技能。因为美国教育实行各州自治，各州推行媒介素养教育的目的并不统一，各州实行媒介素养教育的内容也具有灵活性，因而也造成美国各州中小学媒介素养教育发展缺乏一致性。如有的教师根据教学资料、时间分配等实际情况，采用"主题序列"、"外部序列"和"纵向序列"等方式编排课程内容。还有的教师利用塔巴的"四个水平"（事实、基本观念、概念、思维方式）的观点组织和检视课程内容。美国新罕布什尔州的康科德高中英语11课程"媒介/传播"课程，以及由美国纽约伊萨卡学院与当地学区、纽约州协作教育服务处、美国媒介素养教育协会以及其他全国性的媒介素养机构合作发起的当心项目的社会研究课程就是根据这"四个水平"组织和实施的。其基本逻辑是，运用不同媒体对同一历史事件呈现的不同视角具有差异性、甚至是冲突性的基本事实来证明一些基本观念,然后再在此基础上"建构"概念和思想范围,最终形成批判性思维的探究模式。以社会议题为主题实施媒介素养课程,能够对症而治、有效缓解由媒介带给青少年的不良影响,同时也对媒介素养教育目的提出了具体的要求,推动了媒介素养教学与效果评估的进步与发展。(4)以专家指导和专业化发展为教学模式。美国中小学媒介素养教育离不开国家对相关内容的制度化和政策化要求,也离不开媒介素养教育的专业化、系统化和大众化发展。美国多次举行全国性的媒介素养教育会议,并拿出资金资助各州媒介素养项目,丰富的媒介素养教育机构和组织更是为媒介素养课程实施提供了全方位的专业化发展指导。例如,SMARTArt 项目就是依托于美国媒介素养中心的专家和学者,以媒介素养包为基本教学指导,为项目的顺利实施提供专业化发展的保障。在有专家指导的课程实施方面,关键问题和关键概念是媒介素养教育融合课程实施的一个重要组织手段,利用"改编"、解码媒体、教学方法相互借鉴等方式建立核心课程和媒介素养教育之间的横向联结关系是进行课程融合的要点。在媒体素养融合课程中,教师在课堂讨论中主要扮演的角色是,维持课堂秩序,鼓励学生倾听他人想法,尽量保留教师自己的观点和发展学生的观点,担任促进者的角色,帮助学生搜索理性的、深思熟虑的和有根据的真实信息。以专家指导和专业化发展为教学模式,能够有效整合媒介素养教育专家及高等院校的资源,为中小学制定出详实、可操作的课程计划和师资培训,保障媒介素养教育课程的顺利实施。(5)积极探索和发展切实有效的评价方式。教师或研究者为了证实媒体素养教育教学的效果或完善媒体素养教育教学的内容和方式,就必然设计和开展媒体素养教育教学的评估。例如,美国小学水平的 SMARTArt 项目评估涉及到学生评估、课程评估和教师评估三方面,苏利文为德克萨斯州一所公立学校五年级社会研究和语言艺术课的学生进行的一个小的批判媒介素养项目的评估,比尔、施密特和什尔兹对一个跨学科的初中烟草媒体素养计划的评价,康科德高中英语 11 课程"媒介/传播"课程的评价,以及当心项目的评价,等等。研究者往往采取定量研究与定性研究、学生评价与教师评价、生成性评价和总结性评价相结合的方法，测量和评价媒介素养教育教学的效果。研究证明，媒介素养教育能够帮助学生习得辨识文字的、音频和视觉媒介主要观点的能力，分析特定文本的能力，辨识媒介讯息中的意图、目标受众、观点、建构技巧和新闻媒介中被遗漏的信息的能力，等等。并且，媒介素养教育不仅不与教师帮助学生准备考试的目的相冲突，而且能够为学生提供和提升他们在标准化考试中取得好成绩所需的技能。当然，在媒体素养教育教学评估中，仍然存在着许多困难和问题。因为涉及和影响教育教学效果的因素复杂和众多，所以，产生一个完美无缺的教育教学评估框架和令人完全信服的评估结果，仍然是一个需要不断努力的奋斗目标。

美国注重与现有各学科核心课程目标和标准结合的媒体素养教育教学理论与实践，对于同样倾向于用"考试"和"基础"等统一的国家、省、地区和学校的标准来考核教师和学生的中国媒体素养教育教学理论与实践来说，无疑是一个很好的启示。因为中国中小学教育教学中，我们的教育管理部门、学校、家庭和社会都会给具体的教育教学实践者和学生带来诸多有形无形的压力。考试成绩、升学率、优质率、学校排名、定期教学质量评估等都是左右人们教育和学习行为的主要因素。它们可以说是教育的一种主流特点。如果媒体素养教育教学的目标和这种主流的预期目标和标准根本一致，那么就有存在和发展的可能和空间，反之，生存和发展就会困难重重。所以，要想在中小学赢得一席之地，媒体素养教育教学必须首先展现出自己是一种优秀的或先进的提高各学科教学质量和成绩的工具性质，能够有力提升教师的教学智慧和学生的学习成绩与能力，其次才是给人们带来其他学科或传统科目难以比拟的新的丰富的知识、技能、态度和价值观等。例如，美国"康科德高中的成功经验表示，教师教育理念的转变、学校领导的支持、课程结构的适当调整以及精力的胜任是成功融入的保证。而纽约市的林肯广场高中媒介素养教育失败的教训，反过来告诉我们，媒介素养教育融合课程需要一个共同的定义和计划、提高高中学生媒介能力的清晰目标、一以贯之的媒介研究和融合的教育方法，以及一个共同的学习者社区。媒介素养教育必须以有组织、有系统的方式融入高中课程"①。详细而言，为了教育教学实践的成功，媒体素养教育者和研究者至少应当做到以下几点：

首先，加强对媒体素养教育教学现象与规律的研究，把握其规律和特征。

加强对国家、省、地区和学校核心课程标准中媒体素养成分的研究，探寻媒体素养融入中小学核心课程的"立足点"。加强对媒体素养教育与现有中小学各门科目课程教学之间的横向联系的研究，以帮助实现自然、顺利的融合。这种联系体现在目标、文本、内容、教育理念和教学方法等各个方面。例如，以媒介文本分析促进学生对传统文学文本分析的理解，以文学文本支持学生学习媒介主题，进行"改编"等，都是使媒介素养教育和现有课程发生联系的方法。加强实证研究或行动研究，为媒体素养教育教学的优良效果搜集和提供更多令人信服的证据，以克服教育管理人员、教师和家长这方面的疑虑和担心。②

其次，积极争取政府重视，推动中小学媒体素养教育在全国范围内积极渐进开展。

加拿大媒体素养教育专家约翰·彭金特在研究各国媒介素养教育经验后提出，媒介素养教育是一项自下而上的草根运动，其发展路线表现为三部曲：第一步成立媒介素养教育专业团体；第二步争取教育管理部门的支持和认可；第三步由教育部门制定和实施媒介素养教育计划③。美国早期媒介素养运动的推动，离不开国家法规政策的制定和落实，也离不开政府的关注与支持。中国目前已经有一些由高校教师领导的中小学媒介素养教育团体，举办过多届西湖媒介素养高峰论坛和媒介素养国际研讨会，也连续多年发布了《青少年蓝皮书：中国未成年人互联网运用报告》，但都未形成从上而下的强制性或明确指导性的媒介素养教育

---

① 何娟：《美国高中媒介素养教育融合课程研究》，中国传媒大学硕士学位毕业论文，2013年。
② 何娟：《美国高中媒介素养教育融合课程研究》，中国传媒大学硕士学位毕业论文，2013年。
③ Pungente J J., "The Second Spring: Media Education in Canada's Secondary Schools"[J]. Educational Media International, 1989, 26(4): 199-203.

法规和政策，导致不能名正言顺地在全国范围内有效推行中小学媒介素养教育。推进和发展我国中小学媒介素养教育实践，需要各级党委、政府相关部门支持，通过相关法规、政策的制定来保障中小学媒介素养教育顺利进行；需要由政府牵头，联合相关部门成立媒介素养教育专业机构，有步骤、有组织地为全国中小学媒介素养教育实践提供专业化发展帮助；更需要在政府鼓励下，各相关部门做好中小学媒介素养教育宣传工作，推动社会范围内公众对媒介素养教育的认可和肯定。

第三，制定媒介素养教育标准，规范中小学媒介素养教育教学。

与美国不同，中国义务教育阶段实行全国统一的课程标准，由国家统一规定课程基本要求，各个省市按照自身情况选择合适的教材和教学方式实施落实。新中国成立以来中国进行了几次大的课程改革，每次改革都会对课程标准提出新的要求，总体上朝着课程目标更明确、课程结构更优化、课程内容更新颖、教材编制更丰富等方向发展[1]。全国统一的课程标准使得媒介素养融合课程标准的制定变得容易。事实上，有学者对中国现有中小学课程标准内容进行研究发现，在中小学语文、英语、社会科学（品德与社会、历史与社会、思想品德、思想政治）、艺术和技术（科学、信息技术）等课程标准中已经含有媒介素养的成分，但基本归属于各个学科的基础知识，没有突显媒介素养这一领域。[2]因而，在中国进行中小学媒介素养融合课程，还需要教育行政部门出台相关政策保障现有课程中媒介素养内容标准、媒介素养课程标准的制定和完成，加强师资培训，积极为中小学媒介素养教育创造条件。

第四，提供专业化发展指导，实现以点带面推广。

美国中小学媒介素养教育依托于专业化的媒介素养教育组织联盟和媒介素养教育专家，为媒介素养教育提供详实的教学指导。如托曼和霍布斯等人都提出了一套可供复制和实践的媒介素养专业化发展框架。对

---

[1] 赵昌木，徐继存：《我国课程改革研究20年：回顾与前瞻》，《课程·教材·教法》，2002年第1期。

[2] 张学波：《媒体素养教育的课程发展取向研究》，华南师范大学博士学位毕业论文，2005年。

于中国来说，当前中国从事媒介素养教育的团体和机构已不下 10 个，这些机构不仅是中国媒介素养教育理论研究的重镇，也是最有力的实践推手。这些团体和机构需要联合起来，形成平台联盟，加强教育试点和平台的交流和经验提升，以建立统一互动的媒介素养教育联合体。在学校教育方面，应该制定出一套统一的包括媒介素养融合方法、媒介素养教育内容的选择、媒介素养教学方法的采用、媒介素养教学资源的建设、媒介素养教育评估系统的建构等要素的框架。并根据需要编写出媒介素养教育相关教材和参考书目，为媒介素养教育在全国范围内的推行提供指导。这也是美国媒介素养教育发展的重要经验之一。

第五，实施教学主体多元化策略，实现媒介素养教育全面发展。

美国中小学媒介素养教育多从解决社会实际问题出发，与家庭教育、社会教育联系密切，依托于家长和专业媒介制作工作的帮助，全面提高中小学生近用、分析、理解、制作和参与媒介信息的能力。对于中国来说，目前的中小学媒介素养教育多限于学校，家长和社会机构对媒介素养教育的认识和参与都比较少，不利于媒介素养教育推广和持续发展。这需要我们加强学校、社会和家庭教育力量的整合，提高教育覆盖面，根据中小学教育规律和特点，体现教育层级化和系统性；需要我们倡导各类社会组织加入媒介素养教育推广的行列，丰富教育平台，营造全社会的媒介素养教育氛围；还要加强学界、教育界和各级社团组织的互动与整合，积极发展和推广有效的媒介素养教育模式，推动整个社会媒介素养教育快速发展。①

本著是中国传媒大学传播研究院院级项目"中美传媒素养教育融合课程比较研究"的研究成果。秦学智为该项目负责人，秦倩和何娟为项目成员。秦倩《美国小学媒介素养教育融合课程研究——以 SMARTArt 项目为例》和何娟《美国高中媒介素养教育融合课程研究》的 2013 年硕士毕业论文是该项目研究的一部分。秦学智为本著的统稿人和总撰稿人。本著总撰稿人对秦倩和何娟的硕士毕业论文写作内容并没有完全收

---

① 秦倩：《美国小学媒介素养教育融合课程研究——以 SMARTArt 项目为例》，中国传媒大学硕士学位毕业论文，2013 年。

录，而是根据自己制定的研究目录和体例以及研究内容的实际需要做了大量的取舍，二人被采用的实际字数各有大约4万字。本著作者写作的具体参与情况如下：前言（秦学智、秦倩、何娟）；第一章第一节（秦学智、何娟）；第一章第二节（秦学智、何娟、秦倩）；第一章第三节（秦学智）；第二章（秦学智）；第三章（秦学智）；第四章第一节（何娟、秦学智）；第四章第二节（秦倩、何娟）；第四章第三节（秦倩）；第四章第四节（秦学智、何娟、秦倩）。此外，体例设计、参考文献、后记、文字加工、审稿等皆由统稿人和总撰稿人完成。

秦学智于北京
2017年9月5日

目 录

第一章　美国中小学传媒素养教育背景 ⋯⋯⋯⋯⋯ 1
　第一节　美国社会制度与教育制度 ⋯⋯⋯⋯⋯⋯⋯ 1
　第二节　美国传媒素养教育发展历史、阶段划分与特点 ⋯⋯⋯ 10
　第三节　美国传媒素养教育机构 ⋯⋯⋯⋯⋯⋯⋯ 49

第二章　美国传媒素养教育基本理论与思想 ⋯⋯⋯ 63
　第一节　美国传媒素养教育理论与实践特征 ⋯⋯⋯ 63
　第二节　批判性参与和公民行动 ⋯⋯⋯⋯⋯⋯⋯ 97
　第三节　传媒素养：解决媒体审查和影响问题的选择 ⋯⋯ 129
　第四节　美国传媒素养教育关键概念框架 ⋯⋯⋯⋯ 139

第三章　生态媒体素养与绿色文化公民素养 ⋯⋯⋯ 150
　第一节　洛佩斯的两个重要经验 ⋯⋯⋯⋯⋯⋯⋯ 151
　第二节　洛佩斯人生经历与研究定位 ⋯⋯⋯⋯⋯⋯ 157
　第三节　媒体素养与可持续发展 ⋯⋯⋯⋯⋯⋯⋯ 168
　第四节　从媒体素养到生态媒体素养 ⋯⋯⋯⋯⋯⋯ 173
　第五节　机能论与生态智慧 ⋯⋯⋯⋯⋯⋯⋯⋯⋯ 177
　第六节　生态媒体素养 ⋯⋯⋯⋯⋯⋯⋯⋯⋯⋯⋯ 183

第四章　美国传媒素养课程与实践案例 ⋯⋯⋯⋯⋯ 210
　第一节　美国各地传媒素养课程发展概况 ⋯⋯⋯⋯ 211

第二节 美国现有传媒素养教育课程标准 …………… 218
第三节 美国传媒素养教育与不同科目的融合 …………… 245
第四节 美国传媒素养融合课程实践案例 …………… 250

后　记 ……………………………………………………… 391

第一章　美国中小学传媒素养教育背景

本章节对美国社会制度、教育制度、美国传媒素养教育发展的历史、阶段划分与特征,以及美国从事传媒素养教育的媒体研究或教育机构进行梳理和介绍,以对美国传媒素养教育发展的历史脉络、原因、特点、社会背景等状况进行概览。

第一节　美国社会制度与教育制度

"教育制度是一个国家各级各类教育机构与组织体系有机构成的总体及其正常运行所需的种种规范、规则或规定的总和。它包含有学前教育机构、学校教育机构、业余教育机构、社会教育机构等,还包括各机构间的组织关系、各机构的任务、组织管理等,它的设立主体是国家,是国家教育方针制度化的体现。教育制度是一个社会赖以传授知识和文化遗产以及影响个人社会活动和智力增长的正式机构和组织的总格局。是社会制度中的一种,与政治、经济、文化、宗教、家庭制度并存于社会结构之中。"① 众所周知,美国是三权分立、民主宪政制度国家,这种制度要求将政府所有权力的行使都纳入宪法的轨道并受宪法的制约。

---

① 《教育制度》,https://baike.so.com/doc/6121840-6334991.html。

简而言之，就是要将政府的权力限制在一定的边界，保障好公民的权利，并规定公民的义务。而中国实行的是有着中国特色的人民代表大会的根本政治制度，中国共产党领导的多党合作和协商制度，民族区域自治制度和基层群众自治制度的基本政治制度，以及以公有制为主体，多种所有制经济共同发展的基本经济制度。中美两国基本社会制度的不同，导致了各自社会呈现出不同的特色和问题。美国社会制度的好处是将政府的权力限制在一定范围内，可最大限度预防政府滥用权力和官员腐败，同时保障公民基本权利，但容易导致工作效率低下和解决问题的周期过长，是在一定程度上牺牲社会效率以保障社会公平；而中国社会制度的好处是有利于集中力量办大事，有利于集中有效应对前进道路上的各种风险和挑战，有利于维护民族团结和国家统一。目前，中国特色社会制度仍在不断完善中，只要坚持"三个有利于"，即"有利于发展社会主义社会的生产力，有利于增强社会主义国家的综合国力，有利于提高人民的生活水平"，中国人民的社会生活必定蒸蒸日上，不断繁荣发展。

不同的社会制度决定了不同的教育制度、体制和政策方针，以及教育内容、形式和目的。美国的公立教育主要由三级政府提供，即联邦政府、州政府和地方政府（学区）控制和资助。美国在教育管理方面实行的是地方分权的制度，不像中国的教育是教育部统一领导和管理的体制，各个省的教育部门、学校遵循教育部的统一规定和要求，美国的教育部尽管可以提供教育咨询、教育建议，也可以通过控制教育基金来施加一定程度的影响，但是各地的教育管理并不是联邦政府和教育部的责任，而是州或地方政府的责任。州政府通常制定州范围实施的教育标准和标准测验，当地选举产生的学区委员会通常决定中小学课程、资金和教学管理等政策。美国各州自主制定课程标准，具体课程由各个学区自行决定，一般学区会制定或选择与本学区教学标准一致的教材。不同的州和学区在课程决策和教学方法上差别很大，但《不让一个孩子掉队》（*No Child Left*

Behind Legislation)① 法案是国家范围内的强制性标准，是每个州和学区都必须遵守的②。

美国的教育制度整体上分为四个阶段：学前教育、初等教育、中等教育和高等教育。美国各级各类教育在结构上相互衔接，实行教育单轨制，即美国公民不分性别、信仰、民族、阶级、年龄，都有平等接受教育的机会，一生都可以选择正式学习或非正式学习。多年来，美国成年人口中，大约85%的人能够达到中学毕业，27%的人能够获得学士以上学位。15岁以上人口的识字率为98%。③

二战以后，美国50个州开始实行9年到12年不等的义务教育制度。"全国所有的公立学校（从小学到高中）一律不收学杂费的，甚至书也是免费的（主要教科书由学校借给学生，用完后收回再给下一班学生使用）。学校里免费供应早餐（鼓励学生提早到校20分钟），午餐每人只交1美元，根据家庭不同的收入情况可以交0.75、0.5和0.25美元甚至完全免费。即使是收费的暑期补习学校，中午也由政府提供免费午餐。上学（小学到初中）校车免费接送。校车的停车点都是设计在离学生的家最近的地方（一般也在3—5分钟），学生们有序地等着校车排队上车……所以美国人在子女接受12年的义务教育期间，经济负担很少。偶尔学校也有让学生家里自愿捐助一些复印纸之类的办公用品，因为学校里经常要给家长们发些材料。学生基本上都是就近上学，当然不同学区和学校的教学质量是有差别的，有些人口少，房价高的学区学校教学质量相对高一些。因为教学经费除了由联邦政府统一拨款以外，还有一部分是由地方提供的。这部分是从当地居民交纳的地产税中抽取的。所

---

① 2002年，时任美国总统的布什签署名为《不让一个孩子掉队》(No Child Left Behind Legislation) 的教育法令。"不让一个孩子掉队"第一次以立法形式出现了。它旨在提高所有学生的文化学习成绩，缩小或消灭劣势群体（如贫困学生）和非劣势群体学生间学业成绩差距。法案也提高了对教师的要求，要求学校必须聘用高质量有执照的教师。http: //www. edunews. net. cn/jyky/20090820/102023. html. 2012 – 12 – 23.

② U. S. Network for Education Information, U. S. Department of Education [EB/OL]. http: //www2. ed. gov/about/offices/list/ous/international/usnei/us/edlite-struc-geninfo. html. 2013 – 3 – 11.

③ 《美国教育体系解读之一：美国教育体系概况》（2012 – 08 – 28 13: 22: 06），http: //blog. sina. com. cn/s/blog_a5d5e69301017pk3. html.

以这些地区的教学经费就更高,从而学校的教学设施和教师的收入也就更高。教学质量必然也更高。所以要想上好学校,就要在好的学区里购房。这就是说所受教育质量是有贫富差异的。但是政府绝对保证人人都能享受基本的义务教育。"①

如前所述,美国实行的是地方分权的教育管理制度,中小学教育行政权属于各州,而不属于联邦和教育部,在实际管理中,州又将中小学具体运行的管理权授权给地方学区。"美国对教育按学区进行独立管理,学区是各州内为管理、监督、检查学校教育工作的需要而划分的特别专区,州政府授权学区委员会管理学区内的学校教育。学区的设置在城市大体与市相当,在农村大体与乡镇相当,不过两者的界限不一定完全相符。但无论在城市还是在农村,为教育而划分的区域被统称为学区,并实行城乡一体化的管理体制。"② 由于实行教育分权管理的制度,所以美国没有全国统一的课程内容、教材和修学年限的规定,各州也在修业年限的规定上相差较大。除了占美国教育主导地位的"六三三学制",还有"六六学制""八四学制""四四四学制""五三四学制"等。学生一般从 6 岁上学,18 岁左右高中毕业。"六三三学制"主要在城市和经济较发达的农村地区以及规模较大的学区施行,"六六学制"主要在规模较小的学区中实施,"八四学制"多在经济较落后的偏僻农村地区施行。20 世纪 60 年代以后,许多州的一些学校在"六三三学制"的基础上开始施行"四四四学制"或"五三四学制",到目前为止已建有这种学校体系的地区占全国的 50%。③ 以"五三四学制"为例,小学是五年制,初中是三年制,高中是四年制。也就是小学是 1—5 年级(6—11 岁),初中是 6—8 年级(11—14 岁),而高中是 9—12 年级(14—18 岁)。高中实行选课制,有必修课、选修课和大学预科课程(AP 课程)。

---

① 《美国实行的义务教育制》(2010 - 05 - 30 15∶37∶05),http://blog.sina.com.cn/s/blog_657270c00100j6xj.html。

② 《美国实行的义务教育制》(2010 - 05 - 30 15∶37∶05),http://blog.sina.com.cn/s/blog_657270c00100j6xj.html。

③ 赵忠民:《美国中小学阶段学制结构的主要特点及发展趋势》,《外国中小学教育》,1999 年第 3 期。

"美国把5岁以后幼儿学前教育纳入公立小学系统,孩子凡到5岁一律强迫入学,5岁可进小学的预科班,6岁上小学1年级。美国初等教育的机构为公立和私立小学。美国全国教育协会的'视导和课程编制学会'曾把小学教育宗旨概括为六条,具有广泛影响。这六条是:1.增进儿童的健康和发展儿童的体格;2.增进儿童的心理健康和发展儿童的人格;3.发展儿童对社会和科学世界的认识;4.发展儿童有效地参与民主社会的技能;5.发展儿童的民主生活价值观;6.发展儿童的创造性能力。"① 也就是重视发展儿童的身体、心理、人格、知识、智力、价值观、创造力和社会生活技能等。美国公立小学班容量一般为20—30人,除一般学生外,还包括在运动、艺术或其他方面有障碍的需要特殊关照的学生。在课程实施过程中,通常各个学区灵活规定课程内容,教师和教学管理者组成委员会来落实课程计划,保证能力不同的学生都能达到课程标准要求,还有一些学校将课程和教材发到网上以方便公众了解②。小学开设的课程一般有:语文(英语阅读、说话、拼写、书法、词汇)、数学(包括几何和算术)、社会研究、科学(自然常识等)、美术、体育、音乐、卫生、劳作等。③ 对学生进行德、智、体、美、劳等教育。因为《不让一个孩子掉队》法案把阅读和数学作为学生发展的主要目标,其他指导性的科目受到的关注较少,因而在一些学校中社会研究和科学不被重视,课程内容和课程时间都被压缩④。小学教师的学历要求一般是幼儿教育或小学教育专业的学士或硕士,在上岗前通常要接受认知和心理发展、指导原则和课程发展的培训。教师资质标准由各州决定,各州的师范院校会依照这些标准培养未来的教师。

20世纪初,美国经济发展迅速,工业产值超过英国和法国,跃居世

---

① 《美国教育体系解读之一:美国教育体系概况》(2012 - 08 - 28 13:22:06),http://blog.sina.com.cn/s/blog_a5d5e69301017pk3.html。
② Scientific Literacy:"How Do Americans Stack Up?"[EB/OL].http://www.sciencedaily.com/releases/2007/02/070218134322.htm.2013 - 3 - 11.
③ Education in the United States.[EB/OL].http://encyclopedia.thefreedictionary.com/Education + in + the + United + States.2013 - 3 - 11.
④ State Compulsory School Attendance Laws [EB/OL].http://www.infoplease.com/ipa/A0112617.html.2013 - 3 - 11.

界第一,这对教育提出了新的要求和挑战。因此,在一战前,美国兴起了以杜威为代表的进步主义教育运动和实用主义教育理论,这使得美国的教育出现了重实践、轻理论,重儿童个人经验、轻学术的倾向,这种倾向一直延续到今天,成为美国现代教育一个基本特征。为了应对社会发展提出的挑战,1913年,美国教育协会成立了"中等教育改组委员会",专门负责研究中等教育的职能和目的问题。1918年,委员会提出了《中等教育的基本原则》的报告。该报告的主要内容有:1)美国教育的指导原则——民主观念原则,应使每个成员通过为他人和为社会服务的活动来发展他的个性。2)中等教育七项目标:促进身体的健康;掌握读、写、算、口头及文字表达的基本技能;训练成良好的家庭成员;发展职业能力;胜任公民职责;善用闲暇时间;养成道德品格。3)改组学制,建立一个中等教育与初等教育相衔接的学校系统。初等教育和中等教育各为6年,中等教育分为初级和高级各3年的两个阶段。4)使综合中学成为美国中学的标准模式,以便使中等教育面向所有适龄青少年。它的所有课程都在一个统一的组织中提供。5)中等教育应当根据社会的需要、个人的发展以及教育理论和实践的知识来决定。6)教师的职责不仅仅是引导学生去掌握一门特殊的科目,而是把学习的科目和学校的活动作为实现具体教育目标的方法。《中等教育的基本原则》对美国的中等教育产生了深刻的影响,它肯定了美国的"六三三学制"和综合中学的地位,提出了中学是面向所有学生并为社会服务的思想,成为"美国已出版的教育文献中受到最广泛阅读的教育文献之一"。① 特别是1918年美国中等教育改组委员会提出的七项目标,为中等教育和学生培养指明了发展的方向和基本要求,根据这个方针和要求,美国中学的课程一般分为两类:一类是学术性科目,如语文、社会学科、科学、数学、外语、人文学科;另一类为非学术性科目,如卫生、体育、家政、音乐、美术、工艺等。"在初中阶段,约有10%的人就读于私立或教会学校。在高中阶段,同样约有10%的人就读于私立或教会学校读

---

① 《教育漫谈四十一:美国现代教育制度(一)》(2009-02-17 12:59:49),http://blog.sina.com.cn/s/blog_58cc4a870100dan5.html。

书。约有20%的大学生是读私立学校或教会学校。"①

美国少数的中学（Secondary School）既包括初中，又包括高中，也就是包含从7年级到12年级这6个年级。通常来说，美国高中一般要么指9—12年级，要么指10—12年级。一些州将高中又分为 junior high school（9—10年级）和 senior high school（11—12年级）。出于在大学入学中要用到的年级平均成绩（Grade Point Average，GPA）和课程要求考虑，9年级一般被认为是高中的第一年。②

美国的高中教育主要由各州教育委员会和地方政府管理，分为公立和私立两种。公立学校由政府税收支持，学校的规模较大；私立学校多由教会支持，也包括那些合乎相当学院基础的私立学校，办学规模一般不大。据统计，2005—2006年间，美国有19252所高中，平均规模为819名学生。43.7%的高中招生少于500人，39.6%的高中学生数在500到1499人之间，还有16.7%的学校招生数为500人或更多。③

美国高中的类型，主要包括综合中学、学术性中学、选择性中学（alternative secondary school）、职业或技术中学。综合中学是美国目前最为普遍的中学，截至2009年，美国共有近两万所。公立学校占近4/5，私立学校不到1/5。学术性中学相当于我国的普通高中，为学生日后升入高校做准备。职业或技术中学侧重于不同的专业领域，主要培养学生的职业技能，为就业打下基础。④ 选择性学校往往是为了弥补公立中学办学质量的不足，或实践自己的教育理念而开办。

由于实行的是地方分权制的教育行政管理体制，因此美国没有全国统一的学制。全国的中学分为四年一贯制、六年一贯制、四四分段制、三四分段制和三三分段制等5种学制。其中，三三分段制是美国一种重

---

① 《美国教育制度详细介绍》，http://edu.qq.com/a/20061009/000054.htm。
② Megan Barrett, *Secondary education in the United States*, http://www.toeflaccess.com/articles/ETS/us/study/what_study/ed_sys/overview_higher_ed/secondary_ed.html, accessed 14 March 2012.
③ 罗伯特·史沃兹：《如何才能不让一个孩子掉队——基于美国高中现状的分析》，《教育研究》，2009年第5期。
④ 李婧：《美国高中教育教学模式的多样化》，《比较教育研究》，2009年第10期。

要的学制,在城市和经济较发达的农村地区以及规模较大的学区普遍实行这种学制。三四分段制和四四分段制是20世纪60年代以后出现的新型学制,许多的州都采用了这种学制。因此,美国高中的年级跨度主要为10—12年级、9—12年级。①

自上世纪80年代以来,美国高中启动了以"核心课程"和"标准化考试"为主要内容的改革以提高高中生的整体学业水平。改革政策对美国高中课程的设置与发展产生了重大影响,这些影响在美国高中媒介素养教育领域中也或多或少地显现出来。

重视核心课程。20世纪80年代,美国基础教育领域开始掀起标准化运动,《国家在危急之中》《我们需要的学校》和《学校数学课程与评价标准》等著述,都从不同角度反映了这样一个问题:美国学校教育没有能够成功地实施学术性教育,其主要原因是缺乏统一的严格的核心课程。② 1991年,美国联邦政府把英语、数学、科学、历史和地理五门确定为核心课程。克林顿总统在《目标2000:美国教育法》中,将核心课程新增公民和政府、经济、艺术三门课程,从而使核心课程科目数量增加至8门,以期进一步提高学术课程的地位和学生的学术水平。这一时期,联邦政府鼓励更加严格的学校课程,并且激发州教育标准伴随联邦财政进行改革。目标在于淘汰低水平的高中课程,提高高中生的毕业标准。

进入21世纪以后,美国进一步完善了高中核心课程:英语包括文学、写作、推理、逻辑和交际,设置4学分,开设4年;数学包括代数、几何、统计、微积分,设置4学分,开设3或4年;科学包括化学、物理、生物、地球科学,设置3学分,开设3年;社会研究包括世界历史和地理、美国历史和政府、经济、公民,设置4学分,开设4年。③ 核心课程的确立,一方面为学校课程教学指明了重点,使课程结构趋于合

---

① 胡庆芳:《绝不让一个高中生掉队——美国高中课程改革研究》,《全球教育展望》,2003年第3期。
② [美]亚瑟·K.埃利斯:《美国基础教育标准化运动分析》,《教育发展研究》,2008年第2期。
③ 陈时见:《美国高中课程改革的发展趋势》,《比较教育研究》,2011年第5期。

理化，学生通过核心课程的学习能够掌握基本的知识、发展基本技能。①另一方面，有研究者认为，核心课程造成学科分割、学科与学生分离，并指出它将在学生心里形成"学校的目的是教授互不相干的学业课程，使用信息碎片以通过考试"的不良观念。② 而且，到现在为止并没有相关证据表明标准化运动引起了大多数高中学生成绩的提高，尤其是那些低收入家庭和少数民族学生比较集中的学校。③

标准化考试成为教学质量评价的一个标准性的手段。2001 年 1 月，美国总统布什发表了题为《不让一个孩子掉队》的教育计划，要求每一阶段的教育都要确保不让一个孩子掉队，其中还专门提到：每一位学生到 12 年级末，即 18 岁时，都要为大学的学习、富有产出性的就业和今后有意义的生活做好准备。此外，该计划极为重视学生的学业成绩，要求各州进行教育绩效评估以提高教育质量。2002 年，《不让一个孩子掉队》法案通过。同年 10 月，全美高中委员会发布《放远我们的目光，不让一个高中生掉队》（Raising our Sights，No High School Senior Left Behind）的报告，报告提出了面向 21 世纪的美国高中教育的目标和以"不让一个高中生掉队"为目标提出的各种新举措。报告提出三大要求，即提高成绩、加强衔接和提供更多的选择，简称"三 A 计划"。《不让一个孩子掉队》法案的颁布，以考试成绩来衡量学校和课程质量成为新的理念。在这样的背景下，美国各州开始了以州级统考、州内测验和 ACT、SAT 等各种标准化考试来评价高中课程的潮流。④ 这一潮流引起了教育界的反思，阿罗诺维茨（Aronowitz）称，标准化考试"是批判思维的对立面"，学生被教育成"依样复述信息和根据规定的法则去解决问题"。⑤ 其他的质疑还包括：过多狭隘的考试容易歪曲课程；教师将过

---

① 刘宝存：《面向 21 世纪的美国高中教育改革探析》，《比较教育研究》，2010 年第 6 期。
② 林莉：《美国高中的课程与教学》，《浙江教育科学》，2009 年第 5 期。
③ 罗伯特·史沃兹：《如何才能不让一个孩子掉队——基于美国高中现状的分析》，《教育研究》，2009 年第 5 期。
④ 陈时见：《美国高中课程改革的发展趋势》，《比较教育研究》，2011 年第 5 期。
⑤ Allison Butler, *Media goes to school*: *Young People Make Meaning of Media & Urban Education*, Peter Lang, 2010, 71.

多的时间放在考试的战略准备上；一些学生可能担心自己无法通过考试而提前退学，等等。

　　美国高中的课程分为必修课、选修课和广泛的教育计划与项目。必修课主要是让学生掌握基本的知识与技能。各学校的必修课程不尽相同，但基本涵盖了以下课程：语言艺术、社会研究、数学、外语、视觉或表演艺术、体育和科学等。除了必修课程以外，美国的基础课程设置中还包含了多门选修课，有的学校可提供选修课程多达200余门。一般来说，选修课在学生的学分构成中占比较高，约占学分总数的25%至40%。① 此外，学校还在总的教学时间中专门划出一块，以便让学生从事广泛综合的教育计划与项目，具体方向学校可以提供，学生也可以自定，兼顾学术性与实践性，贴近社会现实与学生生活。② 另外，从课程的特点来讲，美国高中课程涵盖技术课程、普通课程和实践课程等多类课程。其中既有阅读、写作、数学、科学、社会等基础科目，又有体育、美术、音乐、电脑等活动性科目；既有基础数学、实用数学等学术性科目，又有家政、汽车驾驶等实用性科目。

第二节　美国传媒素养教育发展历史、阶段划分与特点

　　世界上任何一个国家的传媒素养教育都是与其传媒技术的进步和应用相关联的。比如，有了书籍、报纸、杂志、广播、电影和电视的发明和应用，必然伴随着人们对这些事物的认识、研究、评论和教育活动。例如，"尽信书不如无书"，20世纪二三十年代英国文学评论家利维斯等人对流行文化的认识和抵制活动，20世纪初中国在报刊最初发展时期对报纸功用的认识文章以及维新运动时期的报刊教育，20世纪二三十年代美国一些中学教师将电影作为教学工具和内容引入自己的课程教

---

① 李靖：《美国高中教育教学模式的多样化》，《比较教育研究》，2009年第10期。
② 胡庆芳：《美国高中课程的标准、设置、开发与管理研究》，《比较教育研究》，2003年第2期。

学中。因此，对美国传媒素养教育历史问题进行探寻无疑是十分必要的。

一、美国传媒素养教育发展历史

美国的传媒素养教育经历了一个由自发的、分散的、小规模的努力到一个自觉的、有组织的和形成全国性规模的发展过程。直到20世纪70年代，美国媒体素养运动主要是分散的、小规模的努力。① 在20世纪30年代，一群英语教师与公共广播的先驱合作，成立了威斯康星更优广播协会（the Wisconsin Association for Better Broadcasting）。他们播出了一系列"好的"广播节目，连同提高听众的"意识、批判性评价和欣赏"的辅助材料。在1953年，这个群体成为美国更优广播委员会（the American Council for Better Broadcasts）。在20世纪60年代初，它起草了一个基本的分析电视节目、举办暑期课程发展讲习班的教学大纲。② 同时，媒介素养先驱者诸如福德汉姆大学（Fordham University）的卡尔金（Father John Culkin）和波士顿大学的霍金森（Tony Hodgkinson）撰写了文章，并举办了暑期学院，启发了第一代媒体学者。加拿大教育家邓肯（Barry Duncan）说："是卡尔金负责将麦克卢汉弄到福德汉姆大学待了一年，为他提供观众和与他的革命性的传播思想当之无愧的宣传。"③ 在1969年，国家教育协会通过了一项决议，推荐批判性的观看课程以抵制媒体暴力的假定不良影响。④ 同年，学者安德森和普洛霍夫特（Milton Ploghoft）为一个俄亥俄学校系统联合会设计了一个最早的综合课程。安

---

① Marjorie Heins and Christina Cho, *Media Literacy: An Alternative To Censorship.* Second edition, revised and updated, © 2003.

② James A. Brown, *Television "Critical Viewing Skills" Education: Major Media Literacy Projects in the United States and Selected Countries*, Hillsdale, NJ: Lawrence Erlbaum, 1991: 174-75.

③ Barry Duncan, *Review of Media Literacy: An Alternative to Censorship*, 1 st edition, Toronto: Ass'n for Media Literacy, 2002.

④ Karen Klass, "*National Education Association Activities in Receivership Skills Curricula,*" in *Education for the Television Age: The Proceedings of a National Conference on the Subject of Children and Television*, ed. Milton Ploghoft & James Anderson, Athens, OH: Cooperative Center for Social Science Education, 1981: 107.

德森和普洛霍夫特模式被称为批判性接受技能项目（the Critical Receivership Skills Project），将媒体素养目标纳入社会研究和语言艺术课程中。①

1970 年，纽约的公共电视台 WNET，开始在当地学校举办讲习班，帮助教育工作者把电视纳入课堂。该电视台稍后在美国教育办公室（the U. S. Office of Education）的协助下增加节目。同年，另外一个安德森和普洛霍夫特的冒险事业——电视观众技能项目开始在俄勒冈州的尤金（Eugene）运营。学生特别喜欢能够观察大众媒体的"说服技巧"。② 同年，全国英语教师理事会通过了一项决议，鼓励教师将"非印刷文本"（即电影和电视）纳入课堂中。③ 1974 年，在公立学校之外开展了两项重要的媒体素养项目。首先，在政府和非营利组织的支持下，在纽约市成立了媒体行动研究中心（MARC）。1977 年，媒体行动研究中心根据媒体教育学者布朗（James A. Brown）的思想，以宗教为导向，赞成一个"价值观方法"而不是一个中立的方法，并从"电视意识训练"开始实施广泛的课程计划。该项目检视了电视如何描绘少数民族，并提出了婚前性行为和同性恋等问题，强调基督教价值观与流行媒体信息之间的差距。④ 其次，三名研究人员在哈佛大学开始了为期两年的项目，研究媒体素养教育的功效。在美国儿童发展办公室的资助下，艾米多（Aimee Dorr）和她的同事测试了三个小学年龄段儿童的课程，长达六小时的课程主要是游戏和角色扮演活动。作为一个"控制"，他们使用了既定的旨在传授社会交往的基础知识的"社会推理"课程。对两种媒体素养计划进行了测试：一个是"行业课程"（industry curriculum），突出

---

① James Anderson, "Television Literacy and the Critical Viewer," in Children's Understanding of Television: Research on Attention and Comprehension, ed. Daniel Anderson & Jennings Bryant, New York: Academic Press, 1983: 299 – 300.

② Robert Kubey, "Obstacles to the Development of Media Education in the United States," Journal of Communication 48 (1), winter 1998: 58 – 69.

③ "On Media Literacy," 1970 NCTE Annual Business Meeting in Atlanta, http://www.ncte.org/resolutions/media701970.shtml (accessed 8/19/03).

④ Brown, J. A., Television "Critical viewing skills" education: major media literacy projects in the United States and selected countries, Mahwah, New Jersey: Erlbaum, 1991: 181 – 200.

娱乐项目的人造性和经济动机（例如，教学"情节是虚构的"和"项目的钱来自广告商"），另一个是"加工课程"（process curriculum），其目的是为了向学生展示如何区分真理和电视上的幻想或扭曲的现实。这项研究的一个重点是媒介素养是否可以减少儿童对种族的扭曲描述的易感性。

研究人员首先通过一项测试来评估孩子们的种族态度，要求他们用不同种族、性别和年龄的人的照片来匹配不同的描述性术语，这些术语一半是积极的，一半是消极的。所有的孩子在完成六小时课程后，观看一集情景喜剧《杰斐逊一家》（The Jeffersons），研究人员已经决定提出"轻度贬抑黑人的观点"。在这个项目之后，让学生参加各种测试以测量媒介素养技能，包括一个访谈和一个修订版的态度考试，以衡量《杰斐逊一家》在多大程度上影响了他们的观点。

研究人员发现，接受过媒体素养课程的孩子们能够更好地分析项目的内容——譬如，区分真实和虚构的方面。他们的结论是，在教学生"理解和评价电视内容"方面，即使是简短的六小时的接触媒体素养教育也是有效的。① 然而，儿童的现实世界的种族概念在六个小时课程之后并没有发生显著变化。种族观念是随着时间由于众多因素养成的。期望一个简短的媒体素养课程能改变它们可能是不切实际的。

1976 年，纽约的东锡拉库扎-米诺（East Syracuse-Minoa）学校系统，咨询了普洛霍夫特，为教师举办了一系列暑期志愿工作坊。从那时起直到 1979 年，每年夏天都花费五天半的时间，合作进行课程设计和基础的电视教育。这些努力使教育工作者形成明确的目标，但用布朗（James Brown）的话说，"清晰的目标主要依赖于自主选择教师的主动性和承诺"，这很少有"系统的整合"②。

爱达荷州第 91 学区东锡拉库扎学校工作坊的结果证明，在教学生

---

① Aimee Dorr, Sherryl Graves & Erin Phelps, "Television Literacy for Young Children," *Journal of Communication* 30（3）, summer 1980: 71–83.

② Brown, J. A., Television "Critical viewing skills" education: *major media literacy projects in the United States and selected countries*, Mahwah, New Jersey: Erlbaum, 1991: 134.

理解和评价电视内容方面，即使是简单地接触媒体素养教育也是有效的。爱达荷州东南部城市福尔斯（Falls）已经决定将媒体素养融入社会研究和语言艺术课程。本课程是在安德森和普洛霍夫特的指导下开发的，由爱达荷福尔斯教育部门（the Idaho Falls Department of Education）通过联邦课程改革计划提供财政支持。新的批判性观看课程跨越了3—6年级，每周要教授两个每次一个半小时的课程时间。爱达荷州福尔斯六所小学中有三所采用了。在爱达荷州项目中的教师使用了一套标准化的视听材料和一个手册，名称是《我们观看的方式：发展电视观看分析技能项目》，出版于1981年。在3年级，学生学习分析广告；在4年级和5年级，他们评估娱乐节目（例如，学习识别刻板印象）；在6年级，他们研究电视新闻。在每一年级，学生保留着看电视的日志，以反思他们的媒体消费。在每年年底，他们制作自己的商业广告、娱乐和新闻点。该项目的最后一部分由"家庭组件"组成，鼓励学生和他们的父母之间的批判性讨论。（"……今晚邀请你的父母和你一起看电视节目。节目后告诉家长你对节目的看法。这个故事的主题或价值是什么？……冲突是现实的吗？"，等等）。

安德森和普洛霍夫特后来使用一个"电视信息游戏"评价了爱达荷州项目的有效性，这个游戏要求每一年级的学生观看和分析简单的电视片段。他们发现，三年级的学生表现出在电视有关的认知技能上有显著的改善，年龄大一些的学生有了引人注目的但不太显著的进步。在安德森的结论中，布朗同意这个结论，应该早些引入媒体素养。[①]

另一项在康涅狄格州的研究也大约开始于这个时间。耶鲁教授桃乐茜·辛格（Dorothy Singer）和杰罗姆·辛格（Jerome Singer）将批判性观看按次序（列入其他的目标中）引入3—5年级的语言艺术课堂中，以帮助孩子"理解电视如何影响感情、思想、自我概念、鉴定""了解商业广告的目的和类型，包括公共服务或政治公告""了解项目的哪些方面是真实的，如何创建幻想或假装元素""意识到电视很少放映从暴

---

① Brown, J. A., *Television "Critical viewing skills" education: major media literacy projects in the United States and selected countries*, Mahwah, New Jersey: Erlbaum, 1991: 131–132.

第一章 美国中小学传媒素养教育背景

力行为中恢复过来的人或攻击者被惩罚"。他们给 134 个孩子上了八次课：即一次电视介绍课、其余是"电视的现实和幻想""相机效果和特殊效果""广告和电视业务""识别电视人物""电视刻板印象""暴力与攻击"和"观众如何影响电视"。家庭作业要求学生重写商业广告并想出另一种方法来解决在电视节目中出现的暴力冲突。在四个星期结束时，接受媒体素养教育的儿童得分显著高于对照组儿童的测试，其中包括诸如"电视如何使人物消失？"和"谁付钱买电视节目？"①

在 1980 年，两人对年轻学生进行了类似的研究，使用更多的游戏和面向儿童的活动（例如木偶剧）。完成课程前后，学生们通过测试来衡量他们对照相机和编辑技术的熟悉程度，测量他们对道具的认识，以及测量他们区分"真实""卡通""现实"和"不可能"的电视人物的能力。问题包括："商业广告是电视新闻的一部分吗？""如果一个名人在电视上宣传一个玩具，那是否意味着玩具永远不会破碎？"研究人员发现："在几乎所有的措施中，孩子对电视的理解都明显地提高了。"②

随着传媒素养教育的发展，一些政府部门也开始参与进来。媒体素养的第一个主要联邦倡议在吉米·卡特总统任期内开始，在 1978 年，教育办公室和国会图书馆举行了一次关于"电视、书和教室"的会议，要求为课程项目提供资金，使学生具备批判性观看技能。次年，选定资助四个项目：纽约市 WNET-TV（WNET-TV in New York City）为 5—9 年级的学生开发课堂材料，为教育者、社区领袖和图书馆员举办全国范围的培训会议，创造一个工作簿或"批评工具"，这个于 1980 年出版，名称是《批判性电视观看：作用于文本的语言技能》(Critical Television Viewing: A Language Skills Work-A-Text)。

德克萨斯州奥斯汀西南教育发展实验室（The Austin, Texas-based

---

① Dorothy Singer, Diana Zuckerman & Jerome Singer, "Helping Elementary School Children Learn About TV," Journal of Communication 30 (3), summer 1980: 86.

② Wanda Rapaczynski, Dorothy Singer & Jerome Singer, "Teaching Television: A Curriculum for Young Children," Journal of Communication 32 (2), spring 1982: 51. The Singers noted little improvement, however, in the children's ability to distinguish a "realistic" character (such as "Mary Richards" from the Mary Tyler Moore Show) from a "real" one (the actress Mary Tyler Moore).

South-west Educational Development Laboratory)制作了一本教导批判观看技能的训练手册，一套"用来概述把批判性观看融入 K-5 年级课程的教师提示卡"，一系列名为"电视：一个家庭的焦点"的手册，该手册包含批判性观看活动的教学说明以及关于电视结构和影响的信息，一个讲授电视制作技术方面的儿童小册子系列，通过一个电视台跟踪两个人物和一个可以边看边玩的"电视探索"频道的棋盘游戏。

旧金山的西部教育研究与发展实验室（Far West Laboratory for Educational Research and Development）为家长、教育者和其他讲授批判性观看技能的人组织了工作坊，出版了一册高中课本、教师指南和旨在帮助家庭评估电视在家庭中作用的手册。高中课本有七章内容，包括电视产业结构、生产技术（这个给学生说明"所有的电视节目都是故意上演的"）、广告、新闻节目和媒体信息（也就是说，刻板印象、美的理想观念、暴力等因素如何影响观众的价值观和观念）。

波士顿大学公共传播学院制作了工作手册、教师手册和四本简短的教科书，这些资料最终被合并成一卷，名为《电视素养》。1980 年，该项目开始进行为期一天的讲习班，培训教育工作者和家长实施课程。[1] 然而，到那时，该项目已经成为相当多的批评对象，在 1978 年收到了"金羊毛"奖——这个奖项是由参议员普罗克斯迈尔（William Proxmire）设立的，目的是提请注意滥用税款——"花 219592 美元开发一个课程包教大学生怎样看电视"。[2] 在一连串的负面新闻中，政府最终取消了与波士顿大学的合同，项目正式结束于 1981 年中。不久，正如罗格斯大学教授库贝（Robert Kubey）指出的，里根担任总统之后，其竞选提议

---

[1] Donna Lloyd-Kolkin, Patricia Wheeler & Theresa Strand, "*Developing a Curriculum for Teenagers,*" *Journal of Communication* 30（3），summer 1980：119 - 25 [citing U. S. Office of Education, Dept. of HEW, Development of Critical Television Viewing Skills in Students (RFP 78 - 94) (Washington, DC：Dept. of HEW, 1978)].

[2] See www. taxpayer. net/awards/goldenfleece/1975 - 1980. htm（accessed 8/20/03）；Robert Kubey, "*Obstacles to the Development of Media Education in the United States,*" *Journal of Communication* 48（1），winter 1998：61.

包括解散存在几乎两年的教育部。①

事实上，政府资助的所有四个联邦支持的媒体素养计划在 1982 年之前已经中止了。正如媒介素养教育顾问泰纳（Kathleen Tyner）指出的，20 世纪 80 年代中期的经济衰退导致了"一个普遍的信念：应培养学生在全球市场竞争的能力。因为媒体教育与电视娱乐技术在公众的心目中联系在一起，批判性观看课程被视为一个不必要的装饰"②。"回归基础"成为美国教育政策的主导主题。布朗所称的媒体素养项目的"分水岭年代"正接近终结，随着课程的淡出使用，出版的材料已绝版。③

尽管紧缩开支，但 20 世纪 80 年代初仍出现了一些新项目，包括美国天主教会议的 1982 年课程《媒体镜像：电视上基督教价值观研究指南》，国家电信委员会的《小孩-4》（Kids-4），这是一个为 9—13 岁的孩子并由 9—13 岁孩子创作节目的电视频道。美国最大的面向儿童的志愿者组织国家家长—教师协会（National Parent-Teacher Association，PTA）也在 1982 年宣布，它将出版四个批判性电视观看课程，针对不同的年级。这些都是从 1979 起就一直进行的工作，国家家长—教师协会两年之久的电视活动中心（TV Action Center）（以前集中于评估各种节目对儿童的适宜性）开始开发课程和随附的工作簿。④

前两个国家家长—教师协会课程，针对 K-2 和 3—5 年级，出现于 1982 年。每一门课程都包括教师手册和学生活动手册，这些手册聚焦电视对家庭的描述，督促学生比较自己的家庭生活与媒体的描述。正如布朗所写的，其目的就是为了"使学生从理想的、规范的甚至代表现实生活的电视描述中脱离出来"。零星地放在这些课程中是与广播技术、调

---

① Robert Kubey, "*Obstacles to the Development of Media Education in the United States*," *Journal of Communication*, Volume 48, Issuel, 1 March 1998: 61.

② Kathleen Tyner, "*The Tale of the Elephant: Media Education in the United States*," in *New Directions: Media Education Worldwide*, ed. Cary Bazalgette, Evelyne Bevort, & Josiane Savino (London: British Film Institute, 1992): 170-71.

③ Brown, J. A., *Television "Critical viewing skills" education: major media literacy projects in the United States and selected countries*, Mahwah, New Jersey: Erlbaum, 1991: 320.

④ Brown, J. A., *Television "Critical viewing skills" education: major media literacy projects in the United States and selected countries*, Mahwah, New Jersey: Erlbaum, 1991: 178-201.

度、收视率以及电视的行政、创意和技术人员的角色有关的部分。布朗评论说，该项目过于关注家庭问题，教学电视如何运作和影响节目内容，以及观众对真实世界的感知充其量是间接完成的。①

家庭作业要求学生重写商业广告并想出另一种方法来解决在电视节目中出现的暴力冲突。PTA 没有完成这两个更高水平的课程。1982 年，也见证了全球的重大发展：联合国教科文组织在德国的格林伍德（Grünwald）举办了一次媒体教育国际研讨会，吸引来自 19 个国家的代表，会议结束时发表了《媒体教育的宣言》。文件号召"主管当局""发起和支持综合媒体教育计划"——从学前到大学水平的教育以及成人教育，发展培训课程，促进研究和开发，"加强由联合国教科文组织采取或设想的行动，旨在鼓励媒体教育的国际合作"②。

联合国教科文组织随后出版了一本媒介素养的书，在维也纳组织了一次国际学术讨论会。它的宣言经常被引用以支持更广泛的媒体教育。③在 1985 年，加拿大耶稣会交流项目的媒介素养教育专家庞杰特（John Pungente）发布了自己的一套全球建议。庞杰特观察了 23 个国家的媒体素养项目，收集 363 所耶稣会中学的调查问卷。他下结论说："当局必须通过规定媒体研究的教学来明确支持此类计划。"确保课程得到发展，材料可用，提供在职培训。④

到 20 世纪 80 年代末，美国媒体素养正在恢复发展的势头。1987年，泰纳建立以旧金山为基础的媒介素养战略，开发媒体教育资源，组织教师培训研讨会，出版一本季刊。两年后，天主教活动家托曼（Elizabeth Thoman）在洛杉矶创办媒体与价值中心（the Center for Media and Values）（从 1994 起，更名为媒介素养中心）。这个组织是从有着 12 年历史的季刊《媒体与价值观》发展而来的。在 20 世纪 70 年代，在南

---

① Brown, J. A., *Television "Critical viewing skills" education: major media literacy projects in the United States and selected countries*, Mahwah, New Jersey: Erlbaum, 1991: 178 – 201.

② *"UNESCO Declaration on Media Education"* (Paris: UNESCO, 1982), reprinted in Len Masterman, *Teaching the Media*, London: Comedia, 1985: 340 – 41.

③ See *Media Education*, ed. Zaghloul Morsy (Paris: UNESCO, 1984).

④ John Pungente, e-mail communication, Nov. 11, 2001.

加州大学开始将媒体素养作为一个研究生院项目。《媒体与价值观》成为该领域的一个权威期刊,促进对改编自巴西教育家弗莱雷作品的媒体问题的"社会分析"方法。托曼最初是为在自由的宗教社区(天主教、新教和犹太教)中的青年领袖和成年教育者设计的这个刊物。其资金来源于订阅收入、基金赠款和来自天主教宗教秩序和新教教派的社会正义倡议的捐款的拼凑。从1983年至1989年,《媒体与价值观》由新教徒领导的媒体行动研究中心所拥有,但80年代后期随着公共教育界热衷于媒体素养,该杂志在1989年重新组合,发展成为非教派非营利教育事业,出版了美国第一代媒体素养课程。该杂志在1993年停刊之前出版了63期,9个关于媒体中的性别歧视等话题的"媒体素养讲习班工具包",以及《电视时代的父母》。① 电影、电视和视频的大众媒介形式现在已经成为具有重要艺术成就的场所。

在经过20世纪70年代之前的零星发展和准备起飞阶段、70年代的起飞阶段、80年代的紧缩开支和坚持积累阶段之后,传媒素养教育到了20世纪90年代,终于进入又一个扩张和繁荣发展的时期。因为到了20世纪90年代,计算机和互联网技术有了一个质的飞跃和发展,数字和新媒体技术使得社交媒介的应用普及开来,人与人之间的沟通和交流空间变得前所未有,大众媒体和自媒体成为除了家庭、学校和社会政治、经济等因素之外显著影响人们社会化的重要力量。也正是因为对大众媒体内容、社交媒体内容、政治世界化、经济全球化、教育国际化、文化多元化等因素的关注,媒体素养在20世纪90年代初再次流行起来。1991年出现了一门新课程:泰纳和劳埃德·科林(Donna Lloyd-Kolkin)的《媒体与你:初级媒体素养课程》。[劳埃德·科林是旧金山的西部实验室(the Far West Laboratory in San Francisco)的政府资助的批判电视收视技能项目的负责人]《媒体与你》是由K-5年级的英语和西班牙语的课程计划和活动组成。课程有五个单元:大众传媒的定义、生产技

---

① Elizabeth Thoman, telephone communication, Mar. 13, 2002; email communication, Sept. 18, 2003; Patricia Aufderheide, "*Media Education in the 1990s*," *Afterimage* 20 (2), Sept. 1992.

术、娱乐、广告和信息。① 次年，康西丁（David Considine）和哈雷（Gail Haley）发表了一份全面的文本《视觉信息：将图像融入教学》，提倡一种将媒体素养概念融入现有课程的跨学科方法，把它们与广泛的目标联系起来，比如负责任的公民身份，以及合作学习、多元文化教育和批判思维技能。②

同样是在1992年，全国英语教师委员会（NCTE）为有效的媒体教育提出十项建议——都聚焦于教师的需要。全国英语教师委员会呼吁制定批判性分析媒体的认证标准，"通过教师讲习班、培训、材料和指导方针认真对待"和"通过网络赋予教师权力"。③

全国媒体素养会议也进入时尚。西南替代媒体计划，使用泰纳的媒体素养策略，与一个非营利媒体艺术团体联盟——全国媒体艺术与文化联盟（the National Alliance for Media Arts and Culture，NAMAC）在奥斯汀举办了1992年的会议，促使一个新的全国媒体教育联盟的成立（National Alliance for Media Education，NAME）。④ 虽然这个团体现在处于休眠状态，但它有助于提高媒体素养意识，加强媒体艺术家和教育工作者之间的联系。它的一个项目是建立一个媒体艺术目录，由国家艺术基金会（National Endowment for the Arts，NEA）提供资助。⑤ 国家艺术基金会的参与之所以重要，是因为它标志着一种认识：不仅是电影、电视和录像现在都是艺术成就的重要场所，而且是媒体素养和媒体艺术技能是齐头并进的。

---

① Donna Lloyd-Kolkin & Kathleen Tyner, *Media and You: An Elementary Media Literacy Curriculum*, Englewood Cliffs, NJ: Educational Technology Publications, 1991.

② David Considine & Gail Haley, *Visual Messages: Integrating Imagery into Instruction*, Englewood, CO: Libraries Unlimited, 1992, 2d ed. 1999.

③ *Commission Recommends Media Education*, n. d., http://interact.uoregon.edu/MediaLit/mlr/readings/articles/ncte.html (accessed 8/20/03).

④ Deborah Leveranz & Kathleen Tyner, "*Inquiring Minds Want to Know: What is Media Literacy?*" *The Independent*, Aug./Sept. 1993, www.laplaza.org/about_lap/archives/mlit/media_3.html (accessed 8/20/03).

⑤ Deborah Leveranz & Kathleen Tyner, "*Inquiring Minds Want to Know: What is Media Literacy?*" *The Independent*, Aug./Sept. 1993, www.laplaza.org/about_lap/archives/mlit/media_3.html (accessed 8/20/03).

在1992年12月，阿斯彭研究所举办了第二次会议，这个领域的25名领导人汇集参加。这一开创性事件的参与者确立了媒介素养的定义和未来计划的框架。正如传播学教授奥夫德海特（Patricia Aufderheide）在会议报告中指出的，美国媒体素养的景观一直以来以"大量的特殊项目为特点"，通常由个别教师和组织者的激情驱动。媒体素养所缺乏的是"一个中心任务或要求"、基础设施（也就是说，"一个运营基金会，一个专业协会，一个中央数据库和网络"）、"合法性"、关于媒介素养教育状态的"基本信息"以及结果评价。

阿斯彭会议据此确定了四个迫切需求：数据、宣传、基础设施和将人们与公共政策、教育改革、艺术和公共电视联系在一起的协作网络。为了满足这些需要，与会者成立了工作组，决定成立媒体教育试验基地，选择新墨西哥州是因为它的官方州标准已经具备了媒体素养的要求。① 阿斯彭会议反映了媒介素养运动对工作人员发展的新重视。它似乎很清楚，没有教师培训，简单地把媒介素养部分纳入语言艺术项目，使用现成的课程材料是无效的。会议报告指出，阿巴拉契亚州立大学在北卡罗来纳率先要求所有培训教师参加媒体素养课程。② 现在，阿斯彭会议一年之后，霍布斯（Renee Hobbs）在哈佛大学教育研究生院组织了一个为期一周的员工发展计划。这是许多此类项目中的第一个，其他的是在哥伦比亚大学、纽约大学和明尼阿波利斯的沃克艺术中心（Minneapolis's Walker Art Center）组织的。③

霍布斯这时也参与了马萨诸塞州东北部一城镇比尔里卡（Billerica）的一个有争议的媒介素养的倡议。1992年，比尔里卡学区同意给学生广播"第一频道"的每天12分钟时事，还有两分钟的青少年广告。作为

---

① Patricia Aufderheide, "*Media Literacy*: *From a Report of the National Leadership Conference on Media Literacy*", Washington, DC: Aspen Institute, 1993.

② Patricia Aufderheide, "*Media Literacy*: *From a Report of the National Leadership Conference on Media Literacy*", Washington, DC: Aspen Institute, 1993.

③ Renee Hobbs & Richard Frost, "*Instructional Practices in Media Literacy Education and Their Impact on Students' Learning*", New Jersey Journal of Communication 6 (2), 1999: 123-48, http://www.reneehobbs.org/ renee's% 20web% 20site/Publications/instructional _ practices _ in _ media. htm (accessed 8/20/03).

交换，该公司提供给学校免费的电视、录像机和卫星设备。第一频道已被广泛批评为愤世嫉俗和教育上的可疑的营销阴谋，将懵懂的学校儿童出售给广告商。正如该公司在新闻发布会上吹嘘的那样，"它的编程是营销人员的秘密武器……一个在一个高度相关的、重要的、整洁的环境中无与伦比的达到一个庞大的青少年观众的方式"①。

为了回应来自全国 PTA、全国教育协会和国家学校董事会协会的批评，比尔里卡学区委托霍布斯制定员工培训计划，以第一频道为媒介素养教学的基础。"比尔倡议"呼吁参与的教师参加霍布斯与菲奇堡州立学院和区域专业发展中心联合发展的两年半的媒介素养硕士课程。② 霍布斯最终成为第一频道的付费顾问，创建了《媒体问题》(*Media Matters*)，即为第一频道观众所开发的一系列课程。文本讲授基本技巧，诸如翻译广告背后的信息和评估"软"与"硬"新闻的可信性。

第一频道不是唯一的赞助媒体素养计划的电视企业家。在 1992 年，美国国家电视艺术与科学学院（the National Academy of Television Arts and Sciences, NATAS）委托桃乐茜·辛格和杰罗姆·辛格设计一个媒体素养课程，作为全国广播公司和教育工作者之间的合作伙伴关系的基础。这个"创建批判性观众项目"可以从美国国家电视艺术与科学学院网站免费下载。③

20 世纪 90 年代中期，联邦政府对传媒素养教育也产生了新兴趣。部分推动力是持续聚焦媒体暴力的政治热。1993 年的夏天，美国司法部、教育部与卫生和人类服务部（the U. S. Departments of Justice, Education,

---

① Martin Grant, *Channel One's President of Sales and Marketing*, in a Channel One press release, Aug. 9, 1995 (quoted in "What People Have Said About Channel One and Advertising in Schools," www. obligation. org/channelonequotes. html) (accessed 8/20/03).

② Steven Cohen, "*Billerica Channeling Media Literacy*," *Strategies Quarterly*, winter 1994, http：//interact. uoregon. edu/MediaLit/mlr/readings/articles/billerica. html (accessed 8/20/03); see also Steven Manning, "*Channel One Enters Literacy Movement*," *Rethinking Schools* 14 (2), winter 1999.

③ See http：//www. emmyonline. org/national/natas/critical. htm (accessed 8/20/03); Considine & Haley, *Visual Messages：Integrating Imagery into Instruction*, Englewood, Colo：Teachers Ideas Press, 1992：16.

and Health and Human Services，HHS）举办一个为期两天的论坛，"维护媒介素养：审查我们青年的替代性选择：我国国家儿童的暴力预防"，吸引了一大批媒体专业人士、教育工作者、社区领袖和学生解决"我们日益增长的暴力文化"。结果报告指出"广泛基础的媒体素养教育需要成为美国的当务之急，并以一种机构间、跨学科的方法实施"，这不仅要涉及司法部、教育部与卫生和人类服务部，而且涉及联邦通信委员会和联邦贸易委员会。①

在1994年，克林顿总统签署了《目标2000：美国教育法》，建立国家教育标准和改进委员会审查和证明州教育内容和学生表现标准。教育部向各州和地方学区提供了4亿多美元以在九个核心科目中发展业绩和内容标准：英语、数学、科学、外语、公民与政府、经济、历史、地理、艺术。艺术标准包括所有小学和中学的媒体素养概念。② 但由于这些标准是自愿的（尽管有联邦政府的资金激励），媒介素养教育在不同的学校系统中仍然有很大不同。

联邦政府的利益本质上是保护主义；它想给青少年"免疫接种"以预防不健康的关于性、暴力、营养、身体形象、酒精、烟草和使用毒品的媒体信息。在1995年，药物滥用预防中心（the Center for Substance Abuse Prevention，CSAP）发放拨款，以促进这些领域的媒体素养，白宫召开了媒体素养和药物滥用预防小组会议。两年后，药物滥用预防中心成为将媒体素养纳入其药物预防计划的几个联邦机构之一。（其他包括国家药物滥用研究所、国家公路交通安全管理局、疾病预防控制中心、司法部司法方案办公室。）药物滥用预防中心平衡其保护主义方法与"社区参与和公民参与的崇高目标"。③

---

① Janet Reno, Richard W. Riley, Donna Shalala, *Safeguarding our Youth*: *Violence Prevention for our Nation's Children*, Washington, D. C.: Working Group On Media, 1993.

② *Goals 2000*: *Educate America Act*, *Public Law* 103 – 227 (1994) www. ed. gov/legislation/GOALS2000/TheAct/index. html （accessed 8/20/03）; Davie Considine, Gail Haley, *Visual Messages*: *Integrating Imagery into Instruction*, Englewood, Colo: Teachers Ideas Press, 1992: 16.

③ Patricia Wright, e-mail communication, May 8, 2002; see *The National Drug Control Strategy* (Washington, DC: Office of National Drug Control Policy, 1998).

1995年，300多位学者和活动家汇聚在阿巴拉契亚州立大学参加一直延续至今的最广泛的媒体素养会议，由国家电信委员会和阿巴拉契亚州立大学（ASU）组织。白宫派出代表出席。根据会议主席康西丁，大会之后的一个校园会议促进政府药物预防官员与媒体素养社区的合作。这一事件在次年重演，最终成长为全国媒体教育会议，由一个新组织媒体教育伙伴关系（the Partnership for Media Education，PME）赞助。媒体教育伙伴关系由霍布斯、托曼、药物滥用预防中心的加西亚（Nancy Chase Garcia of the Center for Substance Abuse Prevention）、美国儿科学会瑞斯伯格（Lisa Reisberg）创立，媒体教育伙伴关系一年一度地主持全国媒体教育会议，还为在加拿大安大略省的2000年国际媒体素养峰会的与会者举办了活动。不久之后，媒体教育伙伴关系演变为美国媒体素养联盟（the Alliance for a Media Literate America）。①

与此同时，教育家们继续评估媒体素养计划。主要研究在1995年—1996年间进行，那时候，霍布斯和她的同事弗罗斯特（Richard Frost）给马萨诸塞州的一个学区9年级学生不同的"团队"提供四个不同的课程：

"变色龙队"接受了跨语言艺术、历史、科学和数学的媒介素养教育。例如，在科学课上，学生比较了两部关于1989年3月24日的埃克森·瓦尔迪兹号油船溢油事故（the 1989 Exxon Valdez spill）的纪录片电影，一个是由美国国家地理杂志制作的，一个是由埃克森美孚公司制作的。

"格子队"只在历史和英语课中接触大众媒体，没有关于媒体生产或技术的指导。例如，教师在罗马历史的单元课期间放映了从电影《宾虚》（Ben Hur）中剪辑的片段。

"红色团队"主要使用现成的媒体素养材料。

"黄金队"作为控制的对照组，没有对课程进行修改。

---

① David Considine, e-mail communication, Feb. 18, 2002; see www.amlainfo.org/about.html (accessed 8/20/03); "Partnership for Media Education Conferences," n.d., from former Web site at www.nmec.org.

在12周结束时，学区测试了四组，使用一个1992年第一频道安得烈飓风的新闻片段（news segment on Hurricane Andrew）。除其他事项外，测试要求学生识别新闻节目的目标受众、它采用的吸引观众注意力的策略以及被省略的信息。

变色龙队，接受了最全面和最协调的课程，在媒体分析技巧方面"明显优于"其他组。例如，只有三分之一的红队学生正确识别出这个第一频道的新闻片段的"作者"，而变色龙队有72%的学生能够正确识别出。霍布斯和弗罗斯特得出结论，最有效的媒体素养计划整合所有学科领域的技能，包括分析和生产活动。他们说，"在一套简短的课程计划中使用现成的课程"，简单地探索媒体暴力或物质滥用"似乎没有发展出有效的分析技能"。[1]

到20世纪90年代后期，学术机构以及州和联邦机构已经开始认识到"媒介素养被企业的利益劫持"的重要性，这些企业正在利用媒介素养运动来获得他们产品的合法性和转移对他们产品的批评。

麦坎农（Bob McCannon）于1996年成立了媒体研究中心，库贝（Robert Kubey）是研究中心的掌舵人。该中心的目标之一就是进行"新的合作研究和学术，教学和外联工作"[2]。1999年在阿巴拉契亚州在康西丁的指导下开设了硕士课程。康西丁曾在澳大利亚媒体素养运动中工作过，之后移居美国，开创跨学科的将媒体素养融入不同学科和部门的研究方法。[3]

同样是在1999年，在南卡罗来纳州的媒介素养数据交换所（the Media Literacy Clearinghouse）的库贝和贝克（Frank Baker）发表了一个将国家教育标准纳入媒介素养概念的程度调查。贝克说，到那个时候，"没有人进行过这样的研究，所以没有人真正知道媒体素养的州标准是

---

[1] Hobbs & Frost, *Instructional Practices in Media Literacy Education and Their Impact on Students' Learning*," *New Jersey Journal of Communication*, 1999 (6): 41.

[2] See www. mediastudies. rutgers. edu/cms. html#RTO (accessed 8/20/03).

[3] See www. ced. appstate. edu (accessed 8/21/ 03); David Considine, Gail Haley, *Visual Messages: Integrating Imagery into Instruction*, Englewood, Colo: Teachers Ideas Press, 1992: 5-6.

多么广泛"①。康西丁在1995年会议时间产生了在阿巴拉契亚州现有的州课程标准中寻找媒体素养概念的想法，库贝和贝克的工作建立在康西丁早期的工作基础上。②

到90年代末，有影响力的期刊致力于媒体素养问题。国际传播协会《通信》杂志和全国英语教师理事会（NCTE）的《英语》杂志出版了关于媒体素养领域的教育、政治进步和哲学理念差异的论文集。《青少年健康》杂志发表了一篇关于"青年和媒体"的特别增刊，主要是保护主义倾向的文章。国家电信委员会开始将它的主要焦点放在出版媒体素养期刊《电信媒介》（*Telemedium*）上，这本期刊每年出版三次。③

1999年，第一频道的争论和媒介素养的企业合作问题再次爆发。第一频道是这一年明尼苏达州的圣保罗举办的全国媒体教育会议的一个主要赞助商。这让几位著名的媒体教育家感到沮丧，他们拒绝参加这次会议。记者曼宁（Steven Manning）报道说，"愤怒的与会者……强迫会议组织者召开特别会议对第一频道的出席问题进行辩论。争议几乎没有结束，深入到地方媒体素养会议和讨论小组"④。

在一个会议后的关于一个媒体素养的讨论清单的记录中，霍布斯讲述她是如何对第一频道在课堂中的存在"深感烦恼"的，那时候，她第一次被比尔里卡学区接触，但最终发现它为媒体素养课程提供了"日常的机会"。她说，特别是，第一频道的青少年定向的广告使教师敏锐地意识到教学媒体素养的必要性。霍布斯指责"象牙塔"的同事妖魔化了第一频道，而她指出，美国40%的中学现在已经接受了第一频道。⑤

新墨西哥州的媒介素养项目麦坎农回应霍布斯说："毫无疑问，是

---

① Frank Baker, e-mail communication, Feb. 12, 2002; see Robert Kubey & Frank Baker, "Has Media Literacy Found a Curricular Foothold?" *Education Week*, Oct. 27, 1999.

② David Considine, correspondence, Feb. 27, 2002; David Considine, "Sowing the Seeds: the National Media Literacy Conference," *Telemedium* 41 (3), winter 1995.

③ *Journal of Communication* 48 (1), winter 1998; *English Journal* 87 (1), Jan. 1998; *Journal of Adolescent Health* 27 (2), 2000.

④ Manning, "Channel One Enters the Media Literacy Movement," https://www.rethinkingschools.org/articles/channel-one-enters-media-literacy-movement, 2017-09-20.

⑤ Renee Hobbs, e-mail communication to media-l@nmsu.edu, Dec. 22, 1999.

好还是坏,你现在是公关过程中领取报酬的一部分。"① 麦坎农告诉记者曼宁说:"媒体素养被公司利益所劫持,他们利用这一运动来获得合法性,转移对产品的批评。"霍布斯回答说:"如果我在以后的日子里每天都开工作室,我永远也达不到第一频道每天都能达到的这八百万个孩子。"②

虽然媒体素养领袖为企业赞助争论不休,美国政府正在恢复它的兴趣,在 2000 年来自教育部和国家艺术基金会的赠款接近 100 万美元。根据教育部的公告,媒介素养"指理解和解释图像艺术内容的能力,包括解释通过电子媒介传播的暴力信息的能力"。优先考虑的是至少四分之三的学生来自低收入家庭的学校。③ 全国教育协会参与的目的就是将社区艺术资源纳入教育过程,以帮助年轻人通过媒体艺术解构信息和发展自己的声音。④

在 2000 年财政年度,在八个州中的十个项目收到联邦资金。其中五个——是由洛杉矶、坦帕(美国佛罗里达州西部港市)、佛罗里达州、明尼阿波利斯(美国城市)、埃斯帕诺拉(Española)、新墨西哥、普罗维登斯(Providence)、罗得岛州的学校提供的——着重于抵制媒体暴力的假定效果。其他五个项目的做法更为广泛,设法解决一系列年轻人面临的风险和问题。根据康西丁的说法,所有的拨款(grants)代表的是"保护主义范式",但在将媒体素养作为一个公民社会的运动方面,还做得很少。⑤

南卡罗来纳州达灵顿县学区的"作为媒体项目的批判性消费者和创造者的儿童项目"不仅提议要打击暴力,而且提议要配合学校现有的品格教育、性教育和药物宣传计划。加利福尼亚西康特拉科斯塔县学区发

---

① Bob McCannon, e-mail communication to media-l@ nmsu. edu, Dec. 22, 1999.
② Manning, "*Channel One Enters the Media Literacy Movement*", https://www.rethinkingschools.org/articles/channel-one-enters-media-literacy-movement, 2017 - 09 - 20.
③ Arts in Education Competitive Grant Program, http://web99. ed. gov/GTEP/ Program2. nsf/0/279d106380aa910785256a50005ad380? OpenDocument (accessed 8/21/03).
④ Doug Herbert, National Endowment for the Arts, Director, Arts Education, e-mail communication, Feb. 19, 2002.
⑤ David Considine, e-mail communication, Feb. 18, 2002.

起了"心灵的工作：儿童和青少年的媒介素养"项目，主要针对处于危险中的传统的学术方法往往无法惠及的少数民族学生。

在美国蒙大拿州帕布鲁（Pablo）的弗兰特海德（Flathead）的保留地的7—12所替代性学校中实施的"联系项目"，旨在利用媒体素养鼓励学生参与社区的艺术和文化活动，而不是盲目地采用"大众传媒提倡的价值观"。南卡罗来纳州马尔伯勒县公立学区的一个项目"观点是：通过媒介素养建立同情心"，注重生产技术教学，并允许学生使用媒体项目与他们的社区互动。西费城高中计划利用联邦资金开发课外和夏季媒体艺术和技术项目，加强媒体艺术设施，培训员工开始开发课程。①

次年，全国教育协会（NEA）和教育部（DOE）再次合作，这一次，17个项目拨款花费200万美元，其中10个项目拨款的捐助接受者要持续工作到2000年，其余的7个项目拨款留给新项目。新的捐助接受者之一是媒介素养中心（前身为媒介与价值中心），这个中心与一所洛杉矶小学、一个洛杉矶县音乐中心，以及一个培训学生和教师批判性思维、艺术和媒体制作的地方动画公司展开合作。②虽然这个有强烈信仰的天主教和新教徒参与的团体的资助提出了对政府与宗教纠缠的担忧，但媒体素养中心的创始人托曼说，除了专为宗教教育而设的课程，该中心的材料从来没有宗派倾斜性，到了1993年，其资金基础已经转移到主要的非宗教性的基金会。③

对于2002财年，联邦政府又拨款200万美元，给了现有的17个项目，但未能资助任何新项目。教育部的谢尔顿·艾伦认为，这一失败反映了小布什政府与之前的政府的教育哲学理念的差异。④然而，媒介素

---

① "Riley and Ivey Announce Nearly $1 Million in Media Literacy Grants: Media Literacy Initiative Project Descriptions," press release, National Endowment for the Arts & U.S. Dept. of Education, Oct. 4, 2000, arts. endow. gov/endownews/news00/EdLiteracy1. html (accessed 8/21/03).

② Center for Media Literacy Listserve, CONNECT #10, Nov. 2001.

③ Elizabeth Thoman, telephone communications, Mar. 13, 2002, Sept. 18, 2003.

④ Shelton Allen, DOE Office of Elemen-tary and Secondary Education, Education Program Specialist, telephone communica-tion, Feb. 22, 2002.

养已经成熟。2001财政年度拨款前几个月，科克伦（Thad Cochran）参议员提出了一项决议，指定2001年和2002年的3月为"艺术教育月"，明确地将艺术与媒介素养联系起来，注意到艺术教育激发了许多认知技能，包括"批判性思维"和"敏捷的判断"。①虽然这一决议可能反映出过于功利化的创造艺术的价值的观点，力图使所有的文化爱好者满意，但是它标志着超越回归基础的哲学理念所取得的显著进步。

2002年初，美国国会重申对艺术教育的承诺。2002年初的时候通过了布什总统的大教育计划《2002年不让一个儿童掉队法案》。这大大丰富了1965年的《小学和中学教育法》，为艺术教育特别拨款，认识到将其在小学和高中阶段纳入常规课程的重要性。②同样在2002年初，白宫发布了一份支持媒介素养教育的政策声明——至少是为了教育年轻人关于毒品和酒精的危害。总结前一年召开的"媒介素养峰会"，该报告承认"媒体对美国青年的力量和影响"，主张扩大媒介素养教育帮助他们"获得智能导航媒体的技能，过滤他们每天收到的数百条消息"。报告提出了三种方法："家长为中心"、基于互联网的和"基于信仰的"，但回避了有政治色彩的问题，即政府资助是否可用于这第三种方法"基于信仰的"，涉及宗教信息的教学的问题。

白宫的报告认为批判性思维与"健康的自尊"是媒介素养教育的重要组成部分，强调尊重青少年智力的重要性，并接受他们的"媒体使用乐趣"。它警告说，"不要抨击媒体"，相反，"承认媒体是一个强大而惊人的可用于积极健康目的的影响力。有媒体素养的人更充分地理解媒体的复杂性、创造力和潜力。他们不会把社会问题归咎于媒体"。③

---

① Senate Resolution 44, 107 th Congress, 1 st Session (Mar. 6, 2001). The resolution was evidently stalled in committee; see http://rs9.loc.gov/cgi-bin/bdquery/z?d107:SE00044:@@@X (accessed 8/21/03).

② *No Child Left Behind Act of 2001*, Public Law 107-110 (2002); see www.ed.gov/nclb/ (accessed 8/21/03).

③ White House Office of National Drug Control Policy Media Campaign, Helping Youth Navigate, https://en.wikipedia.org/wiki/office_of_National_Drug_Control_Policy.

今天的美国媒体素养是非营利倡导团体、课程材料的营利性提供者和各种州和地方举措拼凑而成的东西，其中少数得到联邦资助。然而，媒介素养运动正在增长。新思想和新能源比比皆是，伴随着众多青年艺术和新闻项目，媒体素养越来越被理解为教育青年的重要组成部分。[①]

二、美国传媒素养教育发展阶段划分

美国的传媒素养教育出现于20世纪70年代以前，从广播和电影兴起之后，就有一些教育工作者尝试讲授有关新兴的大众媒体的影响和作用的知识。因此，美国的传媒素养教育可追溯到20世纪20年代，甚至更早。例如，霍布斯曾指出，许多美国媒介素养教育者认为媒介素养根植于电影作为教学工具的出现，尤其是在语言、批判分析和素养能力的发展方面是修辞学实践的延伸。当然，美国的传媒素养教育与同时期的英国、加拿大等国相比，起步较晚，处于相对落后的状态。因为世界各国的传媒素养教育的发展都有其共性的规律，譬如，首先是本能地保护主义的思想，其次才是超越保护主义的思想，并且，传媒素养教育的内容和形式自然随着媒体技术的发展而发展，进步而进步。因此，根据与世界其他各国媒介素养教育的共性特征和美国自身发展的实际，可将美国传媒素养教育的发展分为初期零星发展准备起飞阶段、开始起飞遍地开花阶段、紧缩开支坚持积累阶段、快速扩张繁荣发展阶段。

（一）初期零星发展准备起飞阶段（20世纪20年代及以前—20世纪60年代末）

20世纪60年代，电影研究已融入到美国的一些高中和大学课程中。此时，"视觉素养运动"也开始在美国兴起，该运动强调发展儿童理解电影的技术和语言的能力。一部分美国学者将此看做是提高儿童品味和

[①] Marjorie Heins and Christina Cho, *Media Literacy: An Alternative To Censorship*. Second edition, revised and updated, © 2003. Also available online at www.fepproject.org.

质量标准的方式，但是，另一部分将其看做是保护儿童不受好莱坞电影分散其注意力影响的方法。媒介素养教育当时被理解为一种"认知防御"，一种反对快速发展的文化工业涌现的公开的和令人不安的耸人听闻的报道和宣传形式。同时，媒介素养教育的"电影语法"方法得到发展，教育者开始使用商业电影教授学生理解电影的"建构本质"，并与文学和历史相联系。① 由此看出，此时媒介素养与文学和历史等内容领域的融合已经初见端倪。该时期虽已有数个"儿童观看电视"的课程计划，但并未普遍推广。②

由于媒介素养教育与教育技术发展应用的历史具有交叉性，我们可以从视觉教育中追溯美国媒介素养教育的早期历史。早在1922年，一位来自印第安纳波利斯的教师，已经将电影作为一种教学手段，教8年级学生的写作，并且具有明确的学习结果，包括"学生参与英语写作实践，发展评价电影的标准，促进对电影技术的欣赏"等。1933年，俄亥俄州大学教授埃德加·戴尔（Edgar Dale）出版了一本《电影与年轻人：如何赏析电影——高中生电影批评手册》(*Motion Pictures And Youth: How To Appreciate Motion Pictures: A Manual of Motion Picture Criticism Prepared for High School Students*)，在高中电影赏析课程中使用。但是，这一时期的媒介素养教育活动的出现只是零星的，不成规模的。③ 1954年，《英语语言艺术——课堂使用的电影》(*English Language Arts-Films for Classroom Use*) 手册在全国发行。④ 1955年，"媒介素养"一词首次出现在美国更优广播委员会（American Council for Better Broadcasts）的常规简报中。⑤

初期零星发展准备起飞阶段，也可以说是美国媒介素养教育的"防

---

① http：//www.frankwbaker.com/history_of_media_literacy.htm, 2013-5-19.
② 段京萧，杜骏飞：《媒介素养导论》，福建人民出版社，2007年。
③ Sherri Hope Culver, Renee Hobbs, Amy Jensen, *Media Literacy in the United States*, International Media Literacy Research Forum, 2010.
④ *English Language Arts-Films for Classroom Use*. http：//www.archive.org/stream/filmsforclassroo00virgrich/filmsforclassroo00virgrich_djvu.txt.
⑤ http：//www.frankwbaker.com/history_of_media_literacy.htm, 2013-5-19.

疫"阶段。在这一阶段，专家开始关注电影、电视内容对青少年的影响，试图通过"防疫"的策略来保护学生。媒介研究专家按照精英主义和艺术家的审美标准，粗暴地将媒介信息分为"好的"和"不好的"两种。对于"好的"信息，人们欣赏接受；而对于"不好的"信息，要求青少年避免接触。事实上，媒介素养在这一阶段并未被美国学者和家长认为是一个值得教育的学科①，所谓的"媒介教育"不过是家长或教师主动为学生呈现"好的"媒介信息和价值观，目的在于提高学生对于"不好的"媒介信息的免疫力。

这一阶段的美国，只有一些针对媒介对儿童影响的研究，尚未出现在小学中进行的媒介素养课程。早在1952年美国国会第一次就电视对青少年的影响举行听证会，但此次听证会并未对电视行业做出整改举措，也没有得到专家太大关注②；在1954—1955年第二次国会听证之后，美国参议院发布了一份报告，汇总电视节目中犯罪和暴力信息对儿童影响的多项研究，但并未得出一致的研究成果：有研究者发现看电视时间越长的儿童思想上暴力倾向越大，也有专家研究犯罪和暴力信息对儿童态度及儿童暴力行为的影响、犯罪和恐怖信息的累积对儿童性格的影响等③。1960年，麦克卢汉面向高中学生，开发了一门名为"理解新媒介"（Understanding New Media）的课程，但是这门课程被证实在学校使用太超前。在与美国教育总署和原卫生、教育与福利部的合同下，他为美国教育播音员协会写作了这个课程的资料。④ 1961年《电视在我们儿童生活中的影响》一书出版，美国传播学先驱施拉姆（Wilbur Schramm）及其同事以10个实证研究探究电视对青少年的知识沟、品位、价值观、成人化倾向、暴力引导以及成瘾行

---

① Ava Katherine Ward-Barnes, *Media Literacy in the United States: A Close Look at Texas* [EB/OL]. http://digitalarchive.gsu.edu/communication_theses/58. 2012-11-13.

② *Congress holds its first hearing on the effect of television on children* [EB/OL]. http://www.frankwbaker.com/history_of_media_literacy.htm. 2012-11-13.

③ *The Constant Reiteration of Horror and Violence: A Senate Report on Television and Juvenile Delinquency.* [EB/OL]. http://historymatters.gmu.edu/d/6559/. 2012-11-13.

④ http://www.frankwbaker.com/history_of_media_literacy.htm.

为的影响①。1964 年，随着卡尔金（John Culkin）等人第一次鼓动在美国学校进行媒介素养教育②，不同教学阶段的媒介素养教育才逐渐发展起来。1967 年美国在纽约建立了第一个小学电视制作工作室③，1968 年发起旨在帮助提高儿童电视节目质量的"儿童电视行动"④，1969 年"芝麻街"儿童教育节目在电视台播出⑤，都为美国小学媒介素养教育的开展准备了条件。

根据延森（Jill J. Jensen）⑥所撰写的文章⑦，在 20 世纪六十年代爱荷华州就有传媒素养教育的先驱者创制和开发了《今日媒体》高中课程，其中包含 50 个动手学习包。早在开拓时期，爱荷华州的教育工作者在教育领域处于领先位置。第一批定居者在这块土地上开垦一块地方，在一、二英里范围的农场内建立了一所学校。在 19 世纪 60 年代，爱荷华州特许了第一个政府赠地的高等教育机构——爱荷华州立大学。与爱荷华先锋精神相匹配，这所大学的课程对所有人开放，实用性强，通过扩展和外联可以让该州所有人都能选修大学的课程。一个世纪后，爱荷华教育家又在新兴的媒介教育领域中开辟了一条独特的、以模块为

---

① *Television in the Lives of Our Children* [EB/OL]. http：//books. google. com. hk/books? id = KyykAAAAIAAJ&pg = PA1&hl = zh – CN&source = gbs_toc_r&cad = 3 # v = onepage&q&f = false. 2013 – 4 – 10.

② John Culkin, SJ, *The Man Who Invented Media Literacy*：*1928 – 1993* [EB/OL]. http：//www. medialit. org/reading-room/john-culkin-sj-man-who-invented-media-literacy – 1928 – 1993. 2013 – 4 – 10.

③ *The First TV Studio in an Elementary School-Murray Avenue Elementary in Larchmont，NY was featured on the Today Show in 1967* [EB/OL]. http：//www. medialit. org/reading-room/first-tv-studio-elementary-school. 2013 – 4 – 10.

④ *Action for Children's Television* [EB/OL]. http：//en. wikipedia. org/wiki/Action_for_Children's_Television. 2013 – 4 – 10.

⑤ *"Sesame Street" educational TV series starts on educational TV stations in 1969* [EB/OL]. http：//www. frankwbaker. com/history_of_media_literacy. htm. 2013 – 4 – 10.

⑥ Jill J. Jensen 在 1973 年和 1974 年担任爱荷华西南部学习资源中心媒体总监（爱荷华州红橡树市），制作媒体组件以支持《今日媒体》课程，担任《今日媒体》课堂活动和学生个人媒体制作的教师和顾问，协助在《今日媒体》课程用户学校的教师培训。现在是一个独立的沟通顾问，Jensen 生活在爱荷华州的西得梅因（in West Des Moines, Iowa）。

⑦ Jill J, *Jensen. Iowa Educators Pioneer Media Now Curriculum*, http：//www. medialit. org/reading-room/iowa-educators-pioneer-media-now-curriculum#bio.

基础的课程，即《今日媒体》。

在20世纪60年代中期，在爱荷华西南部的小城市红橡树市，两位有远见的教育企业家，一位是中学教师霍纳（Bill Horner），另一位是K-12音视频专家柯蒂斯（Ron Curtis），接受赠款资金，向多个县的教师和教室提供教育视听材料。爱荷华西南部的学习资源中心（The Southwest Iowa Learning Resources Center，LRC）成为今天这一地区教育机构的前身，作为一个创新电影学习计划的社区场所。

爱荷华西南部的学习资源中心安置、安排并每日交付一个教学资源集，包括给九个县区学校提供的16毫米电影、幻灯片、教学用的电影胶片、学习包、投影片、录音带和书籍。工作人员还获得赠款，发展原创课程，提供教师培训，提供社区外展服务。

到了1968年，柯蒂斯协调媒体资源收集、与K-12教师合作和带领晚间电影学习班的经历，促使他为高中学生开发一个创新的媒体课程。社区电影学习班使得柯蒂斯联系到三个主要项目的合作者：德雷克大学电影研究教授科克伦（Russ Cochran），爱荷华州立大学电影史教授帕金斯，以及爱荷华州埃尔山中学教师霍尔菲尔德（Bill Hohlfeld）。

通过爱荷华州公共教育部，柯蒂斯根据初等和中等教育法案（ESEA）从美国教育办公室获得一个第三批项目（Title III）中的拨款，以支持创制、研究、评价和传播《今日媒体》，这是"首次"将高中生引入包围他们的媒体世界的课程。它还旨在使教师熟悉媒体问题、设备和类型，使他们能够在课堂上培养更多的自信和创造力。《今日媒体》有七个模块：

媒体硬件——相机如何工作和如何操作投影设备；

媒体制作——基本的镜头，故事板，编剧和编辑；

媒体类型——从影视到广播、印刷等多种类型的特点；

媒体评价——保持媒体日志和制定评价标准；

媒体解读——分析视觉资料、广告和宣传；

媒介美学——探索电影、电视、广播的艺术原则；

媒体演示——如何向观众呈现媒体信息。

但是《今日媒体》的核心是它的 50 个个性化学习活动包——每一个都包含完成特定教学活动所需的一切。例如，关于"照明"的学习包包含一个塑料头（Styrofoam head），加上一个关于如何为了各种情绪效果（戏剧的或可怕等效果）而使用照明活动的书。"基本的相机"学习包括一个制作你自己的相机的工具包和一个手提的可以看你的电影的看片机！

完整的课程包包括两本学生用书——一个学生学习活动指南（a Student Learning Activity Guide，SLAG）和一本学生学习活动的背景读物的书（a Student Learning Activity Book of background readings，SLAB），一个资源填充教师活动书，以及一本综合性媒体词典。通过一个独特的问题和颜色编码交织的参考系统，学生和教师用书以及活动包形成了一个独特的、全面的个体或小组学习计划，这个计划在其他任何地方都从来没有被复制过。

利用自我教育的新趋势，《今日媒体》帮助学生理解媒体文化的各个方面，并给学生提供动手机会，制作他们自己的媒体——写剧本，拍照，发展电影，记录和编辑录音，制作电影和视频，并评价和批判媒体信息，包括宣传。该课程可以作为一个学期的探索，全年的计划，或作为一个现有的学术内容领域内的个别模块。

课程设计强调个别化教学、绩效目标和做中学。测试和研究验证了课程。所有 50 个活动包整齐地装进三个大纸箱中，以便永久放置在任何教室内，或在学校或学区内来回搬运使用。

菲利普·刘易斯在 1973 年 3 月《美国学校》（Nation's Schools）杂志的一篇文章中描述了《今日媒体》。"强调自我教育是《今日媒体》课程的独特部分。创造性和独立思考的学生得到奖金和项目设计学习活动包……总共有 50 个包——基本上是让孩子自己以任何顺序和他们选择的速度做大部分工作的自学指南。"

该项目成为全国性的。大约在同一时间，《今日媒体》走出了小城市红橡树市，一个活跃的爱荷华大学法学教授约翰逊（Nicholas Johnson）被任命为美国联邦通信委员会（FCC）的成员。在他 7 年的任期内（1966—1973年），约翰逊成为一个直言不讳的公民意识与媒体参与的倡导者。他的书《如何跟你的电视机顶嘴》（How to Talk Back to Your Television Set），要求没有经验的人们和教育工作者成为具有电视语言和技术素养的人。约翰逊了解《今日媒体》课程，支持西南爱荷华学习资源中心（LRC）的工作，提供他的关于华盛顿特区的知识，来帮助柯蒂斯和霍纳（Horner）为他们的"视觉素养"工作和传播《今日媒体》课程而找寻美国教育办公室额外资金的努力。

西南爱荷华学习资源中心在本地制作《今日媒体》课程的各个部分，创制了将近500套，将其销售给全美国各地的学校和学区，以及在20世纪的70年代销售给加拿大和以色列的学校和学区。由美国教育部办公室提供的国家传播项目开发商示范补助和国家艺术基金会提供的资助使得西南爱荷华学习资源中心能够通过示范性学校网站、公开展示和教师培训推广课程。

西南爱荷华学习资源中心工作人员和《今日媒体》"销售人员"提供了美国全国各地的信息意识研讨会，介绍了国家和州媒体和视觉文化会议的课程。1973年，《今日媒体》课程获得总统国家辅助中心和服务咨询委员会（the Educational Pacesetter Award from the President's National Advisory Council on Supplementary Centers and Services）颁发的教育标兵奖。委员会主席巴兰坦（Arthur Ballantine）说，该奖项是为了奖励与创新、学生成绩、成本效益和项目管理有关领域项目的成功而设置的。巴兰坦指出，"这是对你们项目的特别致敬。这是从美国第三批的2000多个项目中遴选出来的，被认为值得其他学校系统复制和采用的"。

到20世纪70年代末，西南爱荷华学习资源中心的宣传资料强调了教师维斯特（John West）。维斯特在芝加哥的罗伯托克莱门特高中（Roberto Clemente High School in Chicago）教了三年的《今日媒体》课程。维斯特说："它获奖，就像没有其他种类的教学一样，因为学生就像没有其他的学生一样。你有一群想成为一个特殊的人的孩子，在写作、音乐、演讲、表演中运用他们独特的创作专长，把声音和视觉结合起来作为个人和团队交流的方式。所以你递给他们一台照相机，一个麦克风，一台录音机和投影仪，尽力帮助他们。如果你够幸运的话……他们中的一些人把一切都弄到一起了，制成精心制作、拍摄良好、表演良好、制作精良的影片或录像。这是一种很好的感觉。"

"如果产品足够好，在公共展示中赢得一席之地——无论是电影屏幕还是广播频道——这是教师和学生最希望得到的满足感和自我满足感。"

但到了上世纪80年代中期，西南爱荷华学习资源中心已经解散，《今日媒体》课程停止制作。媒体词典被单独卖给独立出版商。因为视频取代了16毫米电影，数字摄影简化了画面制作，课程及其组成部分已逐年过时。该包装件尘封在学校的壁橱、学区仓库和教职工的阁楼。

2005年，一套《今日媒体》课程包、教科书/指南档案在加利福尼亚州洛杉矶的媒体素养中心找到了一个家。媒体素养中心的创始人托曼说："《今日媒体》是一个了不起的课程，它见证了20世纪六七十年代两位杰出教师和他们所组建的团队的独创性和创新性。我想不出像它这样的东西了。我们很高兴能找到这个美国媒体素养史上重要的垫脚石。"

这一阶段，媒介素养先驱者诸如福德汉姆大学（Fordham University）的卡尔金（Father John Culkin）和波士顿大学的霍金森（Tony Hodgkinson）撰写了文章，并举办了暑期学院，启发了第一代媒体学者。卡尔金将加拿大媒体学者麦克卢汉邀请至美国福德汉姆大学待了一年对传媒素养教育思想的广泛传播起了很大作用。[1] 1969年，国家教育协会通过了一项决议，推荐批判性的观看课程以抵制媒体暴力的假定不良影响。[2] 这些都为开始起飞遍地开花阶段奠定了坚实的基础。

---

[1] Barry Duncan, *Review of Media Literacy: An Alternative to Censorship*, 1 st edition, Toronto: Ass'n for Media Literacy, 2002.

[2] Karen Klass, "National Education Association Activities in Receivership Skills Curricula," in *Education for the Television Age: The Proceedings of a National Conference on the Subject of Children and Television*, ed. Milton Ploghoft & James Anderson, Athens, OH: Cooperative Center for Social Science Education, 1981: 107.

(二) 开始起飞遍地开花阶段 (20 世纪 70 年代初—20 世纪 70 年代末)

20 世纪 70 年代初至 20 世纪 70 年代末，媒介素养教育走向了一个欣欣向荣的发展阶段。这一阶段人们花费在电视、电影等大众媒介上的时间越来越多①，人们开始思考媒介对人们生活的影响。人们对媒介的关注从最初的电影、电视拓展到其他媒介如杂志、广播上，开始对所有媒介形式进行学习和研究。一些学者和教师开始使用电影或者音乐作为教学主题，媒介被作为一种教学工具应用到学生课堂中，但媒介学习并未涉及有争议性的题材、种族和性等内容②。1975 年，福特基金会的一篇报告肯定了在美国学校进行大众媒介教育的必要性③。1976 年，美国发起了成人媒介素养教育课程：电视意识培训④ (Television Awareness Training)，主要教给家长有关广告、新闻、暴力、刻板印象等议题以及指导青少年使用大众媒介的方法，这被称为美国第一个当代媒介素养项目。1979 年，美国波士顿大学与健康教育福利部、美国教育部共同发起了"电视素养：批判性电视观看技能"⑤ (Television Literacy: Critical Television Viewing Skills)，这一项目曾试图为美国媒介素养做出课程指导，但最后宣告失败。即便如此，这个项目对美国媒介素养教育的发展产生了潜在影响力。

对美国小学媒介素养教育来说，这个阶段经历了从研究媒介对青少

---

① *Television History: The First 75 Years* (2009). *Television facts and statistics - 1939 to 2000.* Retrieved December 16, 2009 [EB/OL]. http://www.tvhistory.tv/facts-stats.htm. 2013 - 4 - 10.

② Ava Katherine Ward-Barnes, *Media Literacy in the United States: A Close Look at Texas* [EB/OL]. http://digitalarchive.gsu.edu/communication_theses/58. 2013 - 4 - 10.

③ *Ford Foundation report recognizes the need for mass media education in America's schools* [EB/OL]. http://www.frankwbaker.com/history_of_media_literacy.htm. 2013 - 4 - 12.

④ *Introduction: Television Awareness Training (TAT) -The Viewer's Guide for Family and Community* [EB/OL]. http://www.medialit.org/reading-room/introduction-television-awareness-training-tat. 2013 - 4 - 12.

⑤ *What is "Critical Viewing?" -From the introduction to the 1979 curriculum, Television Literacy: Critical Television Viewing Skills, Module 1* [EB/OL]. http://www.medialit.org/reading-room/what-critical-viewing. 2013 - 4 - 12.

年的影响到积极评价和学习媒介以及将媒介应用到小学课程中的转变。1974年《儿童和电视:〈芝麻街〉电视节目课程》(Children and Television: Lessons from Sesame Street)①出版，这是美国第一部研究电视对儿童成长的影响的学术著作，书中研究了儿童电视节目"芝麻街"的创作意图，探讨了节目效果和教育意义，为1976年美国纽约第一间儿童媒介工作室的成立②奠定了理论和实践基础。之后《新季节:积极利用商业电视教育儿童》(New season: The positive use of commercial television with children)(1976年)《批判性观看电视指南》(Inside Television: A Guide to Critical Viewing)(1980年)、《批判性电视观看:作用于文本的语言技能》(Critical Television Viewing: A Language Skills Work-a-Text)(1980年)等书③的出版更展现出学者对大众媒介尤其是电视在青少年成长中的积极意义的思考，针对媒介形式和内容的学习被逐步应用到小学教学中。

在这一阶段，媒介素养教育初步得到美国专家的认可和重视，专家们开始探究在小学实施媒介素养教育的内容和方法，以工作室的方式进行教学尝试，并未出现大规模的小学媒介素养教育课程。

在这一阶段，传播学开始在美国大学中兴起和发展，同时影响了K-12教育阶段的媒介素养教育实践。许多教育者被沃尔特(Walter)、麦克卢汉等人类学和社会科学的跨学科工作影响。这一阶段，麦克卢汉的研究深刻影响了英语教育的流行话语，尤其是引起了美国高中教科书开始探索广告、流行音乐和电影等内容。

---

① Children and Television: Lessons from Sesame Street [EB/OL]. http://en.wikipedia.org/wiki/Children_and_Television:_Lessons_from_Sesame_Street. 2013 - 4 - 12.

② The Children's Media Workshop opens, by John Schaefer (director, co-founder), in New York City [EB/OL]. http://www.frankwbaker.com/history_of_media_literacy.htm. 2013 - 4 - 12.

③ "Inside Television: A Guide to Critical Viewing" is published by WGBH (Boston) and the Far West Laboratory for Education Research And Development; "Critical Television Viewing: A Language Skills Work-a-Text" is produced by WNET/Thirteen (New York) and published by Cambridge The Basic Skills Company [EB/OL]. http://www.frankwbaker.com/history_of_media_literacy.htm. 2013 - 4 - 12.

(三) 紧缩开支坚持积累阶段 (20 世纪 80 年代初—20 世纪 80 年代末)

20 世纪 80 年代,关于大众媒介与文化的态度开始转变,逐渐摆脱长期以来认为媒介和娱乐文化是"与技术主导强加的线一起重塑人的个性"因而需要被讨厌、恐惧和拒绝的观点。在英语世界中,这一代的教育者整体开始不仅承认电影和电视是新的、合法的表达和传播形式,而且开始在高等教育、家庭教育以及 K-12 和课后的环境中,探索促进严肃探究和分析的实践方式。

这一时期,美国的教师们开始将媒介引入课堂,他们向学生们提出了一些有关媒介内容的影响力及意义形成的批判性问题。① 1970 年,纽约公共电视台 WNET 举办培训班,帮助教育工作者将电视引入课堂,该项目在美国教育部的支持下得到扩展。1980 年以后,具有示范性的电视教育课程陆续推出。同时,民间的媒介素养教育组织开始兴起,包括"圣弗朗西斯科媒介素养教育基地"(1987 年)、"媒介和价值中心"(1989 年),这些组织开始致力于开发媒介素养教育材料,进行师资培训,等等。此时的媒介素养教育课程数量少,规模小。民间组织的行为力量分散,未形成全国性的组织。

这一时期,大众媒介的内容由娱乐和政治转向更加商业化,人们开始关注媒介信息的意义,从而推动了媒介素养教育的快速发展②。从这个阶段起,媒介素养运动迭起,人们意识到在学校进行媒介素养教育的重要意义。媒介素养教育关注的重点也从对"不好的"信息的防疫转变成对媒介信息的批判性思考,施行媒介素养的主体回到了教师、专家和一些组织上,媒介教育的内容是探究媒介在语言艺术、社会、政治、健康、科学等科目中的应用和影响。

美国小学媒介素养教育也开始蓬勃发展。美国 1981 年开发了第一

---

① J. Z. 爱门森 (陈国明译):《美国的媒介素养教育》,《中国传媒报告》,2008 年。http://academic.mediachina.net/article.php?id=5846.

② Chen, G. M., Media (literacy) education in the United States [J]. China Media Research, 2007, 3 (3): 87-103.

个电视广告课堂活动"我恨你,但是我爱你:电视和李斯特(美国一个漱口水品牌)"①,1984年提出了"教会青少年关于电视的五个重要议题"②等方案。

但是,这一时期,传媒素养教育项目的资助也受到了包括政治界人士在内的一些人的质疑,认为教学生批判地观看电视是一种资金浪费和资源浪费的行为,所以,这一时期传媒素养教育项目的实施和传媒素养教育的发展出现一定程度的抑制,但这种抑制并没有完全阻碍一些对传媒素养教育有着很大热情和信念的教育工作者继续为探索传媒素养教育的发展而努力,事实上这一阶段也出现了一些新的项目进展。

(四)快速扩张繁荣发展阶段(20世纪90年代至今)

进入20世纪90年代后,美国的媒介素养教育逐渐获得多元动力,开始呈现快速发展态势,主要表现在以下几个方面:

首先,越来越多的教师与学者参与到国内外的媒介素养教育运动中。一方面,美国的国内会议以及媒介教育的范围也在这一阶段中得到了快速的发展。除了各州的不同组织之外,阿斯彭研究所(Aspen Institute)于1992年组织了第一届"全国媒介素养领导人会议"。这次会议将教育者们聚在一起,为美国发展媒介教育提供指导方针。另一方面,美国媒介素养教育者积极参与国际性和地区性的会议,分享媒介教育方面的知识、策略、研究和课程。

其次,美国媒介素养教育组织数量与规模扩大,成为推动国内媒介素养教育的重要力量。"公民媒介素养"、西北媒介素养研究所,还有一些大学传播系的课程项目(如旧金山的"媒介素养策略",奥克兰的"国家媒介教育联盟","国家媒介素养计划"以及纽约的"媒介教育中心")都出现于90年代。其中,"媒介素养研究中心"在这一时期成为

---

① *I Hate It, But I Love It: Television and Listerine-A teacher-turned communicator explores the challenge of media education in the Catholic Church* [EB/OL]. http://www.medialit.org/reading-room/i-hate-it-i-love-it-television-and-listerine. 2012 – 12 – 11.

② *Five Important Ideas To Teach Your Kids About TV-Everyone tells you to talk with your kids about TV* [EB/OL]. http://www.medialit.org/reading-room/five-important-ideas-teach-your-kids-about-tv. 2012 – 12 – 11.

全美媒介素养研究的领头羊，在引导美国媒介素养教育理论及实践方面发挥了重要作用。

最后，媒介素养教育实践发展迅速。师资培训、教材编制、课程开发、课程实施与评价等实践活动增多。"媒介和你：初级媒介素养课程""任务：媒介素养"等课程陆续面世。

目前，在美国的许多地区，媒介素养已经作为一门独立课程或核心课程的一部分进入大、中、小学的课堂。但是，由于受到预算和社会服务的减少、课程的饱和等因素的限制，美国的媒介素养教育纳入学校课程的范围和程度仍旧有限。一般而言，教师依靠自己的力量发展媒介素养教育课程，获得管理支持、职业发展和正式教师培训的机会不多。①

1991年，美国第一本小学媒介素养教材《媒介与你》②（Media & You）出版，其中包括媒介素养课程计划和活动指导。1992年，第一届"国家媒介素养领导人会议"的召开③，标志着美国媒介素养教育走进全面化和系统化发展的阶段。就是在这次会议上，专家们提出了"媒介素养是一种近用、分析、评估和创造媒介的技能"——这一媒介素养经典定义。1993年哈佛大学设立了美国第一个媒介素养教育机构④，同年，美国第一个媒介素养教育项目在新墨西哥州成立⑤。在美国媒介素养教育历史中，另一个值得记载的事件是美国联邦直面青少年毒品问题运动。通过这次运动，媒介素养被作为国家政策的一部分来解决青少年毒

---

① Allison Butler, *Media goes to school: Young People Make Meaning of Media & Urban Education*, Peter Lang Pub Inc. Dec 2009. 33.

② *An Elementary Media Literacy Curriculum text published; includes lesson plans and activities* [EB/OL]. http://www.frankwbaker.com/history_of_media_literacy.htm. 2012-12-11.

③ Aufderheide P., *Media Literacy. A Report of the National Leadership Conference on Media Literacy* [M]. Aspen Institute, Communications and Society Program, 1755 Massachusetts Avenue, NW, Suite 501, Washington, DC 20036., 1993.

④ *Harvard University hosts first US Media Literacy Teaching Institute* [EB/OL]. http://www.frankwbaker.com/history_of_media_literacy.htm. 2012-12-11.

⑤ *Live Long And Prosper: Media Literacy in the USA* [EB/OL]. http://jcp.proscenia.net/publications/articles/medialit.html. 2012-12-11.

品问题①。之后美国涌现出多个媒介素养机构，如1997年建立的"媒介素养合作者"（The Partnership for Media Education）、2000年建立的"美国媒介素养联盟"（Alliance for a Media Literate America）等，这些机构对于组织家长、教师以及专家进行媒介素养教育发挥了重要的作用。在1995—2000年期间，美国举办了全国第一届②、第二届③媒介素养大会，出版了第一本在美国教育背景下进行媒介素养教育的书籍④，为美国媒介素养教育联盟的形成和发展壮大做出了巨大贡献。

从2000年至今，美国在新的政府利益支持下，专业化组织和教育机构有了质的发展。《媒介素养：一个改变的系统》⑤（Media Literacy: A System for Change）的发表，提供了设计媒介素养课程的基本方法。美国涌现出了一大批媒介素养教育组织，国家电视媒体委员会（National Tele-media Council）、公民媒介素养（Citizens for Media Literacy）、西北媒介素养研究所（Northwest Media Literacy Institute）和阿斯彭研究所（Aspen Institute）等都是典型代表⑥；美国媒介素养中心（Center for Media Literacy，CML）开发了可适用于美国各个学科和年级的媒介素养包（MediaLit Kit™），发表了《改变世界的五个关键问题》（Five Key Questions That Can Change the World），在洛杉矶里奥波利蒂小学顺利实

---

① Considine D M. Media Literacy: National Developments and International Origins [J]. Journal of Popular Film and Television, 2002, 30 (1): 7-15.

② First National Media Literacy Conference-Boone, NC-1995-Three-Day Event "Sows the Seeds" for Future Growth By Marieli Rowe [EB/OL]. http://www.medialit.org/reading-room/first-national-media-literacy-conference-boone-nc-1995. 2012-12-11.

③ 1996 National Media Literacy Conference / Los Angeles: Summary Report-From 31 states and 6 countries they came to LA to learn, to share, to network- and to go back home inspired! [EB/OL]. http://www.medialit.org/reading-room/1996-national-media-literacy-conference-los-angeles-summary-report. 2012-12-11.

④ Literacy in a Digital World (Book Review) -Book by Kathleen Tyner is First to Outline Media Literacy in U.S. Educational Context Book Review by Elizabeth Thoman [EB/OL]. http://www.medialit.org/reading-room/literacy-digital-world-book-review. 2012-12-11.

⑤ Media Literacy: A System for Change [EB/OL]. http://www.medialit.org/media-literacy-system-change. 2012-12-11.

⑥ 陈晓慧，袁磊：《美国中小学媒介素养教育的现状及启示》，《中国电化教育》，2010年第9期。

施了SMARTArt项目,并将媒介素养的内容融合到美国中部语言艺术标准(McREL Language Arts Standards)中①。

在美国媒介素养教育发展的大环境下,媒介素养教育从保护青少年到积极学习媒介再到大规模开展媒介素养教育项目转变。与其他年龄段的学生相比,青少年是美国媒介素养教育体系中非常重要的对象。首先,在正式的媒介素养教育被大规模认可和重视之前,媒介教育主要是通过帮助青少年儿童免受电视、电影等大众媒介的不良影响进行的,这从早期的媒介教育书籍和活动中就可看出来。其次,美国媒介素养教育初期就建立了一系列与青少年儿童相关的机构和组织,如美国第一个媒介研究机构儿童媒介工作室、美国第一个电视研究课程和媒介/广告素养意识项目都是针对青少年儿童的。因而,从某种意义上来说,青少年儿童是美国媒介素养教育甚至是世界媒介素养教育的起点,同时也将成为媒介素养教育的最大受益者。

三、美国传媒素养教育特点

总体来看,美国传媒素养教育的特点与欧美其他国家的发展特点类似。以下从几个大的方面对其特点展开论述。

(一)通过媒介素养运动和组织推进

通过研究美国中小学媒介素养教育发展历史,我们不难发现,美国中小学媒介素养教育进程是随着媒介素养运动的发展不断推进的。而媒介素养运动常常是以解决现实问题为目的,由独立的专家或组织发起,首先结成一定范围的组织联盟,召开具有一定影响力的会议,继而得到国家政策制定者的重视和肯定,颁布相关政策和法规,鼓励更多组织和机构投身媒介素养教育中,最终推动整个国家的媒介素养教育发展。

---

① *Media Literacy Finds a Home in McREL Language Arts Standards-By Elizabeth Thoman* [EB/OL]. http://www.medialit.org/reading-room/media-literacy-finds-home-mcrel-language-arts-standards. 2012-12-11.

第一章 美国中小学传媒素养教育背景

从运动性质来说，早期的美国媒介素养教育组织具有草根性和自发性，① 主要由个人或组织发起，是媒介素养教学实践和理论研究启蒙的先行者；中期的媒介素养教育组织具有开放性和团结性，多个媒介素养机构和组织定期召开会议，交流讨论，结成媒介素养教育联盟，是美国媒介素养教育由点到面的有力推动者；后期国家颁布相关政策法规后，媒介素养组织则担当起美国媒介素养教育的重任，接受商业或非商业的赞助②，与学校或社区合作，制定课程标准，开发媒介素养课程，实现媒介素养教育目标。如国家电视艺术和科学学术会③（1994）、时代华纳电缆和学习频道④（1995）、疾病控制中心⑤（1998）、西南教育出版与CNN合作⑥（2000）、电缆教室⑦（2002）等项目都曾经为美国小学媒介素养教育制定出一系列课程计划。

（二）从社会问题出发设置媒介素养内容

从课程内容上来说，美国的媒介素养教育具有批判性和实用性，看

---

① 张开：《从草根运动到政策推动——全球媒介素养教育正走向理性化的发展道路》，《现代远距离教育》，2012年第4期，第38—46页。

② 美国媒介素养联盟（AMLA）和媒介教育行动联合会（ACME）是美国媒介素养两大组织，前者鼓励媒介素养机构与商业媒介集团合作，CML、SWAMP都属于此联盟；后者则拒绝任何来自商业的资助，与媒介集团和公关系统都保持独立。参见王文科，赵莉：《美国媒介素养运动的发展和启示》，《中国广播电视学刊》，2009年第4期，第42—44页。

③ "Creating Critical Viewers" media literacy curriculum initiative started by the National Academy of Television Arts & Sciences (NATAS); rolled out at NATAS regional member sites [EB/OL]. http://www.frankwbaker.com/history_of_media_literacy.htm. 2012-12-11.

④ "Creating Critical Viewers" media literacy curriculum initiative started by the National Academy of Television Arts & Sciences (NATAS); rolled out at NATAS regional member sites [EB/OL]. http://www.frankwbaker.com/history_of_media_literacy.htm. 2012-12-11.

⑤ Centers for Disease Control produces and distributes "Media Sharp: Analyzing Tobacco & Alcohol Messages": a media literacy curriculum kit for health educators [EB/OL]. http://www.frankwbaker.com/history_of_media_literacy.htm. 2012-12-11.

⑥ South-western Educational Publishing, in collaboration with CNN, produces "Media Matters: Critical Thinking in The Information Age" curriculum [EB/OL]. http://www.frankwbaker.com/history_of_media_literacy.htm. 2012-12-11.

⑦ Cable In the Classroom launches Media Literacy 101, an online primer and releases: Thinking Critically About Media: Schools and Families In Partnership [EB/OL]. http://www.frankwbaker.com/history_of_media_literacy.htm. 2012-12-11.

重知识性和技能性，也具有较强的系统性和针对性。美国的媒介素养教育善于根据不同年龄、不同层次的学生，设计不同难度和重点的教育主题和内容。美国的媒介素养教育从内容上主要分为儿童阶段、初中阶段、高中阶段和成人阶段四个阶段。① 美国的媒介素养内容依托于当时的社会环境和现实，以解决实际问题如暴力、色情等媒介不良影响为目的，教给学生媒介素养分析框架，引导学生利用媒介为自己所用，推动媒介素养教育新范式的发展。

美国各州推行媒介素养教育的目的并不统一，其中加利福尼亚州将媒介素养作为抵抗电视暴力的武器，夏威夷州则将媒介素养作为避免种族歧视的工具②。霍布斯在马里兰州的小学媒介素养教育项目就是政府受到1999年科罗拉多科隆比纳高中枪击案的警示，而与探索频道合作的③；21世纪初，美国教育部和国家艺术中心为在全国范围内消除媒介暴力对青少年的影响，组织美国加利福尼亚州南部的三个组织，在洛杉矶一所小学合作推行了SMARTArt项目。

（三）离不开国家支持和专业化发展

从媒介素养实施效果来说，美国的媒介素养教育离不开国家对相关内容的制度化和政策化要求，也离不开媒介素养教育的专业化、系统化和大众化发展。1995年美国全国毒品防治政策办公室在白宫主办了一次全国性会议，将媒介素养定为国家政策实施的一部分，以帮助青少年减轻毒品对其的影响。1996年，国家英语教师委员会和国际阅读联盟

---

① 美国不同阶段的媒介素养教育内容不同，在中小学阶段的主要内容包括：了解并辨识广告的心理影响；区别事实与虚构；辨识与理解不同或相对观点的呈现；理解电视节目的形态与内涵，如：戏剧、纪录片、公共事务讨论、新闻；了解电视与印刷媒体之间的关系；区分节目的元素（如配乐、特效、化妆、布景、道具等）；对自己的电视观看行为有所了解并给予评估。参见蔺艳茹，王清，施勇：《北美中小学媒介素养教育课程分析及启示》，《中小学电教》，2009年第4期，第37—39页。

② *Live Long And Prosper：Media Literacy in the USA* [EB/OL]. http://jcp.proscenia.net/publications/articles/medialit.html. 2012 - 12 - 11.

③ 张学波：《媒体素养教育的课程发展取向研究》，华南师范大学博士毕业论文，2005年。

（NCTE/IRA）制定的英语语言标准强调了视觉素养的重要性①，国家传播协会（NCA）也在同年开发了 K-12 媒介素养教育标准②。之后，其他一些学习标准，如国家委员会专业教学标准（2003）③、美国文凭项目（2004）④、大学委员会英语语言艺术课程标准（2006）⑤ 都肯定并包含了媒介素养的内容。2000 年，美国媒介教育部和国家艺术基金会更是拿出 100 万美元赞助 8 个州进行媒介素养项目，以"帮助青少年更好地理解和解释电子媒介内容，包括暴力内容"⑥。

正是国家政策和法规的支持，截至目前，全美国 50 个州的小学课程标准中都至少包含一种媒介素养内容。美国的媒介素养教育走的是职业化和专业化道路，定期举办专门的媒介素养教育教师培训，这是媒介素养教育能够顺利、广泛推行的重要保障。美国的媒介素养教育更是深入到社区、家庭，力求覆盖到各个层次的人群，提高媒介素养教育的普

---

① NCTE/IRA Standards for English Language Arts recommends visual literacy: "Teaching students how to interpret and create visual texts…is another essential component of the ELA curriculum." [EB/OL]. http：//www.frankwbaker.com/history_of_media_literacy.htm. 2012-12-11.

② The National Communication Association (NCA) develops standards for media literacy in K-12 education [EB/OL]. http：//www.frankwbaker.com/history_of_media_literacy.htm. 2012-12-11.

③ The National Board of Professional Teaching Standards (Adolescent and Young Adult, English Language Arts standards) recognized the importance of media and visual literacy [EB/OL]. http：//www.frankwbaker.com/history_of_media_literacy.htm. 2013-3-10.

④ The American Diploma Project includes "viewing" and "producing" in its English and Communication benchmark recommendations. [EB/OL]. http：//www.frankwbaker.com/adp_communications.htm. 2013-3-10.

⑤ College Board's Standards for College Success (in English Language Arts/Media Literacy standards) recognizes media literacy education: "To be successful in college and in the workplace and to participate effectively in a global society, students are expected to understand the nature of media; to interpret, analyze, and evaluate the media messages they encounter daily; and to create media that express a point of view and influence others. These skills are relevant to all subject areas, where students may be asked to evaluate media coverage of research, trends, and issues." (Source: pg 171, College Board's Standards for College Success: English Language Arts: Media Literacy Standards) [EB/OL]. http：//www.frankwbaker.com/history_of_media_literacy.htm. 2013-3-10.

⑥ US Department of Education and National Endowment for the Arts distribute almost one million dollars in grants to projects in 8 states to "help young people better understand and interpret the artistic content of electronic media images -including those that contain violence" [EB/OL]. http：//www.frankwbaker.com/history_of_media_literacy.htm 2013-3-10.

及程度，成为全民终身教育①。

（四）以融合课程为主

从媒介素养课程形式来说，将媒介素养融合到现有传统学科中的融合课程所占的比例很高。尤其是20世纪80年代在全国范围内进行以标准为基的课程改革②以来，媒介素养融合课程呈现出以标准为基的特点。这是因为已有的、确定的传统学科课程标准为媒介素养融合课程的设计和开发提供了框架，使得媒介素养教育不至于无迹可寻；再者随着时代的发展，各个州的课程标准中渐渐已经包含有媒介素养的相关内容，这为媒介素养教育的实施提供了切实的指导和帮助；另外，确定的课程标准还为媒介素养评估提供了明确的指导，降低了媒介素养作为一门新学科评估的难度；更重要的是，以标准为基的媒介素养融合课程模式能够跨越不同学科之间的限制，将媒介素养统整到各个学科进而延伸到学生的生活中去。这种融合方式是在原有课程标准的基础上进行的，强调对原有标准的达成，同时兼顾新的课程要求，其优势在于整合的标准适用性更强，新内容可以融合到所有已有的相关课程中。

2001—2004年在美国加利福尼亚州洛杉矶学区里奥波利蒂小学实施

---

① 王文科，赵莉：《美国媒介素养运动的发展和启示》，《中国广播电视学刊》，2009年第4期，第42—44页。

② 以标准为基（standard-based）也叫标准本位，最初来源于美国在20世纪80年代因为整个国家学生成绩下降而进行的课程改革。以标准为基的教育改革始于1983年"里根时代"发表的《国家处于危险之中，教育改革势在必行》，经过老布什的《美国2000年目标》，再到"克林顿时代"的《2000年目标》等法案，最终2001年小布什政府颁布了《不让一个孩子掉队》的教育法案，确定了以标准为基教育改革的要求和内容：1）标准应该规定学生需要知道、理解和能够做的事情；2）标准应该是发展变化、与未来求职和教育相关的；3）所有学生都应该被确信有能力学习并达到高标准要求，学习能力不同的学生都应该得到相应程度的教育；4）标准里应该包括指导学生学习信息和技能的方法；5）优势和公平都应该得到尊重，尽量避免种族歧视和偏见；6）专业的教师是必需的，来使得决策能够有效执行；7）学生的进步应该依托于他们的实际学习成果而不是他们的年龄、同伴的成功或者传统要求。法案颁布后，全美国教育系统各个层次的管理者都开始忙于制定具体的标准，规定学生应该了解和掌握的知识和技能，一般包括规定各学科学生应该掌握的内容标准（content standard）、规定课堂中教师教学内容的课程标准（curriculum standard）和确定学生掌握的内容是否达标的成绩标准（performance standard）三类。截至2003年，全国50州均制定了具有本州特色的课程标准，其对象几乎涉及全美所有中小学生。

的 SMARTArt 项目是美国历史上第一个将媒介素养融合到已有艺术课程中的小学项目①，整个项目从课程标准的融合和制定、课程实施、课程评估以及专业化发展方面都有很完整的记录和研究。

第三节 美国传媒素养教育机构

今天的美国媒体素养是非营利倡导团体、课程材料的营利性提供者和各种州和地方举措拼凑而成的东西，其中少数得到联邦资助。然而，运动正在增长。新思想和新能源比比皆是，伴随着众多青年艺术和新闻项目，媒体素养越来越被理解为教育青年的重要组成部分。下面是主要媒体素养组织（我们不试图确定每一个与该问题有关的组织）、四个州的发展和国际舞台的描述。②

一、国家电信委员会

国家电信委员会（www.nationaltelemediacouncil.org，NTC）是最早的全国媒体素养组织，可追溯到 1930 年代威斯康星更优广播电视协会成立（the Wisconsin Association for Better Broadcasting），后来在 20 世纪 50 年代发展成为美国更优广播委员会（American Council for Better Broadcasts，ACBB）。ACBB 在 1983 年成为国家电信委员会，开始与教师合作，将媒体素养引入课堂。为了避免对什么节目"好"或"坏"的过于简单的判断，NTC 倡导"重视反思教育与合作而不是与媒体业对抗"的哲学。③ NTC 仍设在威斯康星州麦迪逊（Madison, Wisconsin），出版了媒体素养杂志

---

① Frank W. Baker, *Media Literacy in the K-12 Classroom* [M]. Washington: International Society for Technology in Education, 2012: 36.
② 这一节参见 Marjorie Heins and Christina Cho, *Media Literacy: An Alternative To Censorship*. Second edition, revised and updated, © 2003. Also available online at www.fepproject.org.
③ "About The National Telemedia Council," n.d, www.nationaltelemedia council.org/aboutntc. htm（accessed 8/21/03）; Brown, J. A., *Television "Critical viewing skills" education: major media literacy projects in the United States and selected countries*, Mahwah, New Jersey: Erlbaum, 1991: 173–175.

《电信媒介》（*Telemedium*），为教育工作者和家长协调讲习班。在2003年11月，它主办了五城市关于媒介素养的新方向的交互式电话会议，包括诸如"新媒体与数字文化"和"检验民主的限度"。

二、媒体素养中心

媒体素养中心（Center For Media Literacy）的前身是媒体与价值观中心（www.medialit.org）。1989年，托曼（Elizabeth Thoman）《媒体和价值观》的杂志，发展成为媒体与价值观中心，其主要目的就是生成和分发媒介素养课程。该中心为教师、社区领袖、教育团体、教会或犹太教师开发的每个"媒体素养研讨会套件"，都在回应一期《媒体与价值观》杂志的问题，包括一般性的（"如何分析新闻媒体"）到更尖锐的问题（"销售成瘾：烟草和酒精广告研讨会工具包""冲突的影像：从海湾战争的报道中学习"）。成套工具包括课程和活动计划、为教师而作的手册和背景材料、讲义和视频。

1992年与全国天主教教育协会的合作导致了一个雄心勃勃的课程包，题为"天主教与媒体素养的联系"。1993年，在慈善卡耐基公司和其他基金会的帮助下，该中心出版了《超越指责：挑战媒体暴力》（以下简称为《超越指责》），这是一个综合性的课程，基于标准化的视频片段集，针对4年级到青少年/成人。旨在让观众"从意识到行动"，从被动到参与，从否定到接受责任，因为我们每个人都可以作为个人，作为父母，作为公民，作为我们媒体主导社会的参与者来承担责任。《超越指责》号召学生研究电影、卡通片、音乐录像、新闻广播和戏剧节目中的暴力行为。具体主题包括电影的英雄主义的表现、暴力侵害妇女图像、各种编辑技巧的效果和学生自己的观察习惯。[1]

《超越指责》出版的这一年，三个堪萨斯城市的课外活动项目，分别在一个男女俱乐部、一个天主教教区和一个高危青少年中心实施——

---

[1] Beyond Blame, *Challenging Violence in the Media*, http://www.ithaca.edu/looksharp/library/vsg3.html (accessed 8/21/03); "History of the Center for Media Literacy," http://interact.uoregon.edu/MediaLit/mlr/readings/articles/medialit.html (accessed 8/21/03).

指导课程的中学部分。根据课程开始时所做的一项调查，75 个学生中的 17% 坚持认为暴力是解决冲突的"好办法"；八周结束时，这个数字降到了 6.9%。① 1994 年，该中心改名为媒体素养中心（CML），反映出其焦点从出版《媒体与价值观》向发展课程方面的转变。随着图书和录像课程开始出版，该中心认识到需要一个有效的向学校和教师宣传和传播材料的分配制度。从第一个八页的具有自己的媒体素养研讨会套件收集特点的目录，该中心的年度资源目录已增长到 40 页，现在是该领域的一本权威的"图解书目"。该中心的主席乔尔斯（Tessa Jolls），与两个教育资源分销商结成联盟，扩大中心的外联，每年外联的教师达到一百多万人。② 该中心不采取简单的保护主义做法。它的一个案例研究，"在天主教学校环境中建立媒体素养"指出，"媒介素养的核心是知情调查"和"媒介素养是审查、抵制或指责媒体的一种替代性选择"。托曼在另外一篇媒体素养中心的文章中写道："因为每个人的年龄、教养和教育，没有两个人看同一部电影，或者在收音机里听到同一首歌……这个概念改变了电视观众只是被动的'沙发土豆'的观念。"③

三、媒体教育基金会

麻州大学传播学教授杰哈利（Sut Jhally）在 1991 年创办该基金会。媒体教育基金会（MEF，www. mediaed. org/index_html）旨在于一个日益受到企业媒体巨头和跨国并购支配的传播景观面前增强媒体素养。1990 年，杰哈利已经创制了一个 55 分钟的录像带，这个录像带是从音乐视频片段中挑选出来，用他自己的叙述，以便在他审视大众文化中的性别歧视和暴力形象的课程中使用。这个视频的名字是《梦境：摇滚视频中的欲望、性别和权力》（*Dreamworlds*：*Desire/Sex/Power in Rock Video*），

---

① "Media Literacy Workshop Kits," http：//www. medialit. org/mediavalues_foundation. html#workshop_kits（accessed 8/21/03）.

② "About CML," www. medialit. org/about _ cml. html（accessed 8/22/03）; telephone communication with Elizabeth Thoman, Sept. 18, 2003.

③ "Establishing Media Literacy in a Catholic School Setting," http：//www. medialit. org/reading_room/article505. html（accessed 8/21/03）.

它起初在杰哈利的马萨诸塞大学同事中间流传,但他最终把该视频卖给了全国各地大学的传播和妇女研究部门。

全球最大音乐电视网 MTV 要求他停止分发录像带并召回已经发行的录像带,根据是他侵犯了他们的版权。杰哈利拒绝召回,争辩说他以学术批评为目的复制了录像片段在著作权法中的"合理使用"条款下是合法的。最后,MTV 没有采取法律行动(也许,在某种程度上,正如媒体教育基金会网站所建议的,因为该频道当时正在进行自己的反审查活动)。

到 2002 年,媒体教育基金会正在制作和分发 40 多个教育视频,有许多随附的学习指南。其中包括对媒体信息的批评,如,《成篇的谎话:烟草广告》、《米老鼠的垄断》(探讨迪士尼电影中种族、性别和阶级的塑造方式)和《笔直而狭窄》(*Off the Straight and Narrow*)(透视当代电视节目中的同性恋形象)。媒体素养教育者的其他资源包括一个录像制作指南《传递信息》。今天的媒体教育基金会最初主要通过贷款提供资金,现在得到它的视频销售收入以及私人捐助和马萨诸塞人文科学基金会等赠款的支持。①

四、媒体教育中心

媒体教育中心(CME,www.cme.org)由蒙哥马利(Kathryn Montgomery)成立于 1991 年。其主要活动是生成研究和信息材料,这些材料是关于"迅速发展的数字媒体时代的儿童和青年的潜力和危险"。例如,在 1997 年的一个被称为"网络上的烟酒:对年轻人的新威胁"的研究中,媒体教育中心研究人员研究了这些烟酒促进网站用于吸引年轻人的策略。研究报告说,一个网站具有"一个与一个红色的'网络啮齿动物'远离公路的狂野之旅"的特点,穿越一个沙漠,沙漠上散落着龙舌兰酒瓶子和其他奎尔沃(Cuervo)商品图标。另一个网站采访了摇滚歌星,伴随着对啤酒的"源源不断的促销"。

---

① "*About MEF*," 2001, www.mediaed.org/about(accessed 8/21/03)。

媒体教育中心提出了暴力媒体内容还原观具有一致的不利影响，它不是媒体素养运动的一个组成部分。它的建议更侧重于监管而不是批判性地分析媒体。虽然酒精和烟草的报告确实建议"家长和教育工作者……帮助我们国家的年轻人了解这些新的危险"，这也表明，美国联邦贸易委员会调查"不公平和欺骗性的广告"，美国食品药品监督管理局"仔细监测在线烟草促销活动……制定保护青年所需的任何额外保障措施"，而烟草公司则"避免在互联网上推销和促销他们的产品"①。

五、媒介素养公民

由原北卡罗来纳大学阿什维尔记者和现在是执行董事的博文（Wally Bowen）成立于1991年。媒体素养公民（Citizens for Media Literacy, CML, www.main.nc.us/cml）倡导媒介素养作为一种培养积极质疑企业权力和消费文化的参与公民的工具。它的一个早期项目是《开始新生活》连环漫画册，这本漫画书通过一个幕后的电视旅行跟踪一个十几岁的年轻人。该漫画可在媒体素养公民网站上、2002年受到讽刺的第一频道，以及针对青年的其他商业媒体产品上查阅。

除了为媒体素养教师举办本地研讨会外，媒体素养公民促进自由表达和获取信息，向记者和活动家提供咨询，例如，关于信息自由与公开记录法，就"扭曲、分心和民主"和"公民需要了解第一修正案什么"等主题发表演讲。媒体素养公民维护"山区信息网络"，为北卡罗来纳西部山区社区提供免费上网服务。它得到了非营利组织"北卡罗来纳公共利益"、私人雷诺兹基金会的和北卡罗来纳人文理事会的资金。

博文批判媒介素养教育运动是一个"相当孤立和自足的小圈子的媒体工作者"，排除了更广泛的学者、教师、公共卫生倡导者、图书馆员、记者、父母和其他有兴趣挑战大众传媒系统的公民。他称大多数美国媒体素养举措"规模缩小""政治上比较可行"。他将此归因于不愿意太过

---

① "Alcohol and Tobacco on the Web: New Threats to Youth," Executive Summary, Center for Media Education, Mar. 1997, www.cme.org/children/marketing/execsum.html (accessed 8/21/03).

尖锐地批评媒体业。他在媒体素养公民以前的时事通讯《新公民》(*The New Citizen*)中写道,面对媒体行业同事们的压力我们也不能幸免。"事实上,一些美国的媒体教育工作者把媒体产业视为资金的一个主要来源。"①

六、当心项目

当心项目(Project Look Sharp)基于伊萨卡学院的电视效果研究中心,专注于提供员工发展资源,例如关于身体形象和网络信息可信度等具体问题的研讨会。当心项目也组织密集的暑期课程和小型课程,参与的教育工作者起草自己的融入媒介素养教育的课程。该组织出版了一本小册子,概述了在现有课程中整合媒体教育的"12项原则"。它解释了当心项目的"在整个学年中随时随地在所有年级的水平的课程中融入媒体素养的哲学理念",而不是把它作为一门独立的学科来介绍。目的是使教育更有效,并减轻教育工作者的负担。"教育工作者已经不堪重负一个完整的课程的要求。"②

七、媒体素养评论

媒体素养评论(Media Literacy Review)的前身是媒介素养在线计划[the Media Literacy Online Project(interact. uoregon. edu/MediaLit/mlr/home)]。总部设在尤金(Eugene)的俄勒冈大学先进教育技术中心,由费灵顿(Gary Ferrington)指导。媒体素养评论旨在"向教育工作者、生产者、学生和家长提供与媒体对儿童、青年和成年人生活的影响有关的信息和资源"。媒体素养评论运作一个是媒介素养在线资源的主要来

---

① See www. main. nc. us/cml (accessed 8/21/03); Wally Bowen, "*Can U. S. Media Literacy Movement Open Door to More Points of View?*" *The New Citizen* 2 (1), winter 1994, www. main. nc. us/cml/new_citizen/v2n1/win94c. html (accessed 8/21/03).

② "*About Project Look Sharp: Partners and Affiliates,*" www. ithaca. edu/looksharp/about/partners. html (accessed 8/21/03); "*12 Basic Principles for Incorporating Media Literacy into Any Curriculum,*" Project Look Sharp, 1999, www. ithaca. edu/looksharp/resources/integration/12principles. pdf (accessed 8/21/03).

源的网站。该网站有与媒体素养组织、课程计划、培训项目和世界各地的活动有联系的链接。它包含了大量来自其他网站的文章,包括康西丁的"媒介素养概论"和《报告的公正性和准确性》的"《十七岁》杂志如何损害年轻妇女"(*How Seventeen Undermines Young Women*)。《媒体素养评论》(2001年秋季或冬季刊期)一年两次对致力于不同主题的(例如,聚焦非虚构电影)在线文章进行编订,这个网站链接到纪录片的历史概观、教学资源和教学大纲样本以及网上电影制作指南、电影学院网站和节日。①

八、新墨西哥媒体素养教育项目

新墨西哥媒体素养教育项目(New Mexico Media Literacy Project, www.nmmlp.org)由汤尼斯(Downs)媒体教育公司成立于20世纪90年代初,很快被一所私立学校阿尔伯克基学院(the Albuquerque Academy)接管,得到麦丘恩(McCune)基金会、州机构和其他的公共和私人来源的资助。② 与霍布斯的媒体素养项目和其他团体相比,新墨西哥媒体素养教育项目说,它"认为媒体素养需要独立于媒体公司,所以我们不从全球媒体巨头那里拿钱。全球媒体巨头限制信息,重新定义自由,限制了我们的民主,对我们的孩子和公民提出了许多负面的教育选择"。事实上,该项目认为,全球各大媒体公司"已成为世界最大的审查机构,控制达到一般人的信息内容"。③ 它依赖于公共和非营利实体的支持,辅以项目主任麦坎农(Bob McCannon)从演讲等获得的酬金,他将演讲的收入捐给这个组织。④

---

① *Media Literacy Review* 1 (2), fall/winter 2001, interact. uoregon. edu/MediaLit/mlr/home (accessed 8/21/03). *City Keeps Kids Coming Back*, 1999, www. medialit. org/reading _ room/article504. html (accessed 9/18/03).

② See www. nmmlp. org (accessed 8/21/03); Bob McCannon, e-mail communication, Feb. 26, 2002; Kathleen Kennedy Manzo, "*Schools Begin to Infuse Media Literacy into the Three R's*," *Education Week*, Dec. 6, 2000.

③ *New Mexico Media Literacy Project*, www. nmmlp. org (accessed 8/21/03).

④ Bob McCannon, e-mail communication, Nov. 21, 2001.

自 1993 年以来，该项目开发了课程，为公立学校、家长和社区组织举办了数百个讲习班、培训性会议并作专题介绍，对其各种努力的功效进行了广泛研究。它主要集中在引诱年轻观众消费垃圾食品、酒精、烟草和其他不健康的产品广告的有害影响上。①

新墨西哥媒体素养教育项目与草根哲学的理念相一致，在 1998—1999 学年和 1999—2000 学年遍及全州 70 所学校，作为其《烟草使用预防和控制计划》的一部分。在每所学校进行 90 分钟的烟草广告商用来吸引年轻顾客的技巧演示。14 所学校随后进行了一项调查发现，73％的不吸烟者不太可能开始吸烟，超过一半的吸烟者尝试戒烟。② 2002 年，麦坎农写道："我们第六次获得烟草使用预防和控制计划的赠款，随着我们更好地做媒介素养/媒介素养教育（ML/ME）预防，每年的数字都会变得更好。"③

在 1999—2000 学年，新墨西哥媒体素养教育项目还介绍了媒体对酒类的宣传；作为项目的一部分，学生制作并最终在吸引年轻人的有线电视频道（MTV、TNT、美国、五分钱娱乐场和探索频道）播出反广告。在 1999—2000 学年，该项目在六所新墨西哥公立学校启动了"媒体 2000"。它结合了特定年龄的教案和光盘《媒介素养：扭转了我们对强制文化的痴迷》，涉及五个领域：暴力、营养、人际关系、身体形象、酗酒、吸烟和吸毒。1999 年初，新墨西哥媒体素养教育项目还在六所中学实施了基于媒介素养的药物滥用预防课程，惠及 1300 名以上的学生。该计划包括一个六天的旨在满足新墨西哥媒体素养标准的单元。

除了扭转网瘾，学校接受了一个光盘《理解媒体》和 400 页的文本、视觉资源和示例问题诸如 "吸烟有助于减肥吗？" 或者（针对那些苗条漂亮的女人吸烟的广告）"这些广告告诉女人吸烟的真相吗？"《青

---

① "About Us," New Mexico Media Literacy Project, www. nmmlp. org/aboutus（accessed 8/21/03）.

② Bob McCannon, "Four Studies: Media Literacy Works!" The State of Media Education (newsletter of the NMMLP), summer/fall 2000, http://www. nmmlp. org/newsviews. htm（accessed 8/21/03）.

③ Bob McCannon, e-mail communication, Feb. 26, 2002.

少年》杂志的两个具有响亮、引人注目的文本和新模式的样本封面伴随着这些问题：制作这些封面背后的"方案"是什么？"这两个封面这么相似，是巧合吗？"该计划还涉及教师和家长的培训课程。后续评估表明，与前测数字相比对酒精和烟草的积极态度有所减少。①

在2001财年，新墨西哥媒体素养教育项目向51,000多人提供了数百次演讲或讲习班。其中，77次在新墨西哥州以外进行。该项目的网站说，"我们正在制造一场媒体意识的革命""我们的目标是使新墨西哥成为美国最有媒体素养的州"。②

九、试想基金会

基于旧金山的试想基金会（Just Think Foundation，www.justthink.org）由教育活动家罗森（Elana Yonah Rosen）和互动设计师亚伦·辛格（Aaron Singer）成立于1995年，作为对媒体暴力的回应，特别是作为促进审查的儿童宣传团体的发展趋势，而不是来对抗审查的教育。试想基金会把特别针对青少年的基层推广与课程和员工发展结合起来。1998年，试想基金会出版了《通过媒介教育改变世界：新媒体教育课程》，针对4—8年级教师，包含教案、活动指南、课堂教材，以及动手做媒体项目的想法。这本书有八个单元，从一般概述开始"这个叫媒体的东西是什么？"，接着是以主题组织的关于"社区、社会、民主""图像的力量"（包括美的理想等主题）、"行为和后果"（处理媒体暴力和"不恰当的语言"）、"健康问题"（检查药物、酒精和烟草信息）和"真实的人"（检视对名人、英雄主义和领导的态度）的章节。

试想基金会的另一个课程项目专注于媒体的陈规定型观念和角色模型。名为《发展头脑》的10周课程针对的是4年级到12年级学生。包括给学生用的漫画风格的书、补充类光盘课程资料和教育工作者和家长

---

① Bob McCannon, "*SIG Grant: Cutting Edge Program Fires Up Kids, Parents, and Faculty for Prevention,*" The State of Media Education, fall/winter/spring 2000, 6, www.nmmlp.org/spring00.pdf (accessed 8/21/03); *Understanding Media*, CD-ROM, New Mexico Media Literacy Project, 1997.

② *New Mexico Media Literacy Project*, Albuquerque, NM, USA, 1997.

手册。像这样的项目在很大程度上是针对有工资收入的青年的。该组织认为,有收入的青年最容易受到不良媒体角色模型的影响。因此,试想基金会翻新一辆退休校车,配备高科技电子设备(包括视频制作设备和计算机与互联网连接)。工作人员乘着这个"试想基金会的移动工具"到学校和低收入社区的课外活动的场地,举办《发展头脑》会议以及进行试想基金会的"身体形象项目"的课程。

虽然基金会受过训练的教师常常自己实施该项目,但其专业发展计划还培训教师把媒体素养融入到各种各样的课程中。熟悉他们的《发展头脑》课程。资助者包括"海湾地区的联合之路"、圣丹斯协会,还有一长串其他支持者,其中许多是公司。苹果、微软和 Adobe 提供资金和产品(试想基金会移动的 iMac 电脑具有微软和 Adobe 软件功能的特点),而包括法国航空公司、迪斯尼和蓝天伏特加(Skyy Vodka)等公司提供了实物捐赠。①

十、天普大学媒体教育实验室

1996 年,霍布斯成立了媒体素养项目,出版课程材料和研究成果,组织教师培训项目,并提供咨询服务。在过去的四年里,霍布斯曾当过美国马萨诸塞州东北部一城镇比尔里卡学区的顾问,发展媒体素养计划,在某种程度上是为了平息对该区使用第一频道的批评。2003 年,霍布斯从马萨诸塞州韦尔斯利(Wellesley)的巴布森学院调到费城天普大学工作,她现在负责天普大学的媒体教育实验室(Media Education Lab, www. renee hobbs. org)。媒介教育实验室的网站有着霍布斯的基本课程"媒体素养"的特点,以及目前有关少女和身体形象、广告的批判性思维技巧和意大利媒介教育的兴起的研究项目。②

---

① "History," www. justthink. org/aboutus/history. html (accessed 8/21/03); Katie Dean, "The Magical Media Tour," Wired News, Aug. 18, 1999, www. wired. com/news/culture/0, 1284, 21316, 00. html (accessed 8/21/03); "Sponsors," www. justthink. org/supportus/sponsor. html (accessed 8/21/03).

② Media Education Lab, "Ongoing Current Research Initiatives," www. reneehobbs. org/Media% 20Literacy% 20Lab_files/Research. htm (accessed 8/21/03).

十一、媒体研究中心

罗格斯大学的媒体研究中心（Center for Media Studies, www.mediastudies.rutgers.edu），由库贝（Robert Kubey）领导，主要目的是促进研究者、学者、媒体专业人士、教育工作者、家长和其他与媒体教育有利害关系的人之间的对话，以及建立一个网络，使他们能够建立有效的媒体素养计划。它力求"启动和支持跨部门和学术单位的智力伙伴关系"，"解决公众关注的媒体表现问题"（例如，媒体与文化多样性之间的关系，或媒体与健康之间的关系）。该中心组织培训会议、会议、研习班和研讨会。通过大学关系办公室，它还举办新闻发布会和电视广播节目。它的新泽西媒体素养计划旨在实现国家的"核心课程内容标准"，帮助学生访问、评估、分析和生产电子和印刷媒体。

2000年，新泽西立法机关提出的法案提出拨款1040000美元为中心和新泽西教育部发展教师培训计划；然而，它被修正分配只有530000美元，增加有关本地学区自身努力为媒体素养找到资金的条文。在2001—2002年度的15亿美元的预算缺口使这项法案的通过化为泡影。①

十二、媒介素养数据交换所

在南卡罗来纳州的媒介素养数据交换所（Media Literacy Clearinghouse, http://www.med.sc.edu:1081）是由远程教育和南卡罗来纳州教育电视委员会的K-12学校服务协调员、1999年全国媒体教育会议主席弗兰克·贝克和1999年州媒体素养标准的综合调查的合著者罗伯特·库贝维持的。媒介素养数据交换所1998年在州立法机构的资助下启动，是南卡罗来纳州大学医学院酒精和药物研究办公室的一个项目。其明确目

---

① See www.mediastudies.rutgers.edu/cmsyme.html（accessed 8/21/03）; *New Jersey Senate Education Committee Statement to Senate*, no. 1443, Dec. 18, 2000, www.njleg.state.nj.us/2000/Bills/S1500/1443_S1.PDF（accessed 8/21/03）; *New Jersey Senate Bill Studies*, 24（Madison, Wis.: DPI, May 2001）.

的是利用媒体素养降低青少年的健康风险。该网站包含文章和教案。①

十三、媒体频道

媒体频道（Media Channel, www.mediachannel.org）是替代性新闻服务"全球电视"的一个部门，是一个非营利的公益"超级站"，致力于一系列媒体问题，包括媒体集团对信息的压制。它的媒体素养的网页专注于企业所有权和垄断、替代信息来源的发展，以及媒体素养在一个全球科技日益占主导地位的世界中的重要性。

十四、美国媒体素养联盟

美国媒体素养联盟（Alliance for a Media Literate America, AMLA, www.amlainfo.org）是在2001年全国媒体教育会议上创立的。其目的是加强全国合作，"以比任何个人、项目或机构单独可以实现的更强大更有影响力的方式倡导媒体素养教育"。成立宣言说："医疗、社会服务和司法系统专业人士认为媒体素养是一个至关重要的促进公共卫生、预防和健康的工具。"美国媒体素养联盟的网站强调"批判性探究"与"技能建设"而不是"媒体的抨击和指责"的重要性，表示希望成为"为所有美国青年提供媒介素养教育"的"关键力量"。

美国媒体素养联盟认为，有效的媒体教育需要广泛的支持。这个信念反映在其资金来源上。它的创始赞助商包括非营利教育电视公司芝麻街工作室和企业媒体实体美国在线服务公司（AOL）时代华纳和探索频道。成立大会的支持者包括纽约时报基金会和教育出版社霍尔特、莱因哈特和温斯顿，以及福克斯家庭频道、国家艺术基金会、媒介教育基金会和德克萨斯大学传播学院。正如美国媒体素养联盟在其网站上指出的："我们认为，公司，尤其是媒体公司，有一个支持媒体素养的社会责任。如果我们拒绝他们这样做的机会，然后批评他们没有这样做，那

---

① "Introduction," *Media Literacy Clearinghouse*, http://www.med.sc.edu:1081（accessed 8/21/03）.

么我们就为他们及他们努力的潜在受益者创造了一个双输的局面。"①

在成立大会上，美国媒体素养联盟决定组织两年一次的全国性会议，建立一个转介服务，将媒体素养专家与要为他们的教师进行媒体教育培训的学校和社区联系起来。开始出版一本国家杂志，颁发年度奖，以认可实施媒体素养计划方面取得的成就。它已经形成的各种小组委员会，由杰出的媒体素养倡导者担任主席，如贝克、康西丁、罗森和申博。美国媒体素养联盟成员在全国各地也形成了决策委员会，有的以地理区域为基础，有的讨论特定的主题如"学校"的商业化和"媒体、性和性别的关系"②。

十五、媒体教育行动联盟

到2003年为止，媒体教育行动联盟（Action Coalition for Media Education，ACME，www.acmecoalition.org）是最新的媒介素养组织。在某种程度上是对2001年美国媒体素养联盟成立大会的反应（由基本相同的媒介素养领袖组织的第五届全国会议），媒体教育行动联盟明确的目的是利用媒体教育"应对企业审查、种族主义、学校的商业化、新闻垄断以及对妇女和少数民族的歪曲"。就像《国家》杂志在2002年1月所写的关于媒体教育行动联盟的话："主要媒体学者和教育家形成新的进步媒介素养组织，将保持独立于给现有的团体提供资金的媒体集团。"③

自2002年10月成立大会以来，媒体教育行动联盟曾参加过多次基层宣传活动，包括大力推动联邦通信委员会做出对媒体所有权限制的全国性努力。它还建立了媒介素养课程和资源评价系统（书籍、电影、多媒体工具、网站），并计划支持符合其标准的网站。每月电子报

---

① "*AMLA and Corporate Funding*," www.amlainfo.org/policies_corpfunding.html（accessed 8/27/03）.

② See www.nmec.org/committees.html; www.nmec.org/caucuses.html（accessed 8/21/03）.

③ Bob McCannon & Rachel Bowen, *listserv communication*, Jan. 15, 2002; Robert McChesney & John Nichols, "*The Making of a Movement*: Getting Serious About Media Reform," *The Nation*, Jan, 2002, 11; see also www.acmecoalition.org（accessed 8/21/03）.

《BACME》，有描述媒体素养项目和政治改革努力的文章、链接和信息。它的三项使命包括："向儿童和成人讲授媒体素养技巧，这样他们就可以成为更挑剔的媒体消费者和积极的公民；支持广泛的独立媒体的声音；通过政治改革的努力民主化我们的媒体系统。"

媒体教育行动联盟的赞助商包括美国儿科学会、项目审查和新墨西哥媒体素养教育项目。1999年，贝克和库贝的州课程框架调查报告说，至少有一些媒介素养的概念被包括在48个州的标准中，到2002年，这个数字扩大到所有的50个州。

第二章 美国传媒素养教育基本理论与思想

美国传媒素养教育在长期的发展过程中，在借鉴英国、加拿大、澳大利亚等国家传媒素养教育思想、理念和方法的基础上，与不同的哲学思想、社会思潮和教育思想相互作用，逐渐形成了自己的特色。本章对美国传媒素养教育理论与实践特征、批判性参与和公民行动、传媒素养的作用和关键概念框架进行探究和论述，以概观美国传媒素养教育的基本理论与思想。

第一节 美国传媒素养教育理论与实践特征

美国传媒素养教育受到美国进步主义教育思想、建构主义教育思想、批判教育学、超越保护主义教育思想、女性主义教育思想以及媒介和文化研究思想的影响，从而表现出这几方面的理论与实践特征。

一、进步主义教育

进步主义教育是 20 世纪上半期盛行于美国的一种教育哲学思潮，因为 19 世纪末至 20 世纪初的美国教育仍沿袭欧洲的传统教育，强调教师课堂讲授、固定教材和严格训练，注重记忆，使学生处于被动学习的地位。被誉为进步教育之父的帕克尔（Francis Wayland Parker,

1837－1902）受欧洲自然主义思想的影响，在 1870 年代提出"教育要使学校适应儿童，而不是使儿童适应学校的"原则，在美国学校开展新教学方法的实验。20 世纪初教育家杜威（J. Dewey, 1859－1952）将实用主义哲学引入教育领域，提出以学生活动为中心、"教育是生长""学校即社会""做中学"等思想，并积极开展实验和宣传，许多学校广泛地采用活动课程、核心课程和设计教学法，强调学生本位、尊重学生、鼓励手工和艺术学习，变革学业评价和考试模式。1919 年进步教育学会成立，1930 年代达到全盛时期。二战后，进步主义教育的缺陷暴露明显，即让教师和学生完全按照进步主义教育的方式方法进行施教和学习，无法让学生系统地掌握各个基础学科的知识，无法保证以后高深、精专的质量和水平，因此，进步主义教育运动开始衰退，1955 年进步教育协会解散标志着轰轰烈烈的进步主义教育运动的结束，① 但进步主义教育运动的一些做法仍然存在于美国和其他国家的教育领域中，并随着时代的发展而成为媒介素养教育运动的一个思想基础，成为以课堂、书本和教师为中心的传统教育做法的有益补充。

为了理解进步主义教学哲学的性质，有必要将公共教育放在 20 世纪初的背景中去研究。② 在工业革命后期，19 世纪末 20 世纪初之间，学校已缩小到略高于工厂工人的训练场。根据历史学家斯普林（Joel Spring）等人，这些早期公立学校的意图是给学生进行经典文本和思想家的教育，教学内容主要是基督教圣经和西方文学经典。然而，像阅读教学和执行工业工厂要求的重复性任务一样，学生只能得到足够的能够进行琐碎的工作的教育。虽然在当时被视为积极的目标，为了保证学生在 17 岁毕业的时候能找到有报酬的工作，最终结果是产生了一支遵从指令的但是没有受过足够的教育来反对雇主的政策的劳动力，在许多情况下，甚至也不会设想抵抗是一个可行的选择。因此，进步主义是作为

---

① 《进步主义》，https://baike.so.com/doc/9598001-9943478.html。

② Johnathan Wright, *The Media Literacy Classroom*, a curriculum project submitted to Sonoma State University, for the degree of master of arts in education with a Concentration in *Curriculum, Teaching and Learning* And an Emphasis in *Educational Technology*, December 14, 2011.

一种方法来恢复托马斯·杰弗逊最初的使命。他认为只有受过教育的人口可以作出有效的政治决策，因此他把教育作为民主的一个基石。①

20世纪初的课堂传统上是安静和受控制的，学生通过死记硬背教师认为是必不可少的事实来学习：以基督教圣经为基础的道德教育和以美国历史为基础的公民教育，以及工作场所有需求的实际技能。② 针对这种"本质主义"的教育，杜威提出了一个新的教学理念，一种基于一个从旧体制的压迫走向民主课堂的理念，让学生准备好作为深思熟虑的成年人生活，愿意参与他们国家的政治生活。③

在此背景下的民主代表智慧的参与，通过批判性的理解，而不是被动地接受给定的事实，分享学生之间的共同利益，进行课堂社区内的自由交流。因此，课程将由一个由他人决定的必备的宝典转变为基于学生本身的课程。课程学习最重要的方面是经验：学生做中学。学生们不用记忆乘法表和做数学题，学生可以在学校前面创建一个十字路口的模型，每个学生都有一辆玩具车，并且确定所有汽车必须通过的规则。这样的问题会利用到学生的个人知识、数学、合作和逻辑。④ 对于杜威来说，受过教育的人首先会考虑情况，然后采取行动，最后反省结果。⑤ 这是有序的教育景观中的一个激进的新概念，教室里仍然有桌子固定在地上，所以学生们不会打乱规定的路线。

伊托（Ito）等人认为，杜威关于受过教育的人会批判性反思然后采取行动的思想，对于21世纪的学生来说就不足为奇了，他们不断分析问题，尝试解决方案，然后反思问题，找到更好的解决方案。唯一不同的是，21世纪的学生在网络游戏中执行这些操作，或者将最喜爱的歌曲

---

① Spring, J. (2006), *The American school*: *From the puritans to no child left behind*. New York: McGraw Hill.
② Spring, J. (2006), *The American school*: *From the puritans to no child left behind*. New York: McGraw Hill.
③ Dewey, J. (1916), *Democracy and education*: *An introduction to the philosophy of education*. New York: Macmillan Company.
④ March of Time, T. (Director) (1936). *New Schools for Old* [Motion Picture].
⑤ Johnson, T. W., & Read, R. F. (2008), *Philosophical documents in education*. Boston: Allyn & Bacon.

编辑成视频项目。他们每天都在使用批判性思维技巧,然而,大多数成年人看不到这些活动的任何价值。甚至对他们设置任意限制。[1]

批判性思维是个体观察和分析世界和基于理性分析作出推论并得出结论的能力。[2] 批判性思维需要大量的技能,如调查询问、评价证据和对所学知识的反思。[3] 这些技能的显性教学是20世纪70年代批判性素养运动的发展,教学生质疑他们从他们的文化中所接收的事实。[4] 批判性思维不是从已知而是从非已知开始的,基于问题而不是事实。一个学生可能会奇怪为什么故事中的人物会以一种特殊的方式行事,然后重读故事,寻找人物所说或做的答案的线索。对文本的事实进行评估,并根据发现的证据得出结论。当这些问题得到回答时,这个过程也不会结束:现有的事实和信息不断地与新知识相比较,旧的结论在最新数据反驳时被修正。当学生在自己的生活中经历相似的事件时,人物的行为可能会变得更合乎逻辑。许多电子游戏也提供类似的挑战,因为21世纪的学生必须以创造性的方式使用游戏内提供的工具,经过多次尝试和错误才获得成功。媒体制作工具提供了一系列工具来编辑和操作可以用在几乎无限的组合中的音频和视频记录。

批判性思维不是一个产品,而是一个过程;不是目的,而是一个不断更新的学习和反思的开始。这是进步主义教育的基石之一。杜威的目标之一是让学生批判性思考,即提出问题,从各种来源,特别是从他们自己的经验中找到答案,随着新答案的发现不断检讨这些答案的准确性。只有这样学生才能掌握自己。[5]

---

[1] Ito, M., Horst, H., Bittanti, M., boyd, d., Herr-Stephenson, B., Lange, P. G., et al. (2008), *Living and learning with new media*. Chicago: The MacArthur Foundation.

[2] Tyner, K. R. (1998), *Literacy in a digital world: Teaching and learning in the age of information*. Mahwah NJ: Lawrence Erlbaum Ass.

[3] Hobbs, R. (2007), *Reading the media: Media literacy in high school English*. New York: Teacher's College Press.

[4] Tyner, K. R. (1998), *Literacy in a digital world: Teaching and learning in the age of information*. Mahwah NJ: Lawrence Erlbaum Ass.

[5] Dewey, J. (1929), *My Pedagogic Creed. Journal of the national education association*, 18 (19), 291-295.

今天，批判性思维技能被认为是研究过程中至关重要的一部分。①学生在所选话题上产生相关问题，使用关键的策略找到知识的来源，在写结论之前分析他们的意见。但是批判性思维技能在学生课外生活中同样重要，几乎所有的事实或数据都可以从手掌中获得。一种基于死记硬背和秩序的本质主义课堂不一定适用于一个可以通过一个笔记本或移动设备在线获得的信息。②学生迫切需要的是能够负责任地使用这一信息分析他们在互联网上发现的事实，以及他们每天收到成千上万的媒体讯息的能力。在这个世界里，知识和学习的本质正在发生变化，对批判性思维的逐步依赖比以往任何时候都更需要。

在当今世界，媒介素养已经成为培养批判性思维的新前沿。21世纪的学生生活在一个前所未有的媒体曝光的世界。不可否认的是，媒体和流行文化是他们与同龄人互动的主要部分。他们经常接触音乐、电视、在线视频和电子游戏，并且经常是同时的。通过这样的多重任务，他每天可以在媒体上消耗10小时，他比睡觉、上学或其他活动要花费更多的时间。③这些媒体信息颂扬某一特定行为或说服他们采取特定行动，通常是购买产品或服务。然而，从时髦女郎到黑客，只要文化被认同，媒体一直是青年文化的一个决定性元素。④就像20世纪20年代的家用收音机，50年代的便携式录音机或者60年代的手持式晶体管收音机，MP3播放器和在线视频让21世纪的学生随时可以和同龄人分享他们的流行文化。21世纪的学生使用特定的媒体形式作为识别自己与特定群体的一种方式，不管是一首特殊的歌曲还是一种音乐，从电影或书籍中的一个最喜欢的角色，或者一个共享的互联网迷（meme）。⑤

---

① California Dept. of Education (1998), *English-language arts content standards for California public schools, kindergarten through grade twelve.* Sacramento CA: California Dept. Of Education.
② Luke, C. (2003), *Pedagogy, connectivity, multimodality, and interdisciplinarity. Reading Research Quarterly*, 38 (3), 397-403.
③ Rideout, V. A., Foehr, U. G., & Roberts, D. F. (2010), *Generation M2: Media in the lives of 8-18 year olds.* Menlo Park CA: Henry J. Kaiser Foundation.
④ Buckingham, D. (2008), *Introducing identity.* Cambridge MI: The MacArthur Foundation.
⑤ Ito, M., Horst, H., Bittanti, M., boyd, d., Herr-Stephenson, B., Lange, P. G., et al. (2008), *Living and learning with new media.* Chicago: The MacArthur Foundation.

保护主义的媒体素养思想的主要目的，就是让学生学习媒体知识以便保护他们免受媒体信息的伤害，在他们内部建立一些抵制媒体负面影响的阻力。然而，超越保护主义的媒体素养课程受到进步的、以学生为中心的哲学理念的启发，强调媒体的使用是青年文化的一个组成部分。① 让学生在教室这样的安全环境中学习和了解媒体，反思自己的媒体消费和经验，教他们如何评估媒体的信息，抵制不良媒体信息的侵害和影响。

媒介素养是一个在课堂上学习、分析和最终生产媒体的教学框架。② 诸如电视广告之类的媒体信息被以一种类似于学生如何学习诗歌来理解意象的方式解码或"解读"。然后对媒体信息进行分析，寻找学生多年来一直追求的结果：作者意图、读者接受和历史语境等。正如老师要求学生制作故事和诗歌一样，以此来评价他们对媒介的理解，使媒体学生成为媒体的生产者。

在一个本质主义哲学思想的课堂，不会注意规定的课程之外的任何文本。进步主义哲学要求学习来自学生自身生活的主题，远离本质主义课堂的印刷课程。今天的学生收到各种形式的信息：音频常常与视觉相搭配；文本不再是页面上的静态形式，但其实是生活在计算机屏幕上，通过使用超文本链接改变每一个遭遇。③ 那么，素养不再仅是读和写的能力。21世纪的文化素养是应用批判性思维技能的能力。或者说，媒介素养只是一种进步主义的应用于21世纪素养定义的哲学思想。因为它适用于两种媒体，传播媒介和新媒体技术。进步主义人士认为，围绕学生的生活和经验组织的课堂对学生来说是真实的。④ 这对学生的长期和

---

① Tyner, K. R. (1998), *Literacy in a digital world: Teaching and learning in the age of information.* Mahwah NJ: Lawrence Erlbaum Ass.

② Tyner, K. R. (1998), *Literacy in a digital world: Teaching and learning in the age of information.* Mahwah NJ: Lawrence Erlbaum Ass.

③ Parks, S., Huot, D., Hamers, H., & Lemonnier, F. (2009), *Crossing boundaries: Multimedia technology and pedagogical innovation in a high school class. Language, Learning and Technology*, 7 (1), 28 – 45.

④ Johnson, T. W., & Read, R. F. (2008), *Philosophical documents in education.* Boston: Allyn & Bacon.

短期的成功都很重要。因此，媒介素养课程教学的原因不仅是理论上的，而且是实际的：学生应该学习媒介素养，因为它是在课内外影响他们整个生活的一门真实的学科，可以充当教育者教授批判性思维技能的媒介。这样，进步主义课堂就成为"媒介素养课堂"。这并不是说媒体是唯一的要学习的东西。相反，它展示了论证和组织课堂的哲学和教育学。例如，媒体素养课堂可以邀请学生讨论媒体报道政治故事所固有的偏见：由新闻媒体以开明的观点报道的政治集会，例如，微软全国有线广播电视公司（MSNBC），与保守的福克斯新闻或每日秀（Daily Show）所报道的同一的集会，会有很大不同。因为媒体是传递信息的一种手段，学生要探究的最重要的思想之一就是"原始信息"的思想。① 这意味着事实尚未受到观点以及他们是否可能获取没有以某种形式被"煮熟"的信息问题的影响。学生必须批判性地思考如何与信息进行交互才能改变它：收集方法，记录过程，传输介质都以某种方式过滤信息。甚至必须批判学生收集的信息，因为如果没有矛盾的话，两个目击证人对同一事件的证词往往不同。② 和量子物理学一样，观察事物的行为也会改变观察者的行为。

然而，分析媒体信息只是媒体素养课堂的第一部分。该课程的真正力量在于它能超越课堂审视课堂之外的世界，帮助学生分析这个世界对他们的影响。杜威最关心的问题之一是理性思考者造就好公民的思想。③ 他并不孤单：杰弗逊也相信有教养的公民是有必要的。④ 然而到了20世纪初课堂外的世界正在课堂之内发挥着过多的影响。在这段时间里，工厂是美国主要的雇主之一，工厂主认为学校是他们未来雇员的培训基

---

① Burbules, N. C., & Callister, T. A. (2000), *Watch it: The risks and promises of information technologies for education.* Boulder CO: Westview Press.

② Wilson, R. (2010), *Quantum psychology: How brain software programs you and your world.* Las Vegas: new Falcon Publications.

③ VanScotter, R. (1991), *Social foundations of education.* Columbus: Prentice Hall.

④ Spring, J. (2006), *The American school: From the puritans to no child left behind.* New York: McGraw Hill.

地。① 他们希望雇员接受足够的教育，以便阅读并遵守指令，然而，雇员没有受过良好的教育，无法质疑这些指令。

工厂主和实业家的团结力量在杜威民主社会的概念面前飞走了。② 进步主义的理念将作为这种本质主义学校系统的民主的对立面。他觉得这把学校从学习世界的地方变成了在工厂工作一辈子的训练场。但今天控制信息流的人巩固了权力。③ 最大比例的信息是通过媒体渠道传输的：电视、收音机、电脑、智能手机等。美国媒体系统过度商业化；像所有公司实体一样的媒体公司，通常缺乏必要的教育。主要关注的问题通常是盈利，这本身没有什么不好。然而，如果他们主要对他们的股东负责的话，企业不能把公民的最大利益放在心上。

作为媒体消费者，学生对媒体生产者没有直接的权力。他们的意见通常只能通过他们的消费习惯来表达，因此他们唯一的力量就是停止消费。这类似于一个世纪前的工厂工人发现自己的情况，他们在雇主的权力面前几乎是无助的。与主题内容相结合的媒介素养同一个世纪前的进步主义课堂一样，今天能达到同样的目的，让学生用他们的批判性思维技能批判性地分析他们的媒体和信息源。按照杜威的传统，媒体素养课堂吸引学生对这些大型媒体机构进行分析。允许他们挑战这样一种观点：这种企业影响力在民主社会中是适当的。

分析媒体文本与从事媒体生产活动是进步主义教育思想在媒体素养课堂中的重要表现。媒介素养教育课程是分析从学生生活中获得的媒体讯息文本开始。学生审视文本本身，检查它是如何产生的。然后他们更深入地探究它为什么被创造出来，通常发现联系和得出最初的创造者从未打算得出的结论。他们也通过研究媒体制作人来检查预期的观众并测

---

① Katz, M. (1988), *The origins of public education: A reassessment.* In B. E. McClellan, & W. J. Reese, *The social history of American education.* Chicago: University of Illinois Press.

② VanScotter, R. (1991), *Social foundations of education.* Columbus: Prentice Hall.

③ Lewis, J., & Jhally, S. (1998), *The struggle over media literacy. Journal of Communication,* (Winter), 109-120.

试他们的结论。媒体生产商创建一个生产和接收线路。① 正是线路的接收部分使学生脱离他们作为观众的地位,实际上走出了教室,通过对文本的分析,使他们能够批判性地探索自己世界中的媒体景观。

在探索中,学生可以研究在经济背景下的生产和接收线路:传媒企业拥有生产和传播媒介的手段;他们为观众消费创造了媒介;观众决定媒体的成功或失败;媒体公司将这些纳入到他们的未来媒体生产的考虑中。然而在21世纪学生的生活中媒体生产者自己行使过大的权力,通过每天十小时的媒体消费支配他们的看法。② 如果媒体讯息来源众多,这就不是问题了,在这种情况下,没有一个来源可以支配学生的知觉。

然而,到2009年,美国人所消费的大部分媒体被六家公司拥有。③ 一个学生从每一个公司来源的媒体消费达到平均100分钟,或超过一个半小时——比他们在学校做任何一项活动的时间都多。被垄断的媒体越多,少数的理论家对学生接收的信息的影响也就越大。虽然有限制这种合并的规则,但在过去的几十年里,这些限制垄断的规则从1960年代的最强劲水平上受到了极大的削弱。正是因为这个原因媒介的企业所有权应该成为媒介素养课堂的研究对象。

但不仅仅应该研究传媒公司当前的权力结构,而且应该研究学生自身的潜能。因为目前的形势正处于不断变化的媒体格局中,学生几乎没有权力来影响媒体生产者,除了自己关闭信息。但是,当权力概念加入到学生对媒体的分析中时,他们可以从政治经济学的角度来质疑生产和接收的线路。④ 在此背景下的"政治"指的是权力;"经济"是媒介生产者之间的给予与接受,媒体生产者关心利润,而受众想要娱乐。因此,"政治经济"是媒介景观中权力的给予与获取。这些概念实际上很

---

① Lewis, J., & Jhally, S. (1998), *The struggle over media literacy. Journal of Communication*, (Winter), 109–120.
② Rideout, V. A., Foehr, U. G., & Roberts, D. F. (2010), *Generation M2: Media in the lives of 8–18 year olds*. Menlo Park CA: Henry J. Kaiser Foundation.
③ FreePress.net. (2009), *Ownership chart: The big six*. Retrieved 2011, from FreePress.net: http://www.freepress.net/ownership/chart/main.
④ Lewis, J., & Jhally, S. (1998), *The struggle over media literacy. Journal of Communication*, (Winter), 109–120.

容易被学生量化。媒体的政治基于这样一种观念：控制媒体的人比那些消费媒体的人更有权力。这很容易在广告和品牌的讨论中得到证明。注意谁穿着名牌服装或带有明显标识的衣服。从政治经济学的角度看媒体素养，对媒体的分析不应局限于对媒体产品（广告，歌曲，电影，等等）作为个别文本的狭隘解读。[1] 重大影响媒体产品的创作和接受的社会和经济条件，包括种族、阶级、性别、性、大小、年龄，甚至流动性。通过把要分析的文本定位在广泛的社会现实中，学生可以问为什么某些东西包括在内，而其他的都缺失了。通过在全年的阅读中保持这种批判性思维的水平，学生可以对任何文本进行深入的分析。同时还要学习他们在规定的、标准化的课程中取得成功所需的技能。[2]

二、建构主义教育

从建构主义哲学的视角来看，美国进步主义的传媒素养教育实践本质上也是建构主义的教育实践。建构主义源于瑞士认知心理学家皮亚杰提出的儿童认知发展学说。建构主义教育观认为，学生是在一定的社会文化情境下进行文化学习活动的，因此，"情境""协作""交流"和"意义建构"是学习环境中的四大要素。

建构主义理论的主要代表人物有：皮亚杰（J. Piaget）、科恩伯格（O. Kernberg）、斯滕伯格（R. J. sternberg）、卡茨（D. Katz）、维果斯基（Vogotsgy）、杜威、布鲁纳、奥苏伯尔等人。皮亚杰认为，儿童智力的提高归根结底是脑中认知结构的改善和发展。认知结构不是一成不变的，是一个动态的结构，在外部环境条件或信息的刺激下，认知结构会通过"同化"与"顺应"两个基本过程来做到对环境的适应性平衡发展。同化是指个体把外界刺激所提供的信息整合到自己原有认知结构内的过程；顺应是指个体的认知结构因外部刺激的影响而发生改变的过

---

[1] Lewis, J., & Jhally, S. (1998), *The struggle over media literacy. Journal of Communication*, (Winter), 109–120.

[2] Hobbs, R. (2007), *Reading the media: Media literacy in high school English*. New York: Teacher's College Press.

程。当儿童能够用现有的认知结构同化或合理化新的信息时，儿童就处于一种认知的平衡状态，反之，则处于一种认知的失衡状态。处于失衡状态时，认知结构就会发生改变。人们的智力发展以及心理、道德等方面的发展，都是在同化（平衡）——顺应（不平衡）——新的平衡的不断循环中得到丰富和发展的。

在皮亚杰认知结构理论的基础上，科恩伯格、斯腾伯格、卡茨和维果斯基等人对认知结构的性质、发展条件、个体主观能动性和社会文化历史背景的作用等都做了进一步的探究。譬如维果斯基提出了"最近发展区"的理论。维果斯基区分了个体发展的两种水平：现实的发展水平和潜在的发展水平，这两种水平之间的活动区域就是"最近发展区"。教师和学生可以通过对教学目标和任务的设定以及积极主动的努力达到理想的目标。20世纪50年代末到60年代初，布鲁纳提出"发现学习"理论，卡鲁尔在1963年提出"认知符号学习理论"，奥苏伯尔在1978年提出"有意义的学习"[①]理论，等等，所有这些都丰富和发展了建构主义的教育理论，对美国当今传媒素养教育的理论和实践产生了巨大影响。

建构主义理论的实质就是以学生为中心，强调对知识的主动发现、探究和意义建构。而这显然和进步主义的教育哲学理念是根本一致的，或者说是相互作用和相互渗透的。

根据建构主义的教育理论，首先是创设与当前学习主题相关的、尽可能真实的情境。要注意给学生提供具有挑战性的真实问题，让学生在"思考""操作""实践""考察""协作""交流""协商""调查""联系""反思"等活动中去直接经验，并尊重他们的感受和见解，以最终达到深入地和自主地学习，从而完成对世界问题的意义建构。

建构主义认为，知识及其符号系统是一种对客观世界的解释，这种解释随着人们认识和觉悟的提高，而会被改进或改写。学生在学习过程

---

① 《建构主义教学理论简介》，http://www.jxteacher.com/xiedy/column3689/003b7445-5d7f-417f-b2c1-94d873fd5c41.html。

中，不仅要理解新知识，而且要对其进行分析、检验和批判。学习不是简单地传授知识的过程，而是学生自己建构知识和意义过程，是发展和提高认知结构的过程。获得学习的意义，都要以已有经验为基础，是旧知识和新知识相互作用的过程，也是学习者与周遭环境互动的过程。师生关系是平等互助、彼此尊重、教学相长、协作共赢、相得益彰的关系。教师的作用就是创设合乎教学主题的情境，提出适当的课堂问题，布置需要动脑和动手相结合的作业和任务，激发学生的学习兴趣和热情，鼓励学生积极主动的探究和合作学习，坚持形成性评价和结果性评价相结合，启发和提示学生如何建构知识和意义，并在两种不同的意见和观点之间保持一种平衡，避免偏颇和极端的认识发生，使学生最终形成良好的认知学习策略、探究反思质疑的能力和习惯。

建构主义的教学或学习，可以是基于真实情境的，也可以是基于问题的、案例的或项目任务的活动。必须以学生为中心，注重培养学生的创新精神，注意利用各种媒体资源和学习工具，来达成教学目标。为此，教师必须始终把自己放在组织者、指导者、帮助者和促进者的位置。一般来说，要经过以下几个环节：围绕学习主题建立概念框架，即"搭脚手架"；引入问题情境；学生独立探究；小组协商讨论；制作作品或完成作业；展示和评价。效果评价一般采取学生自我评价、小组评价和教师评价。

如前所述，建构主义的教育和进步主义的教育有很大的相似或共通之处，其原因在于两者都是对传统的本质主义教育观的纠偏，并且都受到认知心理学思潮、媒体技术进步和新的流行媒体文化的影响。根据历史学家和社会评论家卡茨（Michael Katz）的研究，[①] 20 世纪初许多教育理论家认为，传统的课程形式常被用作社会控制的手段，而不是教育的手段，教师正在培养学生成为听话、接受现状的工人，而不是善于质疑、好奇探究的公民。卡茨指出，如果学生在本质主义课堂的有限经典之外没有研究文本的自由的话，学生在智力发展上会陷于停滞。

---

① Katz, M. (1988), *The origins of public education: A reassessment.* In B. E. McClellan, & W. J. Reese, *The social history of American education.* Chicago: University of Illinois Press.

第二章 美国传媒素养教育基本理论与思想

正如斯科特（Van Scotter）所指出的，进步主义是在对20世纪初本质主义课程的基本不满的基础上建立起来的。进步主义哲学家认为，"美国的民主已经偏离了它可能的思想；美国的学校已成为压迫儿童和青年的力量"①。在课堂环境中的民主代表三个途径的研究：通过批判性的理解进行智力参与，而不是被动接受既定事实；在教师和学生之间"分享共同的兴趣"和"在课堂社区范围内的社会群体之间的更自由的互动交流"。② 换句话说，就是建构主义的课堂注重批判性思考、差异化教学和社会意义生成三种形式。学生应该在教师和同学的支持和帮助下自由提问并按照自己的方式探究世界和寻找答案。这是为了保持教育作为一个成功的民主的关键。③ 为将来的生活做准备意思是让学生掌握自己。那意味着训练他们，他们将能够拥有充分的能力并能够随时准备使用他们的能力，他们的眼睛、耳朵和手可能是可以指挥的工具。他们的判断可能能够把握工作的条件，培养他们的执行力以采取经济有效的行动。④

和进步主义课程一样，建构主义课程来源于学生的生活，利用学生的日常活动和经验中的问题作为为成年生活做准备的出发点。杜威还确定，学习是一种社会活动，学生通过与课文和其他学习者的互动来表达自己的意思。为了理解孩子的行为，成年人必须了解他们所处的社会环境。⑤

教育家哈钦斯（Robert M. Hutchins）1968年说："任何教育体制都不能把男孩和女孩变成聪明的男人和女人。"老师们所能做的就是"让

---

① Van Scotter, R. (1991), *Social foundations of education*. Columbus: Prentice Hall. 74.
② Dewey, J. (1916), *Democracy and education: An introduction to the philosophy of education*. New York: Macmillan Company.
③ Spring, J. (2006), *The American school: From the puritans to no child left behind*. New York: McGraw Hill.
④ Dewey, J. (1929), *My pedagogic creed. Journal of the national education association*, 18 (19), 291-295.
⑤ Dewey, J. (1929), *My pedagogic creed. Journal of the national education association*, 18 (19), 291-295.

学生们理解他们的经验"。① 建构主义和进步主义的重点都是放在如何思考，而不是思考什么。

在当今信息时代或说多媒体技术时代，教师作为知识传播者的角色和作用已经发生了一定程度上的改变，从知识的权威变成了知识和文化传承的途径之一，因此，教师的权威地位也受到了前所未有的挑战。教师不能再凭借教师的身份而命令或指令学生做任何学生不愿意和不感兴趣的事情。媒体教授卢克（Carmen Luke）认为，"当学习不再在地理上与一张课桌、学校图书馆、书或要求所有人的眼睛向前看的教师联系在一起的时候，老方式的传输和监控教学就变得不稳定和不正当了"。② 尽管如此，网络、手机等新媒体提供的信息往往未加证实，消息来源值得怀疑。因此，仍需要教师指导学生如何运用批判性思维技巧批判性地使用这些媒体文本和信息。③

学生在这种建构主义的学习过程中，遇到新的知识和信息，就必然动用批判性思维来去识别、发现、解决问题并得出结论，通过查询、评价和反思这些批判性思维的核心能力来促进学生认知结构的不断改善和发展。在课堂上，这往往采取"这是什么意思?"问题的形式，学生必须能够从一个信息中表达自己的意思，不管是短篇小说、商业广告、政治承诺还是他们最好朋友的吹嘘的形式。因为课程不限于一套规定的课文，学生探索可以使他们走出课堂，进入他们的日常生活领域。这使得反思的批判性思维技巧加倍重要：评估与考试或论文有关的结论是很重要的，反思一个人在生活中的行为更为重要。斯科特强调反思对于每个人，尤其是教师的重要性，他警告说："你没有对自己的行为、信仰、态度和教育事业进行批判性的反思或思考，你将成为你个人历史和条件的奴隶。"④

---

① Hutchins, R. M. (1968), *The learing society*. New York: New American Library.
② Luke, C. (2003), *Pedagogy, connectivity, multimodality, and interdisciplinarity. Reading Research Quarterly*, 38 (3), 398.
③ Head, A. J., & Eisenberg, M. B. (2009), *What today's college students say about conducting research in the digital age*. Seattle: Project Information Literacy.
④ Van Scotter, R. (1991), *Social foundations of education*. Columbus: Prentice Hall. 63.

总之，学生需要对现实世界和虚拟世界中的信息进行识别、思考和评价，需要批判地反思和创制媒体产品来深入体悟其中的奥妙或内幕。培养阅读媒体的能力和读书的技巧一样重要。

三、批判教育学

批判教育学有许多流派，如英美流派和德国流派等，产生于20世纪60年代，其主要代表人物有弗莱雷（Paulo Freire）、阿普尔（Michael W. Apple）、金蒂斯（Herbert Gintis）、吉鲁克斯（Henry A. Grioux）、康柏（Barry Kanpol）、格林（Maxine Greene）、卡诺伊（Martin Carnoy）、布迪厄（Pierre Bourdieu）、鲍尔斯（Samuel Bowles）等人。弗莱雷的代表作是《被压迫者的教育学》，吉鲁克斯的代表作是《理论与教育中的抵制》，康柏的代表作是《批判教育学导论》，等等。尽管不同的流派有着不同的思想基础和社会背景，但批判教育学有一些共性的地方，这就是通过批判分析的方法对教育现象和本质规律进行研究，并且认为现代的教育未能实现促进社会公平的目的，相反促使了社会差异和对立；再生产了主流意识形态、文化和社会结构；揭示了教育现象背后的利益关系、权力关系；要想客观地审视教育现象的本质特征，就必须采用批判性思维的方式进行研究和分析。① 因为传媒素养教育是人们使用、识别、辨析、理解、把握、评价、创制、表达和传播媒体信息的能力的教育，又因为媒体文化实质上就是现实世界文化的亚文化或投影，所以，作为揭示教育与社会现象和本质的批判教育学与传媒素养教育有着天然内在的紧密联系。或者说，传媒素养教育教学过程中，少不了批判教育学的方式方法。

"批判教育学是一种'左'的理论思潮，在美国教育实践领域中有着巨大的潜在影响力，历经'再生产理论'时期、'抵制理论'时期和多元理论时期三个阶段，以解放为教育的最终目标，强调教育的政治性和关注弱势群体的利益。批判教育学把课程理解为政治文本，课程目标

---

① 《批判教育学》，https：//baike.so.com/doc/4001551-4198147.html。

强调学生批判意识的培养,课程设计以社会和社会问题为中心,课程实施强调教师的参与和学生的主动建构,课程评价关注课程活动背后的社会意义……"①

20世纪60年代,弗莱雷在《被压迫者教育学》一书中提出批判教育学的思想,被公认为批判教育学的最早起源。麦克拉伦说:"弗莱雷的著作毫无争议地已经成为推动北美批判教育学形成的原动力。"② 吉鲁克斯在代表作《教育中的理论与抵制》中第一次提出"批判教育学"的概念。③

20世纪六七十年代,是美国批判教育学的"再生产理论"时期,70年代末到80年代中期是"抵制理论"时期,80年代末至今是多元理论时期。"再生产理论"包括经济再生产模式(其代表人物是鲍尔斯和金蒂斯)、文化再生产模式(其代表人物是布迪厄)和霸权—国家再生产模式(其代表人物是阿普尔)等三种模式。④ 如果说"再生产理论"指出了主流的或霸权的文化意识形态的本质特征,那么"抵制理论"指出"再生产理论"只揭示了文化再生产的一个方面,即主流文化的再生产方面,但文化的再生产事实上应该也再生产出了非主流文化的方面。"统治阶级在通过学校和相关机构再生产出自己的文化价值和意识形态的同时,也再生产出其对立阶级和下层阶级的文化价值和意识形态。"⑤ "多元理论"时期,有众多的学者提出了不同角度和看法的思想,如阿普尔强调民主实践的建构,吉鲁克斯转向"文化研究"理论,贝瑞·康柏致力于具体的批判性建构实践,等等。"尽管不同的批判教育学者在具体的理论、方法、观点和立场上存在较大差异,但他们也有共同点:

---

① 傅敏,邱芳婷:《美国批判教育学的课程思想:解读与启示》,《西北师大学报(社会科学版)》,2015年第5期。

② Stanley F. Steiner, H. Mark Krank etc. (2000), *Freirean Pedagogy, Praxis, and Possibilities: Projects for the New Millennium* [M]. New York: Falmer Press. 10.

③ Michael Young, Geoff Whitty (1977), *Society, State and Schooling: Reading on Possibilities for Radical Education* [M]. New York: Falmer Press. PP. 192 - 220.

④ 傅敏,邱芳婷:《美国批判教育学的课程思想:解读与启示》,《西北师大学报(社会科学版)》,2015年第5期。

⑤ 郑金洲:《美国批判教育学之批判》,《比较教育研究》,1997年第5期。

的:"每一种'霸权'关系必然是一种教育关系。"① 同样的,人们日常接触的媒体文化中也是一种灌输,一种社会权力和教育权力的体现。在课堂教学中开设媒体课程,让学生了解媒体公司或媒体生产者如何使用媒体,如何运作媒体,并教会他们如何看待媒体生产者、他们的产品和接受这些信息的受众之间的联系,是十分重要的。媒体评论家和教授刘易斯(Justin Lewis)和杰哈利(Sut Jhally)称之为媒介素养的"语境因素解释法",② 当学生检查媒体文本时,他们也检查它的"语境":它是如何产生的,为什么被创造出来;是为了什么原因;观众是如何接受的;未来的接受会如何影响类似的文本。媒体生产的这种循环,紧接着是受众接受,进而影响未来的生产,形成媒体的交换经济。由于媒体制片人与消费者之间的权力差异——媒体制片人拥有接入点,消费者希望在这个新媒体社区有发言权,这是一种政治经济形式。③

今天,希望通过媒体生产工具的可用性来改变媒体权力动态。④ 尽管,媒体公司有能力比个人更大程度地影响他人的态度,但学生可以通过使用互联网的工具来表达自己的想法。媒体评论家卢氏考夫(Douglas Rushkoff)2010年指出,除了作为一个参与式文化的一个组成部分的优势,成为媒体生产者可以开阔学生的视野,看到媒体公司通过所有媒体固有的偏见拥有的力量。创建自己媒体的学生可以看到音乐的使用是如何影响听众的情绪的,因为他们是做影响的人;他们可以注意到改变一个人物的面部表情如何可以改变观众对人物的看法。目标是让学生认识到他们作为媒体制作人所拥有的力量,反过来,要认识到媒体领域的其他生产者是如何操纵他们的。媒介素养课程与教育变革的结合可以实现

---

① Gramsci, A., *Selections from Prison Notebooks* [M]. New York: International Publishers, 1971: 33.

② Lewis, J., & Jhally, S. (1998), *The struggle over media literacy*. Journal of Communication, (Winter), 109-120.

③ Johnathan Wright, *The Media Literacy Classroom*, a curriculum project submitted to Sonoma State University, for the degree of MASTER OF ARTS IN EDUCATION With a Concentration in *Curriculum*, *Teaching and Learning* And an Emphasis in Educational Technology, December 14, 2011.

④ Jenkins, H. (2006), *Convergence culture: Where old and new media collide*. New York: NYU Press.

第二章　美国传媒素养教育基本理论与思想

这一目标。①

　　建立一个进步主义媒介素养课堂需要批判教育学，而不是需要一个本质主义课堂的漠不关心的经典作品。吉鲁克斯解释说："批判教育学强调批判性反思，弥合学习与日常生活之间的鸿沟。"② 霍布斯 2007 年的媒介素养课程系统化了媒介探究的过程。这些都是课堂上要处理的复杂问题和重大问题，但学生在他们的探究中并不孤单。他们在一个课堂参与式文化中一起学习，帮助回答这些问题，并理解他们看到和读到的文本意义。③

　　虽然批判性思维是媒介素养课堂教学的基础，社会意义的产生是其论述的主要工具，但即使在课堂参与文化的支持下，不是每个学生都能通过这种方式找到一个文本。因此媒体素养教育不仅强调批判性思维教学，而且强调差异化教学，即因材施教。申博（Schiebe）2004 年发现媒体课程由于多种方式的性质而成为差异化教学的有效工具。如果学生在阅读网页时不理解文本，然后应该找到其他方法帮助他们理解，如文本的读者、有声读物，或另一种形式的文本，如图形小说。④ 差异化在评估领域中至关重要。经典的五段作文是决定学生对文本看法的一种重要方法，但这并不是唯一的方法。学生可以用视觉效果、音乐、视频或任何格式来总结和陈述他们的想法。虽然学生在课外能够以散文形式组织自己想法的成功是必要的，他们写作能力上的弱点不必成为妨碍他们全面理解文本的障碍。然而，这个想法没有被普遍接受，有些批评家认为，将技术纳入课堂，阻碍了学生教育的发展。⑤

---

① Rushkoff, D. (2010), *Program or be programmed*. New York: OR Books.
② Giroux, H. A. (Winter 2004), *Democratization, critical pedagogy and the postmodern divide: Towards a pedagogy of democratization. Teacher Education Quarterly*, 34.
③ Johnathan Wright, *The Media Literacy Classroom*, a curriculum project submitted to Sonoma State University, for the degree of MASTER OF ARTS IN EDUCATION With a Concentration in *Curriculum, Teaching and Learning* And an Emphasis in *Educational Technology*, December 14, 2011.
④ Scheibe, C. (2004), *A deeper sense of literacy: Curriculum-driven approaches to media literacy in the K – 12 classroom. American Behavioral Scientist*, 48 (60), 60 – 68.
⑤ Johnathan Wright, *The Media Literacy Classroom*, a curriculum project submitted to Sonoma State University, for the degree of MASTER OF ARTS IN EDUCATION With a Concentration in *Curriculum, Teaching and Learning* And an Emphasis in *Educational Technology*, December 14, 2011.

20世纪80年代以来,伴随着计算机技术、摄影录像技术、新媒体技术的出现和广泛应用,特别是社交互动媒体的出现,彻底打破了过去防御式被动型的保护主义,开始向积极主动、开放性的保护主义即超越保护主义转变。也就是说,既然无法避免学生接触不良信息,还不如主动教会他们辨析、评价、理解创制和使用媒体信息的能力。因此,积极应用媒体技术、鉴赏媒体艺术、尊重文化多元化、以人为本、重视批判性思维和公民行动、利用媒体发声和进行媒体舆论监督的超越保护主义价值取向得以确立。

就美国而言,"在某种程度上,保护主义者与赋权者的紧张是由于被研究的诸如电视、电影、音乐和网络等媒介。当网络在美国学校开放的时候,这种争斗就开始了,如何讲授网络,或者使用网络,如何让我们的儿童远离网络。防火墙和其他的过滤程序成为一个正常的配置。当社交网络和各种 Web 2.0 工具被引入到网络中的时候,甚至超越了那些管理者想象的爆炸发生了,这些管理者每天的工作就是为了过滤掉任何他们认为不适当的资源。这些媒介蔓延到课堂中,不仅通过计算机,而且通过手机和其他的小工具。人们警惕的水平似乎在日益增长,围绕这些工具的恐惧开始与可能有学习潜力的思想相冲突"。[①] "大多数的教育者和家长在这些社会化的环境中采取的是保护主义方式。他们关于这许多工具的知识是极少的,或者很少被用来和他们的学生相比较。或者,被用来比较的话,他们的知识可能被视为是一种娱乐性的,而非教育性的。当他们的恐惧减少了儿童作为一个公民或作为一个真的拥有一些他们正在使用的技术知识的人的作用的时候,他们的恐惧就濒临于偏执狂。这些恐惧不仅来自于家长,而且也来自于教育者。"[②] 因为有这些恐惧,美国的许多学校都采取了防御性或禁止性的保护主义方式,关闭整

---

① UNESCO (2009), "*Empowering Citizenship: Media, Dialogue and Education.*" World Press Freedom Day. Retrieved June 30, 2010, from http://portal.unesco.org/ci/en/ev.php-URL_ID = 28413&URL_DO = DO_TOPIC&URL_SECTION = 201.html.

② UNESCO (2009), "*Empowering Citizenship: Media, Dialogue and Education.*" World Press Freedom Day. Retrieved June 30, 2010, from http://portal.unesco.org/ci/en/ev.php-URL_ID = 28413&URL_DO = DO_TOPIC&URL_SECTION = 201.html.

个网站或禁止许多社交网络工具的方式，禁止使用手机，对上一些社交网站的学生进行纪律约束，限制 iPods 和 mp3 播放器等媒体的使用。

美国传媒素养教育学者霍布斯与其他众多学者一直在推行超越保护主义的媒介素养教育活动。她主张用数字和媒介素养赋权给学习者。她在回忆自己如何接触媒体素养的经历中谈到，当人们想到"素养"这个词时，通常想到的是听、说、读、写。随着人们在日常生活中使用了如此多的不同类型的表达和交流，识读素养概念开始被定义为通过符号系统共享意义来充分参与社会的能力。原来的课本一词也开始被理解为以使用符号系统的固定和有形的形式进行的任何形式的表达或交流，也就是换成了"文本"的说法，其囊括了语言、静态和动态图像、平面设计、声音、音乐、互动媒体等各种形式。在 20 世纪 60 年代，艺术教育工作者和其他教师开始探索如何使用摄影促进"新的观看方式"，这就是视觉素养的意识。当图书馆数据库首次建立，人们需要新的技能来使用关键字来查找和评估信息来源，这时候信息素养的概念就产生了。在 20 世纪 80 年代，当有线电视将一个五百个频道的世界带入有电视机的家庭时，人们就意识到对流行文化和大众媒介进行批判性分析教学，这就是人们所谓的媒介素养。当进入 20 世纪 90 年代，计算机技术开始普及的时候，人们将计算机硬件和软件的能力称为计算机素养。当普遍进入数字时代的时候，数字与媒体素养就应然而生。今天，人们用数字公民权来指需要解决网络欺凌、隐私保护、身份保护和尊重作者身份的新的社会能力。这些许多不同的术语反映了各种学科的角度，以及我们日益媒介化的社会要求的真正广泛的知识和技能。[①]

霍布斯认为，数字与媒介素养能力包括：(1) 使用文本、工具和技术来获取信息和娱乐；(2) 批判性思维、分析和评价的能力；(3) 信息的组成和创造性的实践；(4) 从事反思和伦理思考能力；以及 (5) 通

[①] Renee Hobbs, *Empowering learners with digital and media literacy*, http://www.ala.org/aasl/sites/ala.org.aasl/files/content/aaslpubsandjournals/knowledgequest/docs/KNOW_39_5_Empowering Learners.pdf.

来评估学习进展；必须通过公共服务通告、娱乐教育倡议以及一年一度的教育工作者会议提高数字和媒体素养教育的知名度。① 总之，正如骑士委员会报告《告知社区：数字时代的民主维系》中所解释的，知情和参与社区需要公民欣赏透明、包容、参与、赋权与公共利益的共同追求的价值观，因此，无论是教师还是学校的图书管理员都要采取适当的措施，最大限度地发挥媒体和技术的授权特性并尽力减少其负面的作用。

五、女性主义与传媒素养

女性主义理论和立场认识论为批判性媒介素养领域提供了主要的贡献。因为身份差别、理论、历史、真理的文化建构性和男女性别的文化差异，所以学者常常将文化研究和女性主义研究结合在一起。② 女性主义的理论和立场认识论将一个女性主义者的政治承诺与社会改造联系起来，要求揭示知识社会和政治建构，应对与再现有关的平等和社会正义原则。

媒体的再现往往包容一些团体、排斥一些团体，也常常有利于支配性和强势的团体，而不利于被边缘化的弱势群体。卢克（Luke）认为，揭示知识的权力结构以及知识的权力结构如何服务于某些特定的团体是课堂内教师的责任。她坚决认为："应当用对社会正义和公平原则的承诺来指导媒介教育者的工作，通过教育工作使学生自己认识到，例如，同性恋恐惧、种族歧视或性别歧视的文本或阅读材料，非常简单地压迫着他们自己或使他们自己从属于他人。"③

以学生为中心的媒体素养课堂，需要采取自下而上的教学方式方法，合作性探究和媒体制作是学生发现自己和表达自己的很好方式。后

---

① Renee Hobbs, *Empowering learners with digital and media literacy*, http://www.ala.org/aasl/sites/ala.org.aasl/files/content/aaslpubsandjournals/knowledgequest/docs/KNOW_39_5_Empowering Learners.pdf.

② Luke, C. (2004), *Re-crafting media and ICT literacies*. In D. E. Alvermann (Ed.), *Adolescents and literacies in a digital world*. (p. 33). New York: Peter Lang.

③ Luke, C. (2004), *Re-crafting media and ICT literacies*. In D. E. Alvermann (Ed.), *Adolescents and literacies in a digital world*. (p. 44). New York: Peter Lang.

结构主义者、女性主义者和批判教育学都强调重视学生的媒介解构以及创作他们自己的媒介的声音的重要性。但纯粹分析意义生产的媒体素养教育必须扩展到对个体和企业意义的建构,以及"如何与更大的社会政治问题,如文化、性别、阶级、政治经济、国家和权力问题相联系的机制研究中来"。①

而女性主义立场认识论为从弱势群体的视角研究和揭示压迫的结构、霸权的功能和替代性认识论提供了一个方法论。纳拉扬(Uma Narayan)强调说:"女性主义立场认识论使得被压迫者比那些生活在被压迫状况以外的人更容易和更可能批判性地洞察到自己的被压迫条件。那些实际生活在阶级、种族或性别压迫状况之下的人们已经面对着这些压迫是在各种不同情况下产生的问题。由这些情况产生的洞见和情绪反应是一笔他们可以用来面对任何新问题或情况的遗产。"② 立场理论从而为看穿支配性观点的自然化提供了重要的概念基础。哈丁(Sandra Harding)2004年认为,为了获得许多有关看起来是常识的问题和现象的观点,我们必须从被边缘化群体的立场来努力感知和理解社会现象。③

六、文化和媒介研究

20世纪30年代到20世纪60年代,法兰克福社会研究所的研究者使用批判性的社会理论分析媒介文化和新的传播技术工具如何引起意识形态和社会控制。在20世纪60年代,在伯明翰大学的当代文化研究中心的研究者为早期对意识形态的关注增加了一种更为先进的理解,他们将受众理解为积极的现实建构者,而不仅仅是外部现实的反映者。通过

---

① Luke, C. (2004), *Re-crafting media and ICT literacies*. In D. E. Alvermann (Ed.), *Adolescents and literacies in a digital world.* (p. 31). New York: Peter Lang.

② Narayan, U. (2004), *The project of feminist epistemology: Perspectives from a nonwestern feminist.* In S. Harding (Ed.), *Feminist standpoint theory reader: Intellectual and political controversies* (p. 220). New York: Routledge.

③ Kellner, D., & Share, J. (2007), *Critical media literacy, democracy, and the reconstruction of education.* In D. Macedo & S. R. Steinberg (Eds.), *Media literacy: A reader* (pp. 3 – 23). New York: Peter Lang Publishing.

群体的弱势，并使得这种弱势看起来顺理成章。因此，尽管代表像施瓦辛格（Arnold Schwarzenegger）那样的男性人物的能指似乎只是呈现出一位男演员的形象，但是它们却建构出一定的内涵意义，并表现出诸如父权、暴烈的男子气质和男性支配欲等特定的品性。因此，媒介文本是根据特定的规则和做法被高度编码的建构物。①

批判性媒介素养的一个最重要的组成部分是从英国伯明翰大学的当代文化研究中心的工作发展而来的，它包括积极的受众这个概念，这对先前的将媒介的受众视为被动的接受者且往往是受害者的理论形成了挑战。在由巴尔泰斯和依科（Umberto Eco）发展而来的符号学概念的基础上，霍尔（Stuart Hall）认为，在一个"编码/解码"的研究中，必须把由生产者进行的媒介文本的编码和由消费者进行媒介文本的解码区分开来。这种区分强调受众生产他们自己的解读和意义的能力，以异常的或对立的方式解码文本的能力，以及与主流意识形态相一致的"首选"方式。②

文化研究的方式方法为理解素养提供了一个主要的进步。这就像雷昂（Ien Ang）2002年所解释的那样："文本的意义并不存在于文本自身。某一文本可以具有不同的意义，这取决于观众解释它的相互对话的语境。"③当解读媒介的时候，受众既不是无力的也不是无所不能的观念，对于增强媒介素养在受众协商意义的过程中赋权给受众的潜力是有很大贡献的。就像胡克斯（Bell Hooks）所说的那样："如果受众很明显不是被动的，而是能够挑选和选择媒介信息的，那么存在着某些'接受到的'信息也一定是真实的。这些'接受到的'信息很少根据受众的意愿而达成调解。"通过批判性思考和探究来赋权给学生，对于学生挑战

---

① Kellner, D., & Share, J. (2007), *Critical media literacy, democracy, and the reconstruction of education*. In D. Macedo & S. R. Steinberg (Eds.), *Media literacy: A reader* (pp. 3 - 23). New York: Peter Lang Publishing.

② Hall, S. (1980), *Encoding/Decoding*. In S. Hall, D. Hobson, A. Lowe, & P. Willis (Eds.), *Culture, media, language* (pp. 128 - 138). London: Hutchinson.

③ Ang, I. (2002), *On the politics of empirical audience research*. In M. G. Durham & D. M. Kellner (Eds.), *Media and cultural studies: key works* (pp. 177 - 197). Malden, MA: Blackwell.

第二章 美国传媒素养教育基本理论与思想

媒介创造首选的阅读内容的力量是必不可少的。①

受众理论将接受的时刻视为一个有竞争的文化斗争领域，在这个领域批判思考技能为受众提供协商不同的解读和公开与主流话语进行斗争的潜力。因为理解差异意味着不仅仅是容忍彼此，所以学生明白不同的人如何能用不同的方式解读相同信息的能力，这对于多元文化教育是重要的。例如，研究已经表明，美国电视连续剧《达拉斯》（Dallas）对于不同国家的人们来说拥有非常不同的文化意义。② 例如，荷兰和以色列的受众解码这个电视连续剧就与美国的受众有非常大的不同。③ 同样的，像性别、种族这样不同的学科定位也将产生出不同的解读，从不同的受众角度的立场解读媒介文本，也会丰富对该媒介文本的掌握。

掌握不同的受众解读和解释的过程能够提升民主的水平，这是因为一个多元民主的多元文化教育取决于全体国民的素质。女性主义立场的认识论通过从从属的地位开始所有的分析而为这种类型的探究提供了一个起点，通过这个从属的地位将首选的霸权解读非自然化，并揭示这些首选的霸权主义的解读不过是理解该信息的许多方式方法中的一种。理解不同的观察事物的方式方法对于理解再现的政治是必不可少的。④

批判性媒介素养包括再现的政治。在再现的政治中，为了质疑意识形态、偏见和在再现中明显存在或暗含的内涵意义，需要对媒介信息的内容和形式进行审视。文化研究、女性主义理论和批判教育学为这类质疑媒介的种族、阶级、性别等的再现的探究提供了大量的研究。除了对

---

① Hooks, b. (1996), *Reel to real: Race, sex, and class at the movies.* New York: Routledge. 3.

② Katzman, L., et al. (Producers), & Preece, M., et al. (Directors) (1978–1991), *Dallas* [Television series]. New York: CBS.

③ Ang, I. (2002), *On the politics of empirical audience research.* In M. G. Durham & D. M. Kellner (Eds.), *Media and cultural studies: key works* (pp. 177–197). Malden, MA: Blackwell.

④ Kellner, D., & Share, J. (2007), *Critical media literacy, democracy, and the reconstruction of education.* In D. Macedo & S. R. Steinberg (Eds.), *Media literacy: A reader* (pp. 3–23). New York: Peter Lang Publishing.

经销店争相竞争观众和读者,有不到十家跨国公司支配着全球媒介市场。在最新的巴格迪基安(Ben Bagdikian)《新媒体垄断(2004)》修订版本中,巴格迪基安论述说,现在只有五个公司支配着美国的媒介市场。他写道:"五个全球性的公司,带有许多卡特尔(企业联合)的特点,拥有美国大部分的报纸、杂志、书籍出版社、电影工作室和广播电视台……这五个联合大企业是时代华纳公司(是到2003年为止世界上最大的媒介公司)、沃尔特·迪士尼公司、默多克新闻集团(其总部设在澳大利亚)、维亚康姆公司和贝塔斯曼集团(其总部设在德国)。"①

大众媒介所有权的统一把对公共广播电视频道的控制权给予了几个跨国寡头,他们决定着再现谁、再现什么以及如何再现。所有权的集中威胁着信息的独立性和多样性,创造了进行全球文化和知识殖民的可能性。② 媒介巨头的统一所有权是高度不民主的,根本上缺乏竞争力,与其说它"像在经济学教科书中发现的一个竞争性的市场,不如说它更像一个卡特尔(企业联合体)"。③ 例如,美国的主流媒介倾向于将像里根(Ronald Reagan)和布什(George W. Bush)这样的共和党候选人和总统给予正面地报道。在某种程度上,这是因为保守的共和党议程与媒介公司的赞成放松监管、对企业并购不设障碍和对他们富有的员工和广告商减免税额的企业利益是一致的。④ 某些媒介公司,像默多克(Rupert Murdoch)的新闻集团和福克斯电视网,积极推行右翼的议程,这些议程符合它的所有主、董事会和严格遵循默多克的保守路线的高管的公司利益。因此,了解什么样的公司会生产一种媒介产品,或者了解什么样的生产制度支配着给定的媒介,将会有助于批判地解读媒介文本中的偏

---

① Bagdikian, B. H. (2004). *The new media monopoly*. Boston: Beacon Press. 3.
② McChesney, R. (1999a). *Rich media, poor democracy: Communication politics in dubious times*. Urbana: University of Illinois Press.
③ McChesney, R. (1999b, November 29). The new global media: It's a small world of big conglomerates [Special issue]. *The Nation*, 269 (18), 11–15.
④ Kellner, D. (2001). *Grand theft 2000: Media spectacle and a stolen election*. Lanham, MD: Rowman and Littlefield.

见和扭曲。①

第二节 批判性参与和公民行动

在社交媒介泛滥的今天,绝大多数媒介活动都是互动式的和参与式的。新媒体技术、网络平台和移动终端,以及丰富多样的集体活动,都为参与式文化的发展奠定了坚实的基础。但是,庞杂的媒体世界中,讯息鱼龙混杂、兼收并蓄、优劣共存,所以其中免不了媒体的偏见和傲慢,而这需要人们通过批判性媒体素养的教育和学习增强人们明辨是非的能力和提高人们的公民行动的意识来克服。因此,批判性参与和公民行动是当代纷纷扰扰的世界中维护社会公正和谐的重要力量。

一、参与式文化

学生的成长是处于一个公共空间和私人空间并存的世界中。在某种程度上讲,学生的成长更多地表现为社会化的程度和水平。而要做到社会化,就必须积极开展社会活动或集体活动,通过不断的相互交流和沟通以及共同的协作活动来达到社会化成长的目的。因此,这种成长的文化一定是参与式的文化,是交流、理解、共享、协作、反思和评价的发展过程。

一个媒体素养课堂就是这样一种参与式文化的活动空间。显而易见,让学生拥有媒体素养的最佳方式就是教师帮助他们制作自己的媒体,在直接经验中获得对媒体和媒体世界以及现实世界的理解和认识。所以,让学生批判性地思考他们的媒体,探究媒体制作人的性质、媒体运作机制和生产过程规律,就成为媒体素养课堂的目的。

但不管教师和家长愿不愿意,日常亲密接触媒体文化并制作一定的

---

① Kellner, D., & Share, J. (2007). *Critical media literacy, democracy, and the reconstruction of education*. In D. Macedo & S. R. Steinberg (Eds.), *Media literacy: A reader* (pp. 3 - 23). New York: Peter Lang Publishing.

备文化素养成员的支持精神。事实上，每个人都愿意帮助那些在某一领域缺乏经验和技能的人。只要知识较少的成员保持尊重的态度，他们可以期待来自各种来源的援助。①

因此，参与式文化是民主平等的、互动交流的、协作共享的、横向联合的、多元发展的、进步主义的和建构主义的，而不是专制的、自上而下的、本质主义的、固定教材的和填鸭灌输式的。例如，"新文本的个人意义建构可以通过识别关键点和定义未知的词来完成。进一步的意义可以通过创造视觉附件如进一步解释和完善学生理解的故事/人物地图来实现，或者通过在文本和学生的生活之间建立个人关系的方式来实现。这些个人的探究可以与其他学生的探究结合起来，建立对文本的集体理解，可以帮助所有参与者开放他们的理解别人的观点"。②

团结起来力量大。如果一言堂的课堂是分散的力量，那么，参与式文化课堂就是集体的力量，团结的力量。同伴学习和激励，会激发青少年学生的自我存在感、公民意识感，影响他们的社会行为和结果，提高他们的民主参与和赋权意识。

在美国许多学校，对学生使用在线网络仍有许多的限制。"对于教师来说，技术的使用是一个自上而下的事件，由学校行政部门实施计划，教师的投入很少。对于学生而言，参与式的元素缺失：他们只需要将这项技术用于一般研究，事实上学校是阻碍或在许多情况下禁止学生参与到在线互动文化中的。"③ 也就是学生只允许网上搜索信息，但不允许他们进行在线互动交流。这样，学生就失去了一个培养互动交流的机会。然而，作为主导文化的一员，今天的 21 世纪学生将是明天的商业和政治领袖，他们将期望与他们的同龄人作为参与式文化的成员进行交流。不熟悉这种交互方式的人在 21 世纪的学生面前将处于不利的地位。

---

① Jenkins, H., Cabrera, R., Kelly, W., & Pitts-Wiley, R. (2007), *Reading in a participatory culture.* Massachusetts: MIT Project New Media Literacies.
② Jenkins, H., Cabrera, R., Kelly, W., & Pitts-Wiley, R. (2007), *Reading in a participatory culture.* Massachusetts: MIT Project New Media Literacies.
③ Ito, M., Horst, H., Bittanti, M., boyd, d., Herr-Stephenson, B., Lange, P. G., et al. (2008), *Living and learning with new media.* Chicago: The MacArthur Foundation.

因此，新的数字鸿沟是一种与技术相互作用而不是接触使用技术的鸿沟。①

媒体素养课堂的学生可以利用班级共用的博客撰写在线日记，可以对帖子进行评论，这样班级同学都可以同时作为作者和观众。协作网站"维基"也可以作为展示学生工作的真实场所。如维基百科这些被群体创建和编辑的网站，能显示各种学生工作方式——音频、视频、图形或文本——以多种方式，如以主题或类别组织的页面。所有这些工具都是现成的，可以改善现有的 20 世纪的素养和评估方法，没有从负担过重的老师那里抽出宝贵的课堂时间。②

美国媒体素养课堂，特别是语言艺术课上的媒体素养课堂，仍然有很多把莎士比亚的作品作为课堂教学的文本内容之一。多年来，老师们一直用进步的技巧教莎士比亚。他们设法激发学生们对莎士比亚的兴趣，使莎士比亚的作品与他们相关，把诗人的文章与他们自己的兴趣相结合。有些人使文本现代化，或者强调他的性格和学生生活中的人物或情况的相似性。其他人则把重点放在剧本的语言和措辞上。不管具体是如何做的，激发学生的兴趣，引导学生学习莎士比亚的作品，这是教师的责任。使其易于接近，必要时可使用任何手段。在一个真正进步的课堂中把学生的兴趣和技术融入到莎士比亚的教学中可以使课堂教学成为可能。这样的文本分析将使学生的批判性思维能力达到极限。莎士比亚所写的大部分作品都是用韵文来表达的，这使得他可以把大量的各种意义压缩成几个字和图像。这要求学生花时间分析台词，然后搞清楚台词的意义。因为莎士比亚是一个剧作家，媒介素养语境是分析他作品的一个独特的合适框架。学生应该知道，他是一个专业人士，有人承担他的工作成本，不像今天为电视网络工作的创作者。在自己的一天里他不得不迎合他们的口味，因为人们的口味几个世纪以来也发生了变化，莎士

---

① Buckingham, D. (2007b), *Media education goes digital: An introduction. Learning, Media and Technology*, 32 (2), 111-119.
② Johnathan Wright, *The Media Literacy Classroom*, a curriculum project submitted to Sonoma State University, for the degree of MASTER OF ARTS IN EDUCATION With a Concentration in *Curriculum*, *Teaching and Learning* And an Emphasis in *Educational Technology*, December 14, 2011.

距"。把这个融入课堂的一种方法是把课程引入学生共同的实践中,一种有着教学可能性的成熟方法:那就是媒体生产。

人人可参与的自由便捷的媒体生产或制作得益于技术的创新和进步。技术创新使任何人都有可能生产专业质量的音频和视频,在媒体领域引起真正民主的转变;任何人都可以制作电影或录制歌曲。但最受欢迎的媒体生产商分享他们的作品是由拥有电视和广播电台的同一家媒体公司拥有的。虽然像 YouTube 这样的网站被设计成允许任何人向世界发布他们的媒体信息,几乎所有的媒体出口都是由少数媒体公司拥有的,在互联网上获取和保持巨大的权力。[①] 让学生了解这些公司在媒体景观上的地位是将课堂媒介素养转化为现实世界过程的一部分。正如帕金翰说:"媒体教育是'民主公民'的一种更普遍形式的一部分。"[②] 因此,参与式文化的媒体素养课堂对于青少年儿童的社会化成长和公民意识的发展是非常重要和必要的。

二、媒体偏见

媒体有组织的意义,也有工具的意义。无论是哪个意义,媒体活动都是一种有自己立场和观点的行为,换句话说都会有自己某种程度上的偏见。那么,受过媒体素养教育的学生和没有受过媒体素养教育的学生哪个更不容易受到媒体偏见的影响?虽然人们很容易给出一个自己的推测性的结论,但是,要有具体的证据就必须进行针对性的设计实验。

长期以来,对媒体教育课程影响的实证研究都集中在测量课程材料的实际学习上[③]和跟着课程学习的态度变化上——更为批判性的广

[①] FreePress. net. (2009), *Ownership chart*: *The big six*. Retrieved 2011, from FreePress. net: http://www.freepress.net/ownership/chart/main.

[②] Buckingham, D. (2007a), *Beyond technology*: *Children's learning in the age of digital culture*. Malden MA: Polity Press. 146.

[③] Dorr, A., Graves, S., & Phelps, E. (1980), *Television literacy for young children*. Journal of Communication, 30, 71-80.

告观;① 酒精、烟草和物质滥用的态度;② 与危险行为相关的信念。③ 一些研究比较了不同媒体教育课程设计效果。④ 美国学者巴巴特（Elisha Babad）、皮尔（Eyal Peer）和霍布斯（Renee Hobbs）针对高中生进行的媒体偏见的研究聚焦于学生思维媒体信息方式的研究。兹将其实验基本状况以及结论梳理如下:⑤

一系列受控实验证明，一个简短的政治电视采访中一个电视采访者的友好或敌对的非言语行为能系统地影响观众对被采访的政治家的印象及其对被采访者的归因。巴巴特、皮尔等人研究设计的目的是防止大众媒体对学生影响，提高他们的健康媒体消费意识，降低他们对媒体偏见的易感性。

近几十年来，媒介素养教育已成为大多数西方国家学校课程的核心特征。考虑到大众传媒的主导地位和人们对基于图像的电子和数字媒体的深度接触，必须帮助和培训学生在媒介饱和的环境中管理自己，并成为媒介的有选择的和明智的消费者。媒介素养教育首先要培养学生理解媒体语言的技能。除此之外，学生必须学会成为批判的观众，要意识到媒体的各种影响，预防广告的不当影响，隐藏的政治议程，等等。⑥ 因此，媒体教育课程不同于常规的内容为导向的课程，所需的"素养"涉及情感和态度的变化、一种新的思维框架，以及获取成为媒体有效消费者的技能。

---

① Roberts, D., Christenson, P., Gibson, W., Mooser, L., & Goldberg, N. (1980), *Developing discriminating consumers. Journal of Communication*, 30, 94–105.

② Austin, E. W., & Johnson, K. (1997), *Immediate and delayed effects of media literacy training on third graders' decision making for alcohol. Health Communication*, 9, 323–349.

③ Austin, E., Pinkleton, B., & Funabiki, R. (2007), *The desirability paradox in the effects of media literacy training. Communication Research*, 34, 483–506.

④ Banerjee, S., & Greene, K. (2006), *Analysis versus production: Adolescent cognitive and attitudinal responses to antismoking interventions. Journal of Communication*, 56, 773–794.

⑤ Elisha Babad, Eyal Peer, Renee Hobbs, *Media Literacy and Media Bias: Are Media Literacy Students Less Susceptible to Nonverbal Judgment Biases*? https://academic.microsoft.com/#/detail/2041955008, Jan 1st 2012.

⑥ Alvermann, D., Moon, J., & Hagood, M. (1999), *Popular culture in the classroom: Teaching and researching critical media literacy*. Newark, DE: International Reading Association.

没有数据表明对照组学生实际上最终参加了这门课程的学习。①

（三）多重偏见对受众的影响

媒体偏见和一个人的偏见一样，可能会有多重的。这种多重偏见会带来叠加的影响效果。如巴巴特让受试者观看友好的采访者或敌意的采访者对受访者的几分钟访谈的时候，作为受试者的观众就可能受到多种偏见的不同影响。每一种影响都对受访者的印象和判断产生了独立的和附加的影响。根据巴巴特等人的这项研究，研究人员非常仔细地设计了偏见实验的程序，试图最大限度地提高他们感兴趣的特定偏见并排除任何其他可能性。但是，研究的偏见的数量是非常大的——维基百科列出并描述了超过100个不同的认知偏见——在特定的现实情况下，通常比实验室实验中的"现实"更复杂和多方面，参与者的判断可能会受到一些偏见的影响。事实上，在所有重复的媒体偏见实验中，除了预期的媒体偏见的影响，观众的判断还受到意想不到的光环效应的影响。②

在巴巴特等人的该项实验中，要求观众/评委对受访者进行一系列10个属性的评分，并向他们提出了一个单独的额外的问题，即他们对这位受访者有多么喜欢。个人喜好评级最初包括在问卷调查中，以验证一个"间接体验的光环效应"，将其作为一个媒介偏见效应的潜在概念解释。人们将光环效应应用于他们的印象，也就是说，人们对喜欢的人在各项属性上或绝大多数属性上的评价都是积极的，反之，对不喜欢的人在各项属性上或绝大多数属性上的评价多倾向于消极的。"在媒体偏见的研究中，假设性的光环效应大概是由采访者的非言语行为介导的。采访者的友好行为可能会被视为喜欢受访者的证据，而采访者的敌意行为

---

① Elisha Babad, Eyal Peer, Renee Hobbs, *Media Literacy and Media Bias: Are Media Literacy Students Less Susceptible to Nonverbal Judgment Biases*? https://academic.microsoft.com/#/detail/2041955008, Jan 1st 2012.

② Elisha Babad, Eyal Peer, Renee Hobbs, *Media Literacy and Media Bias: Are Media Literacy Students Less Susceptible to Nonverbal Judgment Biases*? https://academic.microsoft.com/#/detail/2041955008, Jan 1st 2012.

可能会被视为不喜欢受访者的证据。"① 也就是说，受试者的评价和看法遵循了光环效应模式。

在该试验中，巴巴特等人不仅发现了采访者对受访者的友好不友好的态度对受访者情绪和态度的影响，还发现了观众个人喜欢和他们对受访者整体的评价之间高度相关。即，采访者的非言语行为固然会对受访者产生情感和态度上的影响，但受访者个人对采访者或采访事宜的态度和看法对评价结果也有独特的影响。这两种影响可以被视为两种不同的光环效应。事实上，光环效应是一个比媒介偏见效应更强的量级。因为媒体素养课程将会让人们明确了解光环效应的原理和作用机制，从而使接受媒体素养课程的学生减小或消除光环效应的影响。因此，巴巴特等人研究假设：没有参加媒体素养课程的学生会表现出典型的媒体偏见效应（受访者在友好采访者的条件下评价更积极），而参与媒体素养课程的学生则不会受到采访者的非言语行为的影响，因此，对于那些学生而言，媒介偏见效应会减少或甚至消失。

（四）研究方法

1. 参与者

88个来自美国中西部一个大都市之外的一个工人阶级社区的高中学生参与了这项研究（48个男生和40个女生）。学生的年龄介于13岁和19岁之间，平均年龄为16.3岁（SD=0.97）。

2. 设计和程序

该实验将采访者的非言语行为（友好的和敌意的）和处理条件（媒介素养学生组与对照组）作为自变量，而将观众对受访者的整体印象的评价作为因变量。在一项"非言语感知研究"中，学生组（"评委"）观看一个录制的持续大约4分钟的政治访谈。因为他们不熟悉被描绘的个体，无法理解语言和言语的内容，学生可以只使用采访者与被采访者

---

① Elisha Babad, Eyal Peer, Renee Hobbs, *Media Literacy and Media Bias: Are Media Literacy Students Less Susceptible to Nonverbal Judgment Biases*? https://academic.microsoft.com/#/detail/2041955008, Jan 1st 2012.

判断比其他的更容易做出。请评估所有的维度,即使您不确定。跟随直觉,甚至猜测,因为我们真的对第一印象和感知感兴趣。对于每个问题和评价,请圈出一个从1(低)到9(高)的数字,来代表您的印象。

使用的原始问卷的简短版本,包括对受访者的10项评价。整体印象的组成平均有以下评价:真实的、有说服力的、灵活的、开朗、可信、幽默、乐观、热情、聪明和外表[在先前的研究中已经测试和验证了本问卷的心理测量学特性,例如,Babad, E. (2005), *The psychological price of media bias. Journal of Experimental Psychology*: Applied, 11, 245 - 255.]。该量表的内部可靠性高。此外,验证性因素分析显示只有一个因素,其特征值高于1,与总方差的34%相关,包括所有上述的10个项目。问卷结束时的一个独立的问题要求被调查者评价他们个人喜欢被采访者的程度。实验者要确定没有一个评委理解言语内容(除了拾取诸如纽约的随机词汇)。

4. 结果

我们计算了一组(友好与敌意采访者)和另一组(控制与媒体教育学生)之间的因变量的方差分析。分析发现存在显著交互作用,$F(1, 84) = 5.45$,$P < .05$。媒体偏见效应(即对友好与敌意采访者条件的评价之间的差异)对于对照组是显而易见的,但是对于参与媒介教育课程的学生而言却消失了。

当采访者友好的时候($M = 4.76$,$SD = 1.1$)比采访者敌意的时候($M = 3.91$,$SD = 1.1$),对照组的学生更积极地评价受访者。这种差异有统计学意义,$t(34) = 2.34$,$p < .05$,表示一个大的影响(Cohen's $d = 0.73$)。相比之下,在采访者有敌意的时候媒体教育组学生对受访者的评价比采访者友好的时候媒体教育组学生对受访者的评价甚至略微更积极。但是这种差异并不显著。因此,受到媒介教育的学生在判断受访者的时候似乎不受采访者的友好或敌意非言语行为的影响。换言之,参加媒体素养课程的学生似乎对媒介偏见的影响是免疫的,而其他人(没有接受过媒体教育)是容易受到影响的。

该研究结果表明,媒体偏见的影响对于对照组将是显而易见的。但这两组学生都会表现出强烈的光环效应。实验者计算了每一组的三方面相关性：采访者的非言语（友好与敌对）行为之间的相关性；受访者的整体平均评价（显示媒体偏见的影响，在一个显著相关的情况下）、每个参与者多么喜欢受访者和他们的整体评价之间的相关性（显示一个光环效应，对受访者的更喜欢与更高的评价有关）；以及采访者友好与敌对的非言语行为与个人喜好程度的关系（表示媒体偏见效应和光环效应之间可能存在的依赖或独立）。

分析结果如下：对于没有参加媒体素养课程的对照组学生来说，结果表明媒体偏见的影响相当大，有着更强的光环效应，但一个相当小的和微不足道的相互作用的影响表明两个偏见的独立性。相比之下，对于参加媒体素养课程的学生来说，媒体偏见的影响消失了。但光环效应强，效应大，但也没有发现两个偏见之间的相互作用的影响。进一步的分析表明，学生的性别并没有影响这种模式的结果。对照组中男生和女生受媒体偏见的影响，但受媒介教育的组不受媒体偏见的影响。参与者的性别并没有表现出主要或互动效应。

结果证实，媒体偏见和光环效应这两个偏见之间彼此无关。每个独立地影响着学生对受访者的评价。对于不参与媒介素养课程的对照组学生而言，存在一个显著的媒体偏见的中等幅度的影响，以及强烈程度的光环效应，但这两个偏见彼此无关。在参加媒体素养课程的学生中，媒体偏见效应如预期般消失，发现在观看友好与敌对采访者的学生之间的评价没有差异。但类似于对照组学生，在这些学生身上，发现了一个强大的光环效应。因此，实验研究支持了假设的观念——媒体素养教育可能会改变学生作为大众媒体的消费者的思维方式。

虽然该实验研究的人员对这个实验设计相对满意，但实验心理学家可能认为自我选择可能会影响学生参加或不参加媒介素养课程的决定，因此，观察到的相互作用可能是由学生的特点和属性造成的或由课程本身的效果造成的，或者两者的影响叠加造成的。根据学校的官员，在课程注册上没有涉及自我选择的课程，因为期望所有（或几乎所有的）学生在适当的时间参与媒体教育课程，这在一定程度上减少了自我选择论点的优势。但是，坦率地说，我们没有获得任何证据表明对照组中所有的学生确实随后参与了媒介素养课程。未来的研究也可以给（在实际实验之前）实验组和对照组的学生一个关于他们的一般媒介态度和信念的调查问卷。虽然这种方法不排除自我选择的问题，但这至少有助于确保这两个群体在他们参加（或不参加）媒体素养课程的媒体相关态度方面有点相似。①

总之，巴巴特等人的实验研究的确揭示了媒体的多重偏见对学生存在的可能影响。并且，媒体偏见和光环效应这两种偏见表现出不同的模式和"不同的表现"。用媒介素养课程的形式干预以一种方式影响媒介偏见，但以另外一种非常不同的方式影响光环效应。媒体素养课程减少了媒体的偏见效应，但对观察到的光环效应却没有任何影响。事实上，多重偏见可能会以矛盾对立的方式影响人们。应当在未来的研究中，在引起不同类型偏见的各种刺激的情况下，调查研究这样的可能性。

三、批判性媒体素养与公民行动

通信技术革命的进步给人们的生活带来了便利，也带来了一些本能的担忧。在美国，20世纪20年代收音机把爵士乐带到了普通家户中；电影文化也让众多家庭受到影响，直到20世纪30年代电影都不经过审查；20世纪50年代便携式留声机把摇滚乐带给青年一代；70年代初期，电视被认为是一片巨大的需要治理的荒地；20世纪80年代，暴力视频游戏和说唱音乐被指责为青少年暴力的高潮原因，90年代以来人们开始担心新媒体的负面影响。② 根据恺撒（Kaiser）基金会，学生每天花费十小时接触媒体，他们在MP3播放器上听音乐，在电脑上播放电视、

---

① Elisha Babad, Eyal Peer, Renee Hobbs, *Media Literacy and Media Bias: Are Media Literacy Students Less Susceptible to Nonverbal Judgment Biases?* https://academic.microsoft.com/#/detail/2041955008, Jan 1st 2012.

② Luke, C. (2003), *Pedagogy, connectivity, multimodality, and interdisciplinarity. Reading Research Quarterly*, 38 (3), 397–403.

音频和视频，在广告牌和商店橱窗上看广告①。

英国教育家帕金翰认为，"当代媒体教育……从学生现有的媒体知识和经验入手，而不是从教师的教学指导入手。媒体教育的目的不是保护年轻人……引导他们去做'更好的事情'，而是使他们能够代表自己作出明智的决定。它的目的是发展他们对包围他们的媒体文化的理解和参与"。② 在语言艺术课堂上，学生对课文的理解叫做"素养"。因此，培养学生对媒介文化的理解过程称为"媒介素养"。加拿大学者的定义应用得比较广泛，即"媒介素养是以各种形式解码、分析、评价和产生交流的能力"。③ 或者说，媒介素养是学生通过研究媒体而发展的一种思维模式。

(一) 批判性媒体素养的重要性和根本性质

优秀的教师和成年人，总能让自己的教育风格适应学生的学习风格。学生频繁地从不同的角度和途径接触媒体和文本，今天的年轻人比大多数成年人更擅长于多任务处理。他们在课堂上可以阅读、听音乐、回复短信、阅读电子邮件，然后再回到教师的讲解和课本内容上。如果学生通过多重任务来与他们的世界互动，那么为他们提供解释、理解和挑战渗透在他们生活中的媒体所需的关键资源，让他们有能力制作自己的媒体，有能力批判性地分析媒体文本，成为媒体文化的积极参与者，实际上就是教育者的内在责任。④

媒体素养课堂采用以媒介素养为基础的进步主义教学理念，作为一个初步的框架，让学生利用自己的媒体磨炼他们的批判性思维能力。使用这些技巧，学生首先会质疑自己的媒体，就像对其他文本一样对它们

---

① Rideout, V. A., Foehr, U. G., & Roberts, D. F. (2010), *Generation M2: Media in the lives of 8 – 18 year olds*. Menlo Park CA: Henry J. Kaiser Foundation.

② Buckingham, D. (2007a), *Beyond technology: Children's learning in the age of digital culture*. Malden MA: Polity Press. 146.

③ Tyner, K. R. (1998), *Literacy in a digital world: Teaching and learning in the age of information*. Mahwah NJ: Lawrence Erlbaum Ass. 119.

④ Luke, C. (2003), *Pedagogy, connectivity, multimodality, and interdisciplinarity. Reading Research Quarterly*, 38 (3), 397 – 403.

进行分析，思考它们是如何产生的和为什么产生。媒体素养课堂特有的元素是评价模式：学生制作自己的媒体。

霍布斯在1990年代后期创建了媒体素养项目,[①] 她的课程重点是对媒体信息的批判性分析。她把这个复杂的过程分解成一系列五个批判性思考问题。学生就他们遇到的所有媒体询问并回答：(1)谁在发送信息，作者的目的是什么？(2)什么技术被用来吸引和保持注意力？(3)在这条信息中再现了什么样的生活方式、价值观和观点？(4)不同的人如何解读这个信息？(5)这个信息中省略了什么？这五个关键概念问题成为她项目中所有批判性思维的基础工具。

批判性的媒体素养教育一定是民主的、多元视角的、改造性的和进步主义的。杜威强调民主的实用主义的教育，要求将理论与实践联系起来，将反思和行动联系起来，而弗莱雷强调改造性的教育，要求培养包括感知具体的情况和问题的批判性意识，要求教师采用提问教学法，与学生进行对话沟通，以及呼吁用行动来反抗压迫。因此媒体素养课堂教学的方法需要实习实践和批判性反思，因此理想的媒介教育应当包括批判性分析和替代性学生媒介制作。[②]

发展批判性媒介素养包括感知如何积极地使用像电影或视频这样的媒介，教授如多元文化理解和教育这样的广泛的话题。例如，如果多元文化教育目的是要倡导真正的多样性和扩展课程，那么，被主流教育边缘化的群体了解他们自己的文化传统和主流群体探究少数民族和被压迫人们的经验和声音，都是重要的。当在媒介中常常被忽视或错误报道的群体成为他们的再现的调查研究者和他们自己意义的创建者的时候，这个学习过程就变成了一个赋权性的声音表达和民主改造的过程。因此，批判性媒介素养能够促进多元文化素养。多元文化素养被认为是对构成一个日益全球化的多元文化世界的文化和亚文化的异质性的理解和参

---

① Hobbs, R. (2007). *Reading the media: Media literacy in high school English*. New York: Teacher's College Press.
② Kellner, D., & Share, J. (2007). *Critical media literacy, democracy, and the reconstruction of education*. In D. Macedo & S. R. Steinberg (Eds.), *Media literacy: A reader* (pp. 3 - 23). New York: Peter Lang Publishing.

与。批判性媒介素养不仅教授学生向媒介学习、抵制媒介操控,以及以建构性方式使用媒介材料,而且它也关系到发展有助于创造良好的公民和使个人成为社会生活中的更积极的和更有能力的参与者的技能。①

在不断变化的多媒体环境中,媒介素养应当比以往任何时候更加重要。文化和媒介研究已经开始让我们认识到媒介文化在当代社会中的无处不在,面向多元文化教育的日益增长的趋向,以及对应对多元文化和社会差别问题的媒介素养的需要。人们越来越多地认识到,媒介再现有助于建构我们对世界的图像和理解,教育必须满足多元文化社会中的媒介素养教学和使学生尽可能地认识到基于性别、种族和阶级不平等和歧视的社会不平和不公的双重挑战。最近的批判研究已经看到主流媒介在加剧或减轻这些不平等方面的作用,以及媒介教育和替代性媒介制作如何能帮助创建一个健康的多样化的多元文化主义和一个更强大的民主。他们面临着我们教育者和公民当前面临的一些最严重的困难和问题。②

美国许多学者概念中的批判性媒介素养是与激进民主的项目联系在一起的,它是要发展能够提高民主化和公民参与的技能,将媒介用作社会沟通和变革的工具,促进教育、民主的自我表达和社会进步。批判性媒介素养教学也是一种参与式的合作性的项目。一起观看电视节目或电影,能够促进教师和学生(或父母与孩子)之间的富有成效的讨论,其重点在于引出学生的观点,生产出各种各样的对媒介文本的解读,以及教学解释学和批评学的基本原则。学生和青年常常比他们的教师在媒介方面更加精明、更富有知识和更沉浸于媒介文化中,他们通过分享他们的观点、感知和见解能够对教育过程作出贡献。除了批判性讨论、辩论和分析,教师应当指导学生完成探究过程,深化他们对影响他们和社会

---

① Johnathan Wright, *The Media Literacy Classroom*, a curriculum project submitted to Sonoma State University, for the degree of MASTER OF ARTS IN EDUCATION With a Concentration in *Curriculum*, *Teaching and Learning* And an Emphasis in *Educational Technology*, December 14, 2011.

② Johnathan Wright, *The Media Literacy Classroom*, a curriculum project submitted to Sonoma State University, for the degree of MASTER OF ARTS IN EDUCATION With a Concentration in *Curriculum*, *Teaching and Learning* And an Emphasis in *Educational Technology*, December 14, 2011.

的问题的批判性探究。①

但是,在发展批判性媒介素养方面遇到的一个主要挑战,来自于这一事实:它不是传统意义上的教育,有着牢固确立的原则,一套文本的标准以及经过检验而可靠的教学步骤。它要求一个民主的教育,包括当教师和学生一起揭示迷思和挑战霸权主义的时候,教师与学生分享权力。而且,媒介文化材料是如此之多形、多样和多义,以至于需要对复杂的图像、场景、叙事、意义的解读、解释和观念以及媒介文化信息保持敏感。因为其特有的方式,批判地解读媒介文化和批判地解读书籍文化一样地复杂和富有挑战性。②

总之,批判性媒介素养能够给予个人驾驭他们文化的力量,因此,能够使人们创造他们自己的意义和身份认同,以塑造和改造他们的文化和社会的材料和社会条件。随着过去几十年前所未有的技术革新和全球化,大多数学校缺少批判性分析和制作的事实使得批判性媒介素养变得如此重要和及时。要推进批判性媒介素养,我们需要游说争取更好的教育经费,特别是在最需要教育经费的市中心和其他受压迫的地区。我们需要挑战高风险测试和赤字思维的假智慧,以及在批判教育学方面培训教师,培养他们使用他们的创造力,而不是只是照本宣科。此外,我们需要会议、教师教育和持续的专业发展,教授文化研究、批判教育学和实践应用,以及如何教会学生在课堂中使用批判性媒介素养的概念。应当在 K-12 的课程体系里设置媒介教育项目,将媒介素养与制作联系起来应当成为一种常规实践。媒介素养项目的标准应当包括批判媒介如何再生产种族主义、性别歧视、同性恋恐惧和其他的偏见,以及鼓励学生在批判媒介文化和生产替代性媒介的时候发现他们自己的声音。媒介教育应当与民主的教育联系起来。鼓励学生成为他们的社会中见多识广的

---

① Kellner, D., & Share, J. (2007). *Critical media literacy, democracy, and the reconstruction of education*. In D. Macedo & S. R. Steinberg (Eds.), *Media literacy: A reader* (pp. 3–23). New York: Peter Lang Publishing.

② Kellner, D., & Share, J. (2007). *Critical media literacy, democracy, and the reconstruction of education*. In D. Macedo & S. R. Steinberg (Eds.), *Media literacy: A reader* (pp. 3–23). New York: Peter Lang Publishing.

具备媒介素养的参与者。因此，应当将批判性媒介素养与信息素养、技术素养、艺术、社会科学和教育的民主重建联系起来。因为批判性媒介素养涉及传播与社会，所以它应当成为贯穿于所有课程领域的一个共同的线索。① 批判性媒体素养的概念扩展了素养的概念，包括不同形式的大众传播和大众文化，以及深化了素养教育的批判性地分析媒体和观众之间、信息和权力之间关系的潜力。批判性媒体素养对于 21 世纪参与式民主是非常重要的，唯一存在的渐进式的选择是如何教批判性媒介素养，而不是是否教批判性媒介素养。

（二）批判性媒体素养的理论基础

21 世纪是一个媒体饱和、技术依赖和全球连接的世界。然而，大多数美国的教育并没有跟上技术或教育研究的进展。在我们的全球信息社会，教学生阅读、写字和写数字是不够的。我们生活在一个多媒体时代，大多数人收到的信息常常较少来自印刷来源，更多地通常来自高度构建的视觉图像、复杂的声音安排和多种媒体格式。媒体在组织、塑造和传播信息、思想和价值观方面发挥的影响作用正在创造一个强大的公共教育。② 我们认为，在公共政策层面批判性媒介素养必须重塑我们对素养的理解，以便将这些思想整合到从学前到大学的各级水平的课程当中。

一般来讲，媒体素养教育有四种一般的方法。第一种是免疫接种范式的方法。传媒素养教育的免疫接种范式方法产生于对媒介的恐惧，其目的就是为了保护人们，或者给人们进行"免疫接种"以抵御媒介控制和媒介成瘾的危险。这种保护主义的方式方法将媒介受众假定为被动的受害者，而重视传统的印刷文化胜于媒介文化，就像波斯曼 1985 年在《娱乐至死》一书中所举例说明的那样。波斯曼警告说，电视已经成为

---

① Kellner, D., & Share, J. (2007). *Critical media literacy, democracy, and the reconstruction of education*. In D. Macedo & S. R. Steinberg (Eds.), *Media literacy: A reader* (pp. 3 – 23). New York: Peter Lang Publishing.

② Giroux, H. (1999). *The Mouse that Roared: Disney and the end of innocence*. Boulder: Rowman & Littlefield.

第二章　美国传媒素养教育基本理论与思想

一种强大的教育力量，主导着年轻人的注意力、时间和认知习惯。许多对立两派的政治活动家都将媒介教育作为通过指责媒介而推进他们政治议程的方式。保守派的政治活动家指责媒介是引起青少年怀孕和破坏家庭价值观的罪魁祸首，而左翼的政治活动家则批评媒介导致了猥亵的消费主义，使得儿童变得物质化。这种反媒介方式方法的批评家认为，这种反媒介方式方法会引起学生要么对媒介批评反会"政治正确"的回应，要么拒绝所有媒介素养的观点。① 尽管这种方式方法在探究媒介与社会、信息与权力之间的相互联系，以及探究再现和意识形态问题的时候是非常有用的，但是它的去语境化和反媒介倾向过分简单化了我们与媒介关系的复杂性，削弱了批判教育学和替代性媒介制作所提供的赋权的潜力。在教条主义的正统教育和不民主的教育中，教师只是谴责媒介，鼓励或强迫学生遵循这个反媒介的路线。②

第二种教学媒体的方法见于媒介艺术教育中，即鉴赏媒体艺术的方法，注重对社会意识分析和替代性媒介制作的个人主义的自我表达。

在媒介艺术教育中，教师教导学生在通过创造艺术和媒介进行自我表达的时候要重视媒介和艺术的审美特点。在学校里最能发现这些项目，它们或者作为独立课程，或者作为以社区为基础的课外活动或课外活动项目。尽管这些项目中的许多项目都是批判性媒介素养的优秀案例，但是我们仍对赞成个人主义的自我表达胜过社会意识的分析和替代性媒介制作的媒介艺术方式方法存有疑问。如果项目毫无问题地教导学生仅仅复制霸权主义的再现或表达他们自己声音的技术技能，而不对意识形态的含义或任何类型的社会批评有所认知的话，那么教育就失去了它的变革的潜力。女性主义立场的理论家解释说，尽管对那些很少被允许为自己发声的人来说，自己发声是重要的，但是没有批判分析的话，

---

① Buckingham, D. (1994), *Children talking television: The making of television literacy*. London: Falmer.
② Kellner, D., & Share, J. (2007), *Critical media literacy, democracy, and the reconstruction of education*. In D. Macedo & S. R. Steinberg (Eds.), *Media literacy: A reader* (pp. 3-23). New York: Peter Lang Publishing.

这还是不够的。① 探讨和揭示压迫的结构的批判性分析是必要的，这是因为仅仅发声是任何种族主义者或性别歧视主义的人也能主张的事情。必须开辟空间和创造机会，以便被边缘化的人们有机会集体地与压迫作斗争，表达他们的关切，并创建他们自己的表述。②

将艺术和媒体制作纳入公立学校教育有重要的政治利益，使得学习更加具有经验性、动手操作性、创造性、表达性和乐趣。媒介艺术教育可以把快乐和大众文化带入主流教育，从而使学校更具激励性，也更与学生有关。当这种方式方法超越技术制作技能或相对主义的艺术鉴赏并沉浸于应对性别、种族、阶级和权力的文化研究中的时候，这种方式方法就拥有巨大的变革性的批判性媒介素养的潜力。③

第三种媒体素养教育的方法是符号学和解密意识形态的方法，这种方法见于美国的媒介素养运动中。媒介素养运动在促进符号学和互文性的重要概念以及将大众文化引入公共教育方面做出了出色的工作。美国的媒体素养教育已经进入主流教育机构中，并建立了两个国家会员组织。其中一个是国家媒介素养组织"美国媒介素养联盟"（the Alliance for a Media Literate America）。根据这些组织提供的媒介素养定义，"媒介素养被认为是由一系列传播能力组成，包括获取、分析、评价和传播的能力"。这种方式方法试图在印刷素养的传统下扩大素养的概念，使其包括多种形式的媒介（音乐、电影、视频、网络等）。④

为了界定权力和支配之间的关系，媒介素养的批判部分必须将素养

---

① Collins, P. H. (2004), *Learning from the outsider with*: *The sociological significance of black feminist thought*. In S. Harding (Ed.), *Feminist standpoint theory reader*: *Intellectual and political controversies* (pp. 103–126). New York: Routledge.

② Kellner, D., & Share, J. (2007), *Critical media literacy, democracy, and the reconstruction of education*. In D. Macedo & S. R. Steinberg (Eds.), *Media literacy*: *A reader* (pp. 3–23). New York: Peter Lang Publishing.

③ Kellner, D., & Share, J. (2007), *Critical media literacy, democracy, and the reconstruction of education*. In D. Macedo & S. R. Steinberg (Eds.), *Media literacy*: *A reader* (pp. 3–23). New York: Peter Lang Publishing.

④ Kellner, D., and Share, J. (2005), *Towards critical media literacy*: *Core concepts, debates, organizations, and policy. Discourse*: *Studies in the Cultural Politics of Education* 26 (3): 369–386.

第二章 美国传媒素养教育基本理论与思想

教育改造为对语言和传播媒介作用的探究。这是因为在美国文化中深深地隐藏着根深蒂固的白人至上主义、资本主义父权制、阶级优越论、对同性恋的憎恶和其他压迫性力量的思想观念。许多按照常规的媒介素养方式方法工作的媒介教育者公开表达出这种迷思,即教育能够并应当是政治中立的,他们的工作就是为了在没有质疑意识形态和权力问题的情况下客观地将媒介内容曝光给学生。[1] 虽然这种模糊的无党派的立场有助于媒介教育的传播,并因此将一些思想和工具提供给更多的学生,但它同时也冲淡了媒介教育成为挑战压迫和加强民主的一个强有力工具的变革性潜力。媒介素养运动在促进符号学和互文性的重要概念以及将媒介文化引入公共教育方面已经做出了出色的工作,但是,没有文化研究、改造教育和一个激进民主的计划,媒介素养就存在着成为另外一本有着只是提高教育的社会复制功能的由传统的思想观念组成的食谱的危险。

第四种媒体素养教育的方法就是批判性媒体素养和激进民主的方法,涉及对流行文化的多视角的批判探究,和对解决阶级、种族、性别和权力问题的文化工业的批判探究,也促进了替代性反霸权媒介生产。对于占主导地位的群体成员来说,批判性媒介素养提供了参与世界上大多数人正在经历的社会现实改造的机会。新的通讯技术是功能强大的可以解放或支配、操纵或启发的工具,教育者必须教学生如何使用和批判性地分析这些媒体。[2]

这种批判性媒介素养教育方法包括前面三种方法的优点,但更聚焦于意识形态批判和对重要的性别、种族、阶级和性的维度的再现的政治分析,聚焦于将替代性媒介制作结合起来,以及扩展文本分析以将社会环境、控制和快乐的问题纳入文本分析中。批判性媒介素养能够促使对挑战相对主义的和无政治意义的媒介教育观念的意识形态、权力和支配

---

[1] Kellner, D., & Share, J. (2007), *Critical media literacy, democracy, and the reconstruction of education.* In D. Macedo & S. R. Steinberg (Eds.), *Media literacy: A reader* (pp. 3–23). New York: Peter Lang Publishing. 11.

[2] Kellner, D. (1995), *Media Culture: cultural studies, identity and politics between the modern and the postmodern.* London and New York: Routledge.

的理解。这种方式方法包括受众在意义生成的过程中是积极的,以及受众处于一个支配性阅读、对抗性阅读或协商式阅读的文化斗争中的观念。①

当在主流媒介中最常被边缘化的或被错误报道的人们接受机会使用这些工具讲述他们的故事和表达他们的关切的时候,媒介与信息传播技术可以是赋权的工具。对于处于支配地位的团体成员来说,批判性媒介素养给他们提供了一个了解世界的大多数人正在经历的社会现实的机会。新的传播技术是强有力的能够解放或支配、操控或启迪人们的工具,而教育者必须教导他们的学生如何批判地分析和使用这些媒介。尽管这些不同的媒介教育的方式方法并不是僵化的教育模式,但是它们是具有相当解释性的参考点。根据这些参考点,教育者可以框架设计他们的关切和策略。②

卢克(Luke)和弗里博迪(Freebody)1999年指出,有效的素养教育要求四个基本的作用(不一定是连续性的或者等级性的)。这四个基本作用使得学习者能够:"破解密码""参与理解和创作""高效地使用文本"和"通过作用于在意识形态上不是自然或中性的文本知识而批判地分析和改造文本"。这种规范的方式方法提供了素养教育的灵活性。③例如,汉墨(Rhonda Hammer)在加利福尼亚大学洛杉矶分校(UCLA)自己的批判性媒介素养课中,让她的学生分组工作,创作他们自己的反霸权主义的电影和网站,探讨他们觉得在主流媒介中报道不足或错误报道的问题。④ 在十周的这个季度,她的学生制作出挑战有关各种各样性

---

① Hall, S. (1980), *Encoding/Decoding*. In S. Hall, D. Hobson, A. Lowe, & P. Willis (Eds.), *Culture, media, language* (pp. 128 - 138). London: Hutchinson.

② Kellner, D. (2004), *Technological transformation, multiple literacies, and the re-visioning of education*, E-Learning, 1 (1), 9 - 37.

③ Kellner, D., & Share, J. (2007), *Critical media literacy, democracy, and the reconstruction of education*. In D. Macedo & S. R. Steinberg (Eds.), *Media literacy: A reader* (pp. 3 - 23). New York: Peter Lang Publishing.

④ Hammer, R. (2006), *Teaching critical media literacies: Theory, praxis and empowerment*. InterActions: UCLA Journal of Education and Information Studies, 2 (1). Retrieved February 17, 2006, from http://repositories.cdlib.org/gseis/interactions/v012/iss1/art7/.

别、种族、性、政治、权力和快乐问题的"常识性"假定的电影和网站。通过理论与实践的辩证法，她的学生创造出批判性的替代性媒介，同时将批判性媒介素养的核心概念应用于受众、文本和环境当中。除了媒介制作任务，也要求学生根据课程读本做一些特别的阅读，以及要求他们创作一篇简短的分析性期末论文，以在批判性媒介素养的环境下讨论他们的小组项目。要求学生纳入课程阅读、客座讲座和在课堂上呈现的电影。意识形态和霸权概念以及媒介中的"再现的政治"（例如，包括性别歧视、种族歧视、阶级歧视和同性恋恐惧症）是核心的关切。此外，也强调了反抗的思想和现实、社会和政治的变化以及机构的作用。①

媒体素养教育一般都有一个概念性的框架，以此作为教育教学的依据。这个概念性框架一般包括以下五个方面：（1）认为媒体和传播的建构是一个社会过程，文本绝不是孤立的中立的或透明的文本；（2）运用符号学分析方法，探讨文本的语言、体裁、代码和惯例；（3）探究受众在协商意义中的作用；（4）质疑再现的过程，揭露和参与意识形态、权力和快乐的问题；（5）检视激励和构建作为营利性企业的媒体行业的生产和机构。②

杜威提倡民主教育，强调主动学习、实验和解决问题，要求把理论与实践联系起来，将反思与行动联系起来。③ 弗莱雷提倡问题教学法，呼唤包括对压迫的感知和行动的批判意识，要求学生和教师之间的对话交流。④ 马斯特曼倡导批判性自主。⑤ 但教育现实中仍然存在着很大的进行传媒素养教育教学的阻力。

---

① Kellner, D., & Share, J. (2007), *Critical media literacy, democracy, and the reconstruction of education*. In D. Macedo & S. R. Steinberg (Eds.), *Media literacy: A reader* (pp. 3 – 23). New York: Peter Lang Publishing.

② Kellner, D., & Share, J. (2005), *Toward critical media literacy: Core concepts, debates, organizations, and policy*. Discourse: Studies In The Cultural Politics Of Education, 26 (3), pp. 369 – 386.

③ Dewey, J. (1916/1997), *Democracy and Education*. New York: The Free Press.

④ Freire, P. (1970), *Pedagogy of the Oppressed*. New York: Seabury Press.

⑤ Masterman, L. (1994), *A Rationale for Media Education (First Part)*, in L. Masterman & F. Mariet *Media Education in 1990s' Europe*, pp. 5 – 87.

(三) 媒体素养教育的阻碍因素

除了很多教师缺乏进行媒体素养教育的知识储备和培训、资金缺乏、课时紧张等不利因素外，仍然存在着一些客观的阻碍因素。如媒体素养教育的进步主义观念和做法与传统教育教学的标准化观念和做法的冲突与矛盾，国家政策方针上的倾向性，等等。譬如，小布什总统《不让一个孩子掉队》要求学校和教师对学生在标准化考试中的失利方面承担更大的责任，实行更加严格的留级政策，考试失败的学生往往得到的是惩罚而不是鼓励，等等。此外，新自由主义教育方法和公共政策也存在问题。例如，由美国教育部、微软公司、苹果电脑公司和美国在线时代华纳基金会等成立的公私合营的组织"21世纪技能伙伴关系"（http：//www.21stcenturyskills.org/）在自己发布的报告中将媒体素养列为关键学习技能。虽然这种合作关系提供了广泛的接触媒体素养的可能性，但也可能因为追求商业利益而削弱了社会公正的议程。还有，削减教育预算的右翼政治议程一直伴随着取消双语教育和平权行动的种族主义的立法。阔索尔（Jonathan Kozol）认为美国公共教育的现状就是种族隔离制度的恢复。更富裕、更白的郊区学校接受的教育质量远远优于市中心的以非洲裔和拉美裔青少年儿童为主的贫民区学校。[①]

20世纪90年代在加利福尼亚州，一系列攻击移民的州主张粉碎了平权运动，结束了大部分地方的双语教育。类似的行动也发生在德克萨斯州和其他州。留级和辍学的少数民族反映了种族分化和不平等，以及学校作为美国社会分类机制的作用。少数民族由于公立学校的学生最多，他们必须是激进民主斗争的前线，他们可以从批判性媒介素养示范工作项目中学到很多东西。[②]

(四) 社区替代性媒介生产

许多社区为基础的课外项目，像纽约市的教育视频中心（EVC）和

---

① Kozol, J. (2005), *The Shame of the Nation: the restoration of apartheid schooling in America*. New York: Crown Publishers.

② Kozol, J. (2005), *The Shame of the Nation: the restoration of apartheid schooling in America*. New York: Crown Publishers.

洛杉矶的"抵达洛杉矶"（REACH LA）都为批判性媒体素养提供优良的媒体制作活动。它们都涉及城市青年视频制作活动，学生探究他们关切的问题，创制他们自己的媒介，挑战占主导地位的再现。教育视频中心的创始人及执行董事古德曼（Steven Goodman）写道：

"这种批判素养方法将媒介分析与制作联系起来，学习世界直接与改变世界的可能性联系在一起。在这个意义上，掌握素养不仅是在标准化测试中表现良好的问题，它而且是自我表达和自主公民身份的先决条件。"① "抵达洛杉矶"的媒介制作不仅仅是教孤立的技能，它是基于关键的个性化和政治化青年及其信息的教学实践的结构化程序的一部分。将解构主流媒体的分析技能和建构替代性反霸权媒体的技术技能结合起来，成为一个自然的过程。在计算机活动、数字艺术活动项目中，学生学习视频制作、动画。数字艺术和网站的创建和维护，以及生产一本年度的叫做《陪你到最终》（REACH for Me）青少年杂志所需的技能。这些技术技能包括他们在公共服务活动中的诗歌、艺术作品和短篇故事，以实现影响他们社区改变的更大目标。古德曼坚称，如果这些项目的指导原则基于一个青年赋权的模式，那么就能完全实现这些可能性。②

"抵达洛杉矶"遵循一个解决问题的哲学理念，专注于问题的解决，如艾滋病、同性恋和种族主义。教育视频中心的侧重点有所不同但有一个类似的方法。古德曼解释说：除了无数个人的通常提供给高危儿童的生活技能，他们需要从事系统性路障的研究，如警察暴力、教育资源不平等、住房不符合标准等——他们可能采取什么样的行动来移除这些路障。③

（五）公立学校的媒体素养教育

在全美各地都有一些对媒体素养教育有热情的教育工作者从事着力

---

① Goodman, S. (2003), *Teaching Youth Media: a critical guide to literacy, video production, and social change*. New York: Teachers College Press. 3.

② Goodman, S. (2003), *Teaching Youth Media: a critical guide to literacy, video production, and social change*. New York: Teachers College Press. 103.

③ Goodman, S. (2003), *Teaching Youth Media: a critical guide to literacy, video production, and social change*. New York: Teachers College Press. 3.

所能及的教育。在21世纪初，美国联邦政府资助了17个全国各地的示范项目，以整合媒体素养与艺术。位于加利福尼亚州洛杉矶市中心的一所小学，SMARTArt项目是其中一个最大的捐款接受者。三年里，从幼儿园到五年级的学生与教师和艺术家一起工作来分析媒体和创造他们自己的再现替代品，从暴力到广告，到社区的任何事情。学生制作动画、表演原创剧、画、写、拍照，并使用了许多类型的媒体来分析和沟通，读和写他们的世界。

SmartArt项目涉及几个组织的合作：美国媒介素养中心管理这个项目，以及提供媒介素养培训，洛杉矶县音乐中心教育处提供教学艺术家，AnimAction公司教动画，洛杉矶统一学区的雷欧波利蒂（Leo Politi）小学与他们的老师和学生一起主办这个项目。资金主要包括媒体素养培训的费用和艺术家在课堂中教学的薪酬。高层、地方负责人和校长等对教师的支持是非常重要的。

媒体素养教师往往面临着诸多的困难和障碍，如破旧的设备、效率低下的官僚机构、课程内容的开发、有限的时间和精力，以及批判性媒介素养要求管理者和政策制定者将教学更多地视为一门艺术，而不是一门科学，但往往这些管理者和政策制定者又很难做到。因此，教师必须得到尊重和信任，使用他们的独立判断、创造力和激情点燃他们学生的想象力，使所有参与的学生的学习成为可改造的和愉快的。

（六）教育标准

今天，美国50个州中许多州的教育标准中对媒介教育都有所提及。① 贝克认为，每一个州的标准中都有媒介素养的内容（http://www.frankwbaker.com/state_lit.htm）。例如，在加利福尼亚州，州教育部列出这个类别"口头与媒介传播的分析与评价"，作为3年级到12年级语言艺术课的一部分。在德克萨斯州，媒体教育列入州标准，在四年级以上的《语言艺术标准》中的"观看与再现"标题下。美国所拥有的

---

① Kubey, R. & Baker, F. (1999, October 27), *Has Media Literacy Found a Curricular Foothold? Education Week*, 19 (9), pp. 38, 56.

最接近国家教育标准的课程标准可以在中部大陆教育与学习研究（McRel）组织中找到。这个私立非营利组织是许多教育部门的教育标准的领导者。在网上，他们列出"观看"（使用观看技能和策略来理解和解释视觉媒介）和"媒体"（了解媒体的特点和组成部分）来作为语言艺术课五个组成部分的两个组成部分。遗憾的是，在培训教师和创建课程方面美国仍做得很少。

（七）培训

在美国特别聚焦于媒介教育的教师培训项目少之又少。只有两三个组织每年提供为期一周的培训，像新墨西哥媒体素养项目的催化剂研究所（the New Mexico Media Literacy Project's Catalyst Institute）或纽约伊萨卡（Ithaca, New York）的当心项目（Project Look Sharp）的媒介素养暑期学院。其他一些团体和个人提供频率更多为期更短的培训课程。

在过去的几年中，天普大学的媒体实验室开始为费城地区的教师提供工作坊，南加州大学安嫩伯格（Annenberg）中心开始通过多媒体素养研究所培训教师。零散分布在美国全国各地的是，一些大学和学院提供一两门媒介教育方面的课程，通常这取决于恰巧对这个科目有特别兴趣的教授[①]。虽然许多个人和组织都在教学媒体素养，相比于美国人口的巨大规模，事实上，媒体教育的比例是非常小的。

美国的几所大学现在提供全面的媒介教育学术项目。阿巴拉契亚州立大学提供了一个教育媒体艺术硕士学位。这个项目是澳大利亚的康西丁在2000年创立的，他还在大学里举办一年一度的暑期媒体素养研究所。密苏里韦伯斯特大学提供了一个媒体素养的学士和硕士学位。在一个传播系要比一个教育学院更容易找到一个批判媒介的课。美国媒体素养的一大挑战是，进入教师培训计划和教育部门。

大学应该在这一运动的最前沿。在文化研究中从事进步工作的教育研究生院与培训新教师的教师教育计划之间需要建立一座桥梁。太多的

[①] Silverblatt, A., Baker, F., Tyner, K. & Stuhlman, L. (2002), *Media Literacy in U.S. Institutions of Higher Education.* http://www.webster.edu/medialiteracy/survey/survey_Report.htm (accessed 20 March 2005).

时候，这些项目往往经常住在同一幢楼里，甚至不知道对方在做什么。如果可以给新的教师和新的政策制定者教文化研究理论和批判教育学实践的知识，那么他们就可能投入到教育一线，共同重塑素养教育。政策制定者现在有机会通过支持批判性媒介素养和促进其重要组成部分而处于进步社会变革的前沿。必须重新定义素养，扩大我们对文本的理解和加深我们的分析过程。

（八）结论

要推进批判性媒体素养，我们需要为教育提供更好的资金而游说，特别是在内城和其他受压迫地区最需要的地方。我们需要挑战高风险测试和赤字思考的虚假智慧。我们需要培养批判教育学的教师，授权他们更多地使用他们的创造力，而不是脚本化的课程。我们需要会议、教师教育和教授文化研究、批判教育学，让学生在课堂上实际应用批判性媒体素养的概念。

建议将媒体教育项目设置在 K-12 课程计划中，将媒介素养与制作联系起来成为一个常规实践。媒介素养课程标准（项目标准）应包括批判媒体再生产种族歧视、性别歧视、同性恋恐惧症和其他偏见的方式，以及鼓励学生在批评媒介文化和生产替代性媒体中找到自己的声音。媒介教育应与民主教育相联系，鼓励学生在他们的社会中成为知情和有媒介素养的参与者。媒体素养应与信息素养、技术素养、艺术和社会科学相联系。因为涉及通信和社会，批判性媒介素养应当是贯穿所有课程领域的一个共同的线索。

目前，美国的媒体素养政策在其形成的年代，在布什-切尼时代（the Bush-Cheney era）没有什么进展。政策挑战包括克服保守派和新自由主义的霸权，并提出民主和进步的替代方案。联邦和州政府对媒体素养的实验项目的补助是非常有益的，教育工作者应该追求联邦和州政府的拨款或资助。特别致力于批判性媒介素养的国家和州会议可以为进步的教育工作者和政策制定者提供良好的团结和合作的地方，以共享和发展一个运动。家长团体应该为他们的成员提供资源和讨论，以解决他们对媒体的关注，以及他们如何在家里教批判性媒介素养。家长组织也应该使用他们的集体权力,影响学校课程和游说国会支持进步主义的教育。①

政策制定者的任务是促进一种新类型的素养教育,从学前教育到高等教育包括新的信息通信技术、媒介和流行文化以及批判教育学。这个工作必须挑战占主导地位的意识形态,并授权青年通过创造他们自己的更加社会正义的替代性再现来揭开神话的面纱。这个项目的目标是帮助学生把自己改造为积极活跃的社会公民,同时将社会改造为一个更少压迫和更多平等的民主。"我们有责任给年轻一代带来一个将唤起他们积极的忠诚和挑战他们的创造和艰巨劳动的愿景。就像我们的一样,没有这样一种愿景的一代人的生活注定是一种自我、自卑情结和挫折的生活。真正自由的人不是整天想着自己肚脐的人,而是一个在伟大事业或辉煌的冒险中迷失自我的人。"②

"媒介是多种观点和多种声音流动的工具,因此它允许诸如参与、批评和投票等公民的行为实践。知情的公民能够更好地更积极地参与到社会的决策过程中……媒介素养培养人们对媒介的批判理解能力以及解码、理解、交流和创制媒介产品的能力。媒介素养激励人们的参与,用作一个公开的非常知情的对话的催化剂。"③

第三节　传媒素养:解决媒体审查和影响问题的选择

媒介素养教育是……一个教育工作者讨论、挑战、批判和理解无论是传统的和新的媒体如何影响学生的信仰、思想、行为等的导航工

---

① Douglas kellner & Jeff Share, *Critical Media Literacy: crucial policy choices for a twenty-first-century democracy*, pfe. sagepub. com, on July 10, 2016.
② Counts, G. S. (1932/1978), *Dare the School Build a New Social Order?* Carbondale: Southern Illinois University Press. 20.
③ UNESCO. (2009), "*Empowering Citizenship: Media, Dialogue and Education.*" World Press Freedom Day. Retrieved June 30, 2010, from http://portal.unesco.org/ci/en/ev.php-URL_ID = 28413&URL_DO = DO_TOPIC&URL_SECTION = 201.html.

具。……是一种帮助学生变得对他人的困难、奋斗或关切有同情心,因为它要求参与者思考每一个问题的两方面。它是审查制度的反面,因为它相反是寻求解决使许多成年人害怕的技术问题与关切。……一个最终培养一个数字公民的平台,这数字公民能够超越他们可选择的媒介范围,即计算机或手机,从而成为似乎在每一个人掌握之中的全球社区的一部分。① "媒介素养教育提供了赋权给媒介受众让他们成为自治和理性公民的批判性知识和分析工具,使他们能够明智地使用媒介……媒介素养是一个主要的新工具,能够为公民提供他们理解日常媒介、新媒介中有时候是压倒性的信息流动,特别是通过新传播技术传播的新媒介信息所需的技能。这些力量在将传统的价值观改造为当代的理解生活、社会和文化新方式的同时重塑着它们。"②

一、传媒素养:对审查的一种替代性选择

从早期的广播和电影到今天万维网的巨大资源,大众媒体已经成为年轻人的迷恋对象。然而,家长、教育工作者和青少年的倡导者一直为青少年儿童遇到的许多媒体信息而担心。流行文化可以渲染暴力、不负责任的性行为、垃圾食品、药物和酒精;它可以增强人们关于种族、性别、性取向和阶级的刻板印象,它可以规定一个人追求的生活方式,以及一个人必须购买才能得到的产品。因此,为了保护年轻人而审查大众媒体的呼吁,多年来一直是美国政治的中流砥柱,这并不奇怪。在上世纪 30 年代试图审查黑帮电影、上世纪 50 年代试图审查犯罪漫画和今天对电视上暴力犯罪的审查已经产生了一系列几乎无休止的限制青年可用的艺术、信息和娱乐的法律、法规和建议。③

互联网的出现只是加剧了这些担忧,互联网是一种年轻人往往比他

---

① Julian McDougall, Richard David Sanders, *Critical (Media) Literacy and the Digital: Towards Sharper Thinking*, https://www.researchgate.net/publication/264859053, 2016-07-11.

② Belinha De Abreu, *Changing Technology = Empowering Students through Media Literacy Education*, New Horizons in Education, Vol. 58, No. 3, Dec 2010.

③ Marjorie Heins and Christina Cho, *Media Literacy: An Alternative To Censorship*. Second edition, revised and updated, © 2003. Also available online at www.fepproject.org.

们的长辈更精通的媒介。为什么审查是对大众媒体及其对青少年的影响担忧的一个令人不满意的反应，这原因是多方面的。最重要的是第一修正案，它保护年轻人和成年人阅读、观看、聆听、访问思想和思考它们的能力。这第一修正案的保护不仅仅是一个尽可能通过精心设计的法律或政策克服的法律条文，以避免宪法的陷阱。探索艺术和思想的权利是一个自由社会的基础。没有它，青少年儿童就不能成长为受过良好教育的、沉思的一个正常运作的民主社会所不可或缺的公民。为什么"保护"青年的审查是一个坏主意，也有实际原因。首先，人们很难同意什么应该审查，并用足够清楚的术语定义它，让出版商和分销商知道什么是被禁止的。许多人指出，"媒体中的暴力""极端暴力"或"无理由的暴力"对于孩子是不适当的和有害的。但是，这些是弹性的和主观性的概念。大多数认为"媒体暴力"对于孩子是有害的人承认他们并不想包括莎士比亚、索福克勒斯（Sophocles）、《拯救大兵瑞恩》的电视版本。

　　语境对艺术和娱乐中的一切都是重要的：暴力是如何呈现的，后果是什么？故事中的含糊之处是什么？审查法律或一个简单的文字或数字的评级系统是没有办法做出这些判断的。

　　审查制度也造成使违禁品更具吸引力的禁忌。好奇的年轻人会违抗禁令——接触 R 级电影，规避 v-chips 和互联网过滤器，偷看爸爸的《妓女》（Hustler）或妈妈的《好寻乐的女子》（Playgirl）。事实上，有时好像，审查对年轻人而言更多的是送他们一个社会不满的消息，而不是实际阻止他们阅读或查看一切可能被认为年龄不合适或心理损害的消息。但如果这个想法反对坏的价值观，灌输好的价值观，更重要的是，教会年轻人如何为自己做出这些判断，那么就会有比审查这些信息更有效的方式。

　　这里就是媒体素养教育发挥作用的地方。它不仅告诉学生媒体信息是如何产生的，以及它们与现实的区别，它告诉他们如何分析这些信息，无论这些信息是包括商业广告、种族和性别刻板印象、暴力、性决策或其他复杂的问题。正如一个白宫报告最近指出的，媒介素养赋权给年轻人，不仅了解和评估在流行文化中发现的思想，而且"做对社会积极的贡献者，挑战玩世不恭和冷漠，作为社会变革的代理人"①。

无论审查的有效性如何，它不能做到这一点。媒介素养教育并不是简单的审查替代性选择，它要远远优于审查制度，因为它增强了而不是削弱了年轻人的智力发展，促使年轻人发展成为批判性思考的成年人。②

在美国，媒体素养教育已被纳入英语语言艺术、社会研究和健康教育课程，有时它也是一个离散的学习过程。大多数课程项目包括关于媒体制作技术的课堂讨论、如人物塑造和象征手法等叙事元素以及媒体产业的结构。许多补充课堂课程与动手项目，要求学生创建自己的广告、公共服务点或视频游戏。课后计划、青年艺术或新闻项目以及教会团体也提供媒体素养教育。

经过几十年的忽视或零星支持，美国政府今天认识到媒体素养的重要性。国家教育部门将媒介素养和批判性思维纳入课程标准。但全国各地不同项目的全面性和复杂性差异巨大，联邦政府的财政承诺仍然很小。在没有强有力的国家授权的情况下，各种私人团体已经介入提供信息和资源，最常见的是出版课程、举办培训班和组织会议。这些媒体素养组织的多样性反映了运动的多面性。基于大学和学者主导的团体如罗格斯大学媒体研究中心（the Center for Media Studies at Rutgers University）和阿巴拉契亚州立大学的传媒素养研究生课程是传媒素养理论话语的主要源泉，也提供信息、培训和资源。

北卡罗来纳州的"媒体素养公民"组织专注于媒体素养的潜力，以培养更积极的公民。新墨西哥州的"媒体素养项目"教会孩子认识和抵制电视广告宣传的消费主义和经常上瘾的行为。旧金山的"试想基金

---

① White House Office of National Drug Control Policy Media Campaign, *Helping Youth Navigate the Media Age: A New Approach to Drug Prevention-Findings of the National Youth Anti-Drug Media Campaign Media Literacy Summit*, White House Conference Center, June 1, 2001 (Washington, DC: Office of National Drug Control Policy, 2002), http://www.mediacam-paign.org/kidsteens/media_age.pdf (accessed 8/19/03).

② Marjorie Heins and Christina Cho, *Media Literacy: An Alternative To Censorship*. Second edition, revised and updated, © 2003. Also available online at www.fepproject.org.

会"的目标是低收入的在犯罪、暴力或吸毒方面被视为"处于危险中"的青少年。在 2001 年,美国媒介素养联盟(the Alliance for a Media Literate America)成立了,其目的就是团结许多这些团体,"把媒体素养教育带给美国所有 6000 万名学生及其父母、教师以及其他关心青年的人"①。媒介素养教育可以教给学生关于他们自己的世界展现给他们的微妙方式。在这个过程中,它不仅可以减轻政府审查的压力,而且可以增强青年捍卫自己自由言论权利的能力。

二、传媒素养:对抗电视对儿童的影响

电视暴力及其对儿童的影响是当今世界日益关注的问题。虽然研究表明,电视上的暴力触发儿童的负面行为,但通过减轻这种影响的干预措施可以减少这种影响。通过网络的干预措施包括暴力报告卡和阻止暴力节目的电子技术。家长的干预包括一起计划、讨论和观看适当的电视节目。教师的干预包括教学认知技能和批判性观看技能。如果家长、教师和网络共同努力,就能赢得电视暴力的古老战争。②

研究结果的总体格局表明电视暴力和攻击行为之间正相关。电视暴力是导致攻击性、反社会或犯罪行为的原因之一。③ 赛特沃尔(Centerwall)认为,电视暴力增加年轻人的暴力和攻击倾向,促进美国暴力犯罪的增长。④ 大多数美国人认为,电视娱乐节目过于暴力,这是对社会有害的,那我们的社会已经对暴力变得麻木不仁了。到孩子高中毕业的时候,除了睡眠,他们比任何其他活动花了更多的时间看电视。因此,有必要教育儿童关于电视的影响,发展媒体素养计划,以对抗电

---

① www. amlainfo. org (accessed 8/19/03).
② Charla A. Crump, *Media Literacy*: *Fighting the Effect Television has on Children*, paper presented at the second annual Student Research Conference at West Texas A&M University, Canyon, TX, 1995.
③ Smith, M. (1993, September), *Television violence and behavior*: *A research summary* (Report No. EDO-IR -93 -8). Syracuse, NY: ERIC Clearinghouse on Information and Technology. (ERIC Document Reproduction Service No. ED 366 329)
④ Centerwall, B. S. (1993), *Television and violent*, crime. The Public Interest, 111, 56 -77.

视的影响。①

1. 电视影响研究历史

1952年举行了对电视节目的第一次国会听证会。国会洲际和对外贸易委员会（the House Committee on Interstate and Foreign Commerce）调查研究电视娱乐是否是过分暴力和性挑衅的，是否具有恶劣的影响。② 因为人们此时发现媒体暴力事件的增多，有可能与现实世界的暴力事件的增多有关。媒体暴力事件自1952年以来增加了，并继续增加。③ 在1952年至1967年期间，对节目的分析发现媒体节目存在着大量的暴力。1954年的一项分析显示，平均每小时有十一种威胁或暴力行为。④ 后来的分析证实电视上的暴力正在增加。媒体上的暴力增加更加迅速，并且有大量的儿童观众。⑤

众多研究者的初步研究工作导致了美国外科医生总会（The Surgeon General）的20世纪60年代末和70年代初电视与社会行为研究项目。美国外科医生总会所得出的电视暴力确实对我们社会的某些成员产生不利影响的结论，刺激了大量的研究、国会听证会以及公众关注的表达。⑥

20世纪70年代末和80年代初，也出现了有线电视和录像磁带作为主要的媒体力量。许多青少年甚至儿童成为频繁的生动地描述性和暴力

---

① Charla A. Crump, *Media Literacy*: *Fighting the Effect Television has on Children*, paper presented at the second annual Student Research Conference at West Texas A&M University, Canyon, TX, 1995.

② National Institute of Mental Health (1982), *Television and behavior. Ten years of scientific progress and implications for the eighties*. Volume I: Summary report. (DHHS Publication No. ADM-82-1195). Rochville, MD: Author.

③ Gerbner, G., Gross, L., Morgan, M., & Signorielli, N. (1984), Facts, *fantasies and schools. Society*, 21 (6), 9-13.

④ Pearl, D. (1984), *Violence and aggression. Society*, 21 (6), 17-21.

⑤ National Institute of Mental Health (1982), *Television and behavior. Ten years of scientific progress and implications for the eighties*. Volume I: Summary report. (DHHS Publication No. ADM-82-1195). Rochville, MD: Author.

⑥ Huesmann, L. R., & Malamuth, N. M. (1986), *Media violence and antisocial behavior*: An overview, Journal of Social Issues, 42 (3), 1-6.

的场景观众。① 对这样的媒介刺激的效果研究成为一个新的研究焦点。1982年，国家精神卫生研究所（the National Institute of Mental Health）委托对电视和社会行为的最新科学文献进行全面回顾，作为10年来对美国外科医生总会的研究报告的一个继续。这项研究比以前的报告用更强势的术语更有力地控告电视暴力。全国幼儿教育协会（The National Association for the Education of Young Children，NAEYC）1990年报告说，战争卡通的播放时间从1982年的每周1.5小时增加到1986年的每周43小时。1980年，儿童节目中的暴力行为达到每小时18.6个，到1990年这个数量升至每小时大约26.4个。② 史密斯1993年得出结论，到孩子们小学毕业的时候，他们至少目睹了8000起谋杀和超过100000起的其他暴力行为。③ 似乎公平地说，该地区大多数研究人员现在确信媒体中存在过多的暴力行为。

2. 电视暴力的影响

研究的历史证明电视暴力的存在，研究结果趋同也支持电视暴力和攻击行为之间的因果关系的结论。研究无疑表明，观看暴力的媒体材料能挑起或加剧所有年龄段观众的后续攻击，儿童似乎是受影响最大的年龄群体。电视暴力影响儿童的程度取决于这些儿童的特点。年龄、智力水平、电视个性认同、收看电视总量以及相信电视是现实的等因素影响着电视暴力对行为的影响。这些特点的结合以及重度的电视观看行为能够导致严重的反社会行为。④

史密斯1993年声称，经常接触媒体暴力的儿童知道，攻击是实现目的和解决问题的一种成功的和可以接受的方式。他们不太可能从创造

---

① Huesmann, L. R., & Malamuth, N. M. (1986), *Media violence and antisocial behavior: An overview*, Journal of Social Issues, 42 (3), 1 – 6.

② National Association for the Education of Young Children (1990), *NAEYC position statement on media violence in children's lives*. Young Children 45 (5), 18 – 21.

③ Smith, M. (1993, September), *Television violence and behavior: A research summary* (Report No. EDO-IR -93 -8). Syracuse, NY: ERIC Clearinghouse on Information and Technology. (ERIC Document Reproduction Service No. ED 366 329)

④ Peterson, G. W., & Peters, D. F. (1983), *Adolescents' construction of social reality: The impact of television and peers*. Youth and society, 15 (1), 67 – 85.

性的、有想象力的作为表达情感、战胜愤怒、获得自我控制的自然手段的游戏中受益。他们观察到节目中的人物行为在解决人与人之间的问题中带有攻击性，从而认同攻击性人物而模仿他们的行为。[1]

观察学习理论认为，孩子们以他们通过观察父母学习认知和社交技巧同样的方式从电视上看到的暴力行为中学会表现得很有攻击性。[2] 儿童立即模仿攻击行为——他们已经在电影或电视上看到过这样的攻击行为。他们编码他们所看到和听到的，然后储存在他们的记忆中。如果他们在电视上看到大量的攻击性行为，他们将存储和检索这个行为以为未来行动做准备。尽管大量的研究将电视暴力的观察与观众的攻击行为联系起来，但关于减少这个影响的干预研究却很少。

克拉姆普（Charla A. Crump）的这项研究将应对针对网络、家长和教师的干预技术。通过这些人的努力灌输媒介素养可以减少电视暴力对观众尤其是儿童的攻击性行为的负面影响。[3] 为了减少电视暴力影响而干预的最明显的地方将是在节目层面。然而，电视网络从未承认屏幕上显示的暴力与观众随后的攻击行为有关。[4]

由于网络在为儿童提供优质节目的方向上缺乏主动性，众议院、参议院和联邦通信委员会似乎都在采取行动。多尔干（Dorgan）参议员希望为电视台立法制定一个电视暴力"报告卡"。[5] 根据多尔干的修正案，美国国家电信和信息管理局（NTIA）给予私人非营利组织拨款进行调查，制作关于通过有线和广播网络播放的暴力节目数量的季度报告卡。

---

[1] Smith, M. (1993, September), *Television violence and behavior: A research summary* (Report No. EDO-IR-93-8). Syracuse, NY: ERIC Clearinghouse on Information and Technology. (ERIC Document Reproduction Service No. ED 366 329)

[2] Pearl, D. (1984), *Violence and aggression. Society*, 21 (6), 17-21.

[3] Charla A. Crump, *Media Literacy: Fighting the Effect Television has on Children*, paper presented at the second annual Student Research Conference at West Texas A&M University, Canyon, TX, 1995.

[4] Chaffee, S. H., Gerbner, G., Hamburg, B. A., Pierce, C. M., Rubinstein, E. A., Siegel, A. E., & Singer, J. L. (1984), *Defending the indefensible. Society*, 21 (6), 30-35.

[5] McAvoy, K. (1994, August), *Television violence debate heats up. Broadcasting & Cable*, 40-41.

报告卡将分发给公众。美国参议院商务委员会的主席霍林斯（Ernest Hollings）表示他亦想提出电视暴力条例草案。他建议，在儿童观看电视期间，将禁止电视台播出暴力节目。违规者将撤销许可证。在众议院，电信小组委员会主席（Telecommunications Subcommittee Chairman）马肯（Ed Markey）希望电子工业协会同意以自己自愿的努力推进。①

安装在电视机里的控制收看暴力电视节目的 V 芯片，可以从电子技术上阻止暴力节目。该设备将允许自愿解决问题，而不是由法律强制解决问题。利用这种芯片，消费者个人将做出选择，不是网络也不是政府。第一修正案的权利问题原封不动。大多数的证据似乎反映了自我调节对政府限制的重要性。电视业需要使它的努力更加可见。电视行业指出，国会应该认识到电视已经有其他监管机构：广告商和观众。② 他们声称观众可以通过不看电视来遏制电视暴力。如果有什么冒犯，它会因观众的反应而改变，而不是国会或制片人。最好的答案是联邦政府不参与。应重新定义、重述和更新播音员的责任。在电视行业的社会契约中，关键词是责任。责任意味着电视业必须认识到它在我们社会中的巨大作用。责任意味着承认电视暴力的真正影响。可以在不违反第一修正案权利的情况下控制电视暴力。但是第一修正案不保证负责任的行为。人是自己行动的唯一担保人。网络不应该单独承担干预电视暴力的所有重担。家长和教师也应该站起来，共同打击电视暴力对儿童的负面影响。③

3. 家长和教师的责任

在我们的社会中，父母对孩子的培养、教育和社会化负有主要责任，他们在干预过程中的角色是非常重要的。艾伦（Eron）1986 年得出

---

① McAvoy, K. (1994, August), *Television violence debate heats up. Broadcasting & Cable*, 40 - 41.
② Tyrer, T. (1994, January), *NATPE takes aim at television violence. Electronic Media*, 93 - 94.
③ Charla A. Crump, *Media Literacy: Fighting the Effect Television has on Children*, paper presented at the second annual Student Research Conference at West Texas A&M University, Canyon, TX, 1995.

结论说，如果家长可以获知观看电视暴力对孩子可能的负面影响，同时被教导如何控制和塑造他们的儿童观看电视节目的习惯，那将是一大贡献。① 肖内西等人（Shaughnessy, Stanley, and Siegel）1994年为家长提供了一些建议，以便帮助他们的孩子成为更具电视素养的人。家长可以监控孩子的电视观看习惯，以确定他们的孩子看什么，以及多少时间花在看电视上。他们可以作为榜样，只看教育挽救和相关的节目。他们可以和孩子们一起观看电视，并讨论所观看的内容。家长可以购买电子助手来帮助控制孩子的失控观看习惯。家庭可以举行会议来决定这个星期的晚上和周末观看什么电视内容。家长应该帮助孩子理解他们观看的电视节目。②

根据鲁尔和弗格森（Rule and Ferguson），孩子对暴力电视节目的理解可能会与他们对攻击的态度有关，也与认同攻击性电视人物的倾向有关。当与孩子一起看电视的时候，在特定情况下父母可以表达反对暴力。如果父母口头上不赞成暴力行为，电视节目引起的任何侵略倾向很可能被约束。如果他们似乎赞成的话，这种攻击倾向就可能自由泛滥。③

家长也有责任帮助他们的孩子解码新颖的电视符号系统。菲利普斯（Phillips）1986年声称，电视素养能让家长帮助孩子掌握电视的影响，而不是相反。④ 电视素养包括学习将连续的视觉和声音打破成有意义的单元。它包括学习认识电视的形式特征，如伤感的音乐或一辆飞驰的列车在故事中表达某种意义，学会专注于重要事实而忽略其他次要的。父母要教孩子举一反三地补充重要的意义，将真实世界的知识应用于电

---

① Eron, L. D. (1986), *Interventions to mitigate the psychological effects of media violence on aggressive behavior. Journal of social Issues*, 42 (3), 155 – 169.

② Shaughnessy, M. F., Stanley, N. V., & Siegel J. (1994), *Reading and television: Some concerns; some answers!* (Report No. CS 011 598). Portales, NM: Eastern New Mexico University. (ERIC Document Reproduction Service No. ED 366 921)

③ Berkowitz, L. (1986), *Situational influences on reactions to observed violence. Journal of Social Issues*, 42, (3), 93 – 106.

④ Phillips, S. (1986), *Television's impact on children and the positive role of parents.* (Report No. ISBN – 0 – 947193 – 04 – 9). Kensington, Australia: Foundation for Child and Youth Studies. (ERIC Document Reproduction Services No. ED 299 015)

视,反之亦然。① 父母应该帮助孩子区分幻想和现实。

在家庭教育中家长负有第一责任,而在学校教育中教师自然负有第一责任。教师应该努力教孩子了解电视观看对他们的学习、态度和行为的影响。为了教电视素养,教师应掌握大量的教学材料。教师所教的课程应该要能够唤起电视制作、特效、商业广告的性质、过度暴力以及现实与幻想之间差异的意识。教师还可以教授批判性的观察和批判性思维技能。一些批判性观看技能就是要告知学生:情节是虚构的,人物是演员,事件往往是捏造的,场景常常是构造出来的,播出节目是为了赚钱,钱来自广告商购买节目播出时间,广告是推销产品给观众,受众规模决定广播收入。② 教育工作者的追求应该是更多和更好地利用儿童观看体验的有用方面的方法。教师应该与家长合作,而不是消除看电视,而是检查孩子在看什么,他们花多少时间看没有学习价值的节目。通过利用电视的影响,以鼓励认知发展、积极和批判地参与,而不是被动吸收,网络、家长和教师能够将电视的负面影响转化为积极影响。通过教孩子们批判的观看技巧,我们可以为他们成为更多受过教育的、有视觉素养的电视消费者奠定基础。除非孩子们批判地和有素养地看电视,他们将只是信息的反应接受者。③

第四节 美国传媒素养教育关键概念框架

美国教育家布鲁姆曾经将教学与评估的目标分为六个方面:即创造、评价、分析、应用、理解和记忆。④ 这个目标分类具有普遍性,也

---

① Pingree, S. (1984), *Another look at children's comprehension of television. Communication Research*, 2 (4), 477-496.

② Door, A., Graves, S. B., & Phelps, E. (1980), *Television literacy for young children. Journal of Communication*, 30 (3), 71-83.

③ Charla A. Crump, *Media Literacy: Fighting the Effect Television has on Children*, paper presented at the second annual Student Research Conference at West Texas A&M University, Canyon, TX, 1995.

④ Anderson, L. W., & D. Krathwohl. (2001), *A Taxonomy for Learning, Teaching and Assessing: A Revision of Bloom's Taxonomy of Educational Objectives.* Longman, New York.

就是说，任何一个国家和地区的教育教学都可以从这几个目标入手来评估教学质量和学习效果。除了布鲁姆的目标分类理论，美国还存在着芬斯特马赫和理查森教学质量模型、媒体素养教育关键概念框架等教学和评估的方式方法。

一、芬斯特马赫和理查森教学质量模型

美国宾夕法尼亚州立大学课程与教学系教授韦斯特布鲁克（Nalova Westbrook）在《媒介素养教育：批判与新/二十一世纪的素养教学》（*Media Literacy Pedagogy: critical and new/twenty-first-century literacies instruction*）一文中指出，美国现阶段的媒体素养教育可以归纳为两种不同的形式——批判性媒体素养，起源于法兰克福和文化研究传统，以及新世纪或21世纪的素养教学，起源于社会语言学和民族志传统。韦斯特布鲁克从芬斯特马赫（Fenstermacher）和理查森（Richardson）的教学质量模型的角度评价这两种不同形式。

芬斯特马赫和理查森教学质量模型包括基于过程—结果的范式、认知科学范式和建构主义范式的评估。韦斯特布鲁克认为，建构主义范式和认知科学范式可能是最适当的范式。过程—结果的教学范式兴起于20世纪60年代，该范式的兴起刺激了教育学术领域的教学研究。这种教学范式根据学生的测试分数来测量学生的学习结果。人们根据标准和规范的参考评估指标测量事实性的知识。但媒介素养教育可能较多地关注展示对一些方式进行批判分析的能力，例如，肥皂剧迎合特定媒体消费群体的方式，以及美国音乐艺术家Jay-Z 歌曲在MP3 播放器、iPod 和黑莓之间单一变化的方式。[①] 虽然建构主义学习已被证明为主要框架，通过这个框架可以持续媒体素养教育和政策的承诺，但是仍然重要的是媒体素养教育者要牢记媒体素养的认知科学元素。有人可能会说，媒介素养教育的质量教学集中于《国家教育技术计划（NETP）》支持者所称的

---

① Nalova Westbrook, *Media Literacy Pedagogy: critical and new/twenty-first-century literacies instruction*, *E-Learning and Digital Media*, Volume 8, Number 2, 2011.

"激励参与"。任何宣称媒介素养质量教学重要性的教育者有可能在学习者中找到高水平的动机。当然，当学生有机会对美国流行女歌手女神嘎嘎（Lady Gaga）的流行文化表征进行评价的时候，或者对一个《维多利亚的秘密》(Victoria's Secret) 杂志广告进行符号学分析的时候，有一个不容置疑的感觉，他们渴望参与提出问题的教学。① 认知科学教学方法的目的是通过批判性思维、问题解决和自我指导等更复杂的学习结果来提高认知能力。② 从广义上讲，媒体素养教育的质量教学评价在某种程度上就是要求教师在提高学生学习动机和认知能力的基础上对学生的学习结果进行评估。

素养教育者应当掌握看字读音教学法、说明文写作、头韵、互文性、谚语、音节和隐喻方面的知识，而媒介素养教育者应当能够在理论上和实践上展示与公共领域、议程设置、语音旁白、参与文化、大媒体和煽情主义等这样的术语的熟悉度。一个人应该拥有解释媒体信息的特别方法。③

媒体素养教育者面临的挑战是不让过程—结果的教学范式主宰或引领媒介素养教学和学习。因为过程—结果的教学范式是根据学生的考试分数的基础来奖惩媒体素养教师。学校应当根据学生习得的一套以成绩/项目为基础的媒体素养核心知识和技能评价媒体素养教师。④

美国教育界有一个"连接教学"(connected teaching) 的概念。所谓连接教学是一个帮助 K-12 所有科目的教师通过将自己连接到各种媒介技术以改进他们教学实践的框架。奥巴马政府曾投入数百万美元到"连接教学"。而教师可以一天 24 小时随时访问他们各自科目领域的最

---

① Nalova Westbrook, *Media Literacy Pedagogy: critical and new/twenty-first-century literacies instruction*, E-Learning and Digital Media, Volume 8, Number 2, 2011.
② US Department of Education (2010), *Transforming American Education: learning powered by technology*. Report by Office of Educational Technology. Washington, DC: Office of Educational Technology, US Department of Education.
③ Silverblatt, A. (2008), *Media Literacy: keys to interpreting media messages*, 3rd edn. Westport, CT: Praeger.
④ Share, J. (2009), *Media Literacy is Elementary: teaching youth to critically read and create media*. New York: Peter Lang.

新趋势。媒体素养教师在多年来一直走在推进连接教学的前沿。①

二、传媒素养教育概念框架

美国许多州的《英语语言艺术标准》中都涵盖一些媒体素养的共同核心原则。② 如下图所示,③ 根据托曼（Elizabeth Thoman），媒介素养是以几个核心原则相互配合为前提的：（1）媒体有着独特的语言和结构；（2）媒体建构社会现实；（3）媒体具有商业和政治意义；（4）受众协商媒体意义；（5）媒体包含意识形态和价值观的信息。④

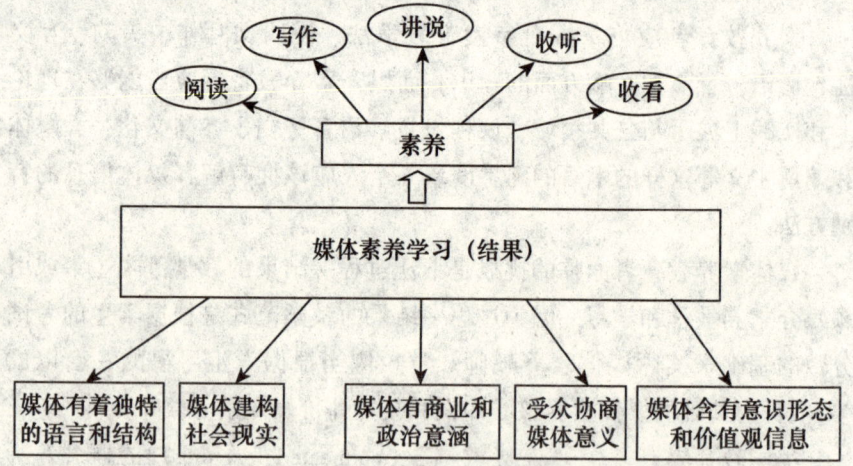

上图所示的内容，可以被看作一个媒体素养教育的框架模型。教师通过引导学生对"媒体有着独特的语言和结构"、"媒体建构社会现实"等五个关键概念和问题进行批判性分析和思考，完成解码、制作和评估

---

① Nalova Westbrook, *Media Literacy Pedagogy: critical and new/twenty-first-century literacies instruction*, E-Learning and Digital Media, Volume 8, Number 2, 2011.

② Hobbs, R. (2007), *Reading the Media: media literacy in high school English*. New York: Teachers College Press.

③ 该图的原英文图出自于 Nalova Westbrook 的 *Media Literacy Pedagogy: critical and new/twenty-first-century literacies instruction* 一文，现图是本著第一作者将原图上的英文利用电脑画图软件翻译成中文而成。

④ Thoman, E. (2003), *Media Literacy: a guided tour of the best resources for teaching*, The Clearing House, 76 (6), 278–283.

媒体作品，来达到在阅读、写作、讲说、收听和收看方面素养的提高。这个模型可以用作所有媒介素养学习者的一个最佳的教学策略、实践和活动的指南。

媒体素养教学被概念化为提出问题和建构主义的教学，提出问题和建构主义的教学正是弗莱雷批判教育学的根本思想之一。① 这种教学培育识别、评价、分析印刷和后印刷媒介化文本的代码和惯例的学习。这样的教育也涉及各种媒介的生产和额外的媒介实践工作。②

和弗莱雷一样，芬斯特马赫和理查森呼吁一个基于伦理道德的媒介素养教育评价："好像质量教学是关于不仅仅是教一些东西，而且也关于如何教的问题。不仅教学内容必须是适当的、正确的，针对一些有价值的目的，而且所使用的教学方法必须在道德上是防御性的，基于合理的共享理念。"③ 根据这个逻辑，媒介素养教育必须置于质量教学的范围内，教师必须从事媒体的伦理教学，引导学生提高媒介素养的学习——这是似乎与一些媒体素养教育者所谓的"批判性媒体素养教育"相一致的立场。例如，一位中学英语老师可能会对乔治·奥威尔的小说《1984》的宣传进行一个文本分析，以及对这部小说的 YouTube 版本进行一个文本分析。这样的媒介素养教育要获得高质量的教学的话，学生将需要证明的是，不仅是两种媒介（小说和 YouTube 短片）在成绩的意义上建构宣传的各种方式，而且是教师如何不会以强调一个高雅和低俗的文化鸿沟的方式，将一个诸如小说的文本必然要好于电子视频文本的判断传递给学生。

此外，媒介素养教育的道德规范要求弗莱雷所说的"公民的勇气"，鉴于在许多的媒介化文本中，学生可能会发现令人愉快的东西，而另一方面教师和 K-12 课程管理人员可能会发现使人不安的

---

① Freire, P. (1998), *Pedagogy of Freedom*. Lanham, MD: Rowman & Littlefield.
② Sefton-Green, J. (1995), *Neither 'Reading' Nor 'Writing': the history of practical work in media education*, *Changing English*, 2 (2), 77-96.
③ Fenstermacher, G. D. & Richardson, V. (2005), *On Making Determinations of Quality in Teaching*, *Teachers College Record*, 107 (1), 189.

东西。① 这种立场可能导致接种或保护主义的媒体素养教育。然而,批判性媒介素养教育者不一定会反对对粗俗或淫秽的语言和视觉文本进行分析。相反,批判性媒介素养教育者将发展鼓励学生和教师质疑他们自己的与屏幕上充斥的性和暴力等不文明的现象和态度。②

三、批判性传媒素养教学策略

在对媒体进行意识形态分析和批判的时候,可以追溯到法兰克福学派的著作。这个学派是由逃离希特勒的极权主义的流亡的德国犹太人而产生的。这些学者发现自己沉浸在好莱坞媒体的兴起中,这些媒体似乎遮蔽了消费者的意识,创造着被动的很大程度上意识不到壮观的旨在维持对媒体消费者的霸权控制的文化工业的观众。具有讽刺意味的是,法兰克福学派的媒体研究方法倾向于无意中导致假定一个精英主义立场的批判性媒体素养。这种精英主义的立场认为,只有少数消费者意识到企业媒体工业带来的"大众欺骗"。此外,许多媒体研究和媒体素养教育学者追溯了文化研究的批判性媒介素养教学的知识根源。文化研究是一个思想学派,致力于价值观,更敏锐地说,致力于为代表各种如工人阶级或英国阿拉伯人的亚群体而建构流行文本的方式。③ 文化研究学者以文化为中心,进行一种形式的分析思考。这种分析思考形式常被人们称为"再现的政治",包括"揭示知识政治和社会建构,以及致力于与再现有关的平等和正义的原则"。④

---

① Flores-Koulish, S. (2005), *Teacher Education for Critical Consumption of Mass Media and Popular Culture*. New York: Routledge.
② Nalova Westbrook, *Media Literacy Pedagogy: critical and new/twenty-first-century literacies instruction*, E-Learning and Digital Media, Volume 8, Number 2, 2011.
③ Nalova Westbrook, *Media Literacy Pedagogy: critical and new/twenty-first-century literacies instruction*, E-Learning and Digital Media, Volume 8, Number 2, 2011.
④ Kellner, D., & Share, J. (2005), *Toward critical media literacy: Core concepts, debates, organizations, and policy*. Discourse: Studies In The Cultural Politics Of Education, 26 (3): 369 - 386.

为了教批判性媒体素养，教育工作者可能鼓励学生从媒介分析的文化研究形式开始学习，提出问题如：在这些文本中再现了谁？谁在再现这些群体？再现是为谁建构出来的？不同的文化受众可能如何解释这些文本？等等。类似于学校，媒介文本是对意义斗争的记忆唤醒。一个人现在可能会认为工具和技术是对意义斗争的记忆唤醒。① 本质上，批判性媒介素养教育适宜媒介素养教育者超越纯文本主义形式（规范和惯例）的媒体分析，反思鼓励民主的内容教学。②

与一般的媒介素养教师相比，批判性媒介素养教师目的不仅是挑战媒介文本内部和媒介文本之间的层次关系，而且是为了赋权而挑战，为了将传统的以教师为中心的课堂改造为更多地以学生为中心的知识生产场所而挑战。凯尔纳（Kellner）和晒尔（Share）就认为："一个以学生为中心、自下而上的方法是必要的……利用学生自身的文化、知识和经验……形成协作探究与视频制作的基础。"③

此外，"教学批判性媒体素养应该是一个参与、协作项目。一起观看电视节目或电影可以促进教师和学生（或父母和子女）之间富有成效的讨论，强调引出学生的观点，产生各种媒体文本的解读，教学解释学和批评学的基本原则"。④

根据这个立场，批判性媒介素养教育支持连接教学的思想，学生和媒介技术都是媒介分析教学的促进者。建立学生如何使用 Flash 和编码 HTML 的知识，对企业网站再现妇女的方式进行批判，等等，这与点击提供同一主题评论的维基百科和博客同等地重要。学生往往比他们的老师对媒介技术有更多的接触和使用，而教师常常是对这些相同的媒介技

---

① Giroux, H. (1997), *Pedagogy and the Politics of Hope: theory, culture, and schooling*. Boulder, CO: Westview.

② Jhally, S. & Lewis, J. (1998), *The Struggle over Media Literacy*, Journal of Communication, 48 (1), 109–120.

③ Kellner, D. & Share, J. (2005), *Toward Critical Media Literacy: core concepts, debates, organizations, and policy*, Discourse, 26 (3), 371.

④ Kellner, D. & Share, J. (2005), *Toward Critical Media Literacy: core concepts, debates, organizations, and policy*, Discourse, 26 (3), 373.

术抱有焦虑的一代人。① 任何时代的批判性媒介素养教育者会欢迎学生的媒体技术实际知识进课堂，并用这些知识作为一种手段来提升整个班级的媒介素养学习，包括教师的学习。批判性媒体素养重视授权和转变教师与学生通过技术合作来分析媒介化社会建构方式的教学风格。②

四、新媒介素养/21世纪素养教学

新媒介素养/21世纪素养教学，尽管不是一个与批判性媒介素养教学相互排斥的实体，但它更关注新媒体（如社交网站、iPod、VoIP）的挑战、再记忆、扩展以及在很多情况下连接课内外素养的方式。③ 换句话说，观看、写作和聆听这些知识技能可能会越来越向Web 2.0网络妥协，或被Web 2.0网络所增强。Web 2.0网络用户作者，最终是一个特殊文本的作者，在Web 2.0技术下他们可以访问任何问题。尤其重要的是解决我们的社会素养和我们的学校素养之间日益扩大的差距。④

如前所述，目前的媒体素养教育有两大形式，一个是批判性媒体素养教育，另一个是新媒介素养/21世纪素养教学。下图⑤明确地表示了这两种形式之间的区别和联系。这两种形式可以采用过程—结果的范式，也可以采用认知科学的范式，还可以采用建构主义的范式。问题教学法和建构主义教学法是最适宜于媒体素养教育教学的方式方法。

---

① National Council of Teachers of English (NCTE) (2007), *21st-Century Literacies: a policy research brief produced by the National Council of the Teachers of English.* Urbana, IL: National Council of Teachers of English.

② Nalova Westbrook, *Media Literacy Pedagogy: critical and new/twenty-first-century literacies instruction*, E-Learning and Digital Media, Volume 8, Number 2, 2011.

③ Morrell, E. (2002), *Toward a Critical Pedagogy of Popular Culture: literacy development among urban youth*, Journal of Adolescent & Adult Literacy, 46 (1).

④ Baker, E. A. (2007), *Support for New Literacies, Cultural Expectations, and Pedagogy: potential and features for classroom websites*, New England Reading Association Journal, (43) 2, 56 - 62.

⑤ 该图的原英文图出自于Nalova Westbrook 的 *Media Literacy Pedagogy: critical and new/twenty-first-century literacies instruction* 一文，现图是本著第一作者将原图上的英文利用电脑画图软件翻译成中文而成。

第二章 美国传媒素养教育基本理论与思想

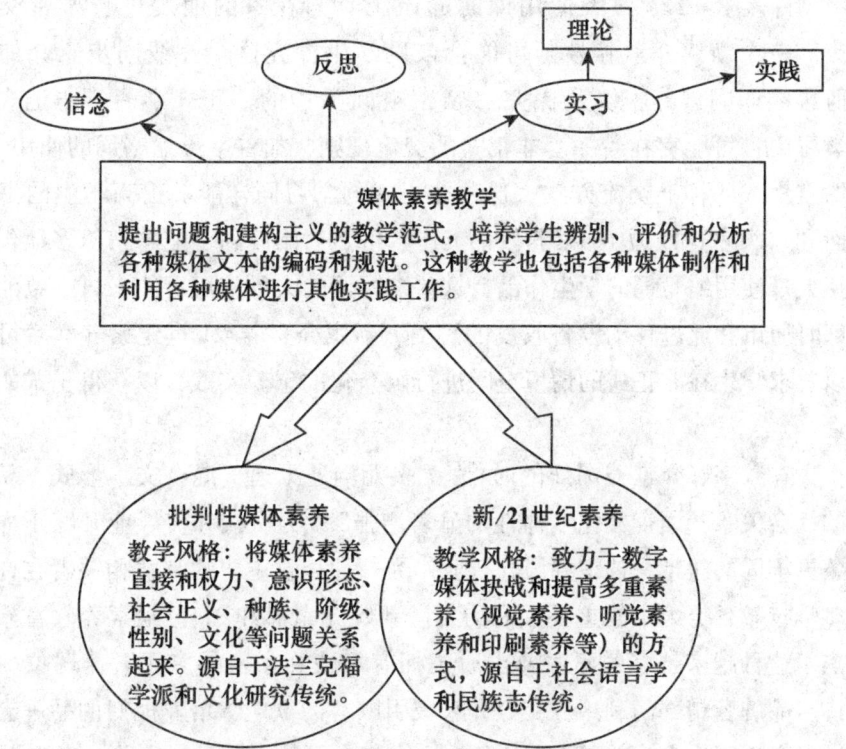

此图中所示的媒体素养教学采用提出问题和建构主义的教学范式，培养学生辨别、评价和分析各种媒体文本的编码和规范。这种教学也包括各种媒体制作和利用各种媒体进行的其他实践工作。批判性媒体素养教学风格是将媒体素养直接和权力、意识形态、社会正义、种族、阶级、性别、文化等问题联系起来，源自于法兰克福学派和文化研究传统。而新媒介素养/21世纪素养的教学风格，致力于数字媒体挑战和提高多重素养（视觉素养、听觉素养和印刷素养等）的方式，源自于社会语言学和民族志传统。在进行媒体素养教学过程中，需要思考信仰信念、反思、实习、理论和实践这些问题和环节，通过调查研究，"重点揭示、理解和解决权力关系"①。

---

① Hull, G. & Schultz, K. (2001), *Literacy and Learning out of School: a review of theory and research*, Review of Educational Research, 71 (4), 575–611.

许多 K-12 学习者使用即时通讯工具与在家的朋友进行亲密交流。一个新媒介素养教师可能会鼓励学生探究这个在线同步媒介如何影响印刷素养，以及探究"亲密空间"中的非正式学习。非正式学习中，可能存在着一套非正式的交流规则，如首字母缩略词的使用，约定俗成的标准交流方式，这种非正式的学习同样能够提高学生的书面和口头表达能力。① 素养教育工作者可能会阅读到可能越来越多地包括大量使用缩写词的学生作品，这些缩写词的大量使用可能来自一致的即时通讯和通过移动设备收发的短信。新媒介素养/21 世纪素养教育可以要求学生在非正式的情境空间进行媒介化的素养实践，以获得正式的素养。

在数字媒介素养爆炸的时代，"多元沟通渠道、混合文本形式、新的社会关系、语言文化多样性的显著增强"② 为学校和传媒业开辟了一条更牢固的纽带，认识到媒介行业作为一种日益主要的利益相关者在许多学校教育努力中的重要性和力量。新媒介素养和 21 世纪素养教育聚焦于这种越来越多的雇主要求雇工拥有舒适和亲密的多元素养现象。③ 许多品牌营销部门利用社交媒介来吸引顾客的欲望，培养他们的品牌忠诚度。而新媒介素养/21 世纪素养技能将会更加适应这个融合文化的社交媒介流行的时代。

传统的课堂教学往往由一个单一的教育工作者以同样的方式向所有学习者发送相同的信息，但与传统的课堂教学相比，这种模式把学生放在中心，通过在多个维度提供灵活性使他们能够控制自己的学习。一套以标准为基础的核心概念和能力构成了所有学生应该学习的基础，但是除了这一点，学生和教育工作者从事学习可以有自己的选择：按照大组、小组或者根据个人目标、需要和兴趣量身定制所要学习的内容。美

---

① Jenkins, H. (2006), *Convergence Culture: where old and new media collide. Journal of Education*, 37 (2), 182 – 197. New York: New York University.

② Hull, G. & Schultz, K. (2001), *Literacy and Learning out of School: a review of theory and research*, Review of Educational Research, 71 (4), 575 – 611.

③ New London Group (1996), *A Pedagogy of Multiliteracies: designing social futures*, Harvard Education Review, 66 (1), 60 – 92.

国《国家教育技术计划》促进的是媒介素养教学与学习之间的协作,教师和媒体技术为以学习者为中心的课堂提供了一个矩阵。或者说,为学生提供了一个24小时"按需学习的机会"。①

---

① US Department of Education (2010), *Transforming American Education*: *learning powered by technology*. Report by Office of Educational Technology. Washington, DC: Office of Educational Technology, US Department of Education.

第三章 生态媒体素养与绿色文化公民素养

美国学者洛佩斯（Antonio R. López）在其2013年5月博士毕业论文《绿化媒体素养生态系统：定位绿色文化公民媒体素养》（*Greening the Media Literacy Ecosystem: Situating Media Literacy for Green Cultural Citizenship*）中，对媒体素养生态系统问题进行比较深入和全面的研究。从生态系统的角度对媒体素养及其教育问题进行探究是一个新的研究视角，作者也得出了独到的见解。因为其思考比较广泛，所以本部分仅对其媒体素养生态系统的主要思想进行简要梳理和介绍，以求对美国传媒素养教育的景观全貌有一番领略。

媒体素养生态系统问题，实质上就是媒体素养中涉及的生态环境可持续发展问题。洛佩斯以关注可持续发展问题为基础，调查研究了媒介素养从业者如何使用隐喻来框定和认识媒介教育在世界中的作用，以及媒介教育如何影响绿色文化公民。他调查研究了有关的网站文件、七个北美媒介素养组织的教师资源，并采访了九个在媒体素养生态系统内的主要从业者。他利用一个生态系统的批评框架，通过多站点的情境分析、定性的媒介分析和批判性话语分析等分析方法分析了媒介素养生态系统的话语，探究了媒介素养从业者如何参与到再生产预先存在的环境意识形态的意义生成系统中。研究结果表明，媒介素养教育根植于一种机械主义的世界观，因此导致了不可持续的文化教育实践。为了提高人们的有关认识，并为改变那些相同话语的性质提供可能的解决方案，他将媒介素养教育的机械主义的话语问题化，提出一个崭新的生态媒体素养（Ecomedia literacy）概念和一个绿色文化公民媒体素养（Media Literacy for Green Cultural Citizenship）的理论模型，指出了一个将可持续发展作为媒体素养教育者优先考虑对象的前进路径。①

帕金翰（David Buckingham）2007 年认为，媒体素养是媒体参与的结果，而媒体教育则是塑造实践的东西。② 相比媒体素养教育，媒体素养是正式和非正式的使用媒介教学或关于媒介的教学过程中更为常见的用语。洛佩斯已经是一个有着十几年媒体素养教育经历的教育者，也是致力于发展可持续发展教育的环境保护人士。正因为如此，洛佩斯才能想到从可持续发展和生态系统的视角探究绿色文化公民媒体素养的生态系统问题。其目的就是为了促进可持续的行为和文化实践，形成和促进相互联系的社会、经济和环境领域中的生态价值观。

洛佩斯试图将媒介和可持续发展教育领域的观点统一起来，但他遭遇到来自两种教育文化的阻力。一般地，媒体素养的倡导者都强调环境问题，但是媒介素养的一般实践却对生态系统的观点边缘化。同样的，在环境教育领域，许多人认为媒介和技术是反自然的。③ 弥合这些分歧，找到其中的共同点，就成为洛佩斯博士毕业论文研究的目的。

第一节　洛佩斯的两个重要经验

洛佩斯为什么会想到对生态媒体素养的问题进行研究，这与他的人生经历有关。具体而言，他有两个重要的经验。一个经验是在一个

---

① Antonio R. López, *Greening the Media Literacy Ecosystem: Situating Media Literacy for Green Cultural Citizenship*, Submitted in partial fulfillment of the requirements for the degree of DOCTOR OF PHILOSOPHY, From Prescott College, In Sustainability Education, May 2013.

② Buckingham, D. (2007), *Beyond technology: Children's learning in the age of digital culture.* Cambridge: Polity.

③ Bowers, C. A. (2000), *Let them eat data: How computers affect education, cultural diversity, and the prospects of ecological sustainability.* Athens, Ga: University of Georgia Press; Traina, F. (1995), *The challenge of bioregional education.* In F. Traina, & S. Darley-Hill (Eds.), *Perspectives in bioregional education* (pp. 19–26). Troy: North American Association for Environmental Education.

环境保护主义者的集会上,一个经验来自欧洲的一个国际媒介素养会议。

第一个经验发生在 2003 年在加利福尼亚州圣拉斐尔举办的生物先锋会议。① 当时,聚集了"来自各界不同学科的社会和科学的创新者,他们深入认识到生命系统的心脏,明白自然如何运行,并模仿'大自然的操作指令',服务于人类的目的,而又不损害生活网络"②。这个年度性活动的特点是由各种为一个更加安全和健康的世界发展制定可行的解决方案的思想家和活动家组成。洛佩斯参加了一个有一组西班牙裔美国人和来自新墨西哥州的土著美国人参加的会议,这个会议受到了庞德基金会(Pond Foundation)的赠款支持。在会议上,他们被要求要鼓励文化的多样性。

因为洛佩斯本人是拉丁裔美国人,所以具有拉丁和欧美混合文化的特点,他也是一名主要在土著美国人和拉丁裔美国人社区工作的媒介素养教育者,所以在会议过程中习惯于扮演一种"桥接"的角色。他既作为一名批判性思维工具、媒介技术、流行文化和数字叙事的教育者,又作为一名有着新墨西哥州乡村土著和以土地为基础的青年的文化现实的教育者。洛佩斯认为,该会议是一个令人兴奋的机会,使他能够审视他关注的各种观点如何与可持续发展的模式发生交集。③

洛佩斯参加的是一个由全球正义活动家和反技术的改革者曼德尔

---

① 生物先锋(Bioneers)是一个创新的非营利教育组织,强调恢复人和地球生态的突破性解决方案。该组织 1990 年由社会企业家肯尼·奥苏伯尔(Kenny Ausubel)和妮娜·西蒙(Nina Simons)成立于新墨西哥州的圣达菲(Santa Fe, New Mexico)。生物先锋积极推进正在进行中的伟大人类文明的改造,作为社会和科学视野、知识和实践的种子领袖,尊重自然的创造性的人类天才。他们积极举办全国性的年度性的生物先锋会议,利用屡获殊荣的媒体、地方会议和社区的弹性网络以及着眼于青年、妇女和当地人的领导力培训课程,来实现他们的理想和目标。http://www.bioneers.org/.

② Bioneers. (2013), *What is Bioneers*? Retrieved from http://www.bioneers.org/what-is-bioneers/.

③ Antonio R. López, *Greening the Media Literacy Ecosystem: Situating Media Literacy for Green Cultural Citizenship*, Submitted in partial fulfillment of the requirements for the degree of DOCTOR OF PHILOSOPHY, From Prescott College, In Sustainability Education, May 2013.

第三章 生态媒体素养与绿色文化公民素养

(Jerry Mander)主持的一个会议。① 该会议小组是围绕着他合编的一本书《逆反全球经济的案例：本地化的转向》(*The Case Against the Global Economy: And For a Turn Toward the Local*)② 中的主题组织的。这本书重点关注全球化的兴起给传统文化、经济和环境带来的危险。这些也正是与洛佩斯工作的社区相关的问题。在会议过程中，洛佩斯一直在关注媒介与全球化意识形态之间的联系，并开始认识到媒介素养可以被用作一种学生理解主流经济模式和激发讨论的工具，可以被用作一个可持续发展教育的宝贵工具。

在小组会议结束之后，洛佩斯问曼德尔问他是否愿意和他讨论自己正在从事的媒介教育和全球正义运动(global justice activism)之间所做的联系。曼德尔欣然接受了。他们在会议的一个重要书店附近的社区会议桌处见了面。曼德尔根据洛佩斯的要求在洛佩斯个人复印的《消除电视的四个论点》[*Four Arguments for the Elimination of Television* (2002)]文章上签名之后，洛佩斯提出了自己的想法。洛佩斯建议，利用媒体素养教育的方式将全球化的复杂性介绍给年轻人，使用媒介文本作为探针和思考用的依托，促进关于全球化和社会正义争论的讨论和对话。洛佩斯提出将媒体素养作为一种对学生进行可持续发展教育的方式，说他们可以一起努力发展这个项目，就好像公共卫生的倡导者利用媒介素养给年轻人教授关于吸烟和饮酒的危害一样。但曼德尔婉拒了他。曼德尔给洛佩斯说，他反对利用媒体素养教育，因为"媒介素养会使得媒介更加有趣味"。这就是他们讨论的结尾。③

但是这次相遇和对话却刺激了洛佩斯继续思考他提出的问题。虽然

---

① Mander, J. (1991), *In the absence of the sacred: The failure of technology and the survival of the Indian nations*. San Francisco: Sierra Club Books; Mander, J. (2002), *Four arguments for the elimination of television*. New York: Perennial.

② Mander, J., & Goldsmith, E. (Eds.). (1996), *The case against the global economy: And for a turn toward the local*. San Francisco: Sierra Club Books.

③ Antonio R. López, *Greening the Media Literacy Ecosystem: Situating Media Literacy for Green Cultural Citizenship*, Submitted in partial fulfillment of the requirements for the degree of DOCTOR OF PHILOSOPHY, From Prescott College, In Sustainability Education, May 2013.

洛佩斯理解曼德尔所说的媒体素养教育会使媒体对学生更有吸引力的担忧，但是洛佩斯更认为，教育应当使学习者对他们周围的世界，一个高度媒介化的世界感兴趣。

曼德尔的担忧不是完全没有道理。事实上，一些研究表明，说教式的（迂腐的学究式的）媒介素养教育实际上产生了事与愿违的效果。① 因此，当以某种方式实践媒介素养教育的时候，媒介素养教育可能使得媒介消费对学生更有诱惑力，而不是在鼓励学生的批判性思维。而且，常被人们称为新勒德分子（Neo-Luddite）的思想学派将媒介和技术视为使他们对自然界丧失敏感的东西。② 因为曼德尔在过去30多年里都是坚持与洛佩斯相反的观点，所以曼德尔拒绝他的建议是毫不奇怪的事情。但曼德尔的拒绝虽然令洛佩斯沮丧，但却激发了洛佩斯对以下问题探究的信心和勇气：当谈到可持续发展的时候，媒体素养教育是否会鼓励不可持续的文化实践？或者媒体素养教育能否成为一种解决可持续发展教育问题的方案？

这一次会议的九年后的2012年11月，洛佩斯在做其博士毕业论文研究期间，参加了在比利时布鲁塞尔举办的"媒介与学习"会议。这次国际盛会被誉为一个推进欧洲"媒体智慧"的机会，将"想要对数字和媒介技能教育的发展作出贡献的从业者和政策制定者聚在一起，以便找到新的和有效地将媒介嵌入学习过程的方式"。③

为了和其他欧洲的媒介教育者进行网络交流，以及与自己的博士学位委员会委员布莱维特（John Blewitt）共同讨论一下"绿色媒介教育"，

---

① Banerjee, S. C., & Kubey, R. (2013), *Boom or boomerang: A critical review of evidence documenting media literacy efficacy*. In E. Scharrer, A. N. Valdivia, J. C. Nerone, V. Mayer, S. R. Mazzarella, R. E. Parameswaran & K. Gates (Eds.), *The international encyclopedia of media studies*. Chichester, West Sussex; Malden, MA: Wiley-Blackwell.

② Bowers, C. A. (2000), *Let them eat data: How computers affect education, cultural diversity, and the prospects of ecological sustainability*. Athens, Ga.: University of Georgia Press; Mander, J. (1991), *In the absence of the sacred: The failure of technology and the survival of the Indian nations*. San Francisco: Sierra Club Books.

③ Media & Learning. (2012), *Media education and literacy: Equipping learners for open, creative learning futures*. Retrieved from http://www.media-and-learning.eu/.

洛佩斯参加了这次会议。洛佩斯要求有一个小时长的工作坊来展示他们的思想，但是他却被安排在一个大杂烩的（grab-bag）的会议中，并且是会议的最后一段时间。这是一个下午晚些时候的小组会议，还有两个其他的发言人在讲说着完全不相关的话题。开始只允许他讲15分钟，经过他的争取被允许使用20分钟。这个会堂里只有大约12个人，并且无人配合互动。会议讨论的内容同步进行网络直播。这种被边缘化和缺少受众的演讲和讨论，是洛佩斯经历过的类似经历的第二次。第一次是2011年在伦敦举办的媒介教育会议上，洛佩斯同样地经历了缺少受众参与和被边缘化的一幕。

在这次布鲁塞尔会议期间，洛佩斯在作报告之前的那一天，遇到了其博士毕业论文研究中涉及的几个媒体素养组织中的一个组织的主席。他给这位主席说他正在调查研究媒介素养教育者的话语，以便找到媒介素养教育和可持续发展教育之间的桥梁。但这位主席却说她没有看到它们之间有何联系。洛佩斯回答说，讨论最近的科学发现，在大气中二氧化碳含量有显著的增加，如果不加认真对待，就可能导致全球性的生态灾难。[1] 作为媒体素养教育者，有责任解决这个问题。因为未来十年里我们教育实践所促进的所有电子小工具的使用都会有助于当前由互联网产生的二氧化碳排放量的倍增，这已经是整个全球航空业的二氧化碳排放量。[2] 这位主席想知道，二氧化碳排放量如何可能与媒介有关的事情有关。他回答说，因为我们所有的电子小工具都被捆绑到服务器网络（server farms）上，而这些服务器网络绝大多数是被煤炭动力驱动的。[3] 她然后回答说，可持续性是媒介素养教育者可能会应对的许多可能问题中的一个，但是它并不要求给予特别的注意。给了这个回答后，她抱歉

---

[1] Barnosky, A. D., Hadly, E. A., Bascompte, J., Berlow, E. L., Brown, J. H., Fortelius, M., Smith, A. B. (2012). *Approaching a state shift in earth's biosphere. Nature*, 486 (7401), 52–58.

[2] Cubitt, S., Hassan, R., & Volkmer, I. (2011). *Does cloud computing have a silver lining? Media, Culture & Society*, 33 (1), 149–158.

[3] Cubitt, S., Hassan, R., & Volkmer, I. (2011). *Does cloud computing have a silver lining? Media, Culture & Society*, 33 (1), 149–158.

说她还要准备她的会议报告。①

这两次事件是洛佩斯在过去十多年中遭遇的许多事件中的典型事件。从 2003 年和 2012 年这两次经历的对话和思考中，洛佩斯发现，可持续发展教育的教育者对媒介教育抱着对抗的观点，而对媒介教育者来说，可持续发展教育被视为一个毫不相关的问题。而洛佩斯却不这样认为，他决心要研究清楚这个问题。

在采访媒体素养从业者和研究北美媒体素养组织的过程中，洛佩斯使用了两种策略来分析媒体。第一种策略就是使熟悉的陌生化。媒介素养教育者使用各种策略让日常的媒介陌生化，包括解构和媒介制作。每一种策略都给人们提供不同的批判性参与媒介的方式。第二种策略就是将媒介文本视为思考的对象物，诸如使用文字云（word cloud）的方法，② 以激发问题和产生新的思想。文字云代表着术语被使用的频率。字体越大，该词被使用的频率越大。

洛佩斯设计教学材料，参与在线讨论，制作网页，编辑视频，写书和抄写文章。识别常用隐喻的话语分析来使熟悉的媒体陌生化。使用诸如文字云这样的工具为搜集的数据创建了视觉记录，这使得洛佩斯看到了从业者描述他们的世界观所使用的术语的一般模式和并置情况。最终，洛佩斯将整个媒介素养领域重新概念化为一个生态系统。就像一些学者使用生态系统模型来解释社会关系、媒介、技术和传播现象一样，③ 洛佩斯通过将媒介素养视为一种动态的从业者与其他的社会系统（如教育和媒介）互动的系统，而更清楚地理解了媒介教育者如何共享一定的世界观。④

---

① Antonio R. López, *Greening the Media Literacy Ecosystem: Situating Media Literacy for Green Cultural Citizenship*, Submitted in partial fulfillment of the requirements for the degree of DOCTOR OF PHILOSOPHY, From Prescott College, In Sustainability Education, May 2013.

② 可以使用 WordLe 等在线文字云制作工具，制作文字云。

③ Altheide, D. L. (1995), *An ecology of communication: Cultural formats of control.* New York: Aldine de Gruyter.

④ Antonio R. López, *Greening the Media Literacy Ecosystem: Situating Media Literacy for Green Cultural Citizenship*, Submitted in partial fulfillment of the requirements for the degree of DOCTOR OF PHILOSOPHY, From Prescott College, In Sustainability Education, May 2013.

第二节 洛佩斯人生经历与研究定位

基于背景和经验，洛佩斯将媒体素养领域视为一个有着自己边界的媒体素养生态系统。尽管是基于经验现象，但是他对隐喻、数据网站、认识论策略的选择都是特别适合于这个研究情况的。洛佩斯是第一个产生媒体素养生态系统思想的媒体素养教育从业者。他发现，社区的媒体素养教育从业者一般并不致力于可持续发展问题的解决。因此，从2008年起，一直至今，洛佩斯都一直努力地写作和倡导自己的观点。①

将媒体素养教育与可持续发展教育结合在一起的教育哲学理念的动力可追溯到洛佩斯在选择性教育中（alternative education）的儿童经历。洛佩斯接受八年级的正式教育是在洛杉矶市的一个公共选择学校。该公共选择学校是1973年洛佩斯上一年级的那一年创办的。H区选择学校（Area H Alternative School，AHAS）是一个活动家和嬉皮士的激励项目，该项目是洛杉矶联合学区（the Los Angeles Unified School District）里的一个选择学校网络的一部分。该学校奉行的核心办学理念明显是成人教育理念的（andragogic）：在教师和学生之间没有边界，也没有正式的课程和要求。学生可以上滑板运动课、荷兰语或整天打棒球，或者学习跳哈娑舞（Hustle）。科学、数学、阅读和写作也是可以学习的，但是学校没有规定或要求。有时候，学生在户外富勒圆顶体育场中（outdoor Fuller domes）上课。因为刚开始的时候，该学校没有固定的地方，所以"校园"每年都绕着城市在迁移，一直到这个学校创办5年之后获得了一块永久的地方。教师期望学生自己决定是否要追求某个目标。这里自然的倾向就只是玩乐。洛佩斯的几个去沃尔多夫（Waldorf）学校上学的同伴的情况也是这样的。洛佩斯同学中的大多数人都有着丰富的经验，

---

① López, A. (2008), *Mediacology: A multicultural approach to media literacy in the 21st century*. New York: Peter Lang; López, A. (2010), *Defusing the cannon/canon: An organic media approach to environmental communication. Environmental Communication: A Journal of Nature and Culture*, 4 (1), 99-108.

但是他们也在某些程度上"不适应环境"。换句话说，他们很难融入主流社会，但倾向于在所做的职业中拥有一些被边缘化的观点。

洛佩斯相信，一个独立的有自由思想的个体就是在这种环境中成长出来的。洛佩斯回忆说，1976年他十岁的时候就独自乘过飞机。当时他正在芝加哥机场独自改换航班（他很小的时候，他的家庭到过很多地方旅行，因此有时候他不得不独自乘坐飞机），他看到一个男人解决不了一个简单的问题。当时他就认识到：一个人即使年龄大，也并不意味着他或她比其他人更聪明。

1977年他11岁的时候，他从H区选择学校（AHAS）转学到"正常的"公立学校。在公立学校，他的课桌、朋友和游戏时间都是分配给他的。他不是很喜欢学校努力想灌输给他的纪律。他被强迫排队，每天早上背诵《效忠宣誓》(*the Pledge of Allegiance*)，这样持续了一周时间之后，他哭了。为了能再回到他热爱的选择学校，他假装生病了。但是，最初去正常的公立学校上学的选择是他作出的。他经过反思，认为造成这么一个不适应的结果就是选择教育的副产物。所以他相信，H区选择学校教育妨碍了他的学习（他知道，他的一些朋友在公立学校上学，阅读和写作就进步很快）。他渴望有一些有安排的教育。他几乎不识字，所以他母亲最后教他如何在家读书。毫不奇怪，在正常的公立学校，他的新同桌字写得漂亮，穿的衣服也很干净。他感到的不安全感是压倒性的，感到很难适应这正式的教育环境。

然而，当他同年返回到选修学校的时候，心里继续纠结斗争着。尽管每一星期五都会有一个作业本任务，但是他成了一个疑病症患者，所以连作业也不做。那年，每一到星期五他就假装生病。1978年夏季，他担忧自己可能无法毕业和升级。在学习过程中，他没有顾问或支持者。他是孤独的人。如果没有老师和长辈帮助的话，即使能顺利毕业升到下一年级，他终会继续以前相同的行为。他是自由的，但是他却独自默默地承受着压力。

H区选择学校是一所磁石学校。这意味着学生是从不同的社区坐大巴来到这个学校的，它反映了拉丁裔美国人（LA）的多样性。该校学

第三章 生态媒体素养与绿色文化公民素养

生属于拉丁裔美国人的事实意味着学校已经是多元文化的学校。这个学校也充满了丰富多彩的老师和学生,这也可能是进步主义时代的家长志愿选择将他们的孩子送入这个"怪癖"学校的自然结果。

1980年,洛佩斯选择了一个更加严格的四年制预科高中佛得角谷学校(Verde Valley School),但是这个选择也有一些经验的成分。除了它是一个国际学校,并且坐落在一个美丽的自然环境中(塞多纳,亚利桑那州),它强调一门人类学课程。每一年,学生都要定向露营活动,参加为期两周的项目。他们可以探究艺术、爬山或者与数学老师研究诸如祖卡夫(Zukav)的《闪亮物理大师》(The Dancing Wu Li Masters)[①]这样深奥的书。最重要的是,在学年里有三周的时间,学生被要求在陌生的环境中生活和工作。洛佩斯最可怕的经历就是与一个霍皮人(美国亚利桑那州东南部印第安村庄居民)家庭生活了一年,在美国加利福尼亚州中部约塞米蒂(Yosemite)国家公园滑雪背包旅行一年,在城市图森(inner city Tucson)的一个康复医院工作了一段时间。1984年,他乘坐"灰狗巴士"(Greyhound bus)到乡村旅行,在一个独立的高年级旅行中,他和肯塔基的"乡巴佬"("hillbillies" in Kentucky)生活在一起。但更重要的是,在20世纪80年代初在他的高中时代,他参加了他生活中最重要的意向团体朋客摇滚乐(新潮摇滚乐,特点是嘈吵、粗哑和疯狂的音响)。正是在那里,他获得了一个非正式的地下政治、艺术和媒介制作的教育。在他们的社区有一种自己做/与他人做(DIY/DIW)的风气,人们积极地参与政治讨论和制作自己的媒介(音乐、杂志、唱片、广播节目、书籍、衣服等)。毫不奇怪,他第一次遇见小混混(punks)的环境就是在选择学校。为了成为小混混运动中的媒介制作者,他们彼此学习,依靠非正式的伙伴为基础的教育实践,类似于伊利奇(Illich)1971年所描述的去学校化的社会理想。这些经验使他后来能够成为一个专业的媒介制作者,使他在二十多岁和三十多岁的时候有能力在20世纪90年代作为新闻记者和多媒体制作人工作。除了成为一

---

① Zukav, G. (1979), *The dancing wu li masters: An overview of the new physics*. New York: Morrow.

名媒介制作者，在他小混混的日子里，他也深入地参与到社区运动中，积极地参与反战、核裁军、环境和团结运动。

洛佩斯大学本科的特点就是有更多的教育实验。在1987年，在加州大学伯克利分校，他参加了"和平与冲突研究"项目，这是一个跨学科的设计。系里只提供了几门核心课程，其他的课程都外包给大学的其他院系。这些都基于一个由学生设计的学习计划，最终完成一篇毕业论文。对他来说，最重要的课程是系里必修的认识论课程，这门课需要阅读库恩（Kuhn）1996年的《科学革命的结构》。这导致了对大学在军事工业产业中的作用的解构，以及对大学对新自由主义项目的意识形态支持的解构。新自由主义是在里根总统和布什总统执政期间产生的一种意识形态。他们项目的跨学科性质使他能够获得大学所提供的最好东西，同时帮助他获得一个重要的对大学的霸权结构进行反观的观点。

对洛佩斯来说，小混混们最重要的课，就是以学习者为指导的DIY/DIW的意义。尽管在媒介方面他没有受过正式的培训，他在小混混运动（punk movement）的经验使他能够从1990—1999年在新墨西哥州的圣达菲（Santa Fe, New Mexico）作为一个媒介专业人员而工作。他做过书籍出版、电影制作和杂志发行。他也曾做过杂志的自由撰稿人和报纸新闻记者。此外，他是万维网早期的一个改编者，是新墨西哥州北部的一组先驱网络开发者的一员。在媒介方面在职培训的经验影响了他在1999年开始的教育生涯。

通过在媒介方面的经验，洛佩斯明白他是通过"做中学"而掌握的本领。作为一名教育者，这个做法不仅可应用于学习如何教学的过程中，而且还可以作为一种教学方法。他也认识到，过程需要理论。对他来说，理论对于充实和丰富他的关于教和学的直觉意识是必要的。这与森崎（Senge）等人对平衡分析了解（analytic knowing）和初步了解（primary knowing）的需要的讨论相关。[①] 他把分析了解和初步了解之间的平衡理解为大脑不同认知过程的协调。大脑左半球是语言为基础的合

---

① Senge, P. M., Scharmer, C. O., Jaworski, J., & Flowers, B. S. (2005), *Presence: Exploring profound change in people, organizations, and society*. New York: Doubleday. 98.

理识别，而右半球感知模式和整体。① 我们需要大脑两个半球的共同作用才能生存下来。

1999 年洛佩斯 33 岁的时候，他的身体出了问题，他不得不放弃他作为一个报纸文艺记者的压力很大的工作，开始寻找一种替代性的存在方式。2000 年，开始了一个重新改方向的过程。② 当时，他在西班牙的圣地亚哥德孔波斯特拉（Santiago de Compostela）步行 600 英里穿越西班牙，开启朝圣之旅。两个月冥想的徒步旅行，使得思想和事件有机地呈现在他的脑海里。在跨越卡斯蒂利亚-列昂（Castilla-Leon）平原的一个又长又乏味的徒步旅行期间，他开始做着教学的白日梦。无论什么原因，他开始为目前他的老高中的毕业生排练一个毕业典礼上的演讲。他想象着他自己在一个美丽的五月天在讲台上为年轻的毕业生提供一些建议，因为他们就要从寄宿学校的子宫出去，走向自己的未来了。幻想与他真实的生活经验交替出现。当 1984 年一个高中毕业生站在讲台上读着《小熊维尼之道》（the Tao of Pooh, Hoff, 1983）里的一个故事，说的是一个皇帝总是想着变成一个比他更加强大的东西（例如，太阳），但是他却了解到总是有别的东西和太阳一样地强大（如云、风或雨）。尽管他当代的自我正在引导他的旧自我，但是它却和关于探究、看世界、休假、做新的工作和探究身份的忠告一起使这个故事更加曲折变化。

鼓励正式教育的想法从未进入这个想象中的毕业典礼演讲中。然而，随着时间的推移，他想到了好教师的重要作用，以及他们如何与非正式的生活经验同等地重要。这个想法变得越来越强烈，直到它成为最明显的思想：忘记新闻，他应该教书。这就是他的祖父母所做的一切，突然间，这是他所经历过的最自然的想法。问题是，当他回到家他不知道从哪里或如何开始。但他所知道的就是，他对做导师比做一个老师更

---

① McGilchrist, I. (2009), *The master and his emissary: The divided brain and the making of the western world*. New Haven: Yale University Press.

② Senge, P. M., Scharmer, C. O., Jaworski, J., & Flowers, B. S. (2005), *Presence: Exploring profound change in people, organizations, and society*. New York: Doubleday. 42.

感兴趣——他想要像他高中时候所交的许多老朋友中的一个,他们让他转向陌生的音乐、晦涩的书和地下艺术运动。

当他回到家的时候,他探究新墨西哥州的教师资格认证,但是了解到需要参加一次考试。当他看着样本测试卷的时候,他被他去正规公立学校上学时候在他心中产生的同样的恐慌惊呆了:正式的和结构性的知识的想法与他的 DIY/DIW 的气质非常不符。所以,他先开始他知道的,那就是手工制作媒介。他为一家本地的课外艺术项目[在圣达菲的第21号仓库,Warehouse 21(W21)in Santa Fe]提供服务,作为一个青少年出版的杂志的主管而开始了他的工作。他坚持要他们写作和制作一切东西,他带来了"老学校"的例子作为灵感的来源。他们定期见面,但他发现,如果他不实际做这个工作的话,没有某种激励,什么也做不成。最终,他给员工支付了工资,他们使得出版物更加正规。在 2001 年,通过在 W21 项目的一个联系,他在圣达菲印第安人学校(the Santa Fe Indian School, SFIS)的天才项目(the Gifted and Talented Program)中获得了一份咨询工作。该学校是圣达菲(Santa Fe)地区的一个本地美国人寄宿学校,为 22 多个部落服务。起初,这份工作涉及写作辅导,但是随着他在学校待的时间越长,该项目的工作也变得越来越精细。他在一个年鉴类课上分享他的出版经验,也开始为学校项目做视频记录。

没有非常多的不同于他在社区学院所上过的课的视频经验,随后他就在相同的项目中开始教学视频。因为这是为好天赋和天才的学生准备的项目,所以他们不用测试来评测学生,而是用档案袋法(portfolios)来评测学生。他们围绕着学生设计的创新项目建设课程。他与学校里其他的学生领导的项目一起工作,但是在《不让一个孩子掉队》(No Child Left Behind)法案实施后,因为为了测试的教学成为了优先考虑的事情,大部分这样的项目被砍掉了。

从 2000—2005 年他继续在非传统的教育环境教书。在 2002 年,他接受了一个使用新墨西哥媒介素养项目(the New Mexico Media Literacy Project,简称为 NMMLP,现在称为"媒体素养项目",www.medialiteracyproject.org)开发的媒介素养方法。新墨西哥媒介素养项目提供被称为"催化剂学院"（a Catalyst Institute）的专业发展培训，这是一个为期四天的集中培训的工作坊，培训对象都是来自社会不同行业部门的从业者，包括学校教师、卫生工作者、艺术家和社区活动分子。这次培训给了他一个重要的启示：他意识到，通过具体的教育实践可以和媒体的力量进行竞争。他狂喜地离开工作坊，相信媒介素养是有着改造社会力量的急需的工具箱。

在 2002 年，他与新墨西哥媒介素养项目合作开发一个西班牙语针对健康问题的媒体素养光盘（属于首次），名称叫做 Medios y remedios（即 Media and Remedies，媒体与治疗）。这个独立课程包含 60 堂媒介素养课，内容是将媒介与诸如吸烟、身体形象、酗酒和暴力等健康问题联系在一起。在这段时间，他也开始明白，因为媒介素养通常不是官方教育标准的一部分，许多媒介素养从业者在非传统的教育环境中使用媒介素养，如课外项目、夏令营和媒介素养活动的环境中。他了解到，媒介素养适用于许多非正式的环境，并不一定局限于正式教育场所。

他在圣达菲印第安学校（the Santa Fe Indian School）工作期间，开始与新墨西哥州北部 8 个多不同的部落深入合作。他也前往俄克拉荷马州（Oklahoma）、加利福尼亚州、俄勒冈州和华盛顿州的本地美国人社区给他们提供媒介素养和视频制作工作坊。与本地美国人社区持续的接触加深了他与生态学的联系。尽管大部分工作集中于烟草意识，但是他也渐渐形成了一个替代性的认识论：将神圣的生态学融入日常生活中。

在利用媒介素养技术解构烟草商业营销和视频制作，参与恢复了社区媒介活动的时候，他开始看到基层媒介制作、社区卫生和环境之间的相互联系。然而，尽管他直觉地感到媒介素养与在本地社区正在从事的项目有联系，并且适用于生态学，但是却找不到做出类似联系的材料或从业者。曼德尔[1]给洛佩斯讲他反对将媒介素养与生态学进行桥接的努力，理由是这样做会使媒介变得更有趣。

---

[1] Mander, J. (1991), *In the absence of the sacred: The failure of technology and the survival of the Indian nations.* San Francisco: Sierra Club Books.

2002年在做W21项目的时候，他们获得了4万美元的赠款以运营一个暑期教育项目，通过媒介素养的方法来创建一个用于预防酒精的同伴教育项目。他聘请了8名青少年，给他们讲了媒介素养的基础知识，然后让他们设计一个街道营销项目和多媒体演示。在下一个学期，他们可以给年龄更小的在校学生讲解。目的就是教学生成为同伴教育者，因为当谈到诸如毒品、酒精和性的问题时，让年轻人传递这些信息要比成年人更好。

有好几年，他继续领导使用视频制作和媒介素养作为工具的服务学习项目。目的是让年轻人思考媒介如何影响他们的态度（主要是关于诸如烟草和酒精的健康问题），以及通过反媒介与挑战媒介生成的假定的那些态度进行对话。基于他小混混的经验，他总是想要学生"弄脏他们的手"，并在媒体中看看他们自己的指纹。视频项目本身需要通过发挥创造力的合作、团队精神和艺术活动，以形成新的思考旧习惯的思想和方式。

2004年，他开始了一个远程学习计划，以获得纽约市新社会研究学院（the New School for Social Research）的媒介研究硕士学位。在他硕士生学习期间，他发现媒介研究传统中将媒介和可持续发展联系起来的学者很少（直到他2008年攻读博士课程，他才发现环境传播领域）。在2005年，他硕士项目第一年之后，他搬到纽约市，开始为来自各种背景的城市年轻人教授媒介素养和草根视频制作，包括加勒比黑人移民（Afro-Caribbean immigrants）、来自纽约市最北端的一个区布朗克斯（Bronx）区的非裔美国人团伙成员，以及生活在寄养家庭的青年。

值得一提的是，在这个阶段，他也加入了一个名叫达摩·庞克斯（Dharma Punx）的佛教社区（a community of Buddhist punks）。通过这个体验，"觉知"（mindfulness）实践成为他学习和教学的一个不可估量的维度。此外，参加了一个佛教从业者（也叫做僧人）的社区，加强了惠特利（Wheatly）的观念："一个生活的主要教训就是没有什么活着的事物是孤立地生活。生命总是也只是按照相互依赖的系统来组织起来。"① 在一个僧人身上，人们能够了解到精神的实践在日常生活中不可能孤立地发生，觉知既是一个个人又是一个社会的活动，需要一种将所有的关系视为相互依赖的系统的世界观。像苏族的成语所说的"所有的事物都是彼此相关的"（mitakuye oyasin）那样，佛教的观点非常接近于他在本地美国人社区工作时的体验。

同时，当他试图鼓励环保主义者和教育工作者把媒体教育纳入他们的工作时遇到了很大的敌意。他从个人经验中了解到，大多数媒体素养和环境教育者相互同意，他们各自的学科之间几乎没有什么联系。尽管环境教育工作者利用媒体与世界交流，但很少有迹象表明媒体被视为环境教育学的一个组成部分。因此，作为一个从业者想要把这些不同的观点合并起来，他意识到他必须设计一种新的能将这些不同的探究领域桥接起来的方法。在这种探究的过程中，洛佩斯发表了一系列针对他的社区媒介素养教育者的文章。②

这个社区由不同的有着不同方法的从业者组成，但是通常都与可持续发展问题相脱节。通过发表这些文章，一些编辑对这些观点显示出开放态度，然而，他遇到的关于媒介教育如何和为什么需要被绿化的对话很少。例如，在2011年，他在伦敦的媒介教育高峰论坛上就媒介教育和可持续发展问题做了展示报告。

当时，只有四个人参加了他的展示报告，但是在邻室一个关于脸书（Facebook）的展示报告却吸引了一百多个听众。参加他展示报告的几个人评论说，他们从没想过媒介会与环境问题有联系。他猜测，这种意识的缺乏部分地解释了为什么很少有人对他的报告感兴趣。也可能是因为脸书网是一个时髦话题，所以吸引了更多的听众。同样的，如上所述，他2012年在布鲁塞尔的媒介与学习的会议上遭遇类似的经历，也是出于同样原因。

---

① Wheatley, M. J. (2007), *Finding our way: Leadership for an uncertain time.* San Francisco, CA: Berrett-Koehler Publishers. 102.
② López, A. (2012), *The media ecosystem: What ecology can teach us about responsible media practice.* Berkeley, Calif.: North Atlantic Books.

同时，作为一名本科大学的媒介教授，他一直努力把一种绿色的观点融入他的工作中。自从2008年以来，他一直在与大学生忙于日常教学标准的媒介研究课程，如《媒介、文化与社会》《数字媒介文化》《先进媒介理论》《媒介与性别》《跨文化传播与媒介伦理》。当他与他的学生一起观察的时候，越来越清楚：在线媒介与个人媒介设备是日常生活中无处不在的一部分，然而他们仍在全球生态环境中浑浑噩噩着。就2011年他与布莱维特（John Blewitt）的实习科目而言，他在他的数字媒介文化课中首次提出原型（prototyped）的生态媒介素养课程。这个证实了他的怀疑：学生起初不会在媒介使用和可持续发展之间建立联系，但是一旦他们注意到这个科目，他们就会意识到，并且对这个联系产生兴趣。在这门课中，学生使用一个将个人媒介使用与全球生态环境联系起来的系统框架检视了他们个人的媒介设备。

很明显，设备使用和社会网络越来越比传统课堂中所实际学习到的内容更与学生的生活相关。[①] 正式教育和我们逐步媒介化的生活经验之间的脱节，已经导致许多专家在质疑标准的教育方法[②]、媒介研究和传统的媒介素养实践[③]。特别是，几个叛逆的教育者，他们也在DIY/DIW[④]社区（DIY/DIW punk communities）有一个背景，已经开始颠覆和质疑标准的教育实践，将这些标准的教育实践称为"教育渣滓"[⑤]。

洛佩斯对教育渣滓感到一种亲切感，从他们的实验努力中获得灵感，推动将教育媒介变成为一种DIY／DIW媒介。许多的替代性教育实

[①] Gutiérrez-Martín, A., & Tyner, K. (2012), *Educación para los medios, alfabetización mediática y competencia digital. Revista Comunicar*, XIX (38), 31–39.

[②] RSA (2010 Oct 14), *RSA animate-changing education paradigms.* Retrieved from https://www.youtube.com/watch?v=zDZFcDGpI4U.

[③] Bennett, P., Kendall, A., & McDougall, J. (2011), *After the media: Culture and identity in the 21st century.* New York: Routledge.

[④] DIY / DIW, means Do It Yourself/Designing Information for the Web.

[⑤] Kamenetz, A. (2010), *DIY U: Edupunks, edupreneurs, and the coming transformation of higher education.* White River Junction, Vt.: Chelsea Green Pub.

践融入了参与式媒介工具,从受到日常数字媒介使用鼓励的终身和非正式学习的自我组织和去学校化的特点中获取灵感。然而,尽管他被在网上出现的许多新媒介教育实践感动和鼓舞,他也担心教育潜力和缺乏关于与可持续发展有关系的话语之间的脱节。尽管存在着大量的围绕着将新的媒介实践带入传统教育环境的讨论和创新,这些建议和努力一般地缺乏一个绿色的观点。

所有这些经验使他得出结论:能够和应当将媒介素养和可持续发展教育融合成一个教学框架。此外,这些经验也导致了几个偏见,影响了他的研究。首先,相信体验教育(experiential education),赞成非正式教育环境。其次,他觉得教育应当围绕着包括同伴和终身学习的实践社区进行。第三,他不相信教育制度,总是从官方教育实践之外寻找灵感。第四,他明白,跨学科教育是必不可少的。此外,他也相信教育的作用与"文化工作"有关,这意思是说,无论他们意识到与否,他们的方法和意图都会提出和鼓励某些参与世界的方式。他接受这个立场,是基于本杰明(Walter Benjamin)的作为生产者的作者概念①。这个论点认为,作为专业作家的文化生产者应当意识到他们是否使他们自己的作品成为一个更大的批评和政治行动的一部分。

在本杰明的时代,文化工作主要被视为一种政治进步活动,这区别于文化工业所参与的那种为赚取利润而做的生产。类似地,葛兰西(Antonio Gramsci)发展了"有机知识分子"(the organic intellectual)的思想。② 这种思想认为,统治阶级生产着再生产他们的阶级利益的本国知识分子。他说,工人阶级的知识分子能够推进工人权利和革命的事业。结合本杰明和葛兰西的见解,洛佩斯相信自己是一个扎根于媒介素养和可持续发展教育两者的文化工作者和有机知识分子。

---

① Benjamin, W. (1970, July-August), *Author as producer. New Left Review*, 1 (62).
② Gramsci, A., Hoare, Q., & Smith, G. N. (2005), *Selections from the prison notebooks of Antonio Gramsci*. New York: International Publishers.

第三节　媒体素养与可持续发展

　　1993年阿斯彭研究所提出一个广泛使用的媒介素养定义,"战略上获取使用、分析、评价和生产各种形式的传播的能力"。① 以此定义为基础,媒介素养方法分为功能主义的媒介素养和批判性的媒介素养两种方法。② 功能主义的媒介素养教授实践技能,教人如何阅读媒体信息,并常常与信息素养相联系。它通常对政治不感兴趣,不促进任何特定的行动。另一方面,批判性媒介素养认为,媒介在定义社会内部的权力关系方面发挥着重要作用。这种方法通常与行动有关。当分析媒介信息的时候并不处于中立立场。尽管他同情批判性素养,但是它常常被滥用到促进一个保护主义的议程的目的上。保护主义认为,媒介受众都是毫无权力的或者都是受害者。保护主义者试图给学生免疫接种,让他们免受媒介公司或广告商造成的潜在伤害。大多数媒介素养方法的主要方法就是解构。解构方法包括教学生如何分析媒介信息,诸如广告信息。

　　各种从业者使用媒体素养来解决种族歧视、性别认同、肥胖和预防吸烟等社会问题。许多媒体素养从业者也受到媒体研究的影响。媒介研究历史性地定义了与媒介的社会影响有关的问题的参数。除了环境传播领域之外,生态危机一般不与媒介研究、文化研究和扩展的媒介教育所研究的其他社会正义问题有联系。例如,在洛佩斯对几十本本科生的媒介教科书、媒介教育文本和媒介研究指南的调查研究中,没有发现在他们的索引文献中有生态学或环境等字眼的。

　　毫不奇怪,在媒介研究的历史中很好地反映了生物科学和社会科学

---

① Aufderheide, P. (1993), *Media literacy. A report of the national leadership conference on media literacy.* Washington, DC: Aspen Institute, Communications and Society Program. Retrieved from http://www.eric.ed.gov/ERICWebPortal/detail? accno = ED365294.
② Gutiérrez-Martín, A., & Tyner, K. (2012), *Educación para los medios, alfabetización mediática y competencia digital. Revista Comunicar*, XIX (38), 31–39.

之间的历史鸿沟。正如杰克滕博格（Jagtenberg）和麦凯（McKie）所说的：在他们平等主义模式下的传播与文化研究是和科学的乌托邦的和幻想的诉求相平行的。双方都参与了一个共同的西方的20世纪的知识之旅，现在仍然围绕着相似的角落：（1）语言学的转向，这种转向似乎一切都与语言有关；（2）女性主义席卷、改造着内容、方法和范式；（3）自我反思性弯曲（self-reflexive curve），在这种弯曲中每个人都不得不展示自己的实践意识；（4）后现代弯曲（postmodern bend），在后现代弯曲中，必须把一切事物相对化和去中心化。旅行在这些路径中，传播和文化研究已经比科学做了更多的工作，但是两者都需要忠实于它们各自项目的解放根源，与环境和它的生态要求达成协议，并将其作为社会空间的第四维度。① 这不是要提出一个理由反对另外一个理由，而是要像生态女性主义者（ecofeminists）所做的那样②，认识到诸如社会正义、种族主义、性别歧视和环境保护这样的问题是相互关联的。然而，已经出现一个积极的转变。媒介学者开始优先考虑环境取向的媒介研究和倡议，譬如，国际环境传播协会、生态环境文化网络、可持续传播研究所和国家传播协会内部的分会、国际传播协会和西部各州传播协会等的成立就是个证明。此外，洛佩斯已经观察到，诸如2012年美国北部大西洋海岸的"桑迪"飓风和不断攀升的气候破坏数据等事件，正在开始改变着他的同事间关于环境问题的感知观念。现在的问题是：这种趋势会延伸到媒介素养教育实践中去吗？

虽然媒介素养缺乏与生态学的普遍联系，但在精神上，媒体教育的许多目标和愿望与可持续发展的目标是一致的。就像布莱维特（Blewitt）2009年提出的，媒介素养和环境教育有着参与、行动和批判性参与的共同目的。那么，为什么要把这些学科分开？一个重要的障碍就是与对媒介教育和环境教育的目的的感知有关。例如，

---

① Jagtenberg, T., & McKie, D. (1997), *Eco-impacts and the greening of postmodernity*: *New maps for communication studies, cultural studies, and sociology*. Thousand Oaks, Calif.: SAGE. 20.

② Merchant, C. (2008), *Key concepts in social theory*: *Ecology*. Amherst, New York: Humanity Books.

有些人认为,环境教育主要是"自然"为基础的,它发生在技术环境之外①。但是卡恩(Kahn)认为,传统的环境教育方法最终变得缺乏"理论批判和政治分析上的严格训练,选择专注于促进户外教育经验,而这些经验又往往提出过时的、基本的和二元的关于自然和荒野的观点"。②

结果,环境教育被视为远离文明的事情,如室外或园艺项目。可持续发展常常被作为技术的对立面,所以被视为技术主义取向的诸如那些与媒介或计算机有关的学科可能被视为固有的反环境倾向的学科。③ 诚然,很难(但是不是没有可能)在没有技术参与的情况下研究媒介。然而,对技术的生态批判应当是媒介教育者的一个中心的工作,不应当只是所谓的新勒德分子(Neo-Luddites)的领土。虽然经验的自然的举措仍然是可持续发展教育的一个重要方面,但是同样重要的是,我们要对我们每天参与的媒介这一主要环境要有生态学上的素养。因此,卡恩主张替代性环境教育方法试图"更强劲地将各种形式的环境素养联系到各种社会的和文化的素养的需要上"④。

媒介素养可以突出我们日常如何遭遇媒介和生物系统之间的相互关系。当我们使用任何类型的媒体小工具,如"智能"手机、平板电脑或台式电脑的时候,该机器的生命周期与全球经济对环境的影响是紧密相连的。我们的设备通过他们的制造和处理留下了一个生态的脚印,而我们的小设备获取使用和存储在"云"中的所有数据也在物理上影响着环

---

① Traina, F. (1995), *The challenge of bioregional education*. In F. Traina, & S. Darley-Hill (Eds.), *Perspectives in bioregional education* (pp. 19 – 26). Troy: North American Association for Environmental Education.

② Kahn, R. (2011), *Technoliteracy at the sustainability crossroads: Posing ecopedagogical problems for digital literacy frameworks*. In P. Trifonas (Ed.), *Learning the virtual life: Public pedagogy in digital world* (pp. 43 – 62). New York: Routledge. 6.

③ Bowers, C. A. (2000), *Let them eat data: How computers affect education, cultural diversity, and the prospects of ecological sustainability*. Athens, Ga.: University of Georgia Press.

④ Kahn, R. (2011), *Technoliteracy at the sustainability crossroads: Posing ecopedagogical problems for digital literacy frameworks*. In P. Trifonas (Ed.), *Learning the virtual life: Public pedagogy in digital world* (pp. 43 – 62). New York: Routledge. 11.

第三章 生态媒体素养与绿色文化公民素养

境。与媒介有关的主要环境问题包括电子垃圾、污染、生物多样性栖息地的损失、损害的健康和过多的二氧化碳排放①。

随后有媒介的"脑印"(mindprint),脑印是传播影响我们如何定义和作用于生物系统的方式。② 媒介如何塑造和定义我们世界经验的方面包括:(1)宣传一种无限增长的意识形态;(2)加强自然与人类相分离的观点;(3)边缘化替代性生态观点;(4)支持围绕着环境问题的工业话语。③ 例如,当谈到关于环境的特定信仰的时候,数据显示,在环境感知和媒介曝光之间有个重要的关系。

在一个关于美国消费和广告之间的相关性研究中,布鲁尔(Brulle)和杨(Young)2007年强调指出,2005年美国花费在广告上的人均花费是971美元,在1900年和2000年这段时间,在广告花费和增加的消费之间有直接的相关。根据国家环境教育和培训基金会的对美国环境素养的研究,截止到2001年,有63%的人从电视上了解环境。④ 随后,汉森(Hansen)证明,尽管不应当忽视正式教育在让我们熟悉环境方面的公共话语和形象词汇,但是我们所了解和知道的关于"环境"的许多或者大多数被广泛定义的知识都是从媒介中了解到的。⑤ 事实上,这不仅适用于我们的关于环境的那些方面的信仰和知识,环境的这些方面被认为是公共和政治关切的问题或议题,而且更深入地延伸到我们作为个体、公民、文化和社会价值观感受和珍重自然与自然世界环境的方式。不仅我们的主流媒介模式与广告制度、消费和无限增长的意识形态共同进化,而且全球大众媒介的崛起也明显地与我们生物圈的日益破坏平行发展。

---

① Alakeson, V. (2003), *Making the net work: Sustainable development in a digital society*. Middlesex, England: Xeris Pub.
② Corbett, J. B. (2006), *Communicating nature: How we create and understand environmental messages*. Washington, DC: Island Press.
③ Beder, S. (1998), *Global spin: The corporate assault on environmentalism*. White River Junction: Chelsea Green Pub.
④ Coyle, K. (2005), *Environmental literacy in America*. Washington, DC: National Environmental Education & Training Foundation.
⑤ Hansen, A. (2009), *Environment, media and communication*. New York: Routledge. 3.

另一个媒介"脑印"的维度是媒介如何影响我们对地方、空间和时间感知的现象学经验。这一探究领域传统上一直是媒介生态学领域的焦点。媒介生态学将媒介主要视为技术环境。① 媒介生态学的从业者常常使用生态学这个术语。根据一个技术定义，生态学代表的是许多系统组成的一个系统，这与将生态学常规理解为一个生物社区系统的意思正好相反。尽管媒介生态学并不明确与生物系统相关，但是位于媒介生态学传统核心的许多知名学者埃卢尔、麦克卢汉、芒福德和波斯曼等人②都对现代媒介技术持批判态度，渴望向技术不太复杂的时代回归。他们认为，技术和媒介改变了我们的认知环境：他们塑造的不是我们所想的，而是我们的思维方式。最简单的例子是芒福德1967年关于机械钟的出现如何改变了我们对时间感知的讨论。最突出的例子就是文字和印刷媒体已经重新配置我们支持抽象思维胜过具体经验的心智模式的思想。③ 艾布拉姆（Abram）1996年将媒介生态学与现象学的见解结合起来，断言拼音识字素养已经影响了西方文化如何与自然世界相联系。也有学者在试图了解移动小工具技术对我们认知和经验世界的影响，④ 这进一步使得我们如何定义媒介和空间、地方和时间之间的关系更加复杂化了。

正如诺顿（Naughton）所阐明的那样，理解到媒介不只是内容，而且是一个环境，对于从科学角度追溯隐喻的根源是有用的。⑤ 通常对媒介的解释是，媒介是某种事物的载体。但是，在科学上，这个词有着一个更加有趣的内涵。例如，对于一个生物学家来说，一个媒介就是细胞

---

① Lum, C. M. K. (2006), *Notes toward an intellectual history of media ecology*. In C. M. K. Lum (Ed.), *Perspectives on culture, technology and communication: The media ecology* (pp. 421). Cresskill, NJ: Hampton Press.

② Ellul, J. (1964), *The technological society*. New York: Knopf. McLuhan, M. (2002b), *Understanding media: The extensions of man*. Cambridge, Mass.: MIT Press. Mumford, L. (1967), *The myth of the machine: Technics and human development*. New York: Harcourt Brace Jovanovich. Postman, N. (1993), *Technopoly: The surrender of culture to technology*. New York: Vintage Books.

③ McLuhan, M. (2002a), *The Gutenberg galaxy: The making of typographic man*. Toronto: University of Toronto Press.

④ Moores, S. (2012)., *Media, place and mobility*. New York: Palgrave Macmillan.

⑤ Naughton, J. J. (2012), *From Gutenberg to Zuckerberg: What you really need to know about the internet*. London: Quercus. 1–2.

生长所需的营养物质的混合物（即培养基）。这对于我们的目的而言，是一个非常有趣的解释。在生物学中，媒介（培养基）被用来培养组织文化——生物有机体。洛佩斯想，最著名的例子是弗莱明（Alexander Fleming）的培养器皿中的霉菌生长，最终导致了青霉素的发现。他想做的是将这个观点应用到人类社会中：把人类社会看成是一个有机体。这个有机体依赖于一个媒介环境来获取维持其生存和发展所需的营养物质。这个环境中的任何变化，即支持社会和文化生活的媒介环境的任何变化，都将会对这个有机体有着相应的影响。有的将会枯萎，有的可能继续生长，新的突变的有机体可能会出现。这个类比的关键点很简单：改变媒介，你就会改变有机体。

这种环境的视角，即将媒介视为一个技术或意识形态的环境的视角，对理解媒介在社会中作用的复杂性越来越重要。而且，就像他过去所认为的[1]，日常的消费和媒介小工具的使用发生于一个行星状的媒介生态系统中：对我们地球的所有生态都有嵌入式的技术媒介化的作用。这个媒介生态系统包括物理的、社会文化的和认知的生态系统，诸如小工具的生命周期和给系统（物理生态系统）提供能源的能源、公民和符号的王国（社会文化生态系统）和关于时间、空间和地方的现象学经验（认知生态系统）。这里基本的观察是，媒介是一个文化成长的环境。

第四节 从媒体素养到生态媒体素养

在众多的媒介素养网站发现了一个课堂活动"美国的字母"，该课堂活动包括将两张图形并置在一个演示文稿中（见图[2]）。第一张幻灯片是从一个本地生态系统里拍摄的一组植物的照片。第二张幻灯片是一个

---

[1] López, A. (2012). *The media ecosystem: What ecology can teach us about responsible media practice*. Berkeley, Calif.: North Atlantic Books.

[2] 此图来源于 Antonio R. López, *Greening the Media Literacy Ecosystem: Situating Media Literacy for Green Cultural Citizenship*, Submitted in partial fulfillment of the requirements for the degree of DOCTOR OF PHILOSOPHY, From Prescott College, In Sustainability Education, May 2013.

"赎金条"式从常见的拼写有英文字母的产品标识中剪下的字母拼贴。要求学生识别出第一张幻灯片中的植物名称，然后根据与第二张幻灯片中剪下的字母的联系确定它们品牌的名称。当洛佩斯做这个练习的时候，学生们通常不知道他们本地的生态系统中常见植物的名称，然而，他们没有问题地识别出拼贴中的品牌。他认为，大多数做这项练习的老师都会得到类似的结果。

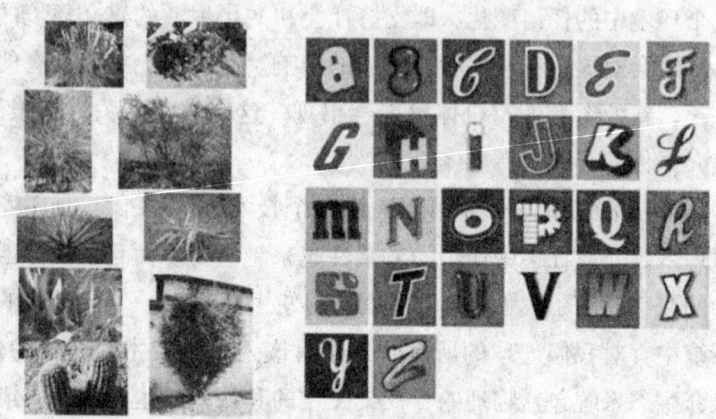

先给学生显示一张左侧图像的幻灯片，要求他们识别出他们当地生态区域的植物（如这里的图片）。然后给他们显示另一张右侧图像的幻灯片，要求他们从剪下的字母中确定品牌的名称。这项活动的目的就是发现他们更熟悉什么样的"环境"。植物照片由洛佩斯提供，品牌字母拼贴由麦克拉（Carrie McLaren）提供。

根据演示文稿的背景和主持人的目标，后续讨论将围绕着环境和媒介如何框架式定位而进行。例如，在一个传统的媒介素养环境中，将来自一个本地的生态系统的图像和来自媒介的社会建构王国的图像并置起来，能够传递一种意义说，两者都是一种环境，但是它们彼此是相互脱节的。如果练习的重点不是讨论生态意识，而只是证明生态意识的缺乏，并将"自然世界"作为一种"负面的空间"来突出我们所知的关于媒介的东西，那么就可能加强这种脱节。这种活动也可能导致人们的这种推测：媒介主要是一种由公司品牌组成的符号环境。这个讨论将与生态媒介素养的观点不同。生态媒介素养将绿色的文化公民身份作为自己

第三章 生态媒体素养与绿色文化公民素养

主要的框架工作。根据韦伯斯特（Merriam Webster），公民身份被定义为"个人回应社区成员资格的质量"。关于媒介，文化公民身份扩大这个概念，鼓励积极地参与公共领域。相比之下，经济公民身份的主要特征是被动的消费主义和市场原教旨主义。在可持续发展的背景下，文化公民可以被生态伦理取向所绿化。正如麦克斯韦（Maxwell）和米勒（Miller）所强调指出的：以无限的媒体增长为前提的经济公民很可能减少平等的和可持续的生产、消费和参与，因为它忽略了媒介技术与应用对气候变化的影响……绿色公民可以展望未来数世纪，拒绝牺牲子孙后代的健康和价值，因为它反对由目前资本主义发展所产生的基本风险。这使得必须对媒介保持一种生态伦理的取向。[1]

绿色文化公民含蓄地呼吁改善公共话语。传统的媒介素养方法，强调将分析媒介文本作为促进批判性媒介素养和更见多识广的公民的方式，对改善公共话语是有帮助的。但是，说明媒介小工具对生物系统的生理影响和检视媒介如何影响我们对地点、空间和时间感知方式的技术素养，对文本分析也是必要的补充。此外，生态伦理取向需要生态中心主义，人们要认识到"人类生活在一个不是只有人类的世界，人类只是这个世界中的一部分"[2]。相比之下，经济公民身份是人类中心主义，或者以人类为中心。一个绿色文化公民是生态中心主义的，他通过具体化的可持续的行为和文化实践来塑造和促进生态价值观。绿色文化公民的概念与托马斯豪（Thomashow）的生态公民[3]的整体观念是一致的，或者后者加强了前者的意义。

生态意识的公民承担他或她生活地的责任，理解对于公共事务进行集体决策的重要性，努力促进共同利益，是以生态地区和生态系统的视角而不是过时的国家、州或跨国公司的观念来识别身份，考虑他或她行为的广泛影响，致力于相互协作社区建设，观察在有争议的问题上的权

---

[1] Maxwell, R., & Miller, T. (2009), *Talking rubbish: Green citizenship, media and the environment*. In J. Lewis, & T. Boyce (Eds.), *Climate change and the media* (pp. 19–20).

[2] Curry, P. (2006), *Ecological ethics: An introduction*. Malden, MA: Polity Press. 46.

[3] Thomashow, M. (1995), *Ecological identity: Becoming a reflective environmentalist*. Cambridge, Mass.: MIT Press. 139.

力转移,关注政治话语中人际关系的质量,根据自己的信仰采取行动。有生态责任的公民能认识到,他或她生活在自然中,与他人有着共同的利益和联系。如果不是有公共领域,人们会在哪里实践这种生活的方式?

绿色文化公民促进可持续文化实践。克劳德(Cloud)2010年断言:"如果一个实践或一套实践损害了它赖以存在的整个系统的健康,那么它就是不可持续的,因此,随着时间的推移,它就不能继续下去。"[①] 相比之下,"可持续发展的做法通过为系统创造无限的有利条件而提高了它赖以生存的系统的健康状况"[②]。重要的是,这意味着把我们的主要心智模式从19世纪的机制改变为21世纪生态学的模式。根据卡普拉(Capra)[③] 的观点,19世纪的感知的主要特点包括:宇宙是一个由基本的积木组成的机械系统的观点,人体是一架机器的观点,社会生活是为了生存的激烈斗争的观点,通过经济和技术发展取得无限的物质进步的信仰,最后但同样重要的是,女性无处不属于男性的社会是遵循大自然的一些基本规律的社会信仰。

相比之下,卡普拉认为,我们处于一个基于生态意识的范式转变中。该生态意识"承认所有现象和个人与社会嵌入大自然周期性过程中的根本相互依赖性"[④]。在洛佩斯看来,不同于传统的聚焦于研究独立于生物系统的文本、符号和信息的媒介素养方法,为了鼓励绿色文化公民认同,生态媒介素养应当支持学习者:(1)重新将媒介与媒介对生物系统的生理影响的意识联系起来;(2)认识媒介对时间、空间、场所和认

---

① Cloud, J. P. (2010), *Educating for a sustainable future.* In H. H. Jacobs (Ed.), *Curriculum 21: Essential education for a changing world* (p. 168). Alexandria, Va: Association for Supervision and Curriculum Development.

② Cloud, J. P. (2010), *Educating for a sustainable future.* In H. H. Jacobs (Ed.), *Curriculum 21: Essential education for a changing world* (p. 168). Alexandria, Va: Association for Supervision and Curriculum Development.

③ Capra, F. (2008), *Systems theory and the new paradigm.* In C. Merchant (Ed.), *Ecology* (p. 366). Amherst, New York: Humanity Books.

④ Capra, F. (2008), *Systems theory and the new paradigm.* In C. Merchant (Ed.), *Ecology* (p. 366). Amherst, New York: Humanity Books.

知的现象学影响；(3) 了解媒体与全球经济的相互依存关系，以及当前的全球化模式如何影响生物系统；(4) 分析媒体如何形成促进环境意识形态的象征性的联想和话语；(5) 意识到媒介如何通过鼓励促进可持续发展的媒介新用途而影响我们参与可持续文化实践的能力。最后，生态媒介素养的目的就是为了提高我们觉知日常媒介实践如何影响我们在地球目前和未来的生态参数之内可持续生活的能力。这样做时，就促进了人们的这种理解：媒介整体上是一个嵌套在生物系统之内的社会技术生态系统。

对环境有害的技术和剥削的思想意识结合成为一个人类中心主义的生产和消费系统。从这个角度来看，媒介是教育性的：它们教我们如何在世界中生活和采取行动。这样的观点对应的是奥尔（Orr）1994 年的命题：所有的教育都是环境的教育，无论它们是人类中心主义的还是生态中心主义的教育。① 人类中心主义的世界观成为理所当然的世界观，北美的教育政策按照这样的世界观制定，这种世界观也成为构想媒介素养教育的背景。因此，绿色媒介素养必须从理解我们全球的媒介生态系统嵌套于地球的生物系统而开始。媒介的生态系统嵌套于地球的生命支持系统中，这样的一个观点需要一个含蓄的关怀伦理，就是承认所有的媒介都直接地影响着地球上的人类和非人类的生物系统。正是从这个角度，洛佩斯切入媒介素养教育。

第五节 机能论与生态智慧

生态学与文化学科的分离正好巧合了机能论作为一种主流的世界模式的出现。简单地说，机能论是一种与制造过程相关的还原论的自然模式②。将宇宙视为由原子组成的一起工作的一部伟大机器。机能论出现于工业和科技革命期间，带有一种笛卡尔主观性的特点。这种笛卡尔的

---

① Orr, D. W. (1994). *Earth in mind: On education, environment, and the human prospect.* Washington, DC: Island Press.

② Leiss, W. (1972). *The domination of nature.* Boston: Beacon Press.

主观性通过对象化和实证主义的科学方法促进了对自然世界的支配。根据莫产特（Merchant），在欧洲文化中从有机体范式向机械范式的转变代表了世界观上的一个重大转变："在有机世界中，秩序意味着每一部分在大整体中的作用是由它的性质决定的，而权力则是通过社会或世界的等级从上层向下扩散的。在机械世界中，秩序被重新定义，意味着在一个合理确定的法律体系内每一部分的行为都是可预测的，而权力派生于一个世俗世界中积极和直接的干预。秩序和权力一起构成了控制。合理地控制自然、社会和自己，是通过新的机器隐喻重新定义现实本身而实现的。"[1]

因此，工业—科技社会模仿机器而构建了自己，埃卢尔称之为技术[2]，芒福德称之为巨型机器[3]。作为一种秩序原则，机能论渗透到社会的各个方面，从经济到媒介系统到教育，许多人认为机能论是我们生态危机的根源[4]。

机能论影响了人们的认知模式，把头脑作为基于一个机器隐喻的符号再现的仓库：再现从人到人在空间中移动，结果个人建构了一个独立于生物系统的自主身份。这个头脑的机器模式导致了贝特森所谓的"不良思想生态"[5]。在不良思想生态中，科学技术进步被视为历史的一个线性路径的一部分：如果我们继续以笛卡尔精神与物质二元论的方式进行运作，我们也可能继续以神与人、精英与人民、被选的种族与其他种族以及人与环境的二元论来看世界。一个既拥有先进的技术又拥有这种奇怪的看世界方式的物种是否能忍受这个是值得怀疑的。[6]

---

[1] Merchant, C. (1989), *The death of nature: Women, ecology, and the scientific revolution*. New York, NY: HarperOne. 192 – 193.

[2] Ellul, J. (1964), *The technological society*. New York: Knopf.

[3] Mumford, L. (1967), *The myth of the machine: Technics and human development*. New York: Harcourt Brace Jovanovich.

[4] Bateson, G. (2000), *Steps to an ecology of mind*. Chicago: University of Chicago Press; Berry, W. (2005), *Solving for pattern*. In M. K. Stone, & Z. Barlow (Eds.), *Ecological literacy: Educating our children for a sustainable world* (1st ed., pp. 241 – 249). San Francisco: Sierra Club Books.

[5] Bateson, G. (2000), *Steps to an ecology of mind*. Chicago: University of Chicago Press. 337.

[6] Bateson, G. (2000), *Steps to an ecology of mind*. Chicago: University of Chicago Press. 337.

第三章 生态媒体素养与绿色文化公民素养

机能论在媒介素养教育中的盛行与吉登斯（Giddens）关于结构二元性的观念有关：即机构和递归式地构成机构的人民相互加强。① 詹森（Jensen）指出，"社会主体和社会系统必须被看作是不断再生的，在某种程度上，他们彼此改造对方，彼此互动，这不是作为抽象的原则，而是在具体的实践和语境中……"②，对于媒介教育者而言，这导致了一个双重的诠释，即我们同时创造了我们所研究的事物的观念。

在贝特森讨论不良思想的生态学的背景下，以笛卡尔二元论范式工作的媒介教育者发展了一种与环境相对称的关系。贝特森使用了"酒鬼的骄傲"的例子，"酒鬼的骄傲"呈现的是一个"我对抗世界"的态度。酒鬼继续喝酒是为了证明这个世界是错误的。当他或她屈服于外力的时候，就像无名酒鬼的十二步计划一样，这个关系从个人与外部世界平行的关系变为个人与外部世界互补的关系。以同样的方式，媒介教育者仍然陷入"不良思想"的系统中。这个根本的不良思想假定，交流是一个自主的个体在彼此之间传输思想信息，并且，这样的交流脱离于构成我们的文化类型和嵌套于生物系统之内的思维系统。

另外一个认知框架是生态智慧（ecological intelligence）。生态智慧基于贝特森的理解：一个人不只是一个自主的自我，而是一个相互关联的思维系统的一部分③。鲍威尔认为，生态智慧"是能够认识到自己的文化类型如何是一个更大的被他人重演的文化类型的领域的一部分，这个文化类型也已经被传承了好几代人"。④ 但是，生态智慧远非客观，它也有一个道德的维度。看到系统如何相互作用和相互关联是一回事，但关心那些关系如何存在和为什么存在是另一回事。因此，生态智慧"本质上是关系性的或者连接性的思维，而且还不止这些：它是伦理的、价值

---

① Giddens, A. (1984), *The constitution of society: Outline of the theory of structuration.* Berkeley: University of California Press.

② Jensen, K. B. (2002a), *Introduction.* In K. B. Jensen (Ed.), *A handbook of media and communications research: Qualitative and quantitative methodologies* (pp. 1 - 11). London: Routledge. 1.

③ Bateson, G. (2000), *Steps to an ecology of mind.* Chicago: University of Chicago Press. 309 - 337.

④ Bowers, C. A. (2009), *The language of ecological intelligence. Language & Ecology*, 3 (1), 19. Retrieved from http://www.ecoling.net/bowers4.pdf.

性的，表达了我们的人性"①。事实上，生态智慧包含了许多不仅仅是智力的"智能"。拉贝（Lappé）的"生态头脑"（ecomind）模式，包括了合作、移情、公平、效能、意义、想象、创造和可塑的能力。②

  生态智慧类似于系统思维。因为它是基于从小到大的尺度看待类型和关系，理解它们之间的相互关系。沃歇尔（Warshall）确认了七个学派的系统思维，包括土著美国人的道德实践系统和现代科学家提出的系统动力学。它们的共同点是三个 CS 即组件、连接和配置（components, connections and configurations）之间的相互关系。③正如米多斯所指出的那样，系统理论的目的就是为了看明白结构与行为之间的关系。特别是，系统思维能够帮助人们理解心智模式如何建构文化实践和影响环境的制度创新。④绘制这些关系意味着看到一个系统的组件和配置如何连接：系统动力学明确了关于世界性质的深刻的、社会共享的思想的总体力量。"系统动力学明确了深刻的和社会共享的关于世界性质的思想的整体力量。在这些思想中，产生了我们的系统——政府系统、经济系统、技术系统、家庭系统、环境系统。"⑤

  系统思维的可视化模型是冰山图（见下图）。⑥这幅图展示了指导我们在世界上行动的不同层次的思想。系统思维的目的是了解我们的心智模式如何影响其他的思维模式。根据这个模型，不可持续行为的一个主要原因是我们在事件和模式的层面上作用于世界，引起社会结构的心智模式影响着我们的行为。与此相对应的是，世界的机械模式已经导致目

---

① Sterling, S. (2009), *Ecological intelligence: Viewing the world relationally*. In A. Stibbe (Ed.), *The handbook of sustainability literacy: Skills for a changing world* (pp. 220). Totnes, UK: Green Books. 78.
② Lappé, F. M. (2011), *EcoMind: Changing the way we think, to create the world we want*. New York: Nation Books.
③ Warshall, P. (2012), In Warshall P., Ausubel K., Mangan A. & Spangenburg N. (Eds.), *Dreaming planet earth: Introduction*. Santa Fe, New Mexico: Bioneers/Collective Heritage Institute. Retrieved from http://www.dreamingnewmexico.org/about-dnm/methods.
④ Meadows, D. H. (2009), *Thinking in systems: A primer*. London: Earthscan.
⑤ Meadows, D. H. (1991), *The global citizen*. Washington, DC: Island Press. 2.
⑥ 原始图片来源：HTTP: //johngerber.world.edu/ 2012 /07 /18/rootcaus/ iceberg2 /. 本图片乃由本人在原图基础上译制而成。

前的现状,因为它已经产生了一个全球性的经济体。在这个全球性经济体中,机械模式的行为脱节于对自然系统的长期影响。可持续发展教育工作者认为,为了解决全球生态危机,我们需要改变我们的心智模式,从机能论转变到与系统思维和生态智慧有关的思想上①。

The Iceberg
A Tool for Guiding Systemic Thinking
冰山:一个指导系统思维的工具

事件:究竟发生了什么?	Events What just happened?	React 反应
模式与趋向:现在正在发生什么事?我们以前到过这里或类似的地方吗?	Patterns/Trends What's been happening? Have we been here or someplace similar before?	Anticipate 参与
系统结构:有助于形成这些模式的力量都是什么?	Systemic Structures What are the forces at play contributing to these patterns?	Design 设计
心智模式:我们的思维如何允许这些状况继续存在?	Mental Models How does our thinking allow this situation to persist?	Transform 改造

机能论和系统思维之间的区别也可以与尼斯比特(Nisbett)对亚洲思想和西方思想的差异的讨论相联系起来。②尼斯比特进行了心理实验。在心理实验中,美国和日本学生看着水下场景的动画,但是每一个人都看到了不同的东西。美国学生聚焦于诸如鱼那样的对象,而日本学生则注意背景环境。尼斯比特断言,这个实验证明了西方人和亚洲人之间如何图式化世界的一个主要差别(见下图③)。西方人将世界嵌套于他们的

---

① Berry, W. (2005), *Solving for pattern*. In M. K. Stone, & Z. Barlow (Eds.), *Ecological literacy: Educating our children for a sustainable world* (1st ed., pp. 241-249). San Francisco: Sierra Club Books.

② Nisbett, R. E. (2004), *The geography of thought: How Asians and Westerners think differently and why*. New York: Free Press.

③ 现图是本人在尼斯比特原图的基础上仿制而成。原图见于 Nisbett, R. E. (2004), *The geography of thought: How Asians and Westerners think differently and why*. New York: Free Press. 以及 Antonio R. López, *Greening the Media Literacy Ecosystem: Situating Media Literacy for Green Cultural Citizenship*, Submitted in partial fulfillment of the requirements for the degree of DOCTOR OF PHILOSOPHY, From Prescott College, In Sustainability Education, May 2013. 57.

认知过程中，而亚洲人则将他们的认知过程嵌套于环境中。

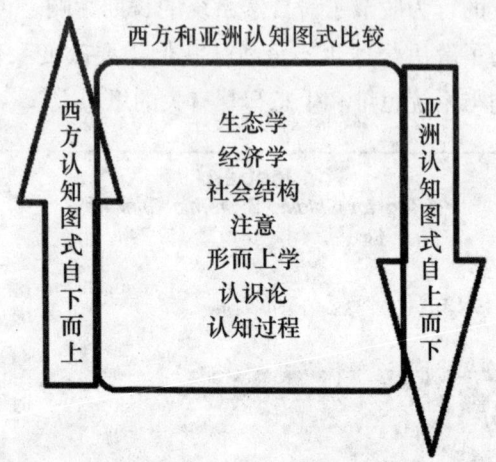

尼斯比特认为，西方人首先从自己认知过程的角度来看世界，而亚洲人则首先从他们环境的角度看世界。在尼斯比特看来，西方人和亚洲人在思维方式上会有以下不同：

（1）注意和知觉类型。东方人更关注环境，而西方人更关注对象。东方人比西方人更可能发现事件之间的联系。

（2）对于世界构成的基本假设。东方人看到的是物质，而西方人看到的是对象。

（3）对环境可控性的信念。西方人比东方人更相信环境的可控性。

（4）关于稳定和变化的隐性假设。西方人看到的更多是稳定性，而东方人看到的更多是变化。

（5）解释事件的首选类型。西方人聚焦于对象，而东方人则铸造一个能囊括环境的大网。

（6）组织这个世界的习惯。西方人更喜欢类别，而东方人更倾向于强调关系。

（7）形式逻辑规则的运用。西方人比东方人更倾向于使用逻辑规则理解事件。

（8）辩证方法的应用。东方人在面临明显矛盾的时候更倾向于选择中庸之道，而西方人更倾向于一个正确的信仰。①

洛佩斯想要防范这种推定：文化会自动地决定某人的心智模式，相反，洛佩斯是要强调文化有主导的心智模式。尽管如此，就像亨里奇等人在他们的人类心理学实验的研究中确立的那样，大多数心理和认知理论基础上的大多数研究主题是西方的、受过教育的、工业化的、富裕的、民主的②，这并不能准确地代表全球人口。许多这种假定的关于人类认知性质的概括，就像研究企鹅然后对所有鸟类进行概括一样扭曲。因此，机能论是紧密地与西方思维类型联系在一起的，不应被普遍推广。

在媒介素养方面，就像洛佩斯研究结果表明的，常见方法强调视觉和一种机械的交流与认知的模式。洛佩斯相信，这种对事件、模式和趋势水平的媒介作品的反应，就算真有的话，也很少能上升到设计和心智模式的水平。为了让媒介素养转向一个更可持续的认知和交流模式，洛佩斯认为，有必要发展其他的方法，使学习者不只是将对象和环境视为嵌套于他们认知过程的东西，而且将媒介和交流视为嵌套于生态系统中的东西。③

第六节 生态媒体素养

包括可持续的一个意义系统将鼓励促进健康的、充满活力的生活系统的实践。因此，斯蒂布（Stibbe）和露娜（Luna）提出，21 世纪的技能由生态智慧、系统思考（获得整体的观点）、适当的技术、适当的设

---

① Nisbett, R. E. (2004), *The geography of thought: How Asians and Westerners think differently and why*. New York: Free Press. 44 – 46.

② Henrich, J., Heine, S. J., & Norenzayan, A. (2010), *The weirdest people in the world*. *Behavioral and Brain Sciences*, 33 (2 – 3), 61 – 83.

③ Antonio R. López, *Greening the Media Literacy Ecosystem: Situating Media Literacy for Green Cultural Citizenship*, Submitted in partial fulfillment of the requirements for the degree of DOCTOR OF PHILOSOPHY, From Prescott College, In Sustainability Education, May 2013.

计和文化素养组成。① 根据布莱维特（Blewitt），媒体教育起着重要的作用，这是因为"可持续发展素养，无论它是如何定义的，都要求对虚拟现实、媒介生态和那些正在进行中的过程的敏感性，在这些过程中我们塑造和被日益增加的无所不在的技术所塑造"②。

在这一节中，洛佩斯首先讨论生态素养、可持续发展教育和生态设计能够有助于一个生态媒介素养框架。随后，他概括了生态媒介素养的课程原则，最后以一个个案研究为结束。在这个个案研究中，框架是在一个本科生数字媒介文化课程中实施的。

一、生态素养、可持续发展教育与生态设计

斯蒂布和露娜将生态素养宽泛地定义为"在世界衰落的条件下以尽可能减缓这种衰落的方式生存和繁荣所必需的技能、态度、能力、倾向和价值观"③。卡普拉所定义的生态素养是"理解生态系统发展以维持生命网络的所有生活系统所共有的组织原则"④。因此，"这涉及把对生活的理解放在其特别中心的教育学、在现实世界中克服了我们远离自然和重新点燃一个地方感的学习经验（种植粮食，探索流域，恢复湿地）、教授我们的孩子一个物种的废物是另外一个物种的粮食的基本生命事实、连续通过生命网络的物质循环、从太阳流出的驱动生态循环的能量、多样性保证了快速恢复的能力，以及在十亿多年前生命从开始就不是通过战争而是通过网络占领地球"⑤。

---

① Stibbe, A., & Luna, H. (2009), *Introduction*. In A. Stibbe (Ed.), *The handbook of sustainability literacy: Skills for a changing world* (p. 220). Totnes, UK: Green Books.

② Blewitt, J. (2009), *The new media literacy: Communication for sustainability*. In A. Stibbe (Ed.), *The handbook of sustainability literacy: Skills for a changing world* (p. 1). Totnes, UK: Green Books.

③ Stibbe, A., & Luna, H. (2009), *Introduction*. In A. Stibbe (Ed.), *The handbook of sustainability literacy: Skills for a changing world* (p. 10). Totnes, UK: Green Books.

④ Capra, F. (2005), *Speaking nature's language: Principles for sustainability*. In M. K. Stone, & Z. Barlow (Eds.), *Ecological literacy: Educating our children for a sustainable world* (p. 230). San Francisco: Sierra Club Books.

⑤ Capra, F. (2005), *Speaking nature's language: Principles for sustainability*. In M. K. Stone, & Z. Barlow (Eds.), *Ecological literacy: Educating our children for a sustainable world* (p. 232). San Francisco: Sierra Club Books.

第三章　生态媒体素养与绿色文化公民素养

斯特灵的可持续教育模式①是关于将教育学从一种机械的方式转换到一种有机体的方式的。一个相关的方式是可持续发展教育。受联合国教科文组织可持续发展教育的方法②的鼓舞，克劳德学院（the Cloud Institute）的2011年可持续发展教育框架（EFS）聚焦于心智模式如何影响我们在世界中的行为。受系统思维的冰山模型的鼓舞，可持续发展教育框架倡导应对日常行为表面之下的根源的教育方法。它的课程设计开始于一个基本问题，这个基本问题是一个没有确定答案的查询。但是这个查询"应提供一个引人注目的和相关的能'钩'到学生自己的经验和知识基础的钩子，激发探究，维护学生兴趣"③。这个基本的问题应当是"开放式的，应当与基本的理解、过程和技能有关，并揭示它们——帮助学生进一步思考和获得观察我们生活世界的新闻方式"④。

生态媒介素养的一个基本问题的例子是"媒介教育者如何能对我们现在消费相当于1.4个地球的事实做出回应？这种消费将最终导致全球生态系统的崩溃"。或者，换句话说："一个健康和可持续的媒介生态系统像什么样子？"可持续发展教育框架采用向后的设计，这意味着课程设计从本质问题入手，然后向后移动建立其理论基础、标准、指标、结果和评估策略。该课程然后支持练习、活动和主题，引导学习者回答这个问题。这种方法的目的是纳入布卢姆的高阶思维技能，其中包括分析、评估和创新的能力⑤。可持续发展教育框架具有可持续性和为了可持续性：在倡导可持续性是关于什么的意识的时候，它嵌入到可持续性

---

① Sterling, S. (2004), *Sustainable education: Revisioning learning and change*. Devon: Green Books.
② UNESCO (2012), *Education for sustainable development* (ESD). Retrieved fromhttp://www.unesco.org/new/en/education/themes/leading-the-international-agenda/education-for-sustainable-development/.
③ Cloud Institute for Sustainable Education (2011), *EfS curriculum design workbook*. New York: Cloud Institute. 61.
④ Cloud Institute for Sustainable Education (2011), *EfS curriculum design workbook*. New York: Cloud Institute. 61.
⑤ Cloud Institute for Sustainable Education (2011), *EfS curriculum design workbook*. New York: Cloud Institute. 61.

的文化实践中。

　　针对可持续发展教育框架的原则，生态媒介素养应当将聚焦于内容元素、技能（能力）和行为的活动纳入。内容的一个例子包括理解媒体小工具的生命周期，包括它是如何生产和处理的。一个技能包括了解如何获取有关小工具是如何生产的或解构小工具制作者的市场营销的信息。一个行为与实践有关：一个消息灵通的绿色文化公民如何利用媒体小工具的生命周期知识，做出明智的、可持续的媒体选择？

　　更难以接受生态教育方法的一个问题是难以量化可持续行为。卡普拉警告称，由于生物系统是非线性的，植根于关系模式，理解生态系统的原则要求一个新的看世界的方式和新的思考关系、联系和背景的方式——而这违背了传统西方科学和教育的粮食。① 尽管存在这些障碍，但卡普拉提供了一个能够指导课程设计的生态素养模型，包括由几个知觉转变组成的语境和系统思维方式："从部分到整体""从对象到关系""从客观知识到背景知识""从数量到质量""从结构到过程"和"从内容到形式"②。事实上，在加利福尼亚伯克利分校的生态素养中心（http：//www.ecoliteracy.org/），是由卡普拉共同资助的，已经在正式教育环境中发展了一些成功的项目，如纽约市的克劳德学院（http：//cloudinstitute.org/）的项目。

　　另外一个灵感来源是生态设计师的工作，如生态设计院（EDI），在园艺、建筑、社区规划和教育等多种多样的工作上应用了一种整合的方法。生态设计院生态设计的五个核心概念是："从地方发展的解决方案""生态会计决定设计""结合自然设计""人人都是设计师"和"使自然可见"③。这些核心原则可能被融入生态设计的媒介教育项目。例如，帕

---

① Capra, F. (2005), *Speaking nature's language*: *Principles for sustainability*. In M. K. Stone, & Z. Barlow (Eds.), *Ecological literacy*: *Educating our children for a sustainable world* (p. 20). San Francisco: Sierra Club Books.

② Capra, F. (2005), *Speaking nature's language*: *Principles for sustainability*. In M. K. Stone, & Z. Barlow (Eds.), *Ecological literacy*: *Educating our children for a sustainable world* (pp. 20 - 21). San Francisco: Sierra Club Books.

③ Edwards, A. R. (2005), *The sustainability revolution*: *Portrait of a paradigm shift*. Gabriola, BC: New Society Publishers. 102.

金翰呼吁一种不仅是关于技术和信息的而且是将媒介作为文化形式研究的媒介教育方法，要求检视四个类别：再现、语言、制作与观众。[①] 就像下面所概括的，生态设计院的设计概念能够与帕金翰的四个探究类别相符。

（1）生产能够从地方发展。就学习者作为一个个体的取向而言，将世界中的存在和嵌入的生物联系起来这是可能的。她研究或创造的任何媒介会来自某个地方，所以识别她在其中工作的各个参考点是关键，包括社区、景观和生活世界。

（2）作为消费者和生产者，她能够对她的工作做一个生态会计，无论这是就电子小工具和不可再生的资源的生命周期而言，还是对开放的或封闭的软件和媒介平台而言，还是对于她的媒介使用在可持续发展的计划中所起的作用而言。

（3）作为一个媒介制作人，学习者是一个设计师。作为理解媒介的个体，她是一个有意义的设计师。作为一个从业者和设计师，她是一个用户和创造者的网络的一部分。作为一个消费者，她是关于消费的普遍信息的目标，这些普遍的信息是具有生态结果的。在媒体生态系统的计划中，设计师和观众的作用被她作为一个成员的作用团结在一起。

（4）当为了仔细研究那些描述而再现自然的时候我们绝对要使自然可见。我们也能够通过在我们生态会计期间对我们的媒介小工具进行审计而使自然可见。

二、生态媒体素养的课程原则建议

这一部分，洛佩斯将提供一个理论概述，然后提供一个这些思想如何能被作为课程设计而付诸实践的纲要。结尾是一个个案研究，用来证明这些概念如何在一个真实的世界形势下起作用。

我们称为设计意义的新伦敦集团的多元素养的教育方法有两个维

[①] Buckingham, D. (2007), *Beyond technology: Children's learning in the age of digital culture*. Cambridge: Polity.

度：我们如何教，我们教什么。① 如何做是通过一个过程周期完成的，这个过程周期支持情境化实践、公开教学、批判性重构和改造实践（不总是这个顺序）。根据他们的模式，学习发生于学习社区以内的情境中，而在学习社区，合作学习者是专家导师，教育家充当促进者。学习者开始学习他们特定的生活世界的隐性知识，包括社会实践。促进者的工作目的就是为了引入新的概念，这新的概念导致了学习者的知识资源的一个批判性重构。干预的程度（可以来自同行或通过公开的指令）取决于特定的学习环境的情境化实践。理想情况下，批判性重构能导致改造实践。

根据多元素养的模型，学习者利用的东西就是三种意义的资源：可用的设计、设计和重新设计。可用的设计代表学习者能力范围内的可用资源。这些资源可以是隐性的知识和特定的学习情况的启示。设计是当引入新概念的时候如何理解这些资源。重新设计发生在新的联系和改造学习发生的时候。从这个过程生成的知识随后变成了新的可用的设计。当学习者围绕着新兴概念盘旋的时候，促进者支持新的概念。

这种方法是帕金翰 2003 年提出的一个动态的媒介教育模式的基础。② 他建议为了在学习者关于媒介的隐性和显性知识之间产生对话而采用多元素养的方法论。为了通过鼓励学习者质疑他们知道的内容（设计）批判地重构知识，引入的活动开始于对学习者巨大的媒介经验的隐性的理解和情境化的实践（可用的设计）。结果是产生了新的有关一种媒介素养形式的意识（重新设计）。技术包括通过自我民族志的方法熟悉化和陌生化媒介的各种手段（如媒介日记）、不同的媒体语言之间的转化（如写出谈论的内容或谈论写作）、包括任务报告和媒介制作的群体活动、去中心化（通过媒介化的眼睛看自己）、模拟和角色扮演（创建一个新闻编辑室或设置视频拍摄）。

---

① Cazden, C., Cope, B., Fairclough, N., Gee, J., & et al. (Spring 1996), *A pedagogy of multiliteracies*: *Designing social futures*. Harvard Educational Review, 66 (1), 60–92.

② Buckingham, D. (2003), *Media education*: *Literacy, learning and contemporary culture*, Cambridge, UK: Polity.

帕金翰进一步指出，这个方法与苏联心理学家维果斯基的社会学习观是有联系的：知识是通过符号和语言社会建构出来的。这包括将脚手架（scaffolding）和对话作为帮助学生"系统地反思阅读和写作过程、理解和分析他们自己作为读者和作者的经验的手段"[1]。鼓励学生发展一种元语言，所以"他们可以描述和分析（媒介）语言的功能，但它也能强调教师与学生从事存在的'自发的'理解的重要性"[2]。为此，反思能够使关于媒介的隐含知识显性化。这个目的就是为了在媒体的白话和理论概念之间螺旋提升。"在课堂上这意味着学习活动主要是社会组织出来的，人们可能期待一个媒介课堂围绕着反思任务、社会化发展步骤、进一步反思和评价来组织。"[3]

这应用于生态媒介素养，课堂需要是灵活的：它可以是一个正式的课堂，非正式场合或在线课程。不管怎样，这个概念基本上是相同的：通过批判性重构学习者的媒介白话文的使用，引入有关生态可持续发展的媒介新思想。此外，在将生态思考嵌入课程设计的努力中，只要能够使用生态隐喻将概念转化为媒介生态系统框架就可以。例如，从媒体作为媒体生态系统思考的转折点，为建立媒介系统和生活系统之间的联系提供了新的可能性。

三、生态媒介轮

生态媒介素养的课程设计基于被称为生态媒介轮的一个启发式方法（见下图[4]）。生态媒介轮是一个能够使学习者在探究一个边界对象的基础上调查研究媒介，边界对象是一个有着共同认可的身份，但却有着根

---

[1] Buckingham, D. (2003), *Media education: Literacy, learning and contemporary culture*, Cambridge, UK: Polity. 141.

[2] Buckingham, D. (2003), *Media education: Literacy, learning and contemporary culture*, Cambridge, UK: Polity. 142.

[3] Domaille, K. (2012), *The professional preparation, progression and development of media teachers*. In E. Scarratt, & J. Davison (Eds.), *The media teacher's handbook* (pp. 225 – 39). New York: Routledge.

[4] 此图来源于洛佩斯的博士毕业论文，中文翻译由本书第一作者所加。

据背景的不同意义①。例如，大多数人都同意，iPhone是一种移动媒体设备，允许用户访问互联网和打电话。然而，它也可以用来触发路边炸弹，上传警察暴行的视频，访问社交网络或分享家庭成员照片。在用户的背景中，它提供了不同的可能性。鼓励学生根据世界观、生态学、经济和文化四个视角来讲述边界对象的故事。

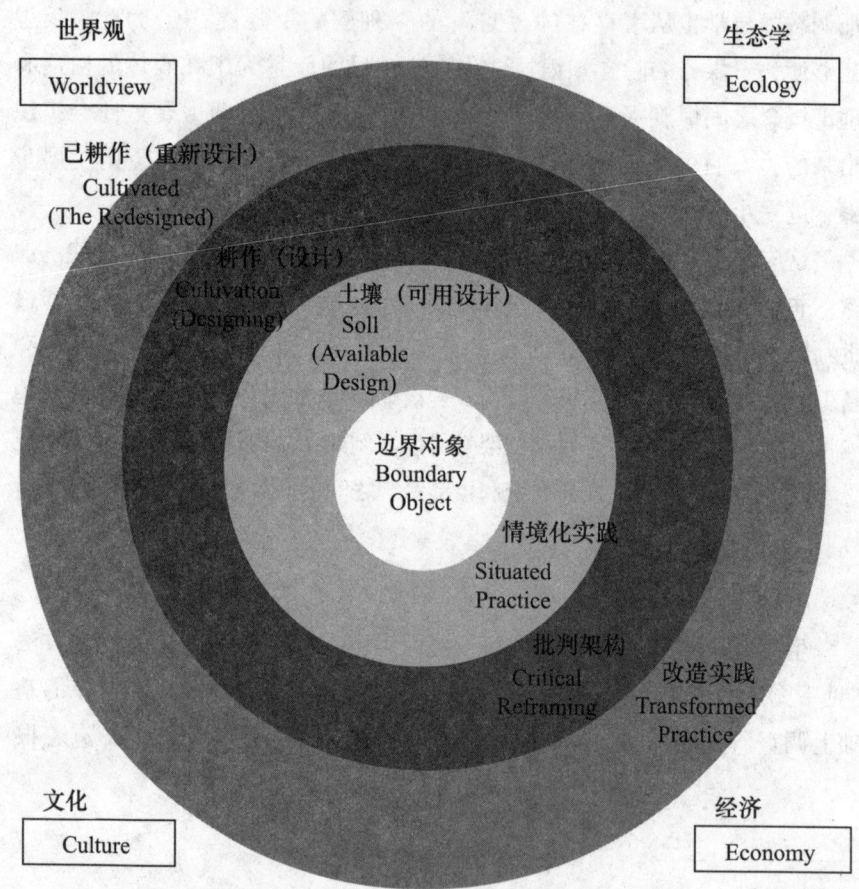

生态媒介轮图呈现了一个生态媒体素养的概念框架。边界对象表示分析单位（如iPhone等媒体小工具）。每个同心圆代表一个分析阶段。

---

① Gieryn, T. F. (1983), *Boundary-work and the demarcation of science from non-science: Strains and interests in professional ideologies of scientists*. American Sociological Review, 48 (6), 781–795.

以世界观、生态学、经济和文化为标志的四个角落代表了不同的分析视角。这四个视角与边界对象结合在一起,构成了生态媒介轮的启发方法。从视觉上看,它是被分成四个象限的圆圈,类似于美国本土医药轮或佛教曼荼罗。选择使用这四个角度的灵感来自于从不同的学科视角审视现象的整体方法论。

世界观与媒体如何影响我们对地点、时间和空间的感知有关。生态学构成媒体对生活系统的生理效应。政治经济与如全球化的那些力量有关,推动媒体的实施和生产,包括工具和设备。文化反映了集体共享的符号领域,这些符号领域协商着我们如何看待媒介和生活系统。通过从现象学、环境现实、政治经济学和文化的角度来看待媒体,目的是引导学习者理解媒体是如何与我们系统地互动的。

(一)土壤(可用设计):情境学习

我们大多数关于媒介的教育是通过非正式学习和社会实践进行的。终身学习和媒体素养密切相关,因为我们对媒体的理解与我们如何仅仅通过非正式的参与获得基本素养(如何使用和阅读媒介)有关。社交媒体的兴起和相关教学破坏了正式意义上的构成教育的正常条件,而强调终身学习作为媒介实践的一方面。根据布莱维特,这为发展终身学习的生态群落交错区的可持续发展提供了一个机会:"学习网络,能够使许多的参与者、个体、团体、组织和部门一起参与,这些参与者可以或乍看起来不可以分享许多共同点。然而,学习网络是一个社会学习过程的一个组成部分。社会学习能够使可持续发展的终身学习的过程、空间和实践出现。因此,这样一个终身学习及其组成的网络不是类似于社交和文化再生产网站的东西,这样一个终身学习及其组成的网络,它必须成为一个被理解的和在隐喻上和真实上都生活着的群落交错区。换句话说,被作为群落交错区感知和实践的终身学习是一个过渡区。在这个过渡区,不同的实践和兴趣社区可能汇集在一起,从而产生了丰富的思想、行动、知识、技能、理解、创造和哲学理念,这些产生的东西在任何一个部分、团体、机构或社区,或更广泛的教育环境中是找不到的。这种过渡性的空间为本质上是政治民主和正义的可持续学习提供了破裂的潜在性和可能性以及一个新的地方。那就是为了一个批判的边界教育学的文化空间。"①

学习者的情境群落交错区包括个人媒体设备和他们每天都参与的社交媒介。应该鼓励学生探讨他们的生活这方面的问题,因为以学习者为中心的教育不应当是关于这个世界的——就像在一个传统的课堂上,我们研究外部的世界或者研究将媒介视为一个外部领域的媒介素养——但是媒介素养确实是发生在内部世界之中的②。因此,应当把学习的空间建成一个情境学习的地方③,情境学习处于"文化和背景的情境中,它们是不可能分离的。但许多正式的教育却想将它们分离开来"④。因此,总是要把媒介置于学习者环境的生态背景下。选择情境学习作为一个教学策略的意涵意味着包括作为一种合法的学习形式的非正式实践,将教师的作用转换为促进者,通过指导来培养脚手架学习的技能,以及支持社区问题的解决和发展的评估。"情境学习对于一个社区内的共同参与是非常重要的,而不是将学习作为某种发生在个体之内的事情。"⑤

情境学习的倡导者认为,"学习必须对个人是有意义的,并认为这与一个学习环境的信息特征关系不大"⑥。在生态媒介素养的情况下,鼓励共同学习者在他们的媒介实践和可持续发展之间建立个人的联系。通过研究他们个人的媒介小工具和日常媒介使用如何影响生活系统,能使这一点成为可能。

---

① Blewitt, J. (2010), *Deschooling society? A lifelong learning network for sustainable communities, urban regeneration and environmental technologies. Sustainability*, (2), 3465-3478.

② Thomas, D., & Brown, J. S. (2011), *A new culture of learning: Cultivating the imagination for a world of constant change*. Lexington, Ky: CreateSpace.

③ Lave, J., & Wenger, E. (1991), *Situated learning: Legitimate peripheral participation*. New York: Cambridge University Press.

④ Weller, M. (2002), *Delivering learning on the net: The why, what & how of online education*. London; Sterling, VA: Kogan Page; Styles Pub. Inc. 75.

⑤ Weller, M. (2002), *Delivering learning on the net: The why, what & how of online education*. London; Sterling, VA: Kogan Page; Styles Pub. Inc. 76.

⑥ Mayes, T., & de Freitas, S. (2007), *Learning and e-learning: The role of theory*. In H. Beetham, & R. Sharpe (Eds.), *Rethinking pedagogy for a digital age* (pp. 260). New York: Routledge. 18.

(二) 耕作 (设计): 生态媒介群落交错区和生态媒介轮

生态隐喻的纳入可以支持关于媒介的隐性媒介知识的批判性重构。朱利安 (Pendleton Jullian) 提出, 鉴于人类与自然世界之间的相互联系, 与景观和环境生态有关的理论、模式、观察和实验正在越来越证明, 它们对我们理解不同学科的其他种类的复杂系统是非常有用的。这个理解让我们思考变化和弹性动力学, 让我们想象建构变化和弹性的新模式。[1]

朱利安认为, 生态群落交错区的概念能够帮助我们设计合适的教育空间。生态群落交错区是一个边缘环境的景观生态学的术语, 或者是一个生态系统之间的区, 如一个森林和草坪之间的区。这个动态边界区域有其相邻区域的各个方面, 但本身是唯一的。生态群落交错区的结构变化是由干扰引起的 (一个制造差别的差别)。在许多情况下, 这样的变化在没有显著地改变与其相邻的核心生态的情况下会影响生态群落交错区。然而, 一些干扰可能会导致重大变化。在教育的例子中, 一个简单的例子可能是在演讲中收到的电话。在这种情况下, 学习者代表着一个与课堂和课程的非正式环境之外的个人生活相邻的生态群落交错区。这个电话暂时地影响了学生空间感的动态, 可能会破坏记笔记或讲座。但是, 它并没有显著改变个人的身份、小工具的性质或课程的结构。一个会使学生的学习生态群落交错区发生显著改变的主要干扰是, 购买了一个个人媒介小工具如何将学生的生活世界带入课堂, 包括扩展的关系、连接性、空间感、地方感和时间感。

学习者能够通过个人媒体的小工具探索个人媒体的生态群落交错区。就像持锤的人只看到钉子这个格言所说的那样, 用 iPhone 的人根据这个设备提供的可能性来参与这个世界。通过用一个小工具来增强我们的现实, 我们不像与环境脱节的国民那样穿越环境, 如同在机械或笛卡尔现实结构中那样, 而是通过导致主体性转换的一个启示的世界穿越

---

[1] Pendleton-Jullian, A. (2009), *Design education and innovative ecotones*. 4. Retrieved fromhttps: //fourplusone. wordpress. com/design-education-and-innovation-ecotones/.

环境。

媒介生态群落交错区类似于一个信息生态系统。这在于它们体现了特定信息环境的情境实践（如图书馆或教室）。纳迪和奥黛认为，信息并不代表脱离现实的事实，但是它是一种在从业者特定的现实范围内的实践、社会关系、价值观和技术使用的混合。这种细致入微的技术认识有利于一个赋权的立场。[①] 在赋权的立场中，媒介技术的影响不是有自主权的，或者外部于用户与它的互动。因为纳迪和奥黛关于某人的信息生态系统的意识能够使人们用心使用技术，所以这是隐含在可持续文化实践呼吁中的一个重要的行为转变。

我们的目标是让学习者像利用土壤一样利用他们的媒介生态群落交错区（可用的设计），然后，通过分析他们的媒介小工具作为一种边界对象来批判性地重构他们的媒介生态群落交错区。就像所讨论的，一个边界对象可以根据世界观、生态学、经济和文化四个视角做评估。从世界观的视角看，一个媒介小工具提供了特别的互动，这些互动都被内置到互联网、社交网络、信息门户和设备的操作系统中。这些影响了一种对时间、空间和地方的感觉。活动包括理解媒介小工具对注意力的影响，包括日志的使用、调查设备所联系的馈入种类（社交网络、"朋友"、组织）和媒介禁食。这些都旨在突出媒体用户的隐性知识。环境视角根据设备的生命周期来接近设备——从资源提取到处置。经济视角将媒介小工具放置在全球经济中，无论它是作为一种商品，还是作为一种意识形态和社会变革的推动者。此外，注意力经济——探究了我们的互动如何被商品化（或者没有被商品化）。最后，文化的视角与小工具的文化影响有关，包括它如何影响地位、语言、人际关系、授权、公民和消费的概念。

（三）已耕作（重新设计）：一个全球责任的生态媒介群落交错区

生态媒介轮启发方法与贝特森的全球责任模型[②]有关，这个模型倡

---

① Nardi, B. A., & O'Day, V. (2000), *Information ecologies: Using technology with heart.* Cambridge, Mass.: MIT.

② Bateson, M. C. (2007), *Education for global responsibility.* In S. C. Moser, & L. Dilling (Eds.), *Creating a climate for change: Communicating climate change and facilitating social change* (pp. 281-91). Cambridge: Cambridge University Press.

导：(1) 系统隐喻；(2) 学科交叉；(3) 连接叙事；(4) 与认知方式的交叉：

1. 媒介轮的生态群落交错区设计是一种系统的媒介方法。媒介生态群落交错区、边界对象和生态媒介轮是媒介的系统隐喻。它将隐性的媒介知识转化为生态的隐喻。

2. 使用内置的多视角的生态学方法，生态媒介轮能够使学习者在不同的学科视角之间建立联系，包括现象学、媒介生态学、批判理论和文化研究。这区别于标准媒体素养的做法，因为它采用了与媒介有关的各种视角，而不是仅仅聚焦于文本分析。此外，建立这些联系所必需的教学工具包括具体认知、社会建构主义、情境实践与关联主义。

3. 创造一个整合生态媒介轮的各种元素的 Prezi 演示课件，这种 Prezi 的演示教学就是有着一种内置连接叙事形式的数字叙事。它通过多媒体讲述可持续媒体的故事。此外，学习环境本身就是通过多媒体生产和超文本的连接叙事。

4. 参与观察和团队协作是课程设计的组成部分。它提供了从学习者个人生活中挑选的元素（隐性的知识），同时引入了可以在批判性重构阶段重组的新概念，最终的结果反映了新的见解。耕作（重新设计）成为学习者土壤的新材料（可用的设计）。

四、个案研究：绿化一个数字媒体文化课程

2011 年，洛佩斯有一个机会将生态媒介素养框架纳入实践中，那时候他在意大利罗马的一所美国文理学院教授一门数字媒介文化课程的两个部分。这两个部分共有 43 名学生。以前，洛佩斯曾教过这门课程三次，但是这是他第一次故意地绿化这门课程的结构和材料。其目的就是在引入一个基于生态媒介素养的绿色框架的时候按照大学的标准要求进行教学。这种方式的主要方法是生态媒介轮启发方法，他使用这个方法作为结构化课程内容的手段。他将这个 14 周的课程分为六个部分：介绍（包括对生态媒介轮的概述）、生态媒介轮探究的四个领域（世界观、生态学、政治经济和文化）和结论。课程活动包括现场作业、在线论坛

帖子、Prezis（多媒体展示）、论文和制作 YouTube 视频。在线论坛位于该课程由他主持的家长网站。他们每周在物理教室上课两次，每次上课持续一小时十五分钟。他评价课程设计效果的方法是基于审查期末论文、网上论坛讨论、大学收集的学生匿名评价、课堂上的互动和参与观察。

该数字媒体文化（DMC）课程的目录说明如下："本课程是一个探究新数字媒介的伦理、美学、政治、社会和经济层面的介绍性的概述，其中包括对互联网使用的批判性讨论。我们在传统媒体的背景下追踪数字媒体的历史，了解其对社会的影响。我们还试图确定新的数字媒体的新兴属性，因为他们影响文化和社会，以便我们能够批判性地评估关于新数字媒介的负面和正面社会影响的各种主张。"

传统的数字媒介课程探究了如数字媒体如何影响媒体的政治经济、观众参与、知识产权，以及数字媒体如何影响人们在时间和空间、文化公民身份、审美实践和社会关系方面感知变化的主题。洛佩斯的干预和传统的新媒体课的主要区别是引入两个主题。

首先，学生探究媒体小工具如何影响他们对他们居住的环境的看法。要求学生通过一些练习，调查研究媒介设备对他们感知时间、空间和地方的影响，包括媒介"禁食"和使用 YouTube 的自我民族志方法。其次，他让学生对比数字媒体设备（如 iPhone）是如何在流行文化和针对它们的生命周期过程（物质生产和处置）的物质现实的营销中再现的。还要求他们将课程中所学的所有概念应用到他们的个人媒体小工具中。主要的教材是《新媒体理论读本》[①]和《做文化研究》[②]。在课堂会议上放映的视频会被放在课程网站上。以下是对课程各部分阅读和活动的叙述性描述。

（一）课程介绍（1—2 周）

为开始该课程，洛佩斯首先介绍了一些指导原则。对于阅读材料，

[①] Hassan, R., & Thomas, J. (Eds.) (2006), *The new media theory reader*. New York: Open University Press.

[②] Du Gay, P., Hall, S., Janes, L., & Mackay, H. (1997), *Doing cultural studies: The story of the sony walkman*. London: Sage, in association with The Open University.

他分配了《庞格罗斯、潘多拉还是杰斐逊?》①《公民》②《介绍》③和从《互联网的未来》④ 和《合成文化》⑤ 的摘录。介绍课的主题是建立文化公民的思想和文化公民权对于理解开放和封闭的系统之间的差异是如何的重要。根据互联网和媒体小工具的设计方式设计出可能产生的各种场景。使用《做文化研究》的开篇来介绍文化概念的线路,以及补充对关于生态媒介轮的课程结构的解释。也要求学生在整个课程中选择一个个人媒体小工具来分析。洛佩斯让他们在智能手机、便携式媒体小工具、个人电脑或游戏设备之间进行选择。第二周,要求他们按照下面的说明来保持一个详细的小工具日记:跟踪什么时候、在哪里和为什么使用它,注意在你的生活中以什么方式使用它(好与坏)。在本周末,回顾你的日记,然后把从日记中学习的内容写成一个1到2段的观察报告。要求学生将他们的回复发到网上论坛,并提交给教师一份他们日记的物理副本。

(二) 生态媒介轮第一部分:世界观(3—5周)

这一部分开始对世界观进行探索。主题包括:技术决定论、时间、空间和具体化。洛佩斯开始用技术决定论来探究媒介技术是否能形成感知的论点。对于阅读材料,洛佩斯选择了凯里的关于电报如何重构美国社会的经典文章⑥、芒福德对手表的解构⑦、威廉姆对

---

① Barber, B. R. (2006), *Pangloss, pandora or Jefferson? Three scenarios for the future of technology and strong democracy*. In R. Hassan, & J. Thomas (Eds.), *The new media theory reader* (pp. 188-202). New York: Open University Press.

② Sunstein, C. (2006), *Citizens*. In R. Hassan, & J. Thomas (Eds.), *The new media theory reader* (pp. 203-211). New York: Open University Press.

③ Du Gay, P., Hall, S., Janes, L., & Mackay, H. (1997), *Doing cultural studies: The story of the sony walkman*. London: Sage, in association with The Open University.

④ Zittrain, J. (2008), *The future of the internet and how to stop it*. New Haven Conn.: Yale University Press.

⑤ Lessig, L. (2008), *Remix: Making art and commerce thrive in the hybrid economy*. New York: Penguin Press.

⑥ Carey, J. T. (2006), *Technology and ideology: The case of the telegraph*. In R. Hassan, & J. Thomas (Eds.), *The new media theory reader* (pp. 225-43). New York: Open University Press.

⑦ Mumford, L. (1967), *The myth of the machine: Technics and human development*. New York: Harcourt Brace Jovanovich.

技术决定论和电视的讨论①，以及库克对印刷媒介如何影响文化的探索②。

通过各种视角来审视时间和空间，包括流动性文化③和消费者的崇高④。通过对互动性的批判⑤和从《数字接地端》(Digital Ground)⑥的摘录来探究具体化（embodiedness）。《数字接地端》从交互建筑和空间的角度检视了数字技术——空间素养。作为一个必然的任务，洛佩斯要求学生在罗马"迷失"几个小时，不能使用任何工具和媒体，包括铅笔和地图。然后，他们需要在课程网站上将自己的反思发布出来。这个任务措辞如下：

"对于这周的帖子，我想要你们独自走1—2个小时，不携带任何媒体工具（没有书也没有钢笔）。你们可以选择去罗马任何地方，但是我想让你们做的只是徘徊和注意你们走过的空间。注意它们是如何设计的。这些空间引导你们做某些事情吗？你们可以去商店、教堂、咖啡馆，任何地方。要注意这些空间是如何互动的。散步之后，做笔记和撰写1—2段关于你们的经验。此外，反思一下在没有媒体小工具或书的情况下做这个有什么感觉。"

这个作业任务受到激进的艺术团体情境主义者（the Situationists）的启发。情境主义者将迷失在城市风景中作为他们创造过程的一部分。罗马是一个完成这项作业的完美地方，这是因为它在2700年历史当中将许多不同种类的空间设计嵌入到它的环境中。

---

① Williams, R. (1975), *Television: Technology and cultural form*. New York: Schocken Books.

② Cook, S. D. N. (2006), *Technological revolutions and the Gutenberg myth*. In R. Hassan, & J. Thomas (Eds.), *The new media theory reader* (pp. 11 – 18). New York: Open University Press.

③ Green, N. (2006), *On the move: Technology, mobility, and the mediation of social time and space*. In R. Hassan, & J. Thomas (Eds.), *The new media theory reader* (pp. 244 – 48). New York: Open University Press.

④ Nye, D. E. (2006), *The consumer's sublime*. In R. Hassan, & J. Thomas (Eds.), *The new media theory reader* (pp. 27 – 38). New York: Open University Press.

⑤ Barry, A. (2006), *On interactivity*. In R. Hassan, & J. Thomas (Eds.), *The new media theory reader* (pp. 163 – 87). New York: Open University Press.

⑥ McCullough, M. (2004), *Digital ground: Architecture, pervasive computing, and environmental knowing*. Cambridge, Mass: MIT Press.

(三) 生态媒介轮第二部分：生态学 (7—8 周)

对于课程的这一部分，要求学生聚焦于他们的媒介小工具的物质性方面。对于背景阅读材料，他们阅读以下著作中的内容：《通过 IT 绿化：环境可持续发展的信息技术》①《废话》② 和国际绿色和平组织的《绿色技术的网上报告机制》③。要求学生使用绿色和平组织网站 (Greenpeace site) 作为自己探究他们所选择的媒介小工具生命周期的出发点。此外，洛佩斯放映了纪录片《人造景观》④，这个纪录片生动地描绘了中国制造业的物质条件。他也放映了《东西的故事》⑤ 介绍一个关于消费主义的生态系统观点。此外，他们还看了各种有关冲突矿物、电子垃圾和诸如《从摇篮到摇篮》和《仿生学》等替代性设计概念的 YouTube 视频。

(四) 期中考试

为了期中考试，洛佩斯布置了一篇短文。学生必须使用他们在课程前半部分检视的各种概念来评价小工具制造商的主张。洛佩斯要求他们聚焦于摩托罗拉的 Xoom 平板电脑，批判性地评价这个公司生产的四个视频。这篇短文的提示如下表：

> 请看上面的视频。这些都是为摩托罗拉的新 Xoom 蜂窝平板电脑所做的宣传视频。认真分析摩托罗拉讲述产品的故事，密切关注它说它可以做什么，并注意他们没有告诉我们什么 (即最后一个关于它是如何制作出来的视频遗漏了大量信息)。从这学期的内容中……通过回答以下问题来评估平板电脑隐含的文化价值：
> 摩托罗拉称其平板电脑"授权给人们"是多么有效呢?

---

① Tomlinson, B. (2010), *Greening through IT: Information technology for environmental sustainability*. Cambridge, Mass.: MIT Press.

② Maxwell, R., & Miller, T. (2009), *Talking rubbish: Green citizenship, media and the environment*. In J. Lewis, & T. Boyce (Eds.), *Climate change and the media* (pp. 17–27). New York: Peter Lang Publishing.

③ http://www.greenpeace.org/international/en/campaigns/toxics/electronics/Guide-to-Greener-Electronics/.

④ Baichwal, J. (Director) (2006), *Manufactured landscapes* [Motion Picture]. Foundry Films.

⑤ Story of Stuff Project (2009), *Story of stuff*. Retrieved from http://www.storyofstuff.org/movies-all/story-of-stuff/.

(续表)

1)开始将我们在课堂上学习到的技术历史(从书籍到消费者的崇高)与"平板电脑的进化"视频做比较。这个视频在什么地方符合技术"进步"的历史?   2)下一步评估它的开放和封闭的系统和交互性(提示,它运行在安卓系统上)。它对文化公民权有什么意涵(请记住我们对巴伯的数字技术未来的场景的讨论)   3)评估它对我们感知时间和空间的潜在影响(你可以以自己的研究为基础进行观察)   4)你认为摩托罗拉的赋权主张与其对环境的潜在影响相比如何?   考虑一下我们在课堂上关于绿色IT、电子垃圾和冲突矿物的讨论。你还可以检查绿色和平组织对计算机公司的排名。此外,你还可以检查摩托罗拉的网站,看看是否有任何更多的有关其制造过程的信息。在生态批评的背景下,这个产品是如何"进化"的?   术语/概念:文化公民权、巴伯的场景(庞格罗斯、潘多拉和杰斐逊)、圈地、创意

(五)生态媒介轮第三、第四部分和结论:政治经济和文化生产(9—14周)

课程的后半部分集中在政治经济和文化生产。要求学生阅读《做文化研究:索尼随身听的故事》①,因为它塑造了分析媒介小工具的文化方法线路。虽然这本书有点过时,但它的研究和分析方法的目的是告诉学生如何思考小工具生产的复杂性,并了解文化、设计和政治经济如何相互反馈。为了补充和更新此书的关于融合媒介和融合文化的论点,洛佩斯分配有詹金斯《融合文化》(2006)②和莱辛《混合:让艺术与商业在混合经济中茁壮成长》(2008)③的章节内容和凯丽(Kelly)

---

① Du Gay, P., Hall, S., Janes, L., & Mackay, H. (1997), *Doing cultural studies*: *The story of the sony walkman.* London: Sage, in association with The Open University.

② Jenkins, H. (2006), *Convergence culture*: *Where old and new media collide.* New York: New York University Press.

③ Lessig, L. (2008), *Remix*: *Making art and commerce thrive in the hybrid economy.* New York: Penguin Press.

2008 年①和巴罗② 1993 年的网上短文。洛佩斯播放了《客观化》(*Objectified*)③,这是一个关于有着对苹果设计师几个采访特点的工业设计的纪录片。他们也通过 iPod 的营销而跟踪了 iPod 的设计演变。

在这个部分期间,学生也开始为了他们最后的项目而研究他们的小工具,最后的项目有一个书面的和多媒体的组成部分。

(六)课程绿色设计的有效性评价

根据魏实(Wesch),在语义概念与个人意义之间产生有意义连接的时候,学习就发生了。④ 为了评价这个案例研究的目的,语义概念特别与媒介和可持续性之间的连接有关。个人意义意味着将这些概念与某人日常生活中的媒介实践联系起来。这种意识有两个层次。一个层次是关于媒介小工具在日常水平上如何影响时间、空间和地方的本地意识,另外一个层次是代表将个人使用和全球环境联系起来的更广泛的全系统的理解。洛佩斯也在寻找基本的媒介素养能力的证据,如批判性地解读小工具营销的能力,找到关于小工具生产的环境信息,并交流 Prezi⑤ 视觉上的发现和论文分析上的发现。

1. 媒体小工具日记和漫游作业任务评价

这些作业很好地结合在一起。小工具日记的要点是让学生看到他们的小工具使用模式。漫游作业任务的目的是提请学生注意他们的小工具不能使用的时候的生活模式。几个基本的主题从日记作业任务中出现。

---

① Kelly, K. (2008), *Better than free* (53 - 01 ed.) *ChangeThis*. Retrieved fromhttp://changethis.com/manifesto/show/53.01.BeyondFree.

② Barlow, J. P. (1993), *Selling wine without bottles*: *The economy of mind on the global net*. Retrieved from https://w2.eff.org/Misc/Publications/John_Perry_Barlow/HTML/idea_economy_article.html.

③ Hustwit, G. (Director) (2009), *Objectified*. [Motion Picture] Plexi Productions.

④ Wesch, M. (2009), *From knowledgeable to knowledge-able*: *Learning in new media environments*. Retrieved from http://www.academiccommons.org/commons/essay/knowledgable-knowledge-able.

⑤ Prezi,是一种主要通过缩放动作和快捷动作使想法更加生动有趣的演示文稿软件。它打破了传统 Powerpoint 的单线条时序,采用系统性和结构性一体化的方式来进行演示,以路线的呈现方式,从一个物体忽然拉到另一个物体,配合旋转等动作则更有视觉冲击力。https://baike.so.com/doc/4296910-4500557.html.

首先，大多数学生对他们的使用并不是很反省。他们大多数的报告都没有许多的反思。他们写道，常用的小工具主要用于连接朋友和家人。一些学生报告说，他们惊讶地看到他们对他们的小工具多么上瘾。其中有几个学生意识到他们的小工具如何与无聊和休闲联系在一起。

对于漫游作业任务而言，洛佩斯考虑了所指定的媒介禁用的时间长度。在过去的项目中，在美国，他要求学生远离媒介一周，但是这是在社交媒体和智能手机之前。但当时那是一个关掉电视和避免音乐和电影的事情。现在学生的生活与互联网有很大的联系，特别是在一个国外的研究项目中。洛佩斯意识到，他不能提出不合理的要求，特别是考虑到家长如何将他们的孩子拴到通信设备上。通过给他们分配一到两个小时的媒介禁用，洛佩斯认为他自己是有点太温柔了。但是，根据评论，即使这么短的时间对于很多学生来说都是很困难的。

一般来说，学生对作业有两个主要的反应：要么学生真的喜欢它，要么他们讨厌它。那些赞赏的学生揭示了一些有趣的观察。三个学生提到第一次闻到了东西。其他的学生说，他们喜欢听人们讲意大利语。有的人惊叹罗马真的有有趣的事情来观察。几个评论他们如何注意到这么多人走动使用设备。这个小组中的许多人说他们会再次这样做（但仍有待观察，是否事实确实如此）。一些学生评论说，他们很高兴他们在学期初就完成了作业，这样他们就可以在整个学期里把这些经验作为一种参与城市的方式。

第二组——那些讨厌这次经历的人——写到了不安、焦虑、恐惧、分离、脱节和损失。这些评论似乎证实了特克乐（Turkle）的一些关于人对小工具日益增加的心理依赖的结论。①毫不奇怪，对这一组学生来说，时间似乎真的慢下来了。有趣的是，那些讨厌这个作业任务的学生占少数。

总的来说，洛佩斯认为这些作业很有成效。在他们的期末论文中，许多学生利用这些经验来解释他们对小工具如何影响他们生活的深刻理

---

① Turkle, S. (2011), *Alone together: Why we expect more from technology and less from each other.* New York: Basic Books.

第三章 生态媒体素养与绿色文化公民素养

解。他相信这些作业特别地应验了魏实（Wesch）[①] 对学习的定义，因为不管他们喜欢或不喜欢做这个作业，他们把从课程材料中产生的影响时间、空间和地方的小工具概念与个人经验联系了起来。

2. 对学生关于媒体小工具的生态意识分析

课程设计的一个重要组成部分是让学生整个学期通过将课程概念应用于一个个人设备来个性化他们的学习。在学期开始的时候，要求学生跟踪注意他们与个人媒体小工具的关系。他们的期末论文从生态媒介轮的四个维度探讨了小工具。也要求他们将这些概念应用到使用 Prezi 平台的多媒体演示上。目的就是为了确保他们的学习与多元素养和绿色文化公民权结合起来。他们分析媒介文本、使用网上传播工具、用 YouTube 自我反思和使用网络搜索找到有关他们的小工具如何被生产出来的信息的能力，证明了多元素养。他们对他们的媒介小工具如何影响环境，以及如何影响他们对时间、空间和地方经验的理解证实了绿色文化公民权。

洛佩斯印象最深刻的是 YouTube 视频。要求学生用一个摄像机来记录自己同时回答两个问题：记录自己对着电脑说话的感觉如何？和"你的小工具对你对时间和空间的感知有何影响？"他们的回答是非常坦诚和亲密的，比洛佩斯在本科教学过程中所经历的任何事情都要深刻得多。具有讽刺意味的是，录像使学生看起来比正常的书面论文评价更人性化。他发现他们坦率的反应实际上相当感人。他们的论文中有许多评论说，在技术上和情感上做视频有多么困难。在所有的作业中，这个被抱怨的最多。

在他们的书面作业中，有他们对他们的小工具的生态维度的意识的证据。然而，在审查了他们的期末论文，只有少数学生表示出了关于他们媒体设备的生态维度的"突破"意识。许多的论文反映了他们对作业任务目标的理解，但是他们的写作并没有为改变绿色文化公民权产生任

[①] Wesch, M. (2009). *From knowledgeable to knowledge-able: Learning in new media environments*. Retrieved from http://www.academiccommons.org/commons/essay/knowledgable-knowledge-able.

何特别热情的呼吁。许多学生的写作有点机械,反映出对教授感知的欲望。然而,一个主要的似乎与绝大多数学生共鸣的意识是他们理解开放和封闭的媒体系统之间的差异。不幸的是,很少有学生将这个与环境主题联系起来。

43篇论文中,只有10篇报告了有意义的新意识。这些学生将绿色文化公民与透明和开放系统联系在一起。这在黑莓用户中特别常见,黑莓在小家电公司中有着最差的环境记录,在报告生产流程方面是最不透明的。许多学生评论他们以前缺乏意识,并说,如果他们有更好的意识,他们会根据实践绿色文化公民权作出更好的决定。

3. 关于使用生态媒介轮组织课程内容利弊的评价

使用生态媒介轮建构数字媒介课程,帮助学生更容易理解它,这是因为他们必须"贯穿"生态媒介轮的整个过程(而不是仅仅抽象地思考)。诚然,当围绕着生态媒介轮组织课程的时候,洛佩斯对于从可能是有用的生态设计中产生的一些关键概念不是很熟悉。例如,他可能会把更多的关于产品的生命周期的东西纳入到有关物质现实/环境这一部分,包括了更多有关可持续性设计的阅读材料,如《从摇篮到摇篮》和《仿生学》YouTube视频。

另一个问题是,生态媒介轮设计缺乏某些学科领域之间的明确边界。例如,很难区分小工具的生态环境与政治经济。把政治经济和文化分开是一个挑战。虽然生态媒介轮的目的就是为了展示所有这些作为一个重复的过程是如何一起工作的,但是洛佩斯很难准确地找到这些不同的探究领域在哪里有着明显的不同。

五、结论:绿化传媒素养教育的未来

在案例研究中,大约在学期的中途,洛佩斯要求学生如果他们中的任何一个人希望课程是关于生态学的就举手。结果是没有人举手。然而,到本学期末,许多学生明白了为什么数字媒体和可持续性是相互联系的。在重新设计课程的过程中,对洛佩斯来说避免一些他遭遇过的传统媒介素养方法的问题是非常重要的。即,他想让学生根据自己的日常生活情境探究。他不想过于说教，而是使他们在课堂上讨论过的理论与他们个人经验相关。他也想将媒介分析和媒介实践结合起来。通常媒体教育工作者只做一个或其他。虽然学生从事的是传统的课程活动，如阅读文本和写作论文，但他们也使用他们正在学习的媒介，如课程博客、YouTube 和 Prezi。他也相信他们理解他们的媒体使用如何是生态性的。因此，他相信通过将批判的但与个人相关的参与和媒介技术整体地结合起来，他达到了他的超越功能主义和保护主义的媒介素养目标。根据学生的反馈，切合实际和发自内心的个性化课程，为他们将生态学与媒介联系起来创造了空间。

　　生态媒介素养框架仍然是一个进展中的工作。生态媒介轮教学框架是在大学课堂中实施的，但在其他的短期单元和课堂活动环境中，实施起来就可能更加困难。因此，对这个框架是否适合在其他课程和学科中应用，还需做进一步的研究。例如，将这种方法应用于专门致力于可持续性研究或融入商业计划的环境中可能是非常有趣的。就绿化一个本科生课堂的课程而言，洛佩斯认为生态媒介素养框架足够灵活，可适应于不同的环境中。特别是，它可以应用到与食物、动物、能量或公共卫生有关的媒介文本或主题。他在媒体素养运动中的经验，尽管也有问题，但这些经验告诉他，媒介教育是一种引人入胜的讲授有关社会问题的方式。

　　正如格林伍德（Greenwood）和赖伟（Levin）所断言的，"理论的作用是解释所发生的事情如何可能和如何发生的，为未来设计可能的场景，并为似乎是下一个可能的结果提供好的理由"[1]。因为目前很少有将媒介素养教育与绿色文化公民权结合起来的资源或方法论，所以洛佩斯的这个研究有助于理解如何能够绿化媒介教育实践。此外，这项研究的结果将丰富有关可持续发展的方法论的知识体系。

　　洛佩斯预测，随着我们的生态危机加深和文化模式更加关注气候破坏，教育工作者将会探索新的把可持续发展纳入他们教学框架的战略。

---

[1] Greenwood, D. J., & Levin, M. (2007), *Introduction to action research: Social research for social change*. Thousand Oaks, Calif: SAGE. 69.

他也相信，从这项研究中产生的知识可以为将媒介教育与可持续发展有关的主题结合起来的未来干预提供知识，这些主题包括检视食品系统、气候变化报告、自然的社会建构和人类与动物关系等。最终，媒介素养生态系统应当成为更加多样化的东西。

洛佩斯研究中一个最大的惊喜，是媒介素养实践以外的外部因素影响这个领域的程度。媒介素养生态系统嵌入到一些其他的生态系统中，如教育、经济和技术系统等，更不用说生物圈。因此，这些发现证实了阿夫雷乌（De Abreau）的分析："研究清晰地表明，今天学校所面临的标准化测试的压力，已经造成了一些路障。事实上，大多数人都感受到承载着当前科目并为他们的核心课程提供平衡的巨大负担。给这个压力增加的其他压力是国家和国际上的经济紧张局势，这造成了国家和市政资金的严重削减，导致了学校项目的损失。教学另一种形式的素养或将这种素养引入当前课程中的思想，使得许多教师感到忧虑，因此，实现这些变化的教学培训或工具的缺乏进一步加剧了这个鸿沟。"[1]

此外，在对从业者的访谈中，洛佩斯对直接和间接感到的变动水平和从媒体素养组织书面陈述中无法察觉的压力感到震惊。与我们周围发生的变化相比，这些组织的教育策略似乎停滞不前。事实上，作为一种信息生态，许多外部压力正在干扰媒介素养生态系统：

（1）参与式媒体打破受众和生产者之间的障碍。

（2）智能手机和数字视频的使用使得任何人都成为一名潜在的媒介制作者。如 YouTube 这样的用户生成的媒介网站的存在模糊了媒介公司和媒介生产者的界限。

（3）用户生成媒体破坏了保护主义的立场，因为违法不仅仅来自于种族歧视和性别歧视的媒介公司，而且来自于上传欺凌视频或吸食毒品文件的中学生。

（4）对非营利组织资助的损失。

（5）资助媒体教育项目的新媒体公司和软件公司的存在挑战了旧有

---

[1] De Abreu, B. S. (2011), *Media literacy, social networking, and the web 2.0 environment for the K-12 educator*. New York: Peter Lang. 24-25.

第三章 生态媒体素养与绿色文化公民素养

的关于媒体素养的企业资助的争论。在旧有的争论中,定义非企业空间比较容易。

(6)《共同核心标准》和 K-12 教育测试的兴起。

(7) 逃避批判性思考的职业化和技能化教育倾向。

作为信息生态,这些外部因素改变了媒介素养生态系统。例如,当一个生态系统遭到破坏,生态系统就会改变①。正如媒体生态学创始人波斯曼所指出的那样,"技术变革不是添加剂,而是生态性的。我可以用一个比喻来解释这个。如果我们把一滴红色染料放进清澈的烧杯里会怎么样?我们有清澈的水加一点红色染料吗?显然不是。我们对每一种水分子都有了新的着色。这就是我所说的生态变化。一个新的媒体不添加东西,它改变一切。在 1500 年,印刷机发明后,你没有旧欧洲加印刷机。你有一个不同的欧洲。电视发明后,美国不是电视加上美国。电视给每一个政治运动、每一个家庭、每一个学校、每一个教堂、每一个行业等都赋予了新的色彩"②。

分析媒体素养文献的危险在于,当这些想法的表达有意义的时候,它们是某个特定时刻的快照。这个世界在时间上并没有被冻结,而且远比文献分析所显示的更具活力(这就是为什么采访如此有用)。然而,在媒介素养教育话语中所使用的主导隐喻明显地处于沟通与认知的工业模式,从而增强了人类中心主义和机械论世界观。对视觉媒介的强调加强了一个基于印刷媒介素养的西方文化偏见。将媒介领域感知为一个独立的地方也加强了媒介是脱离于物理环境的信念。问题是当前的媒介素养生态系统是否能够适应社会的剧烈变化,以及在社会发生剧烈变化时保持足够的弹性。

为了解决媒体素养教育者的障碍和问题,洛佩斯提出了一些建议。例如,重新概念化媒体素养教育者所使用的语言。当我们审视根隐喻的

---

① Gollsey, F. B. (1998), *A primer for environmental literacy*. New Haven: Yale University Press.

② Postman, N. (1998), *Five things we need to know about technological change*. para. 16. Retrieved from http://www.cs.ucdavis.edu/~rogaway/classes/188/materials/postman.pdf.

时候，词根本身就是一个隐喻，这表明语言就像一个说话和话语可以在里面生长的生物系统。就像所有的生物系统一样，那意味着语言可以进化和改变。当纳迪和奥黛 2000 年提出通过信息生态学的概念反思技术的时候，他们试图打破技术是独立于人类感知的工业体系的说法。同样的，我们应当使用新的隐喻来对我们变化的世界做出回应，并通过重新利用生态语言来发展我们的实践做法。

如下图所示，洛佩斯提出的"重新概念化语言"，实质上就是从媒体素养观念到媒体素养生态系统观念的转变。它包括有关联的行动者、认知、传播、知识、素养、民主、公民和经济八个方面。"重新概念化语言"依次是：有关联的行动者从"教师"和"学生"转变为媒体素养生态系统的"成员"；认知从"自主心理建构"转变为"嵌套认知"；传播从"信息"转变为"干扰"；知识从"建构"转变为"创新"；素养从"学习"转变为"进化"；民主从"公共领域"转变为"文化共享"；公民从"消费主义"和"公民"转变为"绿色文化公民"；而经济从"环境是外部的"转变为"嵌套于环境"。

重新概念化语言

	媒体素养	媒体素养生态系统
有关联的行动者	教师、学生	成员
认知	自主心理建构	嵌套认知
传播	信息	干扰
知识	建构	创新
素养	学习	进化
民主	公共领域	文化共享
公民	消费主义、公民	绿色文化公民
经济	环境是外部的	嵌套于环境

上表是洛佩斯提供的一些如何以新的语言改变目前做法的建议。媒体可以被看作是一个生态系统。在这个生态系统中，学习者被视为居住成员。这改变了传统的媒介素养框架。传统的媒介素养框架将学习者视为存在于媒介系统之外的受众或用户。作为媒体生态系统的成员，学习

者拥有超越技术技能获取的权利和责任,从而让不同倾向的组织以及教师和学生的作用都能有机地统一起来。此外,使教师和学生把媒介和他们特殊的本地环境联系起来。

除了提出"重新概念化语言"的课程实施建议,洛佩斯还提出了关于"工具与技巧"和"课程主题"的建议。如,在工具与技巧方面,教师可以要求学生:制图和做环境文件记录(使用媒体记录学习者的经验景观);通过符号学和媒介解构方法来解构企业的自然结构;使用生态媒介轮来定位(如,媒体在学习者生活世界中的整体情况);制作媒体和讲述故事(在学习者的家园社区利用媒体工具进行传播);自我民族志(做日志,或用网络摄像头记录自我反思的独白);融合媒体实践(团队协作进行媒体制作);讲述有联系的数字故事。在课程主题方面,课程主题可以包括:消费与可持续发展;广告中自然的企业代表;评价产品的生态诉求;解构环境新闻和政府制定的环境问题框架;汽车广告与石油经济的矩阵;食品快餐、营养、汽水、糖等广告;瓶装水;健康与环境;气候改变媒体;环境与社会正义;媒体中的动物(包括野生动物电影);替代性媒体与艺术家对环境问题的反应,等等。

总之,洛佩斯提供的模型是实验性的,不是决定性的。他认为,生态问题可以被集成到一个通常避谈环境问题的媒体研究课程中。对他而言,该实验教学验证了在不损害主要学科概念的情况下可以绿化出一个标准的媒介研究方法。事实上,纳入生态主题加强了对媒介的研究,这是因为它扩展了对媒介教育者是如此重要的民主、社会正义和参与的观念。生态媒体素养和绿色文化公民素养应该可以成为传媒素养教育工作者和研究者的一个重要目标。

第四章 美国传媒素养课程与实践案例

美国课程论专家泰勒认为，在做任何课程发展与教学计划时，必须回答4个基本问题：（1）学校应该达到哪些教育目标；（2）提供哪些教育经验才能实现这些目标；（3）怎样才能有效地组织这些教育经验；（4）我们怎样才能确定这些目标正在得到实现①。即一个完整的课程计划应该包括确定目标、选择经验、组织经验、评价结果四个方面。施良方先生的课程发展框架包含课程目标、课程内容的选择与组织、课程的实施、课程评价等几个部分，课程目标、课程内容的选择与组织又可以归为课程设计部分②。还有一些学者如皮纳尔（William. F. Pinar）、雷诺兹（William M. Reynolds）等人认为课程发展应该包括：（1）课程政策；（2）学校改革；（3）课程规划、设计和组织；（4）课程实施；（5）课程技术；（6）课程监督；（7）课程评价七个方面③。不同的学者在建构课程时，总会在课程目标、内容、学习经验和方法、材料以及课程评估方面融入自己的思想。对于美国媒介素养课程来说，到目前为止，美国各州都有传媒素养课程的应用与发展，如有将媒介素养融合到语言艺术、社会研究、数学和健

---

① 泰勒：《课程与教学的基本原理》，施良方译，北京：人民教育出版社1992年版，第2页。

② 施良方：《课程理论：课程的基础、原理与问题》，北京：教育科学出版社1996年版，第81页。

③ 威廉F. 派纳等：《理解课程》，张华等译，北京：教育科学出版社2003年版，第688页。

康课程中的马里兰州,将媒介素养融合到英语语言艺术课程中的犹他州及华盛顿州,以及将媒介素养融合到艺术课程中的加利福尼亚州等。本章结合一些实践案例,对美国中小学媒介素养课程与实践基本状况进行梳理和分析,力图对美国各地传媒素养课程发展的概况、美国现有的传媒素养教育课程标准以及美国传媒素养教育与不同科目的融合问题进行探究。

第一节 美国各地传媒素养课程发展概况

本部分对美国传媒素养教育的课程政策、建议和资金支持,以及美国各地传媒素养课程发展的基本状况进行管窥。一方面,美国传媒素养教育领域有着全国性的组织带领推动,另一方面,美国各州负责各自所在州的教育管理和实施,所以,美国各地传媒素养教育既有着一定的共性特征,又有着鲜明的个性特点。

一、美国传媒素养教育的课程政策、建议和资金支持

课程政策牵动课程的实施与发展。媒介素养教育一个努力的方向,便是希望得到更多的政策支持,这些政策可能来自联邦政府、州政府、学区以及各教育学会。

实际上,自美国的广播、电影、电视等大众媒体的普及应用和发展以来,美国教育界的一些有识之士一直都在对媒体的影响予以较大关注,这些关注一定程度上在本地、州或国家层面的教育倡议、政策或提案上都有反映。1937年,美国英语教师协会倡议在教学中使用电视。"20世纪30年代末,美国英语教师协会理事长罗伯茨(Holland D. Roberts)指出,教学中不使用电视这个新媒介的教师将被扫入过去的尘埃箱。20世纪40年代中期,该协会指出大众媒介是英语教学的三个基本功能之一。"[1]

---

[1] Source: March 6. 2012 NCTE Email newsletter to members, http://www.frankwbaker.com/history_of_media_literacy.htm.

20世纪70年代,美国英语教师协会继续不遗余力地推动媒介素养教育的发展,先后通过《媒介素养决议》和《为学生准备媒介评价技能的决议》(*Preparing Students With skill for Evaluating Media*),分别鼓励教师在课堂中应用"非印刷的文本"和提倡在K-12教育阶段教授"电视和广播评价"。[①] 1974年,美国通信委员会(Federal Communications Commission)发布儿童电视报告和政策声明,这是第一个关于电视节目实践建议的指导方针。

20世纪80年代,回归基础教育成为美国教育政策的支配主题。"因为公众中心将媒体素养教育与电视娱乐技术相连,使得批判性观看课程看起来像是多余的装饰。"80年代中期媒介素养教育遭遇了短暂的衰退。[②]

20世纪90年代,美国媒介素养教育迎来快速发展时期。1992年,美国教师协会发布了关于媒介素养教育的10条建议,建议的主题是关注和理解教师的需求,并征求媒体批判性分析的认证标准。[③] 1994年,克林顿总统签署了《目标2000:美国教育法》,教育部向各州和地方学区提供4万亿美元来提高8个核心科目的成绩和内容标准。在中小学各层次艺术标准中包含了媒体素养核心概念。

进入21世纪后,美国媒介素养教育的政策力度日渐加强。2002年,《不让一个孩子掉队》法案获得通过。该法案对艺术教育的资金进行分配并认识到将艺术教育整合到中小学各层次正规课程中的重要性,这也为媒介素养的发展开创了新的机会。

奥巴马总统入主白宫后,也提出了基础教育改革方案。该方案将改革美国公立学校,意图使所有学生都能胜任新型的全球化的劳动力市场。他为全美公立学校提出了"力争上游"计划(Race to the Top,简称RTTT),主张建立世界一流的学术标准和课程体系,以培养学生批判思维能力、问题解决能力和运用知识创新的能力,使学生胜任未来大学

---

① 张学波:《国际媒体素养教育的课程发展取向研究》,暨南大学出版社,2009年。
② http://www.westga.edu/~byates/policyma.htm.
③ 张学波:《国际媒体素养教育的课程发展取向研究》,暨南大学出版社,2009年。

学习或职业生涯。该法案为通过媒介素养教育发展学生批判思维能力提供了契机。

2009 年，奈特委员会发表了年度报告《一个民主国家社区的信息需求》(The Information Needs of Communities in a Democracy)。该报告特别指出，"应在学校、公共图书馆和其他社区中心广泛教授数字与媒介素养"。①

2010 年，美国教育部制定"2010 国家教育科技计划"也将数字与媒介素养提到了非常重要的高度。教育部指出，除了核心内容，批判思维、问题解决这些 21 世纪的能力也应融合到核心内容领域中。② 更为重要的是，凯瑟琳 T. 麦克阿瑟基金会（Catherine T. MacArthur Foundation）提供了超过 8 亿美元的数字媒介与学习的研究经费，支持各种研究与实践项目。

《K-12 共同核心课程标准》(Common Core standards, by National Governors Association & the Council of Chief State School Officers, 2010) 中出现媒介素养内容，足以证明美国教育界已经对传媒素养课程的重要性和必要性达成一定程度的共识。

显而易见，美国传媒素养课程政策和建议是推动与促进美国传媒素养课程广泛开展的重要因素之一。例如，在许多寻找如何将媒介素养融入中小学课程方式的教育者中，技术融合专家威尔（Val）致力于向教师提供在课程中融入媒介素养教育的技术支持。但当他们获得一个"通过技术提高教育"（EETT）的项目拨款时，威尔意识到单纯为教师提供技术培训并不一定能够实现技术融合。"通过技术提高教育"项目使威斯康星州西北部的 28 所农村校区，每个学校每学年都能配备一个教师和一个图书馆媒介专家。这些政策和资金支持，为传媒素养教育的进一步发展创造了有利的条件。当然，尽管美国的媒介素养教育已经取得一些进展，例如，所有的州课程标准中都包含媒介素养教育的内容，但是

---

① The Knight Commission. *The Information Needs of Communities in a Democracy*, 2009.
② Cyndy Scheib. Faith Rogow（2012），*The Teacher's Guide to Media Literacy Critical Thinking in a Multimedia World*, Ghousand Oaks, CA: Corwin Press, 121.

当传媒素养教育努力在教育者和政策制定者中间取得可信度的时候，还是遇到了一些挑战。首先，美国流行的观念是教育的主要目的是获得有利益的工作。这种教育的实用主义难以被拔除。泰纳指出，决定标准的重点被放在为了使学生实现就业的工作技能上。其次，媒介素养教育的理论基础存在一些不和的声音。媒介素养教育强调批判思维与评价技能，难以融入到一个具体的工作意愿上。因此，媒介素养教育领域面临政策环境的挑战，需要重新思考其历史，根据发展的环境做出一些变化。

就课程资金支持而言，美国媒介素养教育课程资金的两个主要来源是：（1）政府资助，包括联邦政府、州及学区教育主管部门等。（2）社会资金赞助。社会资金的主要贡献力量就是各类基金组织，包括公共基金组织，如国家艺术捐赠资金等；私人基金组织，如美国第一频道等。这些基金组织往往通过资助政策评论报告、研究和研讨会等方式支持媒介素养。[①] 课程资金很大程度上影响着课程的实施范围、力度和持续性。

1975年，考虑到公立学校对于增加和改良大众媒介教学的需求，福特基金会、马克尔基金会和美国科学基金会资助发布"电视与儿童"会议报告，建议将一些研究课程作为总课程的一部分。这些课程的主题包括媒介诉求分析、非语言符号的阐释、广播行业历史和结构的回顾、电视的经济和节目样式分析等。

1978年，为了帮助中小学教师进行批判性观看技能教学，美国政府教育办公室（the United States Office of Education）资助了4个种子项目，每个项目资助时长为两年。这4个项目分别是：西南教学发展实验室（K-5年级）、纽约市WNET13项目（6—8年级）、远西教育研发实验室（9—12年级）、波士顿大学项目。其中，远西教育研发实验室的资助金额为410,000美元，用以发展针对中学生的批判性观看技能项目。该项目旨在辨识适合青少年的电视技能，开发面向教师、学生和家庭的测验课程，为教育者、父母和机构领导创造资料和提供工作室，发布和传播这些资料。尽管这4个项目都取得了成功，但是由于紧接着深度的经

---

① Sherri Hope Culver, Renee Hobbs and Amy Jensen (2010), *Media Literacy in the United States*, International Media Literacy Research Forum, (1).08.09.2012.

济衰退，政府停止了额外的资助。也因为当时广泛流传的信念是学生需要知道如何在全球市场中展开竞争，这意味着他们需要计算机素养，而媒介素养教育与电视的娱乐本质相关，批判性观看技能项目也就被认为是没有必要的了。①

1993年，道昂斯媒介教育中心（the Downs Media Education Center）和其他的支持者，资助新墨西哥媒介素养计划（the New Mexico Media Literacy Project）。1996年，新墨西哥州教育部向该计划提供了3.2万美元的资金，阿尔布开克学院（Albuquerque Academy）也捐助了10.5万美元。在州预算缩减的情况下，阿尔布开克学院和商业公司的资助帮助了该计划继续运行。②

2000年，美国教育部和国家艺术捐赠基金会准予调拨100万美元，向8个州的10个项目提供联邦资助。2001年，两者再度合作，捐赠200万美元资助17个项目，其中10个是2000年资助项目的继续。2002年，联邦政府向现存的17个项目追加了200万美元，但是资助新项目失利。③ 近年来，美国宾夕法尼亚州500所高中受到公共基金的资助，用来发展媒介素养教育。

二、美国各地传媒素养课程发展

恺撒家庭基金会（Kaiser Family Foundation）在《M世代：8—18岁青少年儿童生活中的媒介》（*Generation M：Media in the lives of 8 - 18 year-olds*）报告中指出，美国的年轻人每天平均花费6.5小时在与媒介的互动上，而且通常同时使用多种媒介。其中，有5个小时花在电视和网络上，只有44分钟用来阅读书籍、杂志或报纸等。④ 新世纪世代、多

---

① 《教育政策》，http://www.westga.edu/~byates/policyma.htm。
② 《教育政策》，http://www.westga.edu/~byates/policyma.htm。
③ 张学波：《国际媒体素养教育的课程发展取向研究》，暨南大学出版社，2009年。
④ Roberts, Donald F., Ulla G. Foehr, and Victoria Rideout (2005), *Generation M: Media in the Lives of 8 - 18 year-olds*. Menlo Park: The Henry J. Kaiser Family Foundation. Retrieved August 10, 2010. http://www.kff.org/entmedia/upload/Generation-M-Media-in-the-Lives-of-8-18-Year-olds-Report.pdf.

媒体世代和多任务工作的世代的人们，接触媒体的时间和生活更多和更丰富，所以，接受相关的媒体教育必不可少。

美国分权的教育体制造成全国范围内媒介素养教育发展不一致。因此，媒介素养教育在各州与各中小学开展的情况呈现较大的差异性，具有自主多元、分散不均的特点。也就是说，媒介素养教育的开展主要依靠教师及研究者自己的力量，以分散的形式在各学校中进行不同程度的开展。下面，从州和学校两个方面，具体分析美国中小学媒介素养教育课程开展的状况：

首先，从州的范围来看，加利福尼亚州、密苏里州和马里兰州等州的中小学较为广泛地开展了媒介素养。最近的研究显示，将近一半来自加利福尼亚州21所高中的学生，参加了各种被设计为支持媒介素养能力的课堂活动，包括批判性地分析网站的可信度，使用互联网获取有关政治或社会问题的信息以及为网络创造内容。[①]

在密苏里州33所高中接受的一项调查来看，其中21所学校拥有媒介素养教育课程，包括17所公立高中和4所私立高中。这些媒介素养教育课程大多数是融入到语言艺术、媒介专家、图书馆专家、商业、美术、实用艺术、技术、健康和宗教等课程中。调查发现，三分之二的基于媒介的课程内容属于选修课。而21所学校有5所将媒介素养教育课程作为毕业生的必修课程。在所有媒介素养课中，有超过四分之三的课将媒介制作作为培养学生批判思维能力的手段。调查结果反映了该州的一些学校对媒介素养融合具有较高兴趣，其中，南路德高中（Lutheran South high school）几乎在所有课程中融入了媒介素养，多达50个部分。媒介素养在这个学校是被优先考虑的事，其他学校也对媒介素养给予了超过任何其他素养的重视，并将其整合进课堂。[②]

马里兰州是全美第一个在公立学校将媒介素养课程全面融入到多门

---

① Renee Hobbs, *The State of Media Literacy: A Response to Potter*, Journal of Broadcasting & Electronic Media 55 (3), 2011, 419-430.

② 史蒂夫·道格拉斯《在密苏里州中学中的传媒素养教育》调查报告中，对密苏里州的学校将传媒素养融合到日常课堂的情况进行了调查。密苏里州共有688所中学，其中525所公立学校，163所私立学校。

课程（语言艺术、社会研究、数学和健康课程）中的州，而这并不是官方的要求。在霍布斯为马里兰州小学、初中、高中学生开发的媒介素养教育课程《任务：媒介素养》中，高中课程明确要求学生精通社会研究和语言艺术的概念，主要的单元有"犯罪报告"和"名人文化"。还有一个"历史、文学和大众媒体"的单元要求学生通过探索19世纪和20世纪非洲殖民主义时期的历史来反思报纸杂志、历史和文学之间的联系。①

其次，从学校的范围来看，美国开展媒介素养教育的高中既包括公立与私立高中，也包括综合高中、选择性学校等学校类型。其中，既有成功的经验，也有失败的教训。新罕布什尔州康科德高中（Concord High School）自1998年起，开始实施一门媒介素养教育课程"英语11课程：媒介与传播"（English 11：Media/Communications），历时10余年，并在学区范围内成功推行。这门课程由一群英语教师为11年级的学生（16—17岁）创设，教师们使用一种综合方法将媒介素养融入英语语言艺术课，即广泛使用了多种文本和主题的教育方法。

纽约市的林肯广场高中（Lincoln Square High School）是在"新学校改革"②期间设立的一所400人以下的、主题式的公立学校。该校以"媒介"为学校的主题和特色，其首要目的在于"利用媒介分析和制作促进社区意识和行动主义"。教师们同时在特别的媒介课程和核心课程中发展媒介素养教育。但是，该校前四年的媒介素养教育并没有取得成功，原因在于该高中的媒介素养教育没有一个共同的将"媒介"主题融入课程的定义和计划，没有提高9—12年级媒介能力的清晰目标，没有一个一以贯之的媒介研究和融合的教育方法，也没有形成一个共同的学习者社区。许多课堂在"媒介"的名义下，呈现出无组织、零碎的特点，有的甚至没有持续一个学年。

纽约州伊萨卡的雷曼选择性社区学校（Lehman Alternative Community

---

① 张学波：《国际媒体素养教育的课程发展取向研究》，暨南大学出版社，2009年。
② 美国从2002年开始实行新学校改革，拆分大的学校，建立小的、选择性学校，实行个性化特色发展。

School，LACS）在10年级学生中实施社会研究与媒介素养融合课程已经大约20年。这些课程包括"中东辩论""战争的媒介建构"等。该校有长达10年的时间，被允许开发替代性评价，代替高中毕业会考。教师在此有机会将媒介素养融入多种课程领域，不受严格的州考试以及任何法定课程的限制。即便在2003年，该校学生开始需要参加州范围的统一考试，教师并没有采取"为了考试而教"的方式，媒介素养训练的批判思维等能力仍使学生在州考试中取得了好的成绩。当心项目（Project Look Sharp）中，将媒介素养融合到核心课程中发展的许多工作都是来源于教师在这所学校的经历。

  总的来说，在中小学实施媒介素养教育有以下三个好处：可以为年轻人提供批判性探究和分析的能力以发展他们多维度的教育经历，包括提高他们作为文化工业的受众、有素养者和参与者的意识；可以作为传统教育，尤其是标准化考试的一个彻底的、创新的突破；还可以作为一种教育干预，培养年轻人在接受媒介讯息和故事时的批判性理解能力，以及培养他们理解教育是步入成人社会的一种训练地带的意识。[①]

第二节　美国现有传媒素养教育课程标准

  任何国家教育课程的发展都必须以现有学科课程标准为基础，都不能脱离现实社会的实际而发展。特别是传媒素养融合课程的设置更要以课程标准为基础，尤其强调课程的相关性以及课程对学生的意义[②]。对于媒介素养融合课程来说，以现有学科标准为基础不仅是媒介素养教育的要求[③]，更是原有课程标准实现的要求。事实上，随着媒介在生活中

[①] Allison Butler, *Media goes to School: Young People Make Meaning of Media & Urban Education*, Peter Lang Pub Inc. Dec 2009.

[②] *Models of Curriculum Integration by Franzie L. Loepp* [EB/OL]. http://scholar.lib.vt.edu/ejournals/JOTS/Summer-Fall-1999/Loepp.html. 2013-3-10.

[③] 将媒介素养融合到传统学科不仅不会增加学生现有课时、打乱学校原有的教学计划，还在一定程度上减轻了教师和学生的学习负担。另有研究证明媒介素养融合课程比独立课程效果更好。

的地位和作用越来越大，有关媒介学习的内容已经越来越多地出现在美国全国各州的课程标准中。如共同英语语言艺术核心标准（Common Core English Language Arts Standards）小学1—5年级阅读标准中有一条要求：综合和评价包括视觉和文字等多种媒介信息的内容。这样的标准要求只有在拓展传统文本概念的前提下，由具有媒介素养的教师和专家指导才能实现。同样的，国家社会研究理事会（National Council for Social Study）小学课程标准中明确提出"我们生活在一个多媒体时代，信息不仅来源于印刷媒介，还来源于经过高度建构的图片、复杂的声音编排以及其他多媒体形式。多媒体时代要求我们拥有近用、分析、评价和创造信息的新技能"。《全国学生教育技术标准》（National Educational Technology Standards for Students）小学标准中指出要"培养学生的批判性思考、解决问题和做决定的能力"，《全国科技标准》（National Science Standards）综述中指出"质疑是科学学习的中心""学生应该拥有确定假设、批判性和逻辑性思考以及思考多种解释的可能性的能力"[1]。这些课程标准虽然形式不同，但都强调了学习多种媒介文本的重要性，其标准已经渗透并包含有媒介素养教育的要求。随着媒介素养教育在美国影响力的不断扩大，各州中小学课程标准中都开始涉及媒介素养的内容，这为美国中小学媒介素养融合课程的开发和实施准备了基本条件。

一、美国小学传媒素养教育课程标准

美国各州课程标准的内容是紧随社会发展而不断变化的，对媒介素养内容的认可也是如此。自1997年得克萨斯州英语语言艺术教师标准中第一次在"观察/再现"中加入媒介素养内容以来，其他各州纷纷修改或拓展州课程标准，增加媒介素养相关内容。美国媒介素养教育学者贝克（Frank. W. Baker）研究了美国各州课程标准，发现到

---

[1] Scheibe C, Rogow F., *The Teacher's Guide to Media Literacy: Critical Thinking in a Multimedia World* [M]. Corwin, 2011.

2012年底,在所有50个州的课程标准(主要考察"英语语言标准""社会和历史研究标准"和"健康标准"三个标准)中都包含有媒介素养的内容①。

(一)美国各州小学课程标准中与传媒素养相关的内容

美国50个州小学阶段课程标准中与媒介素养相关的内容,列表如下:

美国50个州小学阶段课程标准中与媒介素养相关的内容

课程标准 州名称	语言艺术 (Language Arts)	社会研究 (Social Studies)	健康/预防 (Health/Prevention)
阿拉巴马州 (Alabama)	6年级:在评价信息的内容和目的时,确认宣传是一种劝服的艺术。	*没有针对小学阶段媒介素养的要求,有针对高年级学生的。	4年级:评价媒介广告中与健康相关的信息。
阿拉斯加州 (Alaska)	**没有以年级划分课程标准,只有标准等级。	**没有以年级划分课程标准,只有标准等级。	5—8岁:解释媒介是怎样影响家庭成员关于健康的想法、感受和行为的。
阿肯色州 (Arkansas)	**没有以年级划分课程标准,只有标准等级。	3年级:理解不同文化背景的人对个人信息和经历的看法。	2年级:讨论媒介怎样影响对健康信息、产品及服务的选择。 3年级:评估媒介和技术对个人、家庭和社区健康的影响。
亚利桑那州 (Arizona)	**没有以年级划分课程标准,只有标准等级。	**没有以年级划分课程标准,只有标准等级。	**没有以年级划分课程标准,只有标准等级。

---

① *State Standards Which Include Elements of Media Literacy*. [EB/OL] http://frankwbaker.com/state_lit.htm. 2013-3-10.

(续表)

课程标准州名称	语言艺术（Language Arts）	社会研究（Social Studies）	健康/预防（Health/Prevention）
加利福尼亚州（California）	4年级：评价媒介在让受众集中注意力和形成对某议题的观点时的作用。 5年级：确定、分析和评判说服技巧，确定媒介信息中的逻辑错误；分辨媒介信息中的逻辑谬误；将媒介当做获取信息、娱乐、劝服、解释事件和文化交流的资源。	*没有针对小学阶段媒介素养的要求，有针对高年级学生的（11—12年级）。	*没有针对小学阶段媒介素养的要求，有针对初中和高中学生的。
科罗拉多州（Colorado）	**没有以年级划分课程标准，只有标准等级。	5—8年级：区分一手和二手资料；解读地图、照片、艺术品中的数据；检查观点、历史文献及议题中的数据；评价媒介和大众舆论在形成公共政策时的作用。	6年级：使用可靠、有效的信息、产品和服务来增强健康饮食习惯；区分虚假广告和真实信息的能力是保持终生健康的关键。
康涅狄格州（Connecticut）	6年级：评价媒介信息的可信度、准确性和偏见，包括网站、电子唱片、视觉及其他技术资源。	5—8年级：分析技术、广告和媒介在投票和法律制定中的影响；评估检索信息的质量、数量以及可信度。	5—8年级：描述媒介、情绪、文化以及家庭对食品选择的影响；解释媒介是怎样影响个人行为和选择的；解释个人、文化及媒介的形式对ATOD（烟、酒及其他药物）使用的影响。

(续表)

课程标准 州名称	语言艺术 (Language Arts)	社会研究 (Social Studies)	健康/预防 (Health/Prevention)
特拉华州 (Delaware)	*没有针对小学阶段媒介素养的要求，有针对高年级学生的。 (9年级)	*没有针对小学阶段媒介素养的要求，有针对高年级学生的。 (6—8年级)	2年级：寻找对大众健康有威胁的信息，如烟草广告等。 3年级：了解市场、包装、广告和个人身型是怎样影响食品选择的。
佛罗里达州 (Florida)	K-5年级：区分小说和非小说的不同；根据不同的主题、受众和目的创作出不同类型的文章和作品；分析信息化文章的特点并根据现实生活练习写作；为特定受众写作劝服性文章。	**没有以年级划分课程标准，只有标准等级。	*没有针对小学阶段媒介素养的要求，有针对高年级学生的。(7—9年级)
乔治亚州 (Georgia)	*没有针对小学阶段媒介素养的要求，有针对高年级学生的。 (8年级、9年级、12年级)	**没有以年级划分课程标准，只有标准等级。	**没有以年级划分课程标准，只有标准等级。
夏威夷州 (Hawaii)	4年级：确定视觉媒介传递信息所使用的技术。 5年级：描述广告技术是怎样应用到多种媒介中的。 6年级：描述视觉媒介传递的多种信息。	4—5年级：分析产生偏见的信息和观点的来源。	6—8年级：对比不同媒介来源的健康信息的特点；思考影响我们选择健康信息的因素。

第四章 美国传媒素养课程与实践案例

（续表）

课程标准 州名称	语言艺术 (Language Arts)	社会研究 (Social Studies)	健康/预防 (Health/Prevention)
爱达荷州 (Idaho)	*没有针对小学阶段媒介素养的要求，有针对高年级学生的。 (9—11年级)	4年级：通过读报、看电视、听收音机等研究当地或州政府当前发生的社会议题，并做报告。	*没有针对小学阶段媒介素养的要求，有针对高年级学生的。 (9—12年级)
伊利诺伊州 (Illinois)	**没有以年级划分课程标准，只有标准等级。	**没有以年级划分课程标准，只有标准等级。	**没有以年级划分课程标准，只有标准等级。
印第安纳州 (Indiana)	**没有以年级划分课程标准，只有标准等级。	**没有以年级划分课程标准，只有标准等级。	*没有针对小学阶段媒介素养的要求，有针对初中和高中学生的。
爱荷华州 (Iowa)	3—5年级：使用技巧解读视觉媒介；使用标准评价媒介信息；理解媒介形式是怎样在视觉叙事中呈现的。	3—5年级：分析视觉媒介在社会和文化中的作用。	无。
堪萨斯州 (Kansas)	**没有以年级划分课程标准，只有标准等级。	**没有以年级划分课程标准，只有标准等级。	5—8年级：描述媒介信息是怎样影响健康信息和产品选择的。
肯塔基州 (Kentucky)	K-4年级：分辨媒介信息中的劝服性信息；确定劝服技巧的种类；了解劝服技巧的使用。	*没有针对小学阶段媒介素养的要求，有针对高年级学生的。 (8年级、11年级)	*没有针对小学阶段媒介素养的要求，有针对高中学生的。

(续表)

课程标准 州名称	语言艺术 (Language Arts)	社会研究 (Social Studies)	健康/预防 (Health/Prevention)
路易斯安那州 (Louisiana)	**没有以年级划分课程标准，只有标准等级。	**没有以年级划分课程标准，只有标准等级。	5—8年级：探究各种媒介对健康行为的积极和消极影响；评估各种媒介对购物的影响。
缅因州 (Maine)	**没有以年级划分课程标准，只有标准等级。	**没有以年级划分课程标准，只有标准等级。	**没有以年级划分课程标准，只有标准等级。
马里兰州 (Maryland)	**没有以年级划分课程标准，只有标准等级。	*没有针对小学阶段媒介素养的要求，有针对高中学生的。	*没有针对小学阶段媒介素养的要求，有针对高中学生的。
马萨诸塞州 (Massachusetts)	2—4年级：确定媒介信息的目的，如提供信息、说服或娱乐等。 5年级：培养学生的戏剧素养，区分叙事文本和电影、戏剧的不同。	5—8年级：描述并评估与选举、广告、经济有关的数据和媒介材料。	**没有以年级划分课程标准，只有标准等级。
密歇根州 (Michigan)	3年级：确定媒介信息的主要内容，并判定其真实性。 5年级：确定媒介信息的目的，如娱乐、说服等。	3年级：描述政党、财团、媒介和个人在形成大众舆论的作用。	**没有以年级划分课程标准，只有标准等级。
明尼苏达州 (Minnesota)	**没有以年级划分课程标准，只有标准等级。	**没有以年级划分课程标准，只有标准等级。	**没有以年级划分课程标准，只有标准等级。

(续表)

课程标准州名称	语言艺术（Language Arts）	社会研究（Social Studies）	健康/预防（Health/Prevention）
密苏里州（Missouri）	K-4年级：对多文化媒介信息的阅读、观看、倾听和反馈；理解故事、录影带、书籍和其他形式中传递的信息。	5—8年级：分析并评价各种形式的广告。	K-4年级：解释媒介信息是怎样影响消费者在健康行为和产品上的选择的。
密西西比州（Mississippi）	*没有针对小学阶段媒介素养的要求，有针对高中学生的。	无。	**没有以年级划分课程标准，只有标准等级。
蒙大拿州（Montana）	4年级：确定媒介信息中的事实、小说和观点；为特定观众和目的创造媒介信息。	**没有以年级划分课程标准，只有标准等级。	*没有针对小学阶段媒介素养的要求，有针对高中学生的。
内布拉斯加州（Nebraska）	4年级：确定偏见和商业；评价偏见和商业信息。	**没有以年级划分课程标准，只有标准等级。	**没有以年级划分课程标准，只有标准等级。
内华达州（Nevada）	3—4年级：确定劝服性和议程设置的技巧。	*没有针对小学阶段媒介素养的要求，有针对高中学生的。	2年级：确定各种形式的健康广告。5年级：分析文化、媒介技术以及其他因素对健康的影响。
新罕布什尔州（New hampshire）	**没有以年级划分课程标准，只有标准等级。	**没有以年级划分课程标准，只有标准等级。	5年级：分析媒介信息是怎样影响健康行为的。
新泽西州（New Jersey）	**没有以年级划分课程标准，只有标准等级（有独立的视觉和媒介素养标准）。	**没有以年级划分课程标准，只有标准等级。	*没有针对小学阶段媒介素养的要求，有针对高中学生的。

（续表）

课程标准州名称	语言艺术（Language Arts）	社会研究（Social Studies）	健康/预防（Health/Prevention）
新墨西哥州（New Mexico）	3年级：对媒介产品的目的有明智的判断。6年级：对比纸质和非纸质媒介的特点。	5—8年级：根据多种资源（人、媒介技术、图书馆等）介绍和报道社会研究。	K-4年级：介绍媒介是怎样影响思想、感觉和健康行为的。
纽约州（New York）	K-12年级信息素养课程：学生应该利用各种媒介为自己所用。	**没有以年级划分课程标准，只有标准等级。	**没有以年级划分课程标准，只有标准等级。
北卡罗来纳州（North Carolina）	5年级：使用各种媒介劝服受众。	K-12年级：通过媒介获取信息。	4年级：分析与健康产品相关的广告。
北达科他州（North Dakota）	**没有以年级划分课程标准，只有标准等级。	*没有针对小学阶段媒介素养的要求，有针对高中学生的。	K-4年级：分辨媒介是怎样影响个人思想、感觉和健康行为的。
俄亥俄州（Ohio）	5年级：确定媒介信息作者的意图。	5年级：分析与世界议题相关的媒介信息。5—8年级：利用媒介表达对社会、环境、政治等议题的看法。	**没有以年级划分课程标准，只有标准等级。
俄克拉荷马州（Oklahoma）	4年级：区分媒介中的事实、观点和幻想。	3年级：解释地图、图表、图画、地球仪及卡通等。	2年级：描述需选择健康食品的原因，以及影响个人食品选择的因素。3年级：考虑广告和消费选择，描述怎样成为健康的人。

(续表)

课程标准 州名称	语言艺术 (Language Arts)	社会研究 (Social Studies)	健康/预防 (Health/Prevention)
俄勒冈州 (Oregon)	**没有以年级划分课程标准，只有标准等级。	*没有针对小学阶段媒介素养的要求，有针对高中学生的。	5年级：解释媒介、文化及家庭是怎样鼓励健康饮食习惯的。
宾夕法尼亚州 (Pennsylvania)	5年级：偏见和议程设置。	3年级：确定媒介在社会中的作用。	*没有针对小学阶段媒介素养的要求，有针对高中学生的。
罗德岛州 (Rhode Island)	**没有以年级划分课程标准，只有标准等级。	无。	**没有以年级划分课程标准，只有标准等级。
南卡罗来纳州 (South Carolina)	*没有针对小学阶段媒介素养的要求，有针对高中学生的（有单独的视觉艺术素养标准）。	K-3年级：解释来自多种社会研究的信息。 4—5年级：使用多种类型媒介来整合社会研究信息的资料。 5年级：总结二战后的美国文化发展，包括流行文化和大众媒介的发展变迁。	2年级：描述家庭、朋友和媒介包含个人安全、避免伤害的方法。
南达科他州 (South Dakota)	**没有以年级划分课程标准，只有标准等级。	**没有以年级划分课程标准，只有标准等级。	**没有以年级划分课程标准，只有标准等级。
田纳西州 (Tennessee)	**没有以年级划分课程标准，只有标准等级。	**没有以年级划分课程标准，只有标准等级。	**没有以年级划分课程标准，只有标准等级。

(续表)

课程标准州名称	语言艺术 (Language Arts)	社会研究 (Social Studies)	健康/预防 (Health/Prevention)
德克萨斯州 (Texas)	**没有以年级划分课程标准，只有标准等级（有独立的阅读/媒介素养标准）。	**没有以年级划分课程标准，只有标准等级。	3年级：描述媒介是怎样影响个人健康知识和行为的；展示传播健康信息的媒介类型。
犹他州 (Utah)	**没有以年级划分课程标准，只有标准等级（有独立的媒介素养标准）。	**没有以年级划分课程标准，只有标准等级。	**没有以年级划分课程标准，只有标准等级。
佛蒙特州 (Vermont)	K-4年级：分析并解释多种媒介类型的特点；从多方面的媒介信息中做出明智的判断；对比媒介信息与现实生活的区别。	K-4年级：理解归纳、分类、偏见和其他刻板印象的关系，以及这些方式在分析证据和数据时的用法。	1—2年级：理解文化、媒介、同伴、家庭和其他因素是怎样影响个人健康的。 3—4年级：分析广告和市场是如何影响个人健康行为的。
弗吉尼亚州 (Virginia)	**没有以年级划分课程标准，只有标准等级（6—7年级有独立的媒介素养标准）。	5—6年级：利用媒介信息和历史文献了解美国历史。	5年级：评价各种媒介信息是如何影响个人对健康信息、产品和服务的影响的。
华盛顿州 (Washington)	4年级：分辨不同的媒介类型；分辨媒介信息中的事实、观点、广告；理解所有的媒介信息都是从特定角度出发的。	**没有以年级划分课程标准，只有标准等级。	**没有以年级划分课程标准，只有标准等级。

(续表)

课程标准 州名称	语言艺术 (Language Arts)	社会研究 (Social Studies)	健康/预防 (Health/Prevention)
西弗吉尼亚州 (West Virginia)	3年级：了解各种媒介的样式和特点。	4年级：分析影响消费者选择的媒介形式和技术。	**没有以年级划分课程标准，只有标准等级。
威斯康星州 (Wisconsin)	**没有以年级划分课程标准，只有标准等级。	4年级：确定、组织和使用相关信息来解释课堂或学校发生的议题，了解不同学生的观点和兴趣。	**没有以年级划分课程标准，只有标准等级。
怀俄明州 (Wyoming)	*没有针对小学阶段媒介素养的要求，有针对高中学生的。	4年级：学生解释事实信息；学生使用书写、口头和视觉等形式交流和沟通。	*没有针对小学阶段媒介素养的要求，有针对高中学生的。

（二）美国小学课程标准中传媒素养成分存在的特点

通过以上比较研究，可以发现美国小学课程标准呈现出以下特点：

1. 所有50个州课程标准中都包含媒介素养内容

媒介素养广泛存在于美国50个州的课程标准中，一般包含在"英语语言标准""社会和历史研究标准"及"健康标准"中，还有一些包含在其他课程标准中，如夏威夷州"技术课程标准"、威斯康星州"艺术和设计教育标准"等。其中，所有50个州的"英语语言标准"，除密西西比、罗得岛州以外的48个州的"社会和历史研究标准"，除爱荷华州以外的49个州的"健康标准"中都包含媒介素养的内容。

2. 39个州课程标准中明确包含小学媒介素养内容

虽然全美国50个州课程标准中都包含媒介素养相关内容，但只有39个州在课程标准中标明小学阶段（即K-5年级）应该达到的媒介素养要求，其中只有6个州在"英语语言标准""社会和历史研究标准"及

"健康标准"三个标准中都有明确的媒介素养内容,其他33个州都有一项或两项不明确。在三个标准中都明确包含媒介素养的6个州中,仅有佛蒙特州和密苏里州的课程标准是从幼儿园到四年级(K-4)一以贯之的,其他4个州只有某个年级课程标准中包含媒介素养。

其余11个州小学课程标准中没有明确指出媒介素养的内容,基本包括两种情况:一种是该州没有以年级划分课程标准,只有标准等级,因而找不到明确的媒介素养内容,如亚利桑那州、缅因州、犹他州;二是该州"英语语言标准""社会和历史研究标准"和"健康标准"三个标准不统一,有的标准没有按年级划分,有的标准只在高年级适用,如佐治亚州、马里兰州、密西西比州、罗得岛州、新泽西州、南达科他州、田纳西州。

综合来说,美国各州小学课程标准中包含媒介素养的程度差别很大,有的州对媒介素养的要求比较细致和严格,有的州却没有涉及或涉及较少。

3. 40个州小学课程标准中媒介素养内容相差不大

事实上,虽然各州小学课程标准中对媒介素养的描述各不相同,但本质上相差不大。在"英语语言标准"中,大部分州要求学生掌握的内容包括:(1)了解不同类型媒介的特点;(2)确定媒介信息所使用的劝服方式;(3)评价媒介信息的可信度和可靠性,分辨媒介信息中的错误与偏见;(4)将媒介作为获取信息、娱乐、劝服和交流的工具;(5)为特定目的和受众创作不同的媒介内容。

在"社会和历史研究标准"中,大部分州要求学生掌握的内容包括:(1)解读媒介中的数据、地图、照片等,区分一手和二手资料;(2)评价媒介和公共舆论在制定公共政策时的作用;(3)通过各种媒介了解当地或国家当下讨论的社会议题,并形成自己的观点;(4)分辨商业广告和普通信息,评价广告效果;(5)学会收集和整合信息,了解美国历史和文化的发展变迁。

在"健康标准"中,大部分州要求学生掌握的内容包括:(1)从不同类型的媒介中获取有关健康的信息;(2)评价媒介中有关健康的信息是否可靠和准确；(3) 分析媒介、文化、家庭对个人健康信息、产品和服务的影响；(4) 了解烟酒广告是如何影响青少年吸烟、酗酒等不良行为的。

4. 少数州小学课程标准中标明"媒介素养"的要求

在美国全国50个州中，大部分州小学课程标准中只是包含媒介素养的内容，而佛罗里达州、新泽西州、新墨西哥州、德克萨斯州、犹他州、弗吉尼亚州几个州则将"media literacy"作为"英语语言标准"的一部分明确标示出来，体现出这几个州政策制定者对媒介素养的重视。这六个州课程标准中媒介素养的内容对比如下：

美国已有六州媒介素养要求内容对比

州名称	媒介素养要求
佛罗里达州（Florida）	K-5：理解媒介是日常生活的一部分；使用系统的过程来收集、处理和呈现信息；媒介素养是一种帮助人们做出明智决策的生活技能；学生应该将媒介技能作为了解世界的工具。
新泽西州（New Jersey）	理解媒介信息是社会现实的再现，也是世界的一部分；分析媒介产品是怎样呈现文化价值的；选择适合于受众的媒介形式；分析不同类型媒介的特点；分析媒介形式、媒介技术与媒介信息呈现效果、受众的关系；讨论政治、经济、社会因素对新闻媒介的影响。
新墨西哥州（New Mexico）	学生需要利用文学和媒介来形成对人、社会和自己的认识和理解。
德克萨斯州（Texas）	学生使用媒介技能来分析文字、图片、图表以及声音等多种形式对媒介意义的影响。
犹他州（Utah）	K-6年级：学生应该学会批判性地解读当地和大众媒介信息，做出明智的选择，成为一个负责任的学习者；学生应该学会处理媒介信息；媒介素养是现代公民、明智决策者和健康生活方式的重要技能。
弗吉尼亚州（Virginia）	学生应该理解媒介素养的要素：不同类型的媒介、媒介信息的特点和效果、利用媒介创造特定信息；区分事实、观点、证据和推论等。

综上可以看出，这六个州"英语语言标准"中明确提出的媒介素养要求比较简单，并没有提出针对媒介素养教育的翔实的实践要求。但都强调学生对媒介信息的理解、分析和利用能力的培养，基本上涵盖了媒介素养的技能要求，体现了这几州课程标准制定者对媒介素养的了解和重视。

（三）现有美国小学传媒素养课程标准介绍

除此之外，蒙大拿州、犹他州、马里兰州走在全美国小学媒介素养教育发展的前列，制定出符合本州背景和特点的媒介素养标准①。

蒙大拿州媒介素养课程标准是在2001年10月由蒙大拿州公共教育办公室公布的，其课程内容标准有四条：（1）学生要意识到媒介信息是用特定的技术建构的，这些技术巧妙地处理了声音、图像、文字和动画以便传递特定的意义；（2）学生能区分不同用途的媒介并使用合适的媒介；（3）学生能运用一些知识、技术和策略来设计和创造媒介信息；（4）学生能鉴别、分析和评价媒介对个人和社会的影响。蒙大拿州媒介素养等级标准涵盖K-12各个年级，但只对4年级、8年级和12年级毕业生分别规定了不同等级的标准，将学生按照上述媒介素养四条内容的掌握程度上分为初学者（novice）、接近精通的（nearing proficiency）、精通的（proficiency）和高级的（advanced）四档②。

犹他州在2000年制定了"图书馆媒体学"课程标准，"媒介素养"是其中一部分，标准详细提出了四条K-6年级媒介素养标准要求③，包括：（1）学生要知道媒介素养是一种生活技能，是现代公民职责、决策和健康的生活方式的一部分；（2）学生通过分析媒介信息的基本元素理解媒介信息的形式、功能、内容、目的和对受众的影响；（3）学生要学会评价媒介信息的基本元素和目的，以便选择媒介信息为个人和教育所

---

① United States Standards for Media Literacy Education. [EB/OL] http://www.medialiteracy.com/standards.htm. 2013-3-13.
② 赵丽:《美国蒙大拿州K12媒体素养课程标准研究》，《上海教育科研》，2007年第4期，第44页。
③ 赵丽，徐金雷:《解读美国犹他州K-6媒体素养教育》，《电化教育研究》，2006年第5期，第60页。

用;(4)学生用已选的形式创造媒介信息,遵循"知道——分析——评价——产品"四个步骤。同时,犹他州还详细制定了 K-6 各个年级媒介素养的课程目标和课程内容,为犹他州小学媒介素养教育提供了具有可行性和操作性的指导。

严格意义上来说,马里兰州并没有制定全州媒介素养课程标准,但马里兰州早在 2000 年就编制出一套适用于小学、初中和高中媒介素养教育的课程——"任务:媒介素养"(Assignment:Media Literacy),成为全美第一个在全州公立学校将媒介素养整合到多门学科的州①。马里兰州小学阶段的媒介素养课程目标包括让学生了解和掌握:(1)媒介是如何吸引观众注意力的;(2)什么是新闻价值和新闻真实性;(3)媒介是如何再现事实的;(4)个人和团体面对同一事实的看法如何不同;(5)什么是收视率,如何看待"节目导视";(6)媒介内容对观众的影响;(7)如何健康、合理地使用媒介资源。马里兰州的小学媒介素养内容在语言艺术、健康、社会研究及其他课程中都有涉及。

综上所述,我们可以了解到,对于小学媒介素养标准的制定美国各州情况有所不同,有的州课程标准中还未明确涉及媒介素养的内容,有的州已经制定出适用于全州小学的媒介素养标准,更有一些州制定并实施了媒介素养课程,在语言艺术、社会研究和健康等课程中都进行了融合尝试。相信随着时间的发展,美国各州的媒介素养标准会更加丰富和专业,依托于这些标准而实施的媒介素养教育活动会越来越多。

二、美国中学传媒素养教育课程标准

教育标准与学校实际的课程实施不同,教育标准仅仅只是课程的模范和结果的目标。美国公立学校课程的修改和创设需要以州标准为基础。因为各学校的课程计划各不相同,评价一个州融入媒介素养最简单的方法就是看其公立学校教育的标准。因此,州标准是判断一个州公立

---

① 胡蕊卿:《美国马里兰州中小学媒介素养教育课程研究》,中国传媒大学硕士学位毕业学位论文,2009 年。

学校学生将要接受的媒介素养训练的数量和质量的指标。

(一) 美国中学传媒素养教育标准现况

根据媒介素养数据交换中心网站的最新数据显示，目前美国50个州的课程框架中全部都含有媒介素养教育的内容，最广泛的三个领域分别是英语、语言和传播艺术课程（50个州），其次是融入健康、营养与消费主义课程（49个州）和社会研究、历史和公民学课程（39个州）。7个州有单独的与媒介相关的教育标准。①

关于高中媒介素养教育标准，加利福尼亚州9—12年级历史和社会科学研究框架都包含媒介素养教育的标准，要求社会研究课程必须重点突出政治广告、广播与电影中的不准确说法和偏见等。密苏里州9—12年级健康课程框架要求学生能够评估媒体描绘的理想图像和精英式行为。② 德克萨斯州对媒介素养教育标准的规定十分完备，中小学媒介素养教育的实施也比较彻底，包含了深度的高中阶段的媒介素养资料。1999年，美国德克萨斯州发布了新的语言学科标准，明确提出除了"听、说、读、写"以外，"观看和再现"也被列入语言能力教学目标之中。2008年，"观看和再现"部分被修订，相同的方针在更早的年级得到更深入的教授。蒙大拿州也是媒介素养教育融合工作开展得较好的州，该州媒介素养标准包含了针对4、8、12年级学生的媒介素养标准。③

这些标准的广度和内容千差万别，从加利福尼亚州和北卡罗来纳州的广泛和详细的媒体素养要求到堪萨斯州的社会研究标准中的单一参考，到"从多种角度解释美国参与越南战争"，包括"媒体

---

① 传媒素养首先是融入英语、语言和传播艺术课程（46个州），其次是融入社会研究、历史和公民学课程（30个州）和健康、营养与消费主义课程（30个州）中，少数融入了与媒介相关的课程（7个）。http：//frankwbaker.com/media-literacy-in-the-k12-classroom/.

② Robert Kubey, Frank Baker (1999), *Has Media Literacy Found A Curricular Foothold?* http：//www.frankwbaker.com/edweek.htm.

③ *Montana K-12 Information Literacy/Library Media Content Standards Framework*. Adopted by the Montana Board of Public Education. July 2008.

文化"。① 在新墨西哥州，麦坎农的新墨西哥州媒体素养项目已经与州合作开展全面的 K-12 媒介素养课程。同样，威斯康星州的综合课程是受康西丁的跨学科方法和他的让学生参与到"意义的建构中而不是被动地接受它"②的哲学理念的影响。以下是四个州完全不同的媒体素养举措的描述。③

1. 马萨诸塞州

马萨诸塞州的媒介素养实验始于 1992 年的比尔里卡/第一频道（Billerica/ Channel One）的争论，冲突继续困扰着该州的媒介素养教育。霍布斯报告说，当 1995 年一群教育家、学者、艺术家和活动家自称马萨诸塞州媒体素养联盟，在公共电视台 WGBH 召开一系列会议的时候，"不同目标、动机和教学实践所产生的冲突就变得明显了"。有些人被一些与会者评论中的反媒体语气（"杀死你的电视"）冒犯了。

一些学者认为，教师和非营利组织代表的言论是肤浅的，没有足够的理论知识。一些与会者认为，批判教育的目的应该扭转年轻人过分依赖媒体信息，说服他们把兴趣转移到替代性媒体艺术上。而其他人理解大众媒介消费是一个自然的、儿童期和青春期发育正常的部分。④ 尽管存在冲突，但马萨诸塞州教育部将媒体素养纳入语言艺术、社会研究和健康课程。自从 1994 年推出以来，"媒体部分"一直是英语语言艺术框架的一部分。根据马萨诸塞州中小学教育部的韦尔特尔（Susan Wheltle），标准的早期版本，分为"媒介分析"和"媒介生产"部分，"几乎对媒体有一种怀疑，我们一直努力摆脱"，韦尔特尔负责协调州的

---

① See Frank Baker & Robert Kubey, *State by State Media Frameworks*, 1999, http://www.med.sc.edu：1081/statelit.htm; http://www.med.sc.edu：1081/kansas.htm (accessed 8/21/03).

② David Considine, Gail Haley (1992), *Visual Messages: Integrating Imagery into Instruction*, Englewood, Colo: Teachers Ideas Press, 35, 9.

③ Marjorie Heins and Christina Cho, *Media Literacy: An Alternative To Censorship*. Second edition, revised and updated, © 2003. Also available online at www.fepproject.org.

④ Renee Hobbs (1998), *Seven Great Debates in the Media Literacy Movement* [J]. *Journal of Communication*.

英语、艺术、外语、历史和社会科学框架。①

马萨诸塞州2001年媒体素养标准的目的强调大众传播媒体和研究传统的对象之间的差异,而不是赞成一个妖魔化另一个。他们开始承认"尽管书面语仍然是英语语言艺术课堂的中心内容,但其他媒体作品的研究为教师提供了讲授每种媒介的鲜明特点以及从一种媒介转换到另一种媒介的机会"②。因此,语言艺术课中的"学习部分26"要求学生"识别、分析和提供电影、广播、录像、电视、多媒体制作、互联网和新兴技术的惯例、要素和技术知识"。"健康/预防"课程要求对商业广告进行评价,例如,包括快速减肥计划和低脂食品广告的可信度。③

虽然媒体素养是国家课程标准的一个组成部分,但当地的学校董事会在很大程度上负责如何把它纳入其中。例如,伯灵顿学区起草了自己的"K-12媒介素养对于学生的学习期望",设计符合州标准。④ 一个地方检察官,埃塞克斯郡的凯文伯克也采用了媒介素养课程,针对未成年犯,旨在帮助他们"解构有害的媒体信息","在自己的生活中做出更健康的决定,尤其是在暴力、吸毒和偏见方面"。该项目称为《闪光点:通过媒介素养的视角看生活技能》,在青少年消遣项目中和在青少年被拘留期间进行了试验测试。全州超过200名少年司法和预防协调员在课程教学方面接受了培训。⑤

2. 夏威夷州

夏威夷州代表着在立法层面上要求媒体素养的早期尝试。正如泰纳

---

① Susan Wheltle, telephone communication, Jan. 23, 2002.

② *Massachusetts English Language Arts Curriculum Framework* (Malden, MA: Massachusetts Dept. of Education, June 2001): 93, www. doe. mass. edu/frameworks/current. html (accessed 8/21/03).

③ "*Massachusetts*," http://www. med. sc. edu: 1081/massachusetts. htm (accessed 8/21/03).

④ See "*Welcome to the Joan F. Miles Library*," www. burlington. mec. edu/hs/library (accessed 8/21/03).

⑤ "*Media Literacy and Juvenile Justice*," http://www. ci. appstate. edu/programs/edmedia/medialit/medialit_juvenile. html (accessed 8/22/03); "*Juvenile Justice Unit*," www. danverspolice. com/jdp. htm (accessed 8/22/03).

(Kathleen Tyner)所指出的,媒介素养在夏威夷州是一个刻不容缓的问题,鉴于它有可能打击大众媒体中普遍存在的种族陈规定型观念,反过来,教给学生创造他们自己的媒体产品,传达更多的平衡该州的描述。①媒介素养,其目标是创建一个更有能力的公民,在一个州中产生一个特别共振的应对自己主权问题的弦。

1994年,夏威夷州议员杨杰基(Jackie Young)提出一项议案,请立法会参考局在夏威夷州进行一个适当的媒体素养教育计划的研究。借鉴"组织如国家电信委员会、媒介素养战略、媒体与价值观中心,努力向公众宣传媒介素养的重要性",这项议案可能是迈向为夏威夷青年和最终成年人口的全面媒体素养倡议的第一步。然而,该议案并没有通过。② 自那时起,该州赞助规模较小的媒体素养计划,如文化和视觉素养项目,该项目是夏威夷国际电影节与美国教育部的合作。该项目为教师举办讲习班,并向他们提供课程计划。在某些情况下,为学生提供帮助他们进行框架讨论和在电影放映节观看电影的教学材料。③ 同时,该州的语言艺术、社会研究、健康和教育技术课程都融入了媒介素养概念。例如,在其教学标准"技术作为4—5年级学生的研究工具"中,夏威夷州要求学生识别"信息来源和观点,以分析任何偏见",包括"通过互联网检索的材料是事实还是观点。"④

3. 加利福尼亚州

根据库贝和贝克1999年的研究,在美国,加利福尼亚州的课程标准中拥有一个较全面的媒体素养要求。在4年级语言艺术课中,学生们学会"评估媒体在关注事件和形成问题看法上的作用"。到11—12年级

---

① Kathleen Tyner, "*Media Literacy Bill Introduced in Hawai'i*," interact. uoregon. edu/MediaLit/mlr/readings/articles/hawii04. html (accessed 8/22/03).

② H. C. R. 363 (1994), reproduced in Tyner, "Media Literacy Bill Introduced in Hawai'i," supra n. 102.

③ Bev Lum, "*An Overview of Media Education in Hawai'i*," Technology Dept., Hawai'ian Dept. of Education Newsletter, reprinted in *Media Literacy Review*, interact. uoregon. edu/MediaLit/mlr/readings/articles/hawii01. html (accessed 8/22/03).

④ "*Hawaii*," http://www.med.sc.edu:1081/Hawaii.htm (accessed 8/22/03).

的时候，课程必须覆盖"媒体告知、说服、娱乐和传播文化"所使用的策略，包括"持久的刻板印象"。中学社会研究课程必须处理政治广告、广播和电影中的不准确和偏见。健康课程要求学生论文评价一个选定的电视节目中的家庭动态，评价展示广告如何传达关于身体形象信息的拼贴，以及评价"关于使得学生变得性活跃的影响和压力"的课堂讨论。①

除了加利福尼亚的课程要求，由美国教育部 2000 年媒体素养倡议资助的两个项目在公立学校课堂外运作。2001 年，在西康特拉科斯塔县（West Contra Costa County）学区的"心灵的工作：青少年儿童媒介素养"（"Work of the Mind: Media Literacy for Kids and Teens"）项目，针对"危险"的小学生，他们中的许多人因为行为不良而被开除出主流学校，而洛杉矶贝尔蒙高中的"国际：重新活跃：青年、游戏和美国社会想象"（"Inter: Re-Active: Youth, Gaming and the American Social Imaginary"）项目与当地的一个非营利和数字艺术工作室合作，让年轻人和艺术家一起参与创造性的项目，抵制城市、低收入地区、主要是移民社区的暴力行为。参加这个"国际：重新活跃"项目的年轻人，在两个私人基金会和一个风险投资顾问的支持下，讨论媒体暴力，设计会被商业化销售的替代性幻想游戏，因此，"为学生的创意产品提供一个金钱奖励，并让公众认可他们在当代重要的社会问题上的投入"。反过来，这些工作将成为学生档案中的一部分，增加他们大学入学机会和奖学金。②

4. 马里兰州

马里兰州是第一个建立一个全面的媒体素养课程并将其纳入全州公立学校的各种科目（语言艺术、社会研究、数学和健康）的州，尽管它没有被正式授权。在 1999 年科罗拉多州的哥伦比亚高中枪击案（shooting at Colorado's Columbine High School）发生之后，该州与探索频

---

① Kubey & Baker, "Has Media Literacy Found a Curricular Foothold?," http://www.med.sc.edu:1081/california.htm (accessed 8/22/03).

② "Abstract: Inter: Re-Active: Youth, Gaming, and the American Social Imagi-nary," proxy.arts.uci.edu/~nideffer/DOE_abstract.doc (accessed 8/22/03); "Riley and Ivey Announce Nearly $1 Million in Media Literacy Grants," arts.endow.gov/endownews/news00/EdLiteracy1.html (accessed 8/22/03).

第四章　美国传媒素养课程与实践案例

道建立了公私合作伙伴关系，委托霍布斯起草不同的课程，使媒介素养课程合乎马里兰州中小学生的内容标准。这个结果统称为"任务：媒介素养"，2000年出版，由18个教学单元组成，每一个都配有视频剪辑。

除了涵盖批判性媒体观看的基本知识，小学课程将这些科目视为"英雄与罪犯"，包含生产任务，如制作视频和公共服务公告。中学的一项活动要求学生为21世纪"创造一个非暴力的游戏或运动"，与关于娱乐中的暴力单元相配。高中课程更明确地建设学生对复杂的社会研究和语言艺术概念的熟悉度，有专门致力于"犯罪报告""名人文化"的教学单元，也有一个涵盖了"历史、文学和大众媒体"的教学单元——要求学生反思新闻、历史和文学之间的联系，探索19世纪和20世纪非洲的殖民主义。①

马里兰州把大部分精力投入到教师培训上。一旦准备好了课程，负责的部门联系全州所有的学校管理者，开始为教师举办区域培训班。到2002年，超过2700名马里兰州教师已经完成了"任务：媒体素养"培训，并收到一份免费的课程包。项目主任威多森（Lynn Widdowson）指出，马里兰州项目之所以成功，是因为课程可以无缝地集成到现有的课程计划中，这样老师就不必想应该在什么地方把媒体教育纳入他们的课堂时间，或牺牲其他课程为媒体素养单元让路。然而，威多森说，只有媒体专家而不是任课教师接受培训的学校的课程不太成功。罗杰斯（Rutgers）大学的库贝进行的关于该项目影响以及新泽西州媒体素养计划的研究得出的结论是，"任务：媒体素养""在改变态度和增加媒体知识方面，都深受欢迎和有效"②。

尽管媒体素养在美国不断发展，但在许多其他国家，它被认为是基础教育的重要组成部分。在大多数工业化国家中，媒体素养被融入到K-12课程中。正如贝克和库贝发现的，"当谈到实施媒介教育的时候，

---

① Assignment: Media Literacy, elementary, middle, high (Front Matter), 2000. https://mediaeducationlab.com/assignment-media-literacy.

② Lynn Widdowson, telephone communication, Jan. 18, 2002; Robert Kubey & Gina Marcello Serafin, Final Evaluation of Assignment: Media Literacy (Nov. 13, 2001), 2.

美国落后于世界的每一个主要讲英语的国家"①。20世纪70、80年代末媒介素养运动在南非兴起,其发展是通过草根组织,比如女性媒体观察、以社区为基础的教育和生产项目,以及教师和记者促进反对种族隔离的媒体教育的媒体资源中心。这场运动基本上是抵制执政党宣传和审查的一部分。自1995年以来,南非国家课程的语言和艺术标准一直在呼吁媒体素养教育。2003年,政府电影与出版委员会开始了全国媒体的教育计划,其目的是赋权青年人使其成为"有识别力的消费者",以及使其成为"创意和熟练的媒体用户,创造我们自己的故事,并讲给彼此听和世界其他地方的人听"②。

总之,在过去的几年里,联邦政府和许多州的教育部门已经认识到媒体素养的重要性,并提供了一些财政和政策支持。然而,在普及媒体素养教育方面,美国仍不及世界许多国家。美国政治似乎往往停留在修辞的死胡同里,在这个死胡同里,拥护者和政治家不是着眼于前瞻性的教育政策,而是把精力放在抢头条上,但是,呼吁更多的分级、过滤以及审查青年人的形式这种做法是无效的、宪法上也是可疑的。不仅仅是那些关心麻烦的媒体信息的人,而且对每一个致力于现代教育、知识自由或青年健康发展的人来说,媒体素养远胜于审查制度。

国会应该认识到,尽管大众文化中存在着许多令人烦恼的形象和观念,但大众传媒的实际效果却是复杂而难以预测的。因此,它应明确说明把媒介素养教育作为基础教育的重要组成部分的国家宗旨。与审查制度相比,它更适合于解决社会对大众文化对青年影响的关注。联邦政府应制定媒介素养教育的指导方针。认识到批判性思维是目标,媒体素养不仅仅是对艺术、娱乐中暴力、性或其他有争议内容的"免疫接种"。国家对媒体素养教育的承诺应该通过联邦政府、州政府和非营利基金会提供足够的资金支持,但不应该从为了盈利而生产媒体内容的媒体公司

---

① Kubey & Baker, "Has Media Literacy Found a Curricular Foothold?," *Education Week*, 1999 (19): 56–58.

② Costas Criticos, "Media Education for a Critical Citizenry in South Africa," in *Media Literacy in the Information Age*, 235.

接受资金。媒体素养教育应整合到语言艺术、社会研究、视觉艺术、健康和信息技术课程中。教师培训对有效的媒介素养教育至关重要,应通过研讨会和讲习班得到支持,并纳入本科生和研究生课程。

(二)州中学传媒素养教育标准的评价

阿瓦(Ava Katherine Ward-Barnes)根据美国传播协会(National Communication Association, NCA)提出的媒介素养教育的 5 个能力标准,对各州教育标准纳入媒介素养的情况进行了梳理和评价,将其分为高级、中等、低级三个水平序列。

阿瓦指出,尽管一些专家组提出了评价标准的建议,但是许多媒介素养学者认为,美国传播协会针对 K-12 教育阶段,提出的 5 条学生媒介素养能力标准是美国目前最广泛和最适当的国家指导方针。[①] 这 5 条标准包括:

标准 16:有媒介素养的人不仅能论证相关的知识,还能理解个人或公共生活中人们运用媒体的方式。

标准 17:有媒介素养的人不仅能论证相关的知识,还能理解受众和媒介内容之间的复杂关系。

标准 18:有媒介素养的人不仅能论证相关的知识,还能理解媒体内容是社会和文化的产物。

标准 19:有媒介素养的人不仅能论证相关的知识,还能了解媒体的商业本质。

标准 20:有媒介素养的人能运用媒体与特定的受众交流。

该协会对这 5 条能力标准进行了详细阐述。研究者认为,这些标准很容易与州教育标准相联系,因为州标准概述了什么应该被教,而美国传播协会的标准概述了什么应该被学习。[②]

---

① Ava Katherine Ward-Barnes, *Media Literacy in the United States_A Close Look at Texas*, http://scholarworks.gsu.edu/cgi/viewcontent.cgi?article=1057&context=communication_theses.

② Ava Katherine Ward-Barnes, *Media Literacy in the United States_A Close Look at Texas*, http://scholarworks.gsu.edu/cgi/viewcontent.cgi?article=1057&context=communication_theses.

根据阿瓦的研究，在高级水平序列中，包含德克萨斯州、佛罗里达州、加利福尼亚州、马萨诸塞州和明尼苏达州。这些州的媒介素养标准有一些共同的特点：首先，这些州的标准满足美国传播协会的 4—5 条标准，其中，德克萨斯州满足了所有的 5 个标准。其次，这几个州融入媒介素养成分最好的是英语语言艺术课和健康课，社会研究课的媒介素养内容最少，尤其是在明尼苏达州和佛罗里达州。最后是媒介素养融入的年级水平。这些州开始媒介素养训练的年级不同，德克萨斯从幼儿园开始，而佛罗里达州从 7 年级开始。这几个州的高中阶段全部包含了深度的媒介素养资料，大部分在初中也有好质量的资料。

大部分州处于中等水平。蒙大拿州、爱达荷州、新泽西州和亚拉巴马州是这一水平的代表。这些州包含一定程度的媒介素养训练，但是内容上有大的中断。内容上有一些循环的问题，标准比较模糊，存在着与媒介素养有点相关但并不完全相关的标准。例如，爱荷华州的标准指出"评价各种印刷和非印刷的来源"；亚拉巴马州 6 年级的英语语言标准指出，学生需要辨识宣传，但是没有明确指出是哪些类型的宣传。这些标准可以给予开放性的解读，但是教师们很少得到更细致的指导，这样他们可以在不提出"媒介素养"概念的情况下，也可以教这些标准。还有一些标准可能与媒介素养内容相关，但是远远与美国传播协会的标准不一致。

低水平序列的州标准需要改进。堪萨斯州、密西西比州、罗德岛州的标准是这一水平标准的代表。堪萨斯州只符合美国传播协会的标准 20，密西西比州接近标准 20，而罗德岛州没有满足 5 条中的任何一条。与中等水平的州相似的是，这些州缺乏具体的与媒介相关的内容。堪萨斯州看起来试图包含媒介素养，标准中包含"分析偏见""宣传中的刻板印象"等，但是没有具体的媒介内容。还有一些内容领域甚至没有提及"媒体"一词。总之，这些州的标准中关于媒介素养的内容较少，而且与美国传播协会标准不一致，标准模糊。

（三）美国《K-12 共同核心课程标准》：机遇与挑战

2010 年，美国《K-12 共同核心课程标准》为传媒素养教育的发展带来了新的机遇,当然也仍面临不少的困难和挑战。各州教育评级的不同对于跨州教育质量评价来说不啻是一个噩梦。因此,2010年,为了推进全国标准的建立,一系列利益共同者合作制定了《K-12共同核心课程标准》①。其设定的学生目标包括:(1)学生表现独立;(2)学生理解而且具有批判性;(3)学生有策略性地和有能力地使用技术和数字媒介。

《K-12共同核心课程标准》指出:"为升入大学、劳动力训练和技术社会中的生活而做准备,学生需要收集、理解、评价、综合和报告信息和观点的能力;为了回答问题和解决问题,进行原创性的研究;使用新旧两类媒介形式,分析和创造一个广泛范围的印刷和非印刷文本。与消费媒介有关的研究和开发需要被根植在今天课程的各个方面。方法、研究、媒介技巧和理解被植入标准中,而不是作为独立的部分对待。"②

这一报告,对美国基础教育学生的信息能力、媒介分析和创造能力提出要求,并且认为在课程中需融入有关媒介消费、媒介技巧的内容。霍布斯认为,根据《K-12共同核心课程标准》,正如媒介与技术融入到21世纪的学校和生活中一样,如何批判地使用媒介的技术(包括批判性分析和媒介生产)也必须融合到中等教育的所有学科课程中去。③例如,2010年,弗吉尼亚州教育部修改了英语艺术课程,在10年级英语中包含了以下标准,体现了媒介素养教育的目标④:

(1)学生将阅读和分析不同文化和时代的文本。

(2)解释历史背景对一个识读文本的形式、类型和观点的影响。

---

① 2010年,由全美州长协会(National Governors Association, NGA)以及州教育官员理事会(Council of Chief State School Officers, CCSSO)联合起草的"K-12共同核心课程标准"(*K-12 Common Core State Standards*)已经获得了全美大部分州的支持,这些州表示愿意将这一标准与本州标准结合,推进全国课程标准的建立。这个标准目前包含了按照基础教育年级排序的(K-12)英语和数学两类科目,重点是提升基础教育质量,为全部学生进入大学和就业做准备,并且着力改革目前州级课程标准参差不齐的状况,力图统一全国课程标准。该课程标准是在确立核心课程之后,对州级课程标准在全国范围内加强统一性、一致性和高标准的一次尝试。

② http://www.corestandards.org/the-standards.

③ Renee, *Digital and Media Literacy: Connecting Culture and Classroom*, Corwin Press, Sep 2011.

④ Renee, *Digital and Media Literacy: Connecting Culture and Classroom*, Corwin Press, Sep 2011.

（3）评价一个作者的选择如何塑造一个文本的倾向性意义。

（4）比较和对比押韵、节奏、声音、图像、类型、形式和其他识读手段如何传递一则讯息和引发读者的感情。

（5）学生分析、引进、检视视觉与口头讯息的相似之处和差异。

（6）使用媒介、视觉素养和技术能力创造产品。

（7）评价在倾向、事实内容和观点关系中的广告、社论、博客、网站和其他媒介的来源。

（8）确定作者的意图和影响受众倾向的效果。

（9）识别用来产生倾向性影响的工具和技巧。

显而易见，美国各州的传媒素养教育仍面临不少问题和挑战。首先，各州的决策者可能对于媒介素养教育只有初步的眼光，对这个领域的了解并不是十分深入，因此在教育标准的制订上会有不尽如人意的地方。其次，即使州标准很优秀而具体，但是这样优秀的标准也不一定能转化为高质量教学和得到充分实施。一方面，各州的课程标准中都含有媒介素养的成分，但是这并不代表媒介素养教育真正融入了现有课程中。因为，真正的融合实践，反映了媒介讯息是我们现代文化一部分的事实，我们每天看见和听见关于每个可能话题的媒介讯息。[1] 另一方面，实践的质量与教师非常相关。劳拉（Stein Laura）和阿妮塔（Prewett Anita）通过对德克萨斯州高中教师的一项调查发现，尽管该州已将详细的媒介素养教育目标纳入到该州一些具体学科的教育标准当中，例如，社会研究从1998年起就包含了许多媒介素养教育标准，然而，这些标准并不是教师教授媒介素养教育的重要因素，只有大约20%的教师认为他们的课程计划与这些标准相关，近一半教师不确定课程计划如何与这些标准联系，还有四分之一以上的教师认为他们的课程计划与这些标准不一致。[2]

---

[1] http://www.medialiteracy.com/standards.htm.

[2] Stein Laura, Prewett Anita, *Media Education in the Social Studies Classroom: Teacher Perceptions and Curricular Challenges*, Conference Papers-International Communication Association, 2006 Annual Meeting, 1-17.

第三节 美国传媒素养教育与不同科目的融合

任何新内容和形式的教育要想发展顺利,必须以传统科目为载体来设计其课程与教学。美国中小学媒介素养融合课程在很大程度上就依托于现有的传统学科,如英语语言艺术、社会研究、科学和环境、健康等。虽然美国各州课程标准中都包含有媒介素养内容,但标准只能作为设计融合课程的准则和方向,或是评估效果的工具,标准并没有提供不同学科的融合方式,能制定出翔实丰富的课程标准并不代表能成功实施融合课程。怎样在现有课程与媒介素养之间建立联系,设计出符合现有课程和媒介素养课程双重标准的课程是传媒教育者必须考虑的问题。经过多年探索和实践,已有学者在英语语言艺术、社会与历史研究、科学和环境、数学、健康和消费、体育和健身等课程中融入媒介素养,并设计出翔实可行的课程计划。

一、英语语言艺术

英语语言艺术是最早融合媒介素养的学科之一。这是因为在很多媒介素养实践者看来,"媒介"的概念已经扩展了,除了包含我们所熟知的大众媒介如报刊、杂志、电视、电影、戏剧外,还包括一切可以传递信息的物品和符号,如课本、手势、音乐、舞蹈等。因而在已有的英语语言艺术课程中能很容易找到媒介素养的影子,只需微调已有的课程内容和课堂活动,就能达到媒介素养的目的。

美国马里兰州有一套独立的媒介素养课程"任务:媒介素养",在教学过程中,教师会事先选取"任务:媒介素养"中的相关内容,引入或穿插到原有的课程中去。比如在马里兰州蒙哥马利县福瑞斯诺尔斯(Forest Knolls)小学三年级语言艺术课程"如何使用和理解报纸"中,有教师加入了"任务:媒介素养"第一册第三单元"真实的世界"的相关内容。整合后的语言艺术课程不但教给学生报纸报道和新闻写作规则和语言要求,还教给学生如何区分不同类型的信息、学习不同新闻报道的价值和分类方法,同时要求学生以报纸的形式展示作业,加深学生对报纸这种媒介形式的了解①。

俄亥俄州大学教授、华裔学者万国芳设计了一套在小学语言艺术课程中融入媒介素养的方案②。她认为学生在了解语言发展和艺术结构的基本理论之后就可以加入素养的概念;学生在了解语言语法及书写规则,了解了基本的听、说、读、写规则后就可以接触媒介素养的概念,借助学生日常接触的多种媒介形式学习并制作出自己的媒介作品。万国芳教授的研究没有将议题作为媒介素养教育的融合点,而是将媒介素养放在语言艺术教学进程中,指出普遍意义上的媒介素养融合点。

事实上,将媒介素养融合到语言艺术课程中的方式还有很多,教师可以将媒介素养的问题和概念融入故事、诗歌、小说和其他类型文本的讨论中,指导学生了解各种类型文本的作者、目的、背景、内容和影响等内容,教师还可以鼓励学生利用媒介分析框架分析自己的作业。在英语语言艺术课堂上,教师除了介绍媒介分析框架外,还可以让学生认识多种不同类型的媒介。③ 如针对英语语言课程内容,选择表达同一主题或内容的电影、戏剧、电视节目等让学生欣赏,进而分辨不同媒介叙事方式和特点的不同,最后可以鼓励学生体验并使用不同类型的媒介做作业。除此之外,讨论课本中优秀作品的特点来了解评判媒介的标准、研究文本每个组成部分的特点来探究媒介作品是怎样吸引别人的关注、将课程内容在不同类型媒介中进行改编来考查学生对不同类型媒介特点的掌握程度等都是将媒介素养融合到英语语言艺术课程中的切入点。

---

① Susan Michal, *Assignment: Media Literacy* [EB/OL]. http://www.montgomeryschoolsmd.org/schools/forestknollses/Media%20Literacy/medialit.htm, 2012-12-06.

② *Teaching Elementary Language Arts and Social Studies* [EB/OL]. http://www.cehs.ohio.edu/facultystaff/wang1/portfolio/10.pdf. 2012-12-06.

③ Scheibe C, Rogow F., *The Teacher's Guide to Media Literacy: Critical Thinking in a Multimedia World* [M]. Corwin, 2011: 122.

二、社会与历史研究

在英语语言艺术课程上教师可以帮助学生学习媒介的要素和分析框架,与之不同的是,媒介素养和社会与历史研究课的联系点在于媒介对于一个国家的社会进步和历史发展有何影响。霍布斯及其同事2009年在美国中大西洋地区一所小学中进行了一个通过媒介素养教育改变学生对中东地区刻板印象的项目①。在这个项目中,教师在三年级学生社会历史课程与中东地区相关的内容中有意识地加入媒介素养教学,在经过"写下对中东地区的既有认识——识别刻板印象——探究刻板印象的真伪——阅读相关文献增强对中东地区的认识——发展批判性分析技能——使用媒介表达自己对中东地区的认识——加强对媒介建构本质的理解——由认识付诸行动"等教学过程的学习后,专家发现参与项目的学生和老师都修正了原有对中东地区的刻板印象。

万国芳在俄亥俄州一所小学社会科学课上让四年级的学生对比迪士尼电影《花木兰》和中国古诗《木兰辞》英文版的剧情②,再配以中西不同的花木兰图片和影像,帮助学生探究同一人物、同一故事,借由不同国家、不同文化、不同文本呈现之后的差异,从而了解媒介信息建构的本质和刻板印象产生的原因。

除此之外,教师可以通过让学生对比亲身经历的社会事件与大众媒介呈现的内容有何异同,以此让学生了解媒介的叙事方式和叙事手段。在学生利用文献学习国家和世界的历史进程时③,教师可为学生提供不同国家、不同类型的媒介资料,使学生了解对于同一历史事件不同国家媒介的视角差异,并思考产生这种差异的社会、历史原因。教师还可以

---

① *Combating Middle East Stereotypes Through Media Literacy Education in Elementary School* [EB/OL] http://citation.allacademic.com/meta/p_mla_apa_research_citation/4/0/2/4/6/p402465_index.html. 2013 - 5 - 20.

② *Presentation On Media Literacy Work* [EB/OL], http://www.cehs.ohio.edu/facultystaff/wang1/portfolio/medialiteracy.html.

③ Scheibe C, Rogow F., *The Teacher's Guide to Media Literacy: Critical Thinking in a Multimedia World* [M]. Corwin, 2011: 125.

鼓励学生关注在整个世界或国家产生重大影响的社会事件或媒介事件①，如美国大选，帮助学生分析参与事件的双方利用媒介的方式、思考媒介内容对选民态度的影响、思考媒介对国家法律制定和民主进程的影响、考察不同执政政府下媒介内容的变化、思考媒介与政府管理的关系等议题。教师可以利用网络等新媒体为学生创造与世界各地的专家交流的机会，拓展学生的国际视野。除此之外，教师要教会学生收集整合媒介信息、分辨媒介内容真伪、建构自己的认知体系、使用媒介表述自己观点的方法。

三、健康和科学

健康和科学研究与媒介素养有一个很重要的共同点②，那就是对现有数据和信息的分析、解释能力，这其中离不开对信息来源的确定、确保资料的真实可靠、严谨的逻辑推理和创造性的想象等技能。关于健康和科学课程与媒介素养议题的融合，贝克（Frank. W. Baker）曾经设计出一套减肥广告与健康的课程③。在适用于小学阶段的课程计划中，贝克首先列出美国联邦交易委员会（Federal Trade Commission，FTC）针对广告给所有消费者提出的忠告：不要相信你看到、读到和听到的任何信息。然后教给学生通过计算机软件处理图片的方法，让学生亲身体验减肥广告图片的"变装"过程，从而让学生了解广告劝服的本质，帮助学生养成批判性接受媒介信息的习惯和技能。

除此之外，教师还可以要求学生观察10年或20年内某一种媒介上

---

① 媒介事件，是指经过某组织（政府、政党团体、企业、社团等）有计划、有目的的策划并执行，以大众媒介为渠道，向受众进行有目的传播的过程。丹尼尔·戴扬和伊莱休·卡茨在《媒介事件》中将其定义为"观众对那些令国人乃至世人屏息驻足的、通过电视直播的历史事件的节日性收看"。媒介事件让受众打破时间和空间限制参与到其中，是一种"特殊的电视事件"。如今随着网络技术的发展，媒介事件的发生已经不局限于电视一种媒介。http://baike.baidu.com/view/1366443.htm. 2012 - 12 - 10.

② Scheibe C, Rogow F., *The Teacher's Guide to Media Literacy*: *Critical Thinking in a Multimedia World* [M]. Corwin, 2011: 129.

③ Baker F W., *Media Literacy in the K - 12 Classroom* [M]. Washington: International Society for Technology in Education, 2012: 91 - 93.

有关科学和环境的议题，探究在这段时间内人们科学观的变化、人类活动对环境和健康的影响、某种化学用品或药品的使用效果等议题。教师还可以帮助学生区分不同媒介文本如电影、广告、学术著作、娱乐杂志中的某个相同科学议题呈现方式和内容的不同，分析其传播目的和传播技巧，学会辨别信息真伪、整合有效信息的能力。教师还可以组织学生验证商品标签或食品配料表的真伪，调查商业广告的劝服效果，为受众制作真实可靠又符合不同受众特点的科学报告。另外一个媒介素养切入点是要求学生描述与科学相关的职业（如"科学家"）形象，进而为学生介绍"刻板印象"的相关内容。

四、艺术

美国的艺术课一般包括音乐、舞蹈、戏剧及视觉艺术等，按照拓展了的媒介概念，这些科目都可以被称为"媒介"。学习这些科目的元素、基本内容和发展历史，分析其特点和传播方式已经是艺术课程的基本内容。

在融合方式上，教师可以通过变换不同类型的背景音乐来考察音乐在戏剧、电影、动画片、舞蹈等媒介形式中的作用，让学生了解音乐对人情绪的影响。教师还可以让学生了解不同国家、不同时期的艺术形式[1]，以探究艺术交流与国家形象、艺术发展与技术发展、艺术与版权保护和分享的关系。另外，通过让学生学习绘画、拍摄、舞蹈、乐器等艺术技巧，了解艺术作品的创作和建构方式也是一个重要的切入点。

加利福尼亚州 SMARTArt 项目是美国有史以来第一个将媒介素养与小学艺术课程相融合的成功案例，在此项目中便用到了上述诸多融合方式。在本章第四节的案例部分将有专门论述。

五、其他学科课程

媒介素养与经济、环境、体育、健身等课程的融合点主要在于学习

---

[1] Scheibe C, Rogow F., *The Teacher's Guide to Media Literacy: Critical Thinking in a Multimedia World* [M]. Corwin, 2011: 134.

媒介信息对大众健康、消费、健身的态度和行为影响上。媒介素养与数学的融合点在于利用数学方法和技巧对媒介信息进行"打假",辨别媒介信息真伪,分析媒介宣传效果。学生可采用"反广告"① (counter-advertisement) 作为学习成果展示。

此外,有学者②总结了将媒介素养融合到传统学科中教师应该注意的几个问题:(1) 尽量使用与媒介相关例子;(2) 注意传统媒介和新媒介的平衡使用;(3) 鼓励学生使用媒介分析框架研究新课题;(4) 鼓励学生积极参与,发展"媒介素养工具包";(5) 鼓励学生利用媒介分析框架评估自己和同学的作品;(6) 鼓励学生使用新媒介技术走出学校、走向世界;(7) 在学生考核中加入媒介使用和媒介分析的内容;(8) 鼓励学生采用多种媒介技术发表或分享自己的作品;(9) 鼓励学生将媒介技术应用到现实生活中;(10) 在家长会或公开课上展示媒介技术和媒介作品,宣传媒介素养的重要性。

综上所述,寻找中小学媒介素养与传统学科的切入点并不难,无外乎:(1) 媒介作为教学工具对传统学科的影响;(2) 媒介内容对传统学科和个人生活的影响;(3) 媒介技术、媒介分析方法对传统学科内容的影响;(4) 媒介形式对传统课程评估方式的影响等几个方面。在开展媒介素养融合课程之前,教师和专家只要抓住以上几点要求进行联系和整合,结合不同传统课程的特点,相信不难找出媒介素养与现有传统课程融合的切入点。

第四节　美国传媒素养融合课程实践案例

在美国,融合课程不仅在媒介素养教育中具有悠长的历史,而且成

---

① 所谓反广告 (counter-advertisement),是指在已有的广告上修改一部分内容,使得广告的意义完全相反。通常是针对一些有争议的话题如烟草、酒等。http://en.wikipedia.org/wiki/Counteradvertising. 2012 - 12 - 10.

② Scheibe C, Rogow F., *The Teacher's Guide to Media Literacy: Critical Thinking in a Multimedia World* [M]. Corwin, 2011: 102 - 107.

为了目前的主导模式。斯威姆（Sue Swaim）认为，媒介素养不是一个孤立的、特殊的课程，也不是一个"三星期的"学习单元。它应该是一个完全融入现有课程的重要话题，使每一个学生有机会在各个学年中，以多个时间和多种方式积极参与学习。对于参与融入课程设计的中学教育团队来说，媒介素养是学生兴趣和建立批判性思考技巧之间的一个天然纽带。① 将媒介素养教育长期作为中小学教育的重要部分，为根本的、对社会重要的课程发展提供了空间。②

媒介素养可以以不同的方式被有效地融入到所有学科领域和年级水平，并且研究者在与 K-12 教师的合作中发现了一些融合的模式。例如，高中的社会研究教师经常寻求以文档为基础的资料，通过批判性解码媒介信息来教授历史内容；艺术教师发现了当代媒介形式与创作元素教学融合的好处；健康课程通常教授与药物、酒精使用、身体形象和与其他健康内容相关的媒介素养技巧，等等。③

申博（Cyndy Scheibe）和罗格（Faith Rogow）提出了适用于将媒介素养融入到从小学到大学任何层次、任何学科课程的策略④：（1）通过让教师向学生提出一些帮助学生批判地思考媒体信息的问题，解释自己如何选择媒体以及如何评估媒体来源可信度，指出不同群体或背景的人们如何不同地解释媒体信息，以及和学生一起讨论文本和让学生制作媒体文本等方式，训练学生的一般观察、批判性思维、分析、透视和传播的技能；（2）通过让学生搜索关于一个话题的信息，给学生放映关于一个话题的激动人心的视频剪辑或一首流行歌曲或阅读一首短诗或故事，让学生分组阅读分析和讨论关于一个话题的有争议的报纸、杂志或在线文章，以及让学生比较不同搜索引擎搜索的结果等方式，来激发学生对

---

① Sue Swaim, *Media Literacy In Middle School — An Important Curriculum Component*, http：//www. medialit. org/reading_room/article562. html, 2008 - 05 - 13.

② Allison Butler, *Media Education Goes to School*, Peter Lang Pub Inc. Dec 2009. 2.

③ Chris Sperry, The search for truth：*Teaching media literacy, core content, and essential skills for a healthy democracy*, Threshold, 2006, 8 - 11.

④ Cyndy Scheibe, Faith Rogow, *12 Basic Ways to Integrate Media Literacy and Critical Thinking into Any Curriculum*. http：//www. docin. com/p - 875022177. html.

新话题的兴趣;(3)通过给出流行媒体(如电影、广告、音乐)的例子来说明学生可能已知道或相信的关于一个话题的知识并讨论知识的准确性,让学生比较学术界和流行媒体通常对待一个话题的方式之间的联系,让学生理清与话题有关的特定术语在学术意义上和流行文化用法上的不同,来教学生识别媒体信息如何影响他们关于一个话题的先前想法;(4)通过布置要求学生使用多种媒体来源的作业,为学生提供关于一个话题的各种来源信息并比较不同媒体的有用性,鼓励学生跟踪时事分享各种媒体来源信息以及使用媒体的例子加深学生对某一个话题的理解,来将媒体用作一种标准的教学工具;(5)通过让学生分析错误再现一个话题或呈现错误或误导性的信息的媒体内容,给学生指出媒体中利用数据误导人的方式,指出语言建构或被用来误导或错误再现的文字,以及识别不准确的或刻板印象的观念的方式,教会学生识别关于某一话题的错误观念媒体来源;(6)通过教学生如何识别媒体信息的来源和目的,坚持不断地提出所有媒体都传递一种观点的问题,帮助学生区分虚构与纪实,识别哪些来源是可信的方式,探究媒体信息如何反映制作者或报告者的身份,以及鼓励学生探究谁会从媒体信息中获益等方式,发展学生关于可信性和观点问题的意识;(7)通过对比关于某一话题的信息在纪录片电影、电视新闻报告、新闻文章、博客或教学视频中的方式,比较同一阶段不同媒体对同一个话题投入的时间或空间数量,分析人们对不同媒体的信息所得出的不同结论,讨论不同媒体传播某一种特定信息的优劣势,以及让学生用不同媒体形式制作关于某一话题的报告等方式,比较不同媒体呈现关于某一话题信息的方式;(8)通过讨论媒体在某一话题的历史或当前辩论框架中的作用,帮助学生评估报告一件时事或辩论的精确性,探究不同文化中关于某一话题的知识水平,以及识别其他国家文化中主流的或可用的媒体形式等方式,分析特定媒体在不同历史时期或不同文化背景下对某一特定的问题或话题产生的影响;(9)通过使用印刷媒体(书籍、报纸、杂志、短信、网页)来练习阅读和理解技能,帮助学生识别各种类型的写作目的,使用媒体制作来练习讲说、语法、研究、写作、数学等技能,鼓励学生网上搜索信息,发展多媒体项目，以及使用媒体来为学生提供展示作品机会等方式，让学生建设或实践具体的课程技能；（10）通过鼓励学生分析关于他们非常感兴趣的问题的媒体信息，鼓励学生通过设计和制作媒体来表达自己的情感和知识，鼓励对各种媒体制作的深思熟虑的批判，促进关于流行媒体文章和制作的不同观点的讨论，以及与学生讨论他们创作的媒体作品的潜在受众是谁等方式，使学生能够使用各种媒体形式表达自己的观点和说明自己对世界的理解；（11）在一个单元末呈现一个媒体"文本"（如广告、电影剪辑等）来看学生是否能够识别其中的正确和错误之处，让学生利用不同的媒体形式来总结和报告自己关于某一话题的知识，鼓励学生分组工作，制作媒体（如报纸、广告、新闻报告等）来说明他们对某一话题的理解，以将媒体用作一种评估工具；（12）通过让学生找到与社区机构（如博物馆、图书馆、画廊）合作开展项目的可能性，让学生联系与课程领域有关的社区服务机构，为机构项目提供他们的制作帮助（如摄影、视频、设计、计算机技能），鼓励年龄大的学生为年龄小的学生讲授制作技巧和媒体素养原则，组织媒体论坛，以及帮助学生看清楚媒体的力量，并鼓励他们使用媒体为社区的居民发出一个声音（如录制和分享口说历史、采访、本地事件等）等方式，让学生与社区联系起来，并促使社区的积极变化。

霍布斯提出7个核心的，可以被运用到任何媒介文本、工具或技术中去的教学技巧，这也是为什么数字与媒介素养可以容易地融入多种不同学科中的原因。这些教学技巧包括：媒介日记，搜索策略，阅读、评论、听和讨论，仔细分析，多媒体写作，跨媒体比较，模仿与角色扮演等。[①]

霍布斯还指出，数字与媒介素养可以通过促进好奇心、提问、阐释、综合和表达五大核心能力来帮助整合不同学科。数字与媒介素养的"过程"模式，强调了如今作为所有学科领域基础素养实践的五个传播能力，即近用、分析、反省、创造和行动。这也是数字与媒介素养的五

[①] Renee Hobbs, *Digital and Media Literacy: Connecting Culture and Classroom.* Corwin Press, Sep 2011.

个必要维度。拥有丰富的高中教学经验的斯佩里（Chris Sperry），认为媒介素养可以帮助教师提出学习标准，帮助学生准备考试，吸引典型"难教"的学生，使课堂生动有趣，而且还不占据核心课程的时间。① 以下将从小学、初中和高中三个角度具体提供一些融合课程的案例，对美国的传媒素养课程教学与实践做个具体的透视。

一、小学传媒素养融合课程案例

本部分选择了两则美国小学媒介素养融合课程的案例。一则是SMARTArt项目，即"学生使用媒体、艺术、阅读和技术"（Students using Media, Art, Reading and Technology）项目；另一则是"我不吃这套：五年级批判媒介素养"。前者是将媒体素养融入到艺术课教学当中，而后者是将媒体素养融入到社会研究课和英语语言艺术课中。

（一）SMARTArt 项目

1. 背景介绍

（1）SMARTArt 项目综述

21世纪初，美国教育部（the U. S. Department of Education）和国家艺术基金会（the National Endowment for the Arts）在美国全国范围内推行了一系列媒介素养教育项目，目的在于"帮助学区建立一些项目，来教学生怎样观察和解读媒介信息……帮助学生创造自己的媒介项目，从而为暴力信息提供另一种表达方式"。SMARTArt便是其17个媒介素养项目之一②。

SMARTArt项目是由美国加利福尼亚州南部的媒介素养中心（CML）、洛杉矶县音乐中心教育部（the Education Division of the Music Center of Los Angeles County, MCED）和动画公司（AnimAction, Inc）三个组织

---

① Chris Sperry, *The search for truth: Teaching media literacy, core content, and essential skills for a healthy democracy*, Threshold, 2006.

② *Executive Summary Project SMARTArt*. [EB/OL]. http://www.medialit.org/cml-medialit-kit/project-smartart/executive-summary. 2012-11-10.

合作，于 2001 至 2004 年在洛杉矶县里奥波利蒂小学（Leo Politi Elementary School）进行的。教学团队由学校老师、洛杉矶音乐中心教育部的本土艺术家、媒介素养中心的专家和动画公司的专家组成。SMARTArt 项目将媒介素养内容融合到小学艺术课程，借鉴媒介素养中心的课程模式，开发出一套适用于里奥波利蒂小学学生实际情况的、具有创新性和实用性的课程模式。

SMARTArt 项目采用以标准为基的实施模式，以媒介素养中心的五个核心概念和五大关键问题为指导，以"探究过程"为教学理念、赋权螺旋（The Empowerment Spiral）为教学方法，设计出细致的课程计划和丰富的课堂活动。SMARTArt 项目的课堂活动能激发学生的兴趣，并且与他们的日常生活紧密联系，从而激励他们的学习热情。这种"主动学习"的方法尤其对非英语人群和学习有障碍的孩子效果显著[1]。这个项目还为在全国范围内改善小学课堂活动提供了有价值的准则和指导方针。

（2）里奥波利蒂小学介绍

里奥波利蒂小学位于美国加利福尼亚州洛杉矶地区，是一所拥有 800 多名学生、师生比约为 1∶20 的公立小学，学制为 K-5 年级[2]。学校的教学成绩自 2001 年以来稳步上升[3]，经标准化测试及记录（Standardized Testing and Reporting, STAR）检测，其学术表现指数（Academic Performance Index, API）在 2011 年达到 766 的高分（学术表现指数是美国用来评价学校教学表现的指标，加利福尼亚州所有学校的分数分布在 200—800 分之间）。

或许因为得名于艺术家里奥·波利蒂（Leo Politi）的缘故，里奥波

---

[1] 里奥波利蒂小学 95% 的学生为拉美籍，80% 的学生英语程度有限，大部分是墨西哥和中美洲的新近移民；大多数学生家庭经济条件一般，有大约 95% 的学生报名参加了减免午餐费项目。

[2] Leo Politi Elementary School. [EB/OL]. http://www.education.com/schoolfinder/us/california/los-angeles/leo-politi-elementary/#overview. 2012 - 11 - 10.

[3] API Data 2010 - 11 API score 766. [EB/OL]. http://politi-lausd-ca.schoolloop.com/APIData.

利蒂小学非常重视艺术教育，学校管理者认为艺术"是学生发展和教育中非常重要的部分；能够为生活带来愉悦；发展学生的想象力；帮助学生理解自己及他人；提供渠道去表达自我；发展自我尊重"①。因而里奥波利蒂小学与一些艺术组织如当归音乐和艺术中心（Angelica Center for Music and Art）有很好的合作，开设了音乐、戏剧、舞蹈等多门艺术课程。

SMARTArt 项目是里奥波利蒂小学与洛杉矶联合学区、加利福尼亚州圣莫尼卡媒介素养中心、洛杉矶音乐中心教育部、加利福尼亚州好莱坞动画公司（AnimAction, Inc., Hollywood, CA）等机构合作，由媒介素养中心的专家牵头，将媒介素养的内容融合到 K-5 年级艺术课程的项目活动。在为期三年的时间里，项目顺应美国教育部和国家艺术基金会关于抵御媒介暴力的要求，达到了批判性思考、观察及创造媒介信息的媒介素养学习目标，发展了舞蹈、戏剧、音乐及视觉艺术的技能，同时提升了学生和老师的动画制作能力，并且在此基础上达到美国中部地区教育实验室（Mid-Continent Regional Educational Laboratory, McReL）K-12 年级《加利福尼亚州公立学校视觉和表演艺术内容标准》（*Visual and Performing Arts Content Standards for California Public Schools*）、《加利福尼亚州公立学校历史社会科学内容标准》（*History-Social Science Content Standards for California Public Schools*）和《加利福尼亚州公立学校英语语言发展标准》（*English-Language Development Standards for California Public Schools*）的"观察"和"媒介"等教学标准要求。

2. SMARTArt 项目课程标准

SMARTArt 项目以《加利福尼亚州公立学校视觉和表演艺术内容标准》中关于舞蹈、音乐、戏剧及视觉艺术的学习标准为蓝本，设计出符合里奥波利蒂小学实际情况的艺术学课程标准。SMARTArt 项目课程标准同时兼顾了《加利福尼亚州公立学校历史社会科学内容标准》《加利

---

① *Angelica Center for Music and Art.* [EB/OL]. http://politi-lausd-ca.schoolloop.com/angelicacenterformusicandart. 2012 – 11 – 10.

第四章 美国传媒素养课程与实践案例

福尼亚州公立学校英语语言发展标准》,以及媒介素养核心概念的相关要求,从而在考查学生艺术能力的同时兼顾了学生语言能力的发展和媒介素养能力的提高。①

《加利福尼亚州公立学校视觉和表演艺术内容标准》、《加利福尼亚州公立学校历史社会科学内容标准》和《加利福尼亚州公立学校英语语言发展标准》均是以学生年级为阶段制定的,包括 K-12 年级共 13 个学习标准。SMARTArt 项目由于是在小学实施的,其课程标准分为 K-2 年级和 3—5 年级两个阶段。

下面以舞蹈这一学科为例,将 SMARTArt 项目课程标准与上述三个加州范围内的课程标准进行对比,以探究 SMARTArt 项目课程标准制定的方式和规律。

SMARTArt 项目舞蹈标准与《加利福尼亚州公立学校视觉和表演艺术内容标准》对比

	K-2 年级		3—5 年级	
	加州标准	SMARTArt 项目标准	加州标准	SMARTArt 项目标准
艺术感知	展示舞蹈基本动作,理解舞蹈中的时间、空间概念,说出舞蹈基本动作的名字。	按照给定指令做动作,了解舞蹈动作和日常动作的不同。	强化对舞蹈的空间、时间及力量的理解,提高身体的专注力和控制力。	熟悉舞蹈词汇及意义,借助体育课考察身体的灵活性、承受力、力量及时空表现。
创造性表达	学习舞蹈的连接形式和次序,编排一只简单的、完整的舞蹈,发展团队合作能力。	了解舞蹈动作的强、弱、快、慢,完成简单、完整的舞蹈编排,发展团队合作能力。	记忆和表演给定舞蹈动作、解决特定舞蹈问题,展示身体协调和平衡,团队合作能力。	团体参与完成一个完整舞蹈的编排。

---

① *Integrated Activities* [EB/OL]. http://www.medialit.org/cml-medialit-kit/project-smartart/integrated-activities. 2012-12-10.

(续表)

	K-2 年级		3—5 年级	
	加州标准	SMARTArt 项目标准	加州标准	SMARTArt 项目标准
历史和文化内容	描述不同国家舞蹈的异同点，了解特定活动中的舞蹈形式。	了解多种文化的音乐和舞蹈（家庭完成）。	阐释传统舞蹈的历史及发展变化，鉴定不同国家的不同舞蹈类型。	舞蹈的社会、文化、地理、历史方面的研究。
审美价值	采用舞蹈基本语言描述舞蹈，描述舞蹈动作传递情绪的方式。	用舞蹈动作表达特定情绪。	采用专业舞蹈术语评判舞蹈的质量，理解观众心理。	探究观众的期待和表现，评判舞蹈录像、形成个人观点。
联系和应用	了解舞蹈与文字、语言学科的联系，描述舞蹈编排者的排舞方式。	写作、阅读练习，用舞蹈动作模仿动物特征。	理解舞蹈与历史、健康、科技等学科的联系，培养学生基本的社会技能。	与音乐、数学、体育及写作等学科联系。

由上可见，与州标准相比，SMARTArt 项目课程标准有以下几个特点：

（1）在内容上进行了删减和整合。如没有对舞蹈基本动作的学习和理解、舞蹈的时空概念的理解做出要求，对身体的力量、灵活性、控制力的考察通过体育课的相关内容完成，对舞蹈问题的解决则通过团体合作编排完整舞蹈的形式完成等。

（2）在完成方式上进行调整。在对舞蹈的历史、文化内容的学习上，K-2 年级的学生由家长参与完成，学校更重视对学生舞蹈动作的感知、舞蹈情感的表达、舞蹈合作以及舞蹈与其他学科的融合等方面进行培养。

（3）在学习程度上有侧重。体现在对舞蹈基本动作的掌握程度上和对与舞蹈相关的其他基本技能，如写作、数学、体育、阅读等的选择上。

(4) 融合性更强。SMARTArt 项目课程标准同时兼顾了艺术内容、语言发展内容和媒介素养内容，语言发展和媒介素养能力在舞蹈学习标准完成过程中得到体现。

SMARTArt 项目舞蹈标准与《加利福尼亚州公立
学校英语语言发展标准》对比

SMARTArt 项目舞蹈学科 3—5 年级标准	加州公立学校英语语言发展标准
全班同学参与到一个圆圈舞蹈中。	听说 2 级：有意识地利用音乐，能使用简单的词句和对话，口头表达基本需求。
研究议题：社区、文化、现代、历史。	阅读理解 3 级：能确定文本的特征，口头描述文本的主要内容、文本与日常生活的关系，做与文本有关的课堂活动。
日志写作：反馈。	写作策略与应用 5 级：使用标准语法写出描述形式、特点、人物及事件的记叙文和具有劝服性质的文章，熟练、独立地使用写作技巧和方法。
与写作联系：介绍开头、发展及结果。	阅读理解 4 级：描述文本的主要内容，理解并回答与文本有关的问题，描述文本内容与日常生活的关系，确定文本的要素和特点，接受文本观点并得出结论，区分事实和观点、原因和结果，了解文本中某些特殊用法。
舞蹈词汇及意义的学习。	阅读流利 2 级：使用与文本相关的词汇来讨论，学习简单的词汇、短语和句子，使用基本词素、语音和句法来建构并解释简单的句子。 阅读素养反应与分析 1 级：观看文本作品并口头复述基本词汇，口头描述不同作品的特点，区分真实和虚构并口头表达，使用图片、表格等表现不同文本形式的特点。

注：在美国，人们将标准的要求分为若干方面，如听说（listening and speaking, LS）、阅读流利（reading fluency, RF）、阅读理解（reading comprehension, RC）、阅读素养反应和分析（reading literacy response and analysis, RL）、写作策略和应用（writing strategies and applications, WS）等。并把这些标准要求的学习程度规定为 5 个等级，1—5 级分别表示：beginning（初级）、early intermediate（中级早期）、intermediate（中级）、early advanced（高级早期）和 advanced（高级）。

SMARTArt 项目舞蹈标准和《加利福尼亚州公立学校历史社会科学内容标准》对比

	项目课程标准	加州公立学校历史—社会科学内容标准
K-2 年级	了解多种文化的音乐和舞蹈（在家庭完成）。	幼儿园：区分现在和过去。 1 年级：确定人在时空中的位置，权利和责任。 2 年级：认识在历史中做出重大贡献的人。
3—5 年级	舞蹈的社会、文化、地理、历史方面的研究。	3 年级：了解社会的延续和变化。 4 年级：了解加州历史变迁和发展。 5 年级：美国特定时期的历史事件和地理变化。

SMARTArt 项目舞蹈标准中媒介素养五大关键概念的体现

SMARTArt 项目标准	CML 媒介素养五个关键概念
舞蹈的社会、文化、地理、历史方面的研究。	作者身份（authorship）
熟悉舞蹈词汇及意义。	形式（format）
探究观众的期待和表现，评判舞蹈录像，形成个人观点。	受众（audience）
了解舞蹈动作的特点，完成简单、完整的舞蹈编排。	内容（content）
用舞蹈动作表达特定的情绪。	目的（purpose）

由上可知，SMARTArt 项目的艺术课程标准以加州视觉和表演艺术内容标准为基本框架，同时兼顾加州英语语言发展标准、加州历史社会科学内容标准和媒体素养中心的媒介素养关键概念的相关要求。这样整合后的课程标准不仅具体、翔实、操作性强，适应于项目执行的具体环境和实施情况，还能达到多个标准的要求，完成多项教学任务。

3. SMARTArt 项目理论基础

SMARTArt 项目着眼于发展和加强学生的近用、分析、评价、创造和参与信息的过程性技能①,采用"探究过程"的教学理念,以赋权螺旋(Empowerment Spiral)为基本教学方法,以媒介素养中心关键概念和关键问题为教学框架,将媒介素养融合到艺术课程中。

(1) 实施理念

探究过程是 SMARTArt 项目的实施理念②,其内容包括分析(解构)和创造性表达(建构/创造)两方面的技能,从而让学生通过多元智能来学习和表达自我③。探究过程意在将分析与创造性生产相连、理论与应用相连、解构和建构并重、分析和创造并行,相互促进,缺一不可。

①分析技能

培养分析技能的要点在于"释放你的心"(free your mind),最主要的途径在于"观看",即观察多媒体世界,增强对信息的理解,进行合理解构和分析。其方法包括:(1) 关注刻板印象——包括未被再现的和已再现的内容;(2) 阐述文本的观点和偏见;(3) 发现文本动机,揭露隐晦信息;(4) 体验信息生产者的视角;(5) 通过信息及其隐含的意义反映社会状况等。

②创造性表达技能

此技能包括"表达你的观点"和"参与到你的世界"两个方面。前者涉及:A. 多种知识的应用,需要学生亲身学习,以增加学习的动机和享受;B. 学会多种形式的再现表达方式;C. 拓展教室及人际交往外的交流渠道;D. 增强自律和自我表达等。后者则看重学生传播技能、判断和协调能力的考察,要求学生通过对技术工具的熟练使用使媒介知识真正受益于个人。这种参与使得学生对个人身份有更深的理解,能够推翻传统生产者和受众分离的定式,并且需要学生进行更多深层次思

---

① *Executive Summary Project SMARTArt*. [EB/OL]. http://www.medialit.org/cml-medialit-kit/project-smartart/executive-summary. 2012 – 11 – 10.

② Thoman E, Jolls T., *Literacy for the 21st Century: An overview and orientation guide to media literacy education* [M]. Center for Media Literacy, 2005:40 – 41.

③ 这种多渠道的学习方式,最早由加德纳(Howard Gardner)在《头脑的框架》(Frames of Mind)中提出,这是一种语言的/书面的,逻辑的/数学的,音乐的/有节奏的,视觉的/空间的,身体/动觉的,内省的和人际交流的学习方式。

考，从而为自己或他人提供更多信息。

（2）教学方法

赋权螺旋，也称为"活动学习"，以巴西教育家弗莱雷（Paulo Freire）的相关理论①为基础，提供了一种将复杂的议题和概念进行分解的方法，尤其适用于课堂学习。赋权螺旋应用在媒介素养教学中，要求每个媒介概念的学习都需经过认知、分析、反思和行动四个步骤，循环往复，后一步骤必须在前一步骤完成之后才能进行。②

①认知。学生通过参与活动，将个人生活体验与媒介内容作对比，以探究媒介信息的潜在含义。其意义在于使学生通过亲身参与，激发起他们研究媒介的意识，从而打开批判性思考和研究的思维螺旋。"认知"是媒介素养教育的基础。

②分析。采用五大关键问题分析框架，要求学生思考"是什么"和"怎么样"，而不是"为什么"。因为前者讲求客观事实和真实证据，后者则容易走向猜测和自我狡辩之路。"分析"的目的在于帮助学生了解媒介建构方式，探究媒介内容的真相。

③反思。这一步学生需要深入地思考"我们应该怎么做或怎么想"等问题，需要考虑哲学、宗教、伦理、社会评判及民主原则等因素对个人或群体做决定的影响。"反思"是在"分析"基础上更深入的思考，也为下一步骤的进行提供了充分的思想准备。

④行动。给学生提供机会去把想法变成行动，从行动中学习。这种行动通常简单易行，但却是渐进的、潜移默化的和长期的。"行动"是

---

① 弗莱雷（Paulo Freire）是 20 世纪批判教育理论和实践方面最重要和最有影响的作家之一，是《被压迫的教育学》（*Pedagogy of the Oppressed*）一书作者，其影响留存至今。他推崇"提问式"教育（"problem-posing" education），否认人是抽象的、孤立的、与世界没有关联的，也否认世界是脱离人而存在的现实。在教学中师生双方应该处于对话之中，从人与世界的关系出发，针对现实中的问题，共同反思，共同采取行动，以达到认识世界、改造世界的目的。对话，不仅仅是交流、谈话，它的精髓在于它的构成要素：反思与行动。对话，作为一种与灌输式教育相对的教育方式，不会自然而然地产生；对话，作为一种手段，必须服从于意识化的目的，即培养人的批判性意识。http://baike.baidu.com/view/2753707.htm. 2013 – 3 – 10.

② Thoman E, Jolls T. *Literacy for the 21st Century: An overview and orientation guide to media literacy education* [M]. Center for Media Literacy, 2005: 60 – 61.

通过不断强化、重复简单的行动,深化学生的意识,让他们形成思维和行动上的习惯,从而为下一次螺旋发展提供"意识"的基础。

赋权螺旋以活动参与激发学生的媒介意识,提供给学生严谨、专业的分析框架,并要求学生在此基础上做深入思考和行动设想,最终落实行动,强化意识,循环往复。

⑤分析框架

核心概念和关键问题是 SMARTArt 项目媒介素养的分析框架。五大关键概念源于五个关键词:作者身份、形式、受众、内容和目的,这同时对应于传播学"5W"模式①的内容。然而仅有关键概念是不够的,正如媒介素养中心的专家所说的②,"媒介分析的核心在于质疑。只有问题才能帮助我们找到需要的信息,也只有问题才能帮助我们建构要被传播的信息。"因而相应地产生了五大关键问题,每一关键问题以一个主问题和多个分问题组成,分问题是主问题的分解和补充。(如下表所示③)

媒体素养中心媒介素养关键框架

	关键词	核心概念	关键问题	引导性的分解问题
1	作者身份 (authorship)	所有媒介信息都是经过建构的。	谁创造了这则信息?	这是什么? 它是怎么组织起来的?
2	形式 (format)	媒介信息是按照特定的规则、以创造性的语言建构的。	为了吸引我的注意,他们用了什么技术手段?	我看到、听到、闻到、摸到或尝到了什么? 我喜欢或者不喜欢的地方是什么?

---

① 1948 年,美国传播学者拉斯韦尔发表了《社会传播的结构与功能》一文,在这篇文章中,拉斯韦尔明确提出了传播过程及其五个基本构成要素,即:谁(who)、说什么(say what)、对谁(to whom)说、通过什么渠道(with what channel)、取得什么效果(what effect),这就是著名的拉斯韦尔5W模式。这个模式简明而清晰,是传播过程模式中的经典,分别对应传播者、内容、受众、传播方式和效果五个要素,构成了一个完整的传播过程。

② 媒介素养中心(CML)开创者伊丽莎白·托曼非常看重培养学生的问题意识和质疑能力,她曾说过,媒介素养的核心是质疑。

③ Project SMARTArt: A Case Study in Elementary School Media Literacy and Arts Education. [EB/OL]. http://www.medialit.org/reading-room/project-smartart-case-study-elementary-school-media-literacy-and-arts-education. 2012 - 12 - 11.

(续表)

	关键词	核心概念	关键问题	引导性的分解问题
3	受众（audience）	不同的人对同一媒介信息的感受是不同的。	不同的人对信息的理解如何不同？	我对这则信息的感受是什么？其他人的感受是什么？
4	内容（content）	媒介信息中含有价值观和立场。	媒介信息展示或遗漏了什么样的生活方式、价值观和立场？	关于其他人是怎样生活和相信的，媒介告诉了我们什么？有没有遗漏的人或事？
5	目的（purpose）	媒介都是为了获取利益或者权力。	为什么这则信息会被发出去？	它在努力告诉我一些事情吗？它在努力卖给我一些东西吗？

媒介素养中心的五大关键概念是不断发展、充实的。媒介素养中心在 2008 年《21 世纪的素养》(*Literacy for the 21st Century*)① 一文中对五大关键问题进行了补充，增加了生产者和消费者两个维度，从建构和解构两个角度分别阐释。这一补充使得关键问题的框架更加丰富，也能帮助学生更好地理解传播过程中角色的分工及其作用。补充后的五大关键问题与之前相比，增加了以生产者为视角提出的五个问题。专家有意识地将"传播者"和"受众"在解读媒介信息时需要关注的问题加以区分，一方面能帮助学生从宏观上思考和体验传播过程中不同角色的不同作用；另一方面也顺应了媒介素养发展到第三阶段的时代需求，即从保护走向参与的转变过程。对于大多数消费者，特别是很少参与媒介制作的学生来说，对传播者的研究显得极为重要。

媒介素养中心的关键概念和关键问题没有从具体的议题出发，而是

---

① *Featuring A Framework for Learning and Teaching in a Media Age.* [EB/OL]. http://www.medialit.org/cml-medialit-kit. 2012–12–11.

提供了一个研究媒介、分析媒介的框架。这个框架具有普适性，不仅可以应用到媒介素养教育中，还可以应用到受众的日常生活中。其最终目的不是"在课堂上培养学生学会五大关键问题"而是"将五大关键问题变成日常生活中媒介体验的常规思维模式"①。

4. SMARTArt 项目课程实施

SMARTArt 项目的融合课堂以赋权螺旋（认知、分析、深思、创造）为基本框架，为学生提供多种机会来发展和练习学生的过程性技能，其中媒体素养中心的五大关键概念和五大关键问题是重要的分析手段。美国媒体素养中心主任乔尔斯（Tessa Jolls）这样评价赋权螺旋说："它使得培养学生发展近用、分析、评价、制作和参与媒介的能力变得可操作化和简单化。"

SMARTArt 项目媒介素养的相关内容被融合到小学艺术课程中，每周四节课，分别为音乐、舞蹈、戏剧和视觉艺术。在项目实施过程中，专家与各个学科的教师合作，制定出适合于每个年级的课堂活动。有课堂活动的课程通常由一位专家和一位教师合作完成。此处综合了艺术课的四个学科来对项目实施框架进行介绍。

（1）认知

教学目的：采用舞蹈的形式，让学生意识到媒介暴力对其日常生活的影响。

课堂活动：教师向学生展示一种类似于打斗的游戏性舞蹈——"卡波耶拉"（capoeira，一种源于非洲把民间舞蹈和自卫动作结合在一起的巴西舞蹈）；教师观察学生的反应，发现部分学生表现出恐慌和害怕，询问后得知这些学生在电影中看过类似打斗的场景；教师停止舞蹈展示，提出问题：生活中遇到类似的打斗场景该怎么办？学生展开激烈的讨论；教师与学生讨论怎样避免看到电视或电影中出现的类似场景，并指导学生做出安全、正确的处理；接着放映相关影片，感受"卡波耶

---

① CML MediaLit Kit-Featuring A Framework for Learning and Teaching in a Media Age. [EB/OL]. http://www.medialit.org/cml-medialit-kit. 2012-12-11.

拉"舞蹈本身的魅力。

考察内容：避免接触媒介暴力的方法；出现暴力场面，保护自己的方法；"卡波耶拉"舞蹈的特点。

（2）分析

教学目的：学习以媒体素养中心媒介素养五个关键问题为主体的媒介分析方法，同时兼顾学生语言艺术和语言发展能力的提高。

课堂活动：①将第一个媒介素养关键问题"谁创造了信息？"应用到阅读课程中。具体活动是：听文本内容，学生分角色表演故事，改编故事结局，重新建构媒介作品，并以照片的形式记录整个创作过程。活动目的是：在语言发展方面，练习学生的听力和阅读能力，学习与文本内容相关的词汇；在媒介素养方面，学生体验文本"作者"建构作品的方法和过程，同时体验了作为"观众"对作品的感受；在技术方面，学生掌握数码相机的使用方法，体会拍摄角度、光照等因素对塑造人物形象的影响，并了解照片的剪接和组合是如何表现作者意图的。②将第二个媒介素养关键问题"他们用了哪些技术来吸引注意力？"应用到音乐课程中。具体活动是：教师为学生准备"了解你的电视"系列短片，通过不加背景音乐、加上不同情绪的音乐等方式进行多次放映，要求学生回答短片中人物情绪的变化；教师向学生介绍多种不同的打击乐器，以及怎样利用生活中常见的物品表现声音的音调和音阶；教师发指令，学生按要求敲打出相应的节奏；学生自带乐器敲打节奏，并与同学合作进行节奏重复和叠加练习。其活动目的是：让学生体会不同的音乐带给人不同情绪的感受；学习基本的音阶和音调，了解基本的打击乐器；学习节奏和语言的转化，体验团队合作创造音乐节奏的过程，鼓励学生使用乐器表达自我感受；学习基本的配乐原理和工具，为动画项目的完成做好准备。③将第三个媒介素养关键问题"为什么不同的人对信息的理解和我不同？"应用到视觉艺术课堂上。具体活动是：教师列举生活中常见的物品如牛仔夹克，询问学生物品所代表的意义；讨论每个人所表达的不同意义产生的原因；给定素材，要求学生按照自己的理解设计并拼接图画；学生利用图画，合作完成一个完整的故事剧本。其活动目的是：要求学生了解符号背后的文化、社会背景,通过分享接触并理解符号的不同意义;鼓励学生创造自己的艺术作品;通过合作了解同伴的看法,学会整合不同的观点,创造出完整的剧本,为动画项目的完成做准备。④将第四个媒介素养关键问题"媒介信息传递或者忽略了什么生活方式、价值观以及观点?"应用到舞蹈课程中。具体活动是:学习某种非洲舞蹈,体会舞蹈动作和情感的表达;与学校的非洲裔同学分享心得后学生发现,他们从媒介上听到的大部分论断是"这些是坏东西",学生对书籍、报刊以及网络上的信息进行了研究,并把研究结果按正面和反面区分开来;整理不同论断的依据,区分事实和虚构;探讨媒介信息建构的方式。其活动目的是:通过团体性的舞蹈形式,使得学生能够全身心参与到议题讨论中;让学生了解媒介内容都是选择性建构的,有侧重的内容也有忽略的部分;为学生选择性建构自己的动画作品主题做了必要的准备。⑤将第五个媒介素养关键问题"为什么这条信息发出去了?"应用到视觉艺术课程中。具体活动:教师准备一些产品和商标,要求学生进行区分;要求学生从杂志或报刊上寻找广告;教师给学生介绍广告的 5 种劝服技巧①;让学生区分找到的广告所使用的技巧;要求学生分组表演不同的劝服技巧,其余同学进行观察并指出答案;将广告技巧的识别应用到日常生活中去,结合斤两计算、金钱换算等数学问题进行巩固。其活动目的是:大多数学生从幼儿园起就已经知道广告的目的是卖东西,因而要求学生学会分辨广告和商品;了解广告劝服技巧并灵活使用;理解不同的人对于同一广告的解读为何不同;通过学习广告的知识兼顾数学、购物等基本的社会生存技能的培养。

(3) 反思

为学生提供学习媒介素养需要思考的议题:分辨媒介中的隐藏信息——那些信息对自己意味着什么,对其他人又意味着什么;分辨媒介中的刻板印象和经过歪曲的信息;从自己的经历、需求和价值观出发判定信息的真实度和相关性。理解了这几个议题,学生才可以更好地理解

---

① 广告劝服的五种技巧:幽默、亲情、自然、财富和大男子主义(humor, family, nature, rich, macho)。

媒介信息、分析媒介信息，以及思考如何创造和建构自己的媒介信息和项目。

(4) 创造

SMARTArt项目中学生的创造活动最终落实到动画短片的制作上。每次项目学习活动（track session）结束，K-5年级的学生都会与来自动画公司（AnimAction Inc.）的专家合作，完成一个30秒左右的动画片作为他们的结课作业。项目要求学生选择一个与课程内容相关的社会议题，采用技术手段完成，为公共服务性质。

在第一年和第二年，学生的动画片大多选择了暴力和防御暴力的议题。这些作品是学生们从自身实际生活、电视、电影及其他视频游戏中收集关于暴力的信息，并用自己的方式组织建构的成果。在学生创作过程中，每组大约10人，在动画公司的专家和学校教师的指导下，学生们完成从构想故事、绘画到设计情节串联图板、构思题目、场景以及演职员名单等多种工作，更使用多种乐器和节奏创作出合适的配乐。

在制作动画的过程中，学生们必须思考"我怎样通过语言和图片把我的信息传递出去？"等问题。在制作进程中，学生们学到怎样通过技术工具、术语来进行交流，学习怎样分享资源、怎样处理技术和设备出现的问题。作为团体，他们还需要综合地考虑作为一个小组应该考虑的问题，协调团队合作中可能出现的冲突等。这样的创作经历使得学生得到如此感触："我没有意识到做动画需要这么长时间，现在我再看动画片时，对它的态度完全不同了[1]。"

在项目第一年，学生所学的制作技能都是在为动画做准备。到第二年，学校会将学生的作品集中在动画短片会进行展示。

(5) SMARTArt项目师资培训

SMARTArt项目在实行之初就有意将项目打造成"创新的、有效的、

---

[1] *Executive Summary Project SMARTArt.* [EB/OL]. http://www.medialit.org/cml-medialit-kit/project-smartart/executive-summary. 2012 – 12 – 11.

易实施、可复制的"① 专业模式,因而非常重视对参与项目的专家和教师的专业化培养。在项目进行的三年中,来自里奥波利蒂小学的 42 个老师以及音乐中心教育部的 10 个艺术家参与了媒体素养中心的媒介素养培训和动画公司的专业技术培训。其培训内容主要包括媒介素养内容、过程性技能的掌握和应用、融入式课程的教学方式、项目进程的合作和推进以及专业的动画技能培训等。在媒体素养中心负责培训的专家看来,对媒介素养价值的肯定和对媒介素养教育的热情是大多数教师参与此项目的最大动力。

①媒介素养教学技能培训

媒体素养中心为参与教师提供媒介素养学习目标、活动计划、词汇列表、教学材料以及实践教学法等一系列的培训。因而不仅要培养教师近用、分析、评价、创造和参与媒介的过程性技能,还要培训教师怎样把这些技能教授给学生。

在教学方法培训中,媒体素养中心的专家采用活动的方式让参与的教师领会到师生双向交流在教学中的重要作用。活动中教师两人一组,一人画画比划,相对的另一个人猜自己身后画板上的图形,两人不能出声,只靠图画交流。简单的活动让参与的老师受益良多,有老师抱怨"我根本不知道他在画什么,太让人受挫了",还有老师抱怨"我重复了很多次,他怎么就不明白呢",更有老师表示"不能说话提问,我就像一个听不懂老师在说什么的学生"。亲身活动体验让教师意识到尊重学生的提问、及时与学生做双向的互动交流、帮助学生解决问题而不是只将信息传达出去对于教学是非常重要的。而意识到这一点,是媒介素养教育实践的重要基础。

媒介素养过程性技能的培养不是一蹴而就的,而是需要通过不断的练习和反复。媒体素养中心提供了大量对媒介信息进行批判性思考的练习,设计了很多以标准为基、可以融入到课堂的活动。

---

① *Project SMARTArt*: *A Case Study in Elementary School Media Literacy and Arts Education*. [EB/OL]. http://www.medialit.org/reading-room/project-smartart-case-study-elementary-school-media-literacy-and-arts-education. 2012 - 12 - 11.

② 动画技能培训

在项目前两年制作结业作品阶段,因为参与 SMARTArt 项目的大部分老师都没有或者很少有动画制作的相关知识,参与项目的教师每天放学后都会接受两个小时的工作坊培训,从而为他们储备充分的动画专业知识,动画公司的专家也会定期帮他们解决日常教学中出现的问题。到项目第三年,动画培训升级,教师需要参加一个全天的工作坊来学习和体验"The Box !"项目产品包[①]。

③融入式课程培训

在项目实施过程中,教师以年级为单位分成小组,每个小组的教师通过讨论将媒介素养五个关键概念、加州公立学校视觉和表演艺术标准的相关内容融合到艺术课程中(在项目进行第三年加入了英语语言发展标准的相关内容)。课程以活动为主,在舞蹈、戏剧、音乐和视觉艺术四个科目中都有涉及,每个活动通常由一个专家和一个教师合作完成,这些活动会在每一期工作坊培训后分享给与会的教师和专家。

经过一段时间的练习和讨论,里奥波利蒂小学的教师很快领悟到融合课程设计的要点。在项目后期,教师与专家就融合的议题能够很快达成共识,轻松地将相关学习标准融入到课堂活动中去,并且还增加了自己独有的理解和处理方式。

④培训内容的发展和进化

SMARTArt 项目的教师培训内容是随着项目进行的程度不断发展和进化的。得益于媒体素养中心媒介素养五个关键问题的提出[②],项目第二年的教学框架有了很大的改善,使得媒介素养的内容能够更容易融合到各个艺术学科中。项目第二年还增加了教师讨论和交流的机会和时间,项目第三年增加了专家进教室指导的时间,从而能够及时发现教学过程中出现的问题,并解决问题。

---

① "The Box !"是动画公司出品的一个完整的动画体系,其中包括指导手册、课程计划、演示视频和可安装在电脑终端使用的软件包等。通过完整地学习这个体系,使用者可以制作动画片、后期制作以及录制 CD 等。

② 媒体素养中心的媒介素养五个关键概念是在项目进行之前提出的,五个关键问题的提出则是在项目进行的第二年,即 2003 年才提出。

在此过程中，教师自身的技能也得到了很大提高，不仅学到了之前从未接触过的媒介素养的相关知识，还从与他人的合作中肯定了自己的价值。项目的发展更是让学校及学区的领导增强了媒介素养意识，并吸引了其他学校的注意，后者希望能在此基础上发展出 K-12 年级的课程计划。

⑤家庭媒介素养培训计划

SMARTArt 项目注重家庭在媒介素养教育中的作用。除在项目开始之初通过问卷的方式征求家长的意见、邀请学生家长参与并学习媒介素养的内容，以取得家长的理解和支持外，在项目实施过程中，教师会经常要求学生将相关作业带回家与家长一起完成，如 K-2 年级舞蹈课中不同国家和地区的历史、文化特点的了解就由家长帮助完成，还有在学完媒介内容分析框架后，教师会要求学生与家长一同完成肥皂剧的解读和分析作业。

此外，项目还专门为家长开辟了家庭相册创造工作坊（Family Album Writing Workshops）。这个工作坊为期七周，每周两个小时，主要教授媒介素养的知识，以及怎样和孩子在家中应用媒介素养五个关键问题等议题。工作坊的目的在于"提高家长的技能和知识，以创造一个支持学生学术成长的家庭环境"。家长们在工作坊中通过写作和分享生活中经历的或苦或甜的故事，来提高自己的写作能力和媒介素养。

（6）SMARTArt 项目课程评估

SMARTArt 项目摒弃了以标准为基的课程评估采用的单一标准化测试模式，主张通过投资评估、教师观察意见以及真实评估等多种方式对项目进行全面评估。然而在制定系统的评估框架时，SMARTArt 项目的负责人表现出困惑。媒体素养中心的主任乔尔斯（Tessa Jolls）介绍说："因为项目具有实验性质，我们一开始很难问出正确的问题，因为我们并不知道应该期待什么。"对于那些诸如"推动老师采用新方法教学可能吗？""艺术和媒介素养的基本内容可以融入到各种课程中吗？""媒介素养与语言艺术发展有很大的联系吗？"的基本问题，连他们自己都不知道答案，因而没有制定出统一的评估标准，也就没有进行系统的评估。

①学生评估

SMARTArt 项目对学生体验媒介能力的考察通常在课堂教学活动中，主要通过图表（charts）、思维地图（thinking maps）和媒介日志（media journal）等方式进行。

图表法即制作媒介使用表，教师要求学生记录自己每天接触的媒介种类、使用每种媒介的时间和频次，以及学习使用新媒介技术的情况，来考查学生体验和认知各种类型媒介的能力。

思维地图①是用来帮助学生思考各种类型媒介之间联系的工具。通过思维地图，学生可以更清晰地认识到各种媒介的异同点和优缺点，帮助学生根据自己的需求选择合适的媒介类型。

媒介日志则考察了学生对不同类型媒介认识的变化过程。当教师向学生介绍一种新的媒介类型如电影之前，教师会要求学生写下对这一媒介的看法，经过媒介学习后学生再写下自己的看法，比较二者之间的差别来考查学生媒介意识的变化。

在诠释媒介方面，SMARTArt 项目认为媒介素养教育要求学生应达到三个目标：（1）思考媒介信息的隐藏信息——那些信息对自己意味着什么，对其他人又意味着什么；（2）质疑刻板印象和歪曲信息；（3）从自己的经历、需求和价值观出发判定信息的真实度和相关性。

在评估过程中，故事成为一个很有效的工具和手段。教师通过让学生讲故事、即兴演说、用不同方式表达等方式，考查学生（1）他们是

---

① 所谓思维地图（thinking map），是在中小学（K-12）教学中经常使用的、以图表表现人的思维过程的一系列图形框架。思维地图共有八种类型，分别是用于在上下文中界定某一名词的圆圈地图（circle map）、用很多形容词来描述某一事物的气泡地图（bubble map）、描述某一事件的过程和顺序的流线型地图（flow map）、确定部分和整体关系的支架地图（brace map）、确定分类或分组的树地图（tree map）、用于比较和对比的双气泡地图（double bubble map）、用于分析因果关系的多线型地图（multi-flow map）、用来描述相似度或进行类比的桥地图（bridge map）。通过思维地图的练习，学生不会因为较差的思维组织框架或静态无组织的图形而困惑，他们的思维会从具体走向抽象，深入思考，并应用到复杂问题的解决中。http: //en. wikipedia. org/wiki/Thinking_Maps. 2012－12－11.

怎么练习故事的；（2）同学之间是怎样相互倾听并支持的；（3）学生在即兴过程中是怎样遵守基本准则的；（4）学生是怎样接受其他人创造的东西，并让其归为自己所有的。

教师将学生的表现分为程度不同的五个等级，从"不及格"到"非常棒"，并赋予不同的分数。然而教师看重的不是学生最终的分数，而是学生的表现过程，采用的是以表现为基的个人和群体工具来考察学生的个人和群体参与能力。

由于SMARTArt项目是与动画公司合作完成的，每个参与媒介素养课程的学生每学期都会制作一部30秒钟的动画，因而对学生动画作品的评估就成为对学生制作媒介能力的评估。事实上，学生最终的作品也体现了他们艺术课程的学习程度，如配乐与音乐相关，人物动作与舞蹈相关，叙事方式与戏剧相关，画面变化与视觉艺术相关。每年动画公司都会对学生们的动画作品做一个完整的评估，除了观看他们的作品，还会问他们相关的问题。这个过程不仅为"教师应该怎样帮助学生从他们的作品中得到收获"提供模板，还深化了教师的学习。事实上，动画作品不但能让学生深入到媒介分析的深度，还能让学生们拥有并欣赏自己的作品，并有机会在电视台播放。"事实上学生们做得很棒，作品显示他们都理解了那些理念"，动画公司的专家如是说。除此之外，动画项目还给学生提供一起工作、一起使用技术工具的机会，使得他们不论是在写作、组织、艺术还是其他技能上都能有所收获。

事实上，SMARTArt项目对学生媒介素养学习效果的评估还包括两次前测/后测实验，但都由于教师准备不连续而失败。SMARTArt项目负责人、美国媒介素养中心主任乔尔斯（Tessa Jolls）女士解释说："尽管教师在学生评估过程中使用了一些量表和档案袋法，但整个项目却没做过真正的实证评估。教师们接受过以表现为基的评估培训，但却不知道采用何种方法和工具来落实。"

②课程评估

SMARTArt项目使用统一的媒介素养教育框架，即美国媒介素养中心的媒介素养包①（CML MediaLit KitTM），以融合课程的形式在艺术课程中进行。项目使用的媒介素养课程标准融合了媒介素养全国标准、视觉表现、艺术、语言艺术、英语语言发展标准②以及其他核心科目标准，项目专家对教师进行课程内容培训，但具体落实则由参与的老师自行决定，课程效果和教师感受通常通过学期总结会和师资培训进行交流。

在三年项目实施过程中，参与项目的专家和教师经常举行非正式策划会议和阶段性的汇报会议，与会者进行头脑风暴式的思想碰撞，思考诸如"我们有没有偏离轨道？""挑战是什么？""还有什么需要整理/准备？""如果我们不准备，我们怎样进行下面的步骤？"等问题，同时他们还要讨论哪些事情需要前瞻性思考、哪些应该避免，多为过程性评估。

媒介素养课程在里奥波利蒂小学的实施促进了小学生传统课程学习水平的提高。在英语语言障碍及西班牙语学生人数在过去五年都达到州和地区增长目标的情况下，里奥波利蒂小学自2001—2003年都完成了全区学术表现指标的增长数字。这是因为媒介素养教育促进并强化了学生读写能力的提升，而读写能力是里奥波利蒂小学所在的洛杉矶第四学区着重加强的五个项目之一③。

里奥波利蒂小学管理者这样描述媒介素养的意义："读写能力是我们在过去四年不断做出努力的一个方向，包括各种内容的读写。读写能力在某种意义上是指读、写以及理解他们所读的内容，并可以理解通过各种方式写就的文学作品，如印刷品、电视、图片以及技术等。SMARTArt项目就是在做这方面的努力，来使学生变得有素养，而且能够在整个社会有效果。一切能够符合并且加强五个方面目标的举措我们都会采用，媒介素养就是其中一个。"

---

① 这一工具是SMARTArt项目进行到第二年时才被美国媒介素养中心的专家提出并使用到项目中的，其中包括媒介素养五个关键概念和五大关键问题等一系列内容，提供了媒介素养教育的内容框架，并为媒介素养课程的实施提供了实用的指导。

② 其中加利福尼亚州英语语言发展标准是在SMARTArt项目进行到第三年时加入到项目媒介素养课程标准中的。

③ 其余四个项目分别为数学、英语语言发展、落后儿童干预和家长参与。

事实上，SMARTArt项目对于课程评估没有统一、专业的框架，只是散落在总结性会议、课堂活动及工作室活动中。其评估内容也不完整，仅涉及媒介素养课程标准、媒介素养课程内容与其他课程的相关性、媒介素养教育与家长的合作及联系等。并且SMARTArt项目的课程评估没有严格的标准和规定，大部分由专家和教师自行设定和决策。

③教师评估

SMARTArt项目定期的师资培训为教师提供了媒介素养教学框架和教学内容，也充实了教师自身的媒介素养知识体系和动画制作技能，并且和同事一起合作、发展和实施指导性工作让教师受益匪浅。不定期或学期末的汇报会议为教师提供了探讨教学中遇到的问题和挑战的机会，让教师能够尽快解决问题。

到项目进行的第三年，教师已经对媒介素养有了深入的了解，并且能将媒介素养的概念和问题应用得非常灵活。最重要的是，教师们承认，媒介素养培训对他们个人和专业发展都有很大的好处。"我不得不教给学生我之前因为不懂而不能教给他们的东西""媒介素养对于老师来说意味着很多工作，但它能增强我们的学习能力和融合能力""媒介素养应该是教育的最终目的，因为我们无时无刻不在接触媒介。怎样把那些从媒介看到的东西变成我们在学校应该学的内容，是我们应该考虑的问题"，教师们如是说。除此之外，媒介素养项目的策略及概念已经影响到其他科目教师，促使其对其他课程的教学进行思考和改进。

SMARTArt项目的师资评估也是在探索中发展的。项目进行第一年时，很多东西都不明确，"我们有了五个概念，但我们并不清楚怎样将其融入要问的问题中去"。到第二年，五个关键问题的提出，构建了项目的教学框架，推动其向前迈了一大步。这个框架提供了关键的线索把不同的课程领域聚集到一起。到第二年末，教师们已经能在两天时间内讨论出下一年的课程计划了。同课程评估一样，SMARTArt项目的教师评估也是不完善的，仅涉及教学中遇到的挑战和解决办法、媒介素养体验对教师教授其他课程的影响两个方面。

④专业化发展

美国媒介素养中心主任乔尔斯总结了 SMARTArt 项目专业化发展的要点：(1) 清晰明确的媒介素养理念：强调赋权而不是媒介审查或者媒介抨击；(2) 采用媒体素养中心的媒介素养包（MediaLit Kit™），注重教师和学生进程化技能的培养，个体因此可以学习到一套系统的、可应用于任何内容的分析方法；(3) 在课程实施之前确定权威、全面的课程标准；(4) 在每一种艺术形式（舞蹈、音乐、戏剧和视觉艺术）中都融入媒介素养内容；(5) 教师先行。在教师教授媒介素养和艺术科目之前，他们必须首先充实自己的知识、理解和技能；(6) 鼓励学生采用一种结构性的方式，从做中学。通过反复和历练，使得媒介素养成为一种自觉；(7) 搭档都是地位平等、相互尊重的学习者，教师的参与是自愿的；(8) 不依赖于技术，更关注"素养"而非"媒介"，强调批判性思考和创造性表达；(9) 学生解构传统艺术和创造自己的艺术项目的同时，建立了语言艺术和英语语言发展标准的直接联系，加强了学生基本素养技能。除此之外乔尔斯还提出了专业化发展的努力方向：(1) 思考指导"建构"过程的框架，包括五个关键概念和五个关键问题；(2) 确定媒介"再建构"的问题。思考与媒介创作、使用及分配相关的知识产权问题，以及涉及的五个关键概念和五大关键问题；(3) 确定媒介创造与学生评估的关系，在媒介作品创作过程中评估学生的批判性思维、自我表达及内容展示能力；(4) 完善评估体系，发展出评鉴的指标及其他评估方法，使得学生了解怎样设定标准来评价他们自己及同伴的作品；(5) 进行相关性研究，将指导青少年的关键问题与儿童发展的适当阶段联系起来，探究将关键问题教学与青少年认知发展和能力建设匹配到最好的方法；(6) 通过持续的专业发展、一个通用的模式和语汇、一个可以分享的课程计划、活动以及课堂练习，为未来的工作和研究建立起一个可以拓展到 K-12 年级范围的学习框架。

SMARTArt 项目还提供了一个可用于复制的框架包括：(1) 专业化发展；(2) 与媒介素养专家同行；(3) 当地艺术家直接教授学生艺术课程；(4) 专家与教师日常工作一致，并与课程联系起来；(5) 动画项目，以艺术作品考查学生多项知识和技能；(6) 以学生为基的评估体系（虽然这一点上 SMARTArt 项目做得并不好）；(7) 合作者间持续、频繁的交流会议，包括一月一次的教师会议和一季度一次的合作者会议等；(8) 注重家长参与；(9) 年度评估会议。

事实上，有一些学区和学校已经开始思考使用这个框架，将其复制到其他项目或拓展到 K-12 年级教学中。媒体素养中心也在努力完善媒介素养包，希望给更多人提供媒介素养理论、实践和实施的指导与帮助①。

(二)"我不吃这套"：五年级批判性传媒素养

在学生进入学校课堂之前，技术和媒介对他们的生活有着长期巨大而普遍的影响力。2011 年美国一个国家层面的调查发现，三分之二的年龄在 0—8 岁的儿童每天观看电视，超过一半的儿童使用诸如智能手机、平板电脑和其他手提媒介播放器这样的数字设备。② 在儿童 10 岁之前，儿童暴露在持续的多种形式的媒介信息流中每天几乎有 8 小时之久。③ 在 21 世纪，让学生成为消息灵通的、积极参与的公民，那么教会学生如何批判地接触和解读信息是必需的功课。

批判性媒介素养扩展了传统的阅读与写作素养的概念，将其他传播

---

① 理论：《21 世纪素养：媒介素养教育的概述和方向指南》(Literacy for the 21st Century, An Overview and Orientation Guide to Media Literacy Education)，这个小册子用清晰的语言阐述了媒介素养的基本要素。解释了质疑过程、五大关键概念、五大关键问题以及怎样对媒介文本进行深入分析。实践：《五个关键问题可以改变这个世界，媒介素养课堂活动》(Five Key Questions that Can Change the World, Classroom Activities for Media Literacy) 这个小册子提供了 25 个重要的课程计划来帮助教师向学生介绍媒介素养五个关键问题，并且帮助他们通过练习得到掌握。可应用于所有年级和跨学科课程：语言艺术、社会研究、健康、数学以及艺术等。实施：《最好的实践项目：SMARTArt 项目，一个小学媒介素养和艺术教育的个案研究》(Best Practices: Project SmartArt, A Case Study in Elementary School Media Literacy and Arts Education) 提供了一个完整的媒介素养课程的结论和完成情况，目的是为了发现有效教学和学习的创新手段。

② "Zero to Eight: Children's Media use in America,"（Common Sense Media），www.commonsensemedia.org/research/zero-to-eight-childrens-media-use-in-america.

③ "Generation M: Media in the Lives of 8 – 18 Year-olds,"（Kaiser Family Foundation），kaiserfamilyfoundation.files.wordpress.com/2013/04/8010.pdf.

形式诸如音乐、电影、播客和网站等包括了进来。① 批判性媒介素养认为，媒介文本从来不是中性的，而且，媒介文本是有目的地建构出来的，明确地或暗含的传输着某些价值观，影响着人们的思维。② 当学生提出问题质疑媒介文本的时候，学生就成为积极主动的阅读者，例如：谁创制了这个媒介信息，有着什么目的？谁是潜在的受众？媒介文本中再现的是什么价值观和观点？什么样的价值观和观点被隐藏？文本如何影响读者？

这些问题支持"C3框架"③（评价信息和使用证据）的第三个维度（即公民生活，其他两个维度是大学、职业），以及共同的核心标准（固定阅读标准）。④ 当学生参与到批判地分析媒介文本的时候，他们也在学习一个基本的公民技能：为了作出明智的决定和采取行动，如何去评估信息来源和信息。可以将批判性媒介素养整合进小学社会研究课程中。只要支持学生的批判思维能力和符合国家标准，各种各样的方式都可以采用。每年的总统选举给社会研究教师提供了丰富教学批判媒介素养的机会。政治广告对于使学生参与到真实的公民学习经历中是一个特别有力有效的资源。本部分介绍德克萨斯州一所公立学校五年级社会研究和语言艺术课的学生进行的一个小的批判媒介素养项目。这个项目需要两天完成2节70分钟的课程。第一节课的目的就是给学生讲如何辨别商业广告中通用的劝服技巧。第二节课上，学生将这些知识应用到分析2012年总统选举广告中。尽管这个项目课程是社会研究学习取向的，但是也支持这门课的教师戴维斯夫人（Mrs. Davis）的语言艺术教学的两个基本

---

① Jeff Share, *Media Literacy is Elementary: Teaching Youth to Critically Read and Create Media*, New York: Peter Lang, 2009: 10.

② Jesse S. Gainer, Nancy Valdez-Gainer, Timothy Kinard, "The Elementary Bubble Project: Exploring Critical Media Literacy in a Fourth-Grade Classroom," *The Reading Teacher* 62, no. 8 (May 2009): 674-683.

③ NCSS, *Social Studies for the Next Generation: Purposes, Practices, and Implications of the College, Career, and Civic Life (C3) Framework for Social Studies State Standards*, Silver Spring, MD: NCSS, 2013.

④ Common Core State Standards Initiative, "Common Core College and Career Readiness Anchor Standards for Reading" (2012), www.corestandards.org/ELA-Literacy/CCRA/R.

点。这两点就是劝服性写作和观点。

苏利文（Alice Miriam Sullivan）作为客座教师在这所小学中为 21 个五年级社会研究课和语言艺术课的学生讲授这些课程。这所小学位于德克萨斯州的一个快速发展的郊区。这些五年级的学生人口组成，大约是四分之一的非洲裔美国人，三分之一的拉丁美洲血统的人，其余都是白人的孩子。[1]

1. 教学过程

大量的广告都将目标指向儿童。在儿童到五年级之前，他们作为媒介消费者已经有一定程度的章法式知识，教师可以通过启发式教学活动激发他们先前的经验和理解。

（1）思考和辨识广告所采用的策略

苏利文首先要求学生思考他们记忆犹新的特定的广播电视广告。在与伙伴分享了之后，他们和整个班级的同学一起创制一个清单，列出这些广告如何劝服观众购买他们的产品。学生们迅速地辨识出广告商所用的一些不同策略，包括使用动听的音乐，不适宜地将对手的产品与他们自己的相比较，用临时的销售价格创造一种紧迫感。米加（Micah）指出："对于针对儿童的玩具、游戏等商品，许多广告商将尽力使用明亮的颜色和大的噪音来吸引他们的注意。……玩具、游戏这样的商品通常是滑稽的或者说有着某种玩笑的意味。那是为什么人能记住它们。儿童对这种玩意儿是感兴趣的。"[2]

批判性媒介素养有个关键概念就是媒介信息是因为特定的原因建构出来的。学生能够直觉地明白广告商有意地使用各种设计的策略使他们的产品对消费者有吸引力，学生也能够描述一些这样的策略，这是成为更具批判性的媒介消费者的第一步。

---

[1] Alice Miriam Sullivan, "*I Don't Buy It*": *Critical Media Literacy in the Fifth Grade*, http://www.academia.edu/18719313/_I_Don_t_Buy_It_Critical_Media_Literacy_in_the_Fifth_Grade.

[2] Alice Miriam Sullivan, "*I Don't Buy It*": *Critical Media Literacy in the Fifth Grade*, http://www.academia.edu/18719313/_I_Don_t_Buy_It_Critical_Media_Literacy_in_the_Fifth_Grade.

(2) 认识和说出劝服技巧的名字

一个广告能够使用多种类型的同时存在的传播手段来传输信息。例如，一个麦片粥广告可能播放一位母亲正在给全家人盛饭，而同时一个快乐的哼着简单韵律歌曲的小孩子在玩耍。短片的末尾，特意展示出这个麦片粥的名字。一位画外音解释说这是早餐平衡饮食的一部分。这个假设的广告的目的似乎很直白：广告商想要观众购买他们的产品，他们希望实现劝服技巧的结尾隐藏在文本中。叮铃声、麦片粥箱子的设计和儿童微笑的笑脸，使得广告容易被人记住，也对年轻的受众有吸引力。这些受众转而可能劝说他们的父母给他们买这种牌子的麦片粥。这个广告也是为父母设计的，就像这个广告所陈述的——麦片粥是早餐平衡饮食的一部分，因此给孩子做这种麦片粥饭的父母一定是个好的负责任的人，他们关心自己家人的健康。一个批判性的消费者，就会质疑那些信息，在购买这种牌子的麦片粥之前就会阅读营养标签，他或她就可能发现，像许多儿童的麦片粥，实际上包含的是大量的糖分，但很少有营养。①

使用学生熟悉的广告来学习他们自己世界中的批判媒介素养概念。很明显，这些五年级的学生知道一些广告中所使用的坊间策略。成为批判性媒介消费者的下一步是明确地说出这些策略的名称。学生收到一个图形组织者（两本小册子），上面写着七个流行的劝服技巧的名称和定义，例如揭发隐私、打情感牌和展示推荐书等，当学生观看六个不同广告的时候他们可以参考小册子的说明。

在观看了一个广告之后，学生分享他们的观察。当学生讨论一个好事达保险公司的车辆保险广告的时候，这个广告描述的是一个慢动作的车辆碰撞事故，学生毕安卡（Bianca）说："你看到这个司机踩刹车，但是车辆仍然在动，不能停下来……他看起来很恐惧。"扎拉（Zara）也说道："这个车辆碰撞事故声音真的很大，就像玻璃破碎和吱吱作响的声音。非常不舒服。"苏利文问班级的同学，他们认为为什么广告商

---

① Alice Miriam Sullivan,"*I Don't Buy It*"：*Critical Media Literacy in the Fifth Grade*，http：//www.academia.edu/18719313/_I_Don_t_Buy_It_Critical_Media_Literacy_in_the_Fifth_Grade.

使用那些特别的画面和声音。杰夫（Jeff）评论道："它使人感到更加恐怖……在遇到这个司机遇到的车辆碰撞事故中就会感到害怕。"他的分析启发柯丽娜（Corina）认识到一个策略："我认为这个广告商使用了打感情牌的策略（情感诉求），因为就像杰夫说到的，所有这些东西让人恐惧。……那是一种感觉和情绪。"其他的学生同意柯丽娜所说的，在图形组织者（小册子）上的"好事达"广告处标记上"打感情牌"的劝服例子。

这个课堂上，学生好像不确定是否使用了其他的劝服技巧。所以，苏利文就问学生，为什么广告商选择一个普通人作为这个事故的主角，而不是一个赛车司机或一个动作电影明星。萨里娜（Sarina）回答道："因为他是一个常人。"学生将这个特点标记为"普通人"技巧。安德鲁（Andrew）解释这个原因时说："它说明，这个碰撞事故也可能发生在你身上。"学生努力地去识别潜在的受众，识别潜在的受众是批判媒介素养的一个重要组成部分。在未来的活动中，苏利文将通过搭脚手架的方式设问来解决这些困难。诸如：这些产品是干什么用的？如何使用这些产品？在你的家中有没有人使用这种产品？他们为什么使用这种产品？

（3）公民学习

第二天，五年级的学生将批判媒介素养的技能应用到总统选举广告上，从而开始了公民学习。为了将学生引入这个公民学习过程，苏利文使用了碧昂丝（Beyoncé）给 2012 年总统选举中的奥巴马夫人米歇尔（Michelle Obama）的一封信。[①] 苏利文相信，一个关于碧昂丝的广告将是一种把学生从熟悉转向不熟悉的参与方式。

学生使用一个图形组织者（第三本手册和第四本手册），分析这个广告，检视不同的审美元素（图像、音乐和其他声音）、叙事的内容和广告的潜在受众。因为将广告与学生自己生活的方面相联系，所以他们对展示米歇尔与儿童互动的部分特别地感兴趣。纳塔莉（Nataly）评论

---

① "Beyoncé's Letter to Michelle Obama," www.youtube.com/watch? v = q1qpzHkA6tQ.

道:"她与儿童做了许多事情。……跳舞和种食物。这个舞蹈跳得有点蠢。她看起来很开心。有趣。"布兰登(Brandon)接着说:"她正在和他们一起锻炼,吃健康的食物。如果父母在观看的话,因为他们想要他们的孩子健康成长,所以他们想要米歇尔成为第一夫人。"通过他们对媒介文本的分析,学生意识到广告传输着暗含的信息,例如,米歇尔对儿童好,那是专门设计出来吸引一个特定的受众群体——父母。彼得(Peter)增加了另外一个潜在的受众:"碧昂丝的名字现在家喻户晓,所以人们都认识了她。年轻的选民认识她可能都胜过演员弗里曼(Morgan Freeman)或某个出名的人物。"

在填写好图形组织者之后,当学生讨论广告使用了什么劝服技巧的时候,苏利文将图形组织者放到文件上面。阿利森(Allison)说:"碧昂丝是一个重要的人,她说她敬畏米歇尔,米歇尔对人民非常关心。这是褒奖的话。"迈克尔(Michael)指出,许多次米歇尔都在与不著名的人物互动,他将这些人物识别为普通人劝服技巧。

当学生分析广告的时候,他们也在实践着批判素养技能。他们辨识如何有目的地使用图像、声音、对话和其他元素来传输信息,向特定的受众诉求,试图通过不同的技巧劝服观众。他们将这些技巧用作支持他们主张的证据,就像在"C3框架"中的第三个维度"公民生活"所强调的那样。① 这个活动也是一个符合《英语语言艺术共同核心阅读素养标准》(Common Core ELA/Literacy Anchor Standards for Reading)的例子,如从文本证据中得出推论,解释文字和短语如何塑造意义,以及评估观点如何塑造一个文本的内容和体裁。②

(4)成为批判性的消费者和公民

最后一个活动,学生将他们的批判性媒介素养技能应用于另外一个

---

① NCSS, *Social Studies for the Next Generation: Purposes, Practices, and Implications of the College, Career, and Civic Life (C3) Framework for Social Studies State Standards*, Silver Spring, MD: NCSS, 2013.

② CCRA Standards for Reading (2012), R.1, R.4, & R.6, *Common Core State Standards Initiative*, "Common Core College and Career Readiness Anchor Standards for Reading" (2012), www.corestandards.org/ELA-Literacy/CCRA/R.

2012 年的政治广告。他们是以小组的方式进行工作。学生从客厅候选人网站（The Living Room Candidate website）①获得政治广告，这个网站对于社会研究教学来讲是一个杰出的资源。这个网站有民主党和共和党从 1952 年到 2012 年的总统选举广告，包括副本，以及有关的课程计划和通往其他在线资源的链接。

在课前，苏利文预先选择了三个罗姆尼（Romney）和三个奥巴马政治广告，这些广告中至少使用了两个学生前面学习过的劝服技巧。每一个组选取一个不同的广告去分析，使用一个笔头的广告副本和相同的图形组织者（即手册 C 和手册 D），来描述审美（图像和音乐）、叙事的内容和广告的潜在受众。

一组同学选择了"公司"（Firms）名字的广告，这是一个反罗姆尼的攻击广告，里面说的是这个候选人唱《美丽的美国》（America the Beautiful）跑调了，并且指控他逃税，并把工作外包给其他国家。到现在为止，学生明白了政治广告使用不同策略来劝服选民。当学生在小册子上记下他们了解到的有关候选人的三个东西时，他们讨论为什么他们认为广告商指控罗姆尼逃税。毕安卡认为，这个信息的结论是使得候选人好像是"下贱"和"虚伪"。"他不想纳税，只想占有。"柯丽娜通过思考哪些观点被呈现了，哪些观点被忽略了来帮助辨识劝服技巧。她说："也许罗姆尼正在将工作机会给了墨西哥、中国和印度，但是或许他也将许多机会给了美国人民。所以，奥巴马的人制作这个广告只是在展示所有负的一面。他们是在揭发他的隐私。"

当学生分享这些观察的时候，他们认识到不同的元素拼接在一起如何传输信息和印象。一个学生指出：当奥巴马在片子结尾出镜的时候，画面的颜色由"阴沉厌烦"的颜色变成了"开心愉快"的颜色。罗姆洛（Romulo）喜欢取笑罗姆尼的唱歌，解释这个跑调能够增加这位候选人总的负面印象："唉，他在唱《美丽的美国》，但是我不吃这套。那听起

---

① "The Living Room Candidate," www.livingroomcandidate.org. An archive of presidential campaign commercials from 1952 to the present, organized by year, type, and issue, with teacher resources and playlists by experts.

来他不怎么上心,就像他没有作出任何努力。如果是我,我会投入很多精力去将歌唱好,这样听起来好听些。"尽管学生笑了,但是他们也证明了他们已经意识到视觉和听觉的元素如何能够传输思想和印象,这些思想和印象也是依赖于声调的。

另外一组选择"失败的美国工人",这是一个反奥巴马的攻击广告,指控奥巴马总统将工作机会输给了中国。这个组很快就辨识出了揭发隐私的技巧。他们聚焦于广告的语言,指出"欺骗"被提及了三次,以及"欺骗"在奥巴马图像的视觉上呈现了三次。根据广告副本,杰夫指出,广告"并没有称奥巴马是一个骗子。广告说的是某国正在欺骗,奥巴马无能阻止。这使得某国和奥巴马看起来都是很糟糕的。"通过仔细地检视文本,学生们能够明确地辨识出广告商如何使用书面和口语语言去创造负面的印象。

学生们也检视了广告的叙事。"失败的美国工人"广告中叙述道,50多万的制造业工作机会在奥巴马的治理下失去了。回顾小册子A和B中的不同劝服技巧的定义,萨里娜也辨识出这里采用的是权威技巧。她解释道:"广告正在使用这些数字来说明我们如何在奥巴马的治理下失去这么多的工作机会,而且广告说奥巴马七次拒绝停止欺骗。"安德鲁评论道:"这个广告仍然是一个揭发隐私的广告,因为广告使得奥巴马看起来很差劲。……而且,广告给人们造成惊吓,他们会失去工作。"在做一些讨论之后,学生将这个归结为广告商所使用的打感情牌(诉诸情感)的技巧。

作为一个最后项目,学生使用他们的图形组织者和广告的副本创制一个海报以总结他们的发现。在活动的结尾,五年级的学生能够分析政治广告,成功地辨识出劝服技巧。几个学生调查了这些主张的有效性,继续着这个课程。就像毕安卡总结的:"我想知道更多的内容,奥巴马是否真的是一个可怕的人?或者这个广告只是一个真正优秀的广告?"[1]

---

[1] Alice Miriam Sullivan,"*I Don't Buy It*":*Critical Media Literacy in the Fifth Grade*,http://www.academia.edu/18719313/_I_Don_t_Buy_It_Critical_Media_Literacy_in_the_Fifth_Grade.

2. 课程评价

这些课程结果说明，广告对于教学批判素养技能来讲可能是一个有关和参与性的资源。学生熟悉商业广告如何企图劝服观众，为教学如何批判地分析和辨识总统选举广告中的劝服技巧提供了一个坚实的基础。美国全国社会研究理事会（National Council for the Social Studies，NCSS）2008年关于小学社会研究课教与学的立场声明中说道："小学社会研究课的目的就是能够使学生理解、参与并对他们的世界作出明智的决定。"① 教授学生如何批判分析和利用媒介文本是这个过程的一个不可或缺的组成部分。每次总统选举为教育工作者提供了丰富多样的用来进行真实的、有关的和强有力的公民学习的资源。②

二、初中传媒素养融合课程案例

本部分选取了两则比较典型的传媒素养与初中课程教学融合的案例。一则是一种跨学科的专门针对吸烟预防和吸烟素养问题的研究，另一则是批判性媒体素养与社会研究课融合的案例。这两则案例的结果表明，传媒素养可以被用作一种提高人们一般媒体素养、吸烟媒体素养和批判性媒体素养的有效手段，可以被更好地融入到初中许多学科课程教学中。

（一）学校吸烟预防和传媒素养试验研究

在美国，以学校为基础的烟草预防计划在减少吸烟率方面取得了有限的成功。媒体素养计划提供了潜在的更有效的反烟草教育的创新工具。然而，这些计划既没有广泛实施，也没有得到很好的评估。比尔（Melinda C. Bier）、施密特（Spring J. Schmidt）和什尔兹（David Shields）进行了一个跨学科的烟草媒体素养计划前后评价。样本包括六所学校的

---

① NCSS，"*Powerful and Purposeful Teaching and Learning in Elementary School Social Studies*"（Position Statement，2012），http：// www.socialstudies.org/positions/powerfulandpurposeful.

② Alice Miriam Sullivan，"*I Don't Buy It*"：*Critical Media Literacy in the Fifth Grade*，http：// www.academia.edu/18719313/_I_Don_t_Buy_It_Critical_Media_Literacy_in_the_Fifth_Grade.

204名学生。结果表明，学生的吸烟媒介素养和一般的媒介素养测量在干预过程中有显著提高。①

1. 试验研究背景

吸烟是导致美国可预防的死亡的主要原因②。在每年 440000 因吸烟而死亡的人中，绝大多数人开始在 18 岁或更小的年龄就开始吸烟③。尽管努力减少青少年吸烟，54% 的高中生尝试吸烟，16% 的高中生在 13 岁之前有吸烟经历④。那些在青少年的时候就开始吸烟的人到 18 岁的时候成为每天都吸烟的人的危险最大，并且不太可能戒烟⑤。国家行为风险调查结果一致表明，健康危险行为最有可能在青春期早期发展⑥，使这段时间成为有针对性的预防计划的关键。青春期早期的孩子由于青春期的社会、情感和身体的变化而更容易做出不健康的行为选择。这个发展阶段通常在 10 岁到 15 岁之间开始，其特点是心理变化，如对异性越来越大的兴趣，从父母那里获得更多独立的愿望，在决策中有更多的自主权。在这个发展时期，吸烟的态度趋于积极。同伴关系往往在这一发展阶段更加重要，青年越来越关心他们的形象。营销人员通过将香烟和酒精作为理想生活的一部分而利用了这一点，如果不是完全现实的生活方式的话。

---

① Melinda C. Bier, Spring J. Schmidt, David Shields (2011), *School-based Smoking Prevention with Media Literacy: A Pilot Study*, The National Association for Media Literacy Education's Journal of Media Literacy Education, 2 (3), 185 – 198. Available online at www. jmle. org.

② DiClemente, Ralph J., John S. Santelli, and Richard A. Crosby, eds. 2009, *Adolescent Health: Understanding and Preventing Risk Behaviors*. San Francisco: Jossey-Bass.

③ Kaestle, Christine Elizabeth, and Bradford B. Wiles. 2009, "Targeting High-Risk Neighborhoods for Tobacco Prevention Education in Schools." American Journal of Public Health 100 (9): 1708 – 13.

④ DiClemente, Ralph J., John S. Santelli, and Richard A. Crosby, eds. 2009, *Adolescent Health: Understanding and Preventing Risk Behaviors*. San Francisco: Jossey-Bass.

⑤ Institute of Medicine. 1997, *Ending the Tobacco Problem: A Blueprint for the Nation*. Washington, DC: National Academies of Science.

⑥ Fetro, Joyce V., Kim K. Coyle, and Phong Pham. 2001, "Health-risk Behaviors Among Middle school Students in a Large Majority-Minority School District." Journal of School Health 71 (1): 30 – 7.

第四章　美国传媒素养课程与实践案例

众所周知，媒体对吸烟的曝光非常容易导致青少年的吸烟行为[1]。因此，一个有希望减少青少年吸烟的策略就是减少青少年对媒体吸烟再现的接触[2]。然而，减少这种接触并不总是可能的或可行的。事实上，最近的研究表明，尽管有着《1998年总和解协议》(the Master Settlement Agreement of 1998)的限制，烟草行业仍然继续有效地向青少年营销[3]。一个潜在的更强大的可提供给公共卫生倡导者的策略就是促进"媒介素养"。媒介素养常常被定义为理解、分析、评价和创造各种形式的媒介信息的能力[4]。美国儿科学会、美国疾病控制和预防中心和国家毒品控制政策办公室等组织推荐将媒介素养作为大众媒介信息对青少年吸烟影响的缓冲器[5]。

因此，许多组织将媒体素养元素整合进他们的教学规划中。研究支持这些建议。例如，美国遗产基金会(the American Legacy Foundation)的"真理"运动、佛罗里达州的"真相"运动都是成功地减少青少年吸烟的众所周知的项目[6]。这些活动融合了媒介素养教育的原则，包括讨论烟草行业的动机和解构其促销信息。同样的，华盛顿州卫生部进行的一项初步研究表明，媒介素养改进了没有经验的吸烟者和有经验的吸烟

---

[1] Pierce, Jon P., Won S. Choi, 1998, "*Promotion of Cigarettes and Adolescent Smoking.*" *Journal of America Medical Association* 279 (7): 511–15.

[2] Dalton, Madeline A., James D. Sargent, Michael L. Beach, L. Titus-Ernstoff, Jennifer J. Gibson, M. Bridget Ahrens, Jennifer J. Tickle, and Todd F. Heatherton. 2003, "*Effect of Viewing Smoking in Movies on Adolescent Smoking Initiation: a Cohort Study.*" *Lancet*, 362 (9380): 281–5.

[3] Roberts, Donald F., Lisa Henriksen, Peter G. Christenson, Elizabeth Bandy 1999, *Substance Use in Popular Movies and Music*. Washington, DC: Office of National Drug Control Policy.

[4] Buckingham, David. 2003, *Media Education: Literacy, Learning, and Contemporary Culture*. Cambridge, UK: Polity Press. Byrne, Sahara. 2009, "*Media Literacy Interventions: What Makes Them Boom or Boomerang?*" *Communication Education* 58: 1–14.

[5] *Center for Disease Control and Prevention 2005*, https://en.wikipedia.org/wiki/Centers_for_Disease_Control_and_Prevention.

[6] Sly, David F., Gary R. Heald, and Sarah Ray. 2001, "*The Florida 'Truth' Anti-tobacco Media Evaluation: Design, First Year Results, and Implications for Planning Future State Media Evaluations.*" *Tobacco Control* 10 (1): 9–15.

者有关吸烟结果的变量①。此外,"媒介素养"已经被证明是强烈和独立地与减少青少年吸烟和减少对未来吸烟的易感性有关②。尽管学校的烟草预防计划结果喜忧参半,但这不是一个广泛的研究领域。一些研究者引用了限制他们研究结论价值的方法上的缺陷,不同意学校预防吸烟计划在长期没有成功的报告③。

傅雷(Flay)发现,有具体内容的学校吸烟预防项目,包括媒介素养、综合课程方法和十五小时以上的课程,对减少吸烟有着重要的短期和长期影响④。鉴于校本课程仍然是预防青少年吸烟活动的主体⑤,有必要开发和测试创新和潜在的更有效的以学校为基础的烟草预防策略。减少吸烟的易感性的额外的校本媒体素养规划研究是必要的。

"青年赋权行动"(The Youth Empowerment in Action!, YEA!)项目通过一个学术性的解决健康、烟草和媒体素养因素的初中综合课程来应对这个需要。本研究计划重点研究以下问题:(1)在干预的过程中是否有学生吸烟媒介素养提升的证据?(2)干预是否也提高了一般媒体素养?(3)干预对学生吸烟态度的影响是什么?(4)学生是否接受干预?本研究探讨这些问题。

2. 研究方法

本研究是根据一个长达一年校本媒介素养和公民参与项目完成的。该项目是在密苏里州的一所初中进行的,包括课堂课程计划、社区活

---

① Austin, Erica Weintraub, Bruce E. Pinkleton, Stacey J. Hust, and Marilyn Cohen. 2005, "*Evaluation of an American Legacy Foundation/Washington State Department Of Health Media Literacy Pilot Study.*" Health Communication 18 (1): 175-95.

② Primack, Brian A., and Renee Hobbs. 2009, "*Association of Various Components of Media Literacy and Adolescent Smoking.*" American Journal of Health Behavior 33 (2): 192-201.

③ Flay, Brian R. 2009, "*School-based Smoking Prevention Programs with the Promise of Longterm Effects.*" Tobacco Induced Diseases 5: 6.

④ Flay, Brian R. 2009, "*School-based Smoking Prevention Programs with the Promise of Longterm Effects.*" Tobacco Induced Diseases 5: 6.

⑤ Institute of Medicine. 1997, *Ending the Tobacco Problem: A Blueprint for the Nation.* Washington, DC: National Academies of Science.

动、政策研究和宣传活动。本研究的范围仅限于第一个项目活动，即媒介素养课程。

3. 研究步骤

干预的目的是符合疾病预防控制中心 1994 年的以学校为基础的烟草预防建议，以及 2001 年医学研究所和安全无毒学校办公室（Office of Safe and Drug Free Schools）关于有效防御项目实施的指导方针。该项目有三个主要方面：（1）两天（16 小时）的教师培训；（2）基于烟草课程的跨学科的媒介素养（第一节至第十三节课）；（3）通过媒介制作和倡导的服务学习/社区拓展机会（第十四节课至第十八节课）。

该项目整合了三大主题：烟草教育、媒介素养培训和公民参与。此外，还有涉及同伴、家长和家庭的学校活动。这个长达一年的初中项目大致分为两个阶段，以便将基础的跨学科课程（课程 1—13 节）安排在第一学期上，而将经验性的服务学习和社区拓展课程（课程 14—18 节）安排在第二学期做。这里只描述培训和基础课程，后测安排在第 13 节课之后，媒介制作和宣传阶段之前。尽管课程的前测和后测的数据是本报告的范围，但在全年中都进行有重要的形成性和过程评价，包括工作坊评价、课程计划评价（教案评估）、社区评估和定性访谈。项目组对这些措施定期审查和讨论，以便项目支持小组为了整体的项目方案改进而解决任何特定学校的实施努力中的障碍和问题。

《初中教师队伍培训和规划》：初中通常包括六年级到八年级，这一般与初中在教师队伍的使用方面——教师与相同组的学生一起工作、跨学科课程、咨询系统和其他个人化的规定有所不同[①]。"青年赋权行动"项目和团队方法允许教师打破课程，将其分成模块，这样就可由不同的教师在课堂里讲授，并且能够为同一组的学生讲授。基于初中教师队伍

---

① Association for Supervision and Curriculum Development. 2009, *Lexicon of Learning*. http://www.ascd.org/Publications/Lexicon-of-Learning/Lexicon-of-Learning.aspx.

在三次干预之间拥有的规模和结构,密苏里大学圣路易斯教育学院的"青年赋权行动"从密苏里健康基金会（Missouri Foundation for Health）接受了一个三年的拨款,以发展和实施一个可以应用于州范围的以媒介素养为基础的反烟草课程。

该项目有一个扩展的队列设计（cohort design）,在拨款期间,每一个新的学年增加另外十所学校,然后为全州范围的参与提供支持。媒介素养课程是一个更大项目模式的第一个活动,包括青年行动、媒介制作和社区参与等特点。媒介素养课程由跨学科的教师队伍传授给所有的学生,作为他们正规学习活动的一部分。

4. 参与者

本研究的样本由 6 所密苏里初中的学生组成。这几所学校分布在被确定为具有特别高的烟草使用率的县。参与的学校主要是通过基于高于平均吸烟率而确定目标学区来招募的。学校最初是通过校长或其他区级领导人决定参与的兴趣和意愿而选定的。感兴趣的学校由至少三名不超过六名的教师团队提交申请。6 所样本学校的参与教师总数为 29 人。每个参与的教师收到 1000 美元作为他们在培训和发展上时间花费的补偿。406 位学生完成了前测,而 291 个学生完成了后测。本研究报告的数据,是关于 6 到 8 年级学生的,完成了两次评估的有效数据（$N=204$）。学生的年龄范围从 10.0 到 13.6（$M=11.6$ years, $SD=0.89$）。样本包括 66 名男性和 138 名女性。大约 76.6% 的样本是白人/欧洲裔美国人,14.9% 是非裔美国人,还有 8.5% 的人认为自己是另一个种族（见下表:"样本特征"表）。在这个时候,对性别反应率的差异没有明确的解释。前测和后测数量之间的差异和最后的样本主要是由数据清理引起的。从第一段时间到第二段时间没有包括进不完整的工具和不能匹配的工具。此外,在另外的项目活动发生之后,其中一所样本学校在要求的时间框架之外给出了前测的结果。

样本特征

	N（%）
学校	
1	23（11.3）
2	12（5.9）
3	28（13.7）
4	49（24.0）
5	79（38.7）
6	13（6.4）
年级	
6	79（38.7）
7	76（37.3）
8	49（24.0）
年龄	
小于11岁	59（29.1）
11岁	70（34.5）
12岁及以上	74（36.5）
性别	
男	66（32.4）
女	138（67.7）
种族	
白人/欧裔美国人	154（76.6）
黑人	30（14.9）
亚裔/夏威夷人/太平洋岛民	2（1.0）
美国印第安人/阿拉斯加土著	3（1.5）
混血/其他	12（6.0）
种族渊源	
拉美裔美国人	7（3.6）
非拉美裔美国人	189（96.4）
母亲文化程度	
未完成高中毕业	15（7.7）
高中毕业但未上大学	75（38.7）
大学毕业但未再受进一步教育	22（11.3）
研究生或更高学历	17（8.8）
不知道	65（33.5）

注：用作社会经济地位的一个替代。

每个团队中有3位或6位教师,其中由4人和5人组成的团队最为普遍。理想的情况下,整个教师团队在夏季到来前参加两天的培训。对于不能参加的教师,培训项目由项目负责人安排,每月与团队现场会面。16个小时的培训涵盖了作者/受众、意义/讯息和现实/再现三个领域(见下表:"媒体素养领域和与课程有关的因素")和八个媒介素养元素[①]。在烟草教学课上的应用由"青年赋权行动"团队提供。教师个人每一个人得到一个促进者指南和课程活页夹。此外,每一个教师团队收到一个带有颜色编码的《实施总体规划指南》、前测后测的项目学生评估副本、课程实施评估表以及每月小组报告表的活页夹。在培训中,教师队伍从事媒介素养和课程活动,花费时间以小组的形式进行规划,并与项目人员审查完成项目交付的时间表。项目团队收集团队实施人造物品的副本,跟踪执行和保真,并在合作开发过程中改进程序组件和工具。

媒体素养领域和与课程有关的因素

领域	核心概念	密苏里州教育标准
作者与受众 Authors and audiences	1. 作者为了利益或影响而创制大众媒体讯息。	A. 分析媒体讯息的来源,决定其可信度。
	2. 大众媒体作者瞄准特定的受众。	B. 相关性。分析媒体信息以确定与话题关系的相关性。
意义与讯息 Meanings and Messages	1. 大众媒体讯息有内在的价值观和观点。	C. 可靠性。通过分析来源中传输的观点以分析其偏见。
	2. 不同的人不同地解读大众媒体讯息。	B. 相关性。综合以生成意义(做结论,制定一个假设,做推论,等等)。
	3. 大众媒体讯息影响态度和行为。	C. 可靠性。评估信息的准确性,确定信息是否与其他的来源相矛盾或证实了其他来源的信息。
	4. 大众媒体讯息是通过多种媒体制作技巧创制出来的。	A. 讯息。解释媒体传输讯息的技巧。

① Primack, Brian A., Melanie A. Gold, Stephanie R. Land, and Michael J. Fine. 2006, "Association of Cigarette Smoking and Media Literacy about Smoking Among Adolescents." *Journal of Adolescent Health* 39 (4): 465-472.

(续表)

领域	核心概念	密苏里州教育标准
现实与再现 Reality and Representation	1. 大众媒体讯息改变或过滤现实。	C. 可靠性。分析讯息来源的信度。
	2. 大众媒体讯息省略了一些信息。	D. 全面性。评估所收集信息的差距或弱点。查找另外的所需信息。

此表来源于 Primack, Brian A., Melanie A. Gold, Stephanie R. Land, and Michael J. Fine. 2006, "*Association of Cigarette Smoking and Media Literacy about Smoking Among Adolescents.*" *Journal of Adolescent Health* 39 (4): 465–72.

"青年赋权行动团队课程"认识到,除了个人因素之外,烟草的使用受到社会的、商业和政治环境的影响,"青年赋权行动团队"项目植根于社会和生态框架中。课程涵盖了烟草使用及其社会影响、二手烟的健康后果、烟草生产和使用的生态影响、烟草行业的营销策略和烟草政策的短期和长期的负面生理和社会后果。课程计划(教案)借鉴现有的媒体素养和反烟草教育的文献,往往由项目成员与参与教师合作开发而成。

在每一种情况下,让教师在课堂上投入宝贵的课堂时间,他们是定制或设计的,以符合国家的学术标准和年级水平的期望,并鼓励互动式建构主义学习方法。两个普通媒体教育课程都包括在内,所有的烟草课程涵盖有与由普莱马克(Primack)、戈尔德(Gold)等人发展的媒体素养模型一致的媒介素养能力。[1] 媒介素养教育的内容主要集中在媒介素养的三个领域和八个要素。表"课程计划(教案)描述与有关媒体素养因素"(见下表)简要描述了个别课程的主题和相关的媒体素养因素。基础烟草课程的实施花费了大约15小时的上课时间。在训练有素的教师团队内,每个内容区域的老师都在第一学期讲授3到5节课,让所有的学生都获得足够的强度,以在不加重任何一位教师负担的情况下引起

---

[1] Primack, Brian A., Melanie A. Gold, Stephanie R. Land, and Michael J. Fine. 2006. "Association of Cigarette Smoking and Media Literacy about Smoking Among Adolescents." *Journal of Adolescent Health* 39 (4): 465–72.

课程的变化。

课程计划（教案）描述与有关媒体素养因素

课程计划	领域与核心概念
第一课：这堂课提高学生关于使用媒体的数量和类型的意识，介绍吸烟媒体素养的8个核心概念。	作者与受众领域核心概念1和2；意义和讯息领域核心概念1到4；现实与再现领域核心概念1和2。
第二课：解释主动媒体消费者和被动媒体消费者之间的差异，介绍出售产品所用的劝服技巧。学生使用一个系统的观察工具和数字相机，绘制他们社区的烟草讯息地图。	作者与受众领域核心概念1和2；意义和讯息领域核心概念1到4；现实与再现领域核心概念1和2。
第三课：学生研究烟草对生物有机体产生的影响。学生创作简报，与学校社区分享他们所学的知识。	现实与再现领域核心概念1和2。
第四课：学生探究吸烟的因果，创制面向其他学生的反吸烟海报。	作者与受众领域核心概念1和2；意义和讯息领域核心概念1到4。
第五课：学生学习烟草工业对环境的影响，学习如何制作情节串联图板，如何制作公共服务广告并与同龄人、家庭和社区成员通过包括youtube.com and schooltube.org 在内的新媒介渠道分享。	现实与再现领域核心概念1和2。
第六课：学生探索不同工作场所吸烟的影响。	作者与受众领域核心概念2；意义和讯息领域核心概念1到3；现实与再现领域核心概念1和2。
第七课：学生通过角色扮演参与模拟立法过程，他们了解游说、外围组织和议题宣传。	作者与受众领域核心概念2；意义和讯息领域核心概念1到3；现实与再现领域核心概念1和2。

(续表)

课程计划	领域与核心概念
第八课：学生们探究烟草广告在过去的六十年里是如何演变的，以及它们如何针对不同的群体。	作者与受众领域核心概念1和2；意义和讯息领域核心概念1和3；现实与再现领域核心概念1和2。
第九课：通过扮演一个烟草公司的市场营销人员的角色，学生学习了解为什么烟草企业需要招聘青年作为"替代吸烟者"。	作者与受众领域核心概念1和2；意义和讯息领域核心概念1、3和4；现实与再现领域核心概念1和2。
第十课：学生探讨广告的力量如何导致关于公共卫生产品信息的审查。	作者与受众领域核心概念1；意义和讯息领域核心概念1和3；现实与再现领域核心概念1和2。
第十一课：这一课展示了烟草广告如何造成吸烟后果的一个骗人的假象。学生将展示战略意识，了解广告信息和现实之间的差距，以及广告商如何针对不同的群体。	作者与受众领域核心概念1和2；意义和讯息领域核心概念2和3；现实与再现领域核心概念1。
第十二课：本课介绍广告商在选择杂志广告空间时所用的方法。学生扮演营销团队成员的角色，有着固定的针对青少年受众的发展各种产品广告计划的营销预算。	作者与受众领域核心概念1；现实与再现领域核心概念1。
第十三课：本课中，学生计算一段时间内吸烟的成本，并构建显示数据的图表。学生也计算吸烟者在一生中花在香烟上的钱的数量。	作者与受众领域核心概念1和2；现实与再现领域核心概念2。
第十四课至第十八课及以上：这些课为学习公共政策和宣传提供了结构和基础。根据他们的研究，学生制定烟草政策建议，开展媒体宣传活动，并参加模拟立法听证会。	作者与受众领域核心概念2；意义和讯息领域核心概念1到3；现实与再现领域核心概念1和2。

5. 研究手段

在从学生中收集数据之前，每个学生签署同意书。参与调查是自愿的，虽然课程的参与不是（因为它被认为是一个教师所要求的定期课堂活动）。认真指导教师分发和收集问卷的程序，以提高学生对数据保密性的信心。开始干预之前收集前测数据，在完成前13节课两周内收集后测数据。调查类型的评估问卷包含五个主要部分，即人口统计数据、特定吸烟媒体素养、一般媒体素养、对吸烟的态度和对干预的态度。

（1）人口数据

被评估的社会人口统计变量是参与者的年龄、性别、种族/族裔，以及母亲/女性监护人的教育程度，并将其用作社会经济地位的替代品。

（2）吸烟媒体素养（SML）

11个利克特（Likert）类型①的问题条目评估了这样的构建，来自三个媒体素养领域：作者/观众、信息/意义和再现/现实。代表性条目包括"某些香烟品牌是专门设计来吸引儿童"（作者/观众）；"香烟广告将吸烟与人们想要爱情、美貌和权力的自然事物联系起来"（信息/意义）；"香烟广告展示了一种健康的感觉让人们忘记健康风险"（再现/现实）。"四点"利克特量表应答选项包括"强烈反对"(1) 到"强烈同意"(4)。对个别条目的分数进行平均以确定一个整体的吸烟媒体素养得分和这三个媒介素养领域的每一个分量表得分。在以前的研究中，对类似条目的可靠性和有效性也进行了评估。

（3）一般媒体素养（GML）

在概念上与吸烟媒体素养相类似，这个量表也包含有11项基于媒介素养的三个核心领域的条目。"再现"领域的条目包括"做广告的人非常仔细地思考他们想要人们购买他们产品的人"（作者/观众）；"两人

---

① 利克特量表（Likert scale）是属评分加总式量表最常用的一种，属同一构想的这些项目是用加总方式来计分，单独或个别项目是无意义的。它是由美国社会心理学家利克特于1932年在原有的总加量表基础上改进而成的。该量表由一组陈述组成，每一陈述有"非常同意""同意""不一定""不同意""非常不同意"五种回答，分别记为5、4、3、2、1，每个被调查者的态度总分就是他对各道题的回答所得分数的总和，这一总分可说明他的态度强弱或她在这一量表上的不同状态。来源：https://baike.so.com/doc/6059826-6272877.html。

可能看到相同的广告但得出的看法却非常不同"（信息/意义）；"电影和电视节目通常不像真的生活那样展示生活"（再现与现实）。再如，四点利克特类型量表应答选项包括"强烈不同意"（1）到"强烈同意"（4）。对个别条目的分数进行平均以确定一个整体的一般媒体素养得分和这三个媒介素养领域的每一个分量表得分。在以前的研究中，对类似条目的可靠性和有效性也进行了评估。[1]

（4）对吸烟的态度（ATS）

对吸烟的态度由9项涉及吸烟的条目组成。四点利克特类型量表应答选项包括"强烈不同意"（1）到"强烈同意"（4）。除一个反向得分项目，每个条目的措辞提出对吸烟积极的态度。再现条目包括"吸烟是令人愉快的"和"吸烟使你看起来更成熟"。所有条目都取自广泛使用的烟草调查。

（5）对干预的态度（ATI）

最后的量表，仅仅是由后测实施的，评估了学生对项目的看法。这个量表的11个条目涉及参与者发现这个项目的愉快和有效的程度。样本条目包括"我在这个项目中学习了许多""我喜欢这个项目""既然我看到了这个项目，我不太可能去吸烟"。

6. 研究结果

所有六所样本学校发展了他们自己的实施时间表，但项目团队收集的项目工件强有力地表明，在所有的样本学校中至少讲授了90%的课程计划（教案）内容。这个理解对于验证干预和使任何结果变得有意义是非常重要的。

（1）量表的心理测量学特性

首先进行了初步分析以确定量表是否在年龄上适合于目标受众。对主要的量表（一般媒体素养、吸烟媒体素养和赞成吸烟的态度）都进行了心理测量，以测量量表的有效度。所有的分析中，淘汰了所有缺失数

---

[1] Primack, Brian A., Melanie A. Gold, Stephanie R. Land, and Michael J. Fine. 2006, "Association of Cigarette Smoking and Media Literacy about Smoking Among Adolescents." *Journal of Adolescent Health* 39（4）：465-72.

据的个人。研究人员将统计意义先验定义为双面0.05的阿尔法水平（a two-sided alpha of 0.05）。根据因子分析，每个结果量表（特定吸烟媒体素养、一般媒体素养、态度）都是一维的，第一因子的方差加载比例是71%到97%。每个量表的克隆巴赫系数（Cronbach's alpha）为0.72到0.84，表明这些量表内部一致。不同的结果量表之间的相关系数和预计的一样：一般媒体素养与特定吸烟媒体素养彼此相关（$r = .60, p < .001$），他们分别与吸烟态度呈负相关（一般媒体素养$r = -.24, p < .001$；吸烟媒体素养$r = -.12, p = .11$）。媒介素养与赞成吸烟态度的这些负相关在课程结束之后被加强了（一般媒体素养$r = -.30, p < .001$；吸烟媒体素养$r = -.31, p < .001$）。

（2）结果分析

为了评价参与者在干预之后与基线相比是否表现出更高的吸烟媒体素养和较高的一般媒介素养，研究人员进行了配对t检验（paired Ttests）来评估这些结构随着时间的推移而发生的变化。此外，为了评估这些变化的诊断意义（而不是统计意义），研究人员计算了效应大小，他们使用了科恩的d①来定义效应大小，等同于由于前测和后测分数的合并方差划分的平均量表值的差值。他们采用配对t检验来评估干预之后与干预之前相比赞成吸烟的态度是否有了增长。为了评估他们的干预对于一个地区许多学校的青少年是否可接受，他们将学生对干预的态度（ATI）的条目的反应结果用列表法制成表格，以完成后测。最终，他们进行了探索性分析。这些包括比较每一个个人媒介素养和态度条目的t检验，以及对再现每一个媒介素养领域随着时间推移而变化的分量表的t检验。

在干预过程中（$d = 0.44, P < .001$），根据5点量表，整体吸烟媒体素养的平均得分是2.99到3.22，支持研究问题1背后的假设。关于第三个问题，赞成吸烟的态度在这个干预过程（$d = 0.29, P < .001$）中，由1.23显著增加到1.36。（见下表："结果变量和效应大小的差

---

① 科恩的d（Cohen's d）是一个效应大小，用来表示两种方法之间的标准差。例如，它可以用于报告t检验和方差分析结果。它在元分析中也得到了广泛的应用。

异"表）

结果变量和效应大小的差异

	T1	T2	d*	P†
整体吸烟媒体素养（SML）‡	2.99	3.22	0.44	<.001
吸烟媒体素养分量表1（作者/受众）	3.27	3.52	0.38	<.001
吸烟媒体素养分量表2（讯息/意义）	2.79	3.02	0.41	<.001
吸烟媒体素养分量表3（再现/现实）	3.18	3.40	0.33	<.001
整体一般媒体素养（GML）‡	3.11	3.26	0.38	<.001
一般媒体素养分量表1（作者/受众）	2.84	2.94	0.14	
一般媒体素养分量表2（讯息/意义）	3.13	3.30	0.35	<.001
一般媒体素养分量表3（再现/现实）	3.25	3.43	0.33	<.001
整体吸烟态度‡	1.23	1.36	0.29	<.001
吸烟并不像大家所说的那么糟糕。	1.26	1.35	0.18	.09
吸烟是令人愉快的。	1.23	1.36	0.24	.01
吸烟有助于你解决问题或压力。	1.38	1.58	0.25	.002
吸烟有助于保持苗条。	1.38	1.59	0.28	.002
偶尔抽一根烟是没有害处的。	1.36	1.43	0.10	.23
吸烟能让你在聚会上感到更舒服。	1.33	1.5	0.24	.007
如果你每天开始吸烟，戒烟是很困难的。	3.34	3.39	0.01	.63
吸烟使你看起来更成熟。	1.26	1.42	0.23	.01
吸烟使你看起来更迷人或性感。	1.21	1.28	0.17	.20

* 科恩的 d，等于平均数差除以样本混合标准差。

† 采用配对 t 检验计算 p 值。

‡ 说明主要结果。

$0 < d < 0.2$ 表示效应较小（平均数差异小于 0.2 个标准差）

$0.2 < d < 0.8$ 表示效应中等（平均数差异约为 0.5 个标准差）

$d > 0.8$ 表示效应较大（平均数差异大于 0.8 个标准差）

（3）学生对项目的印象

对于第四个研究问题，学生判断这个项目是非常可接受的。在项目之后，超过 80% 的学生报告说，他们喜欢这个项目，表示愿意向朋友推荐这个项目。此外，85.9%的报告说，他们积极参与到了这个项目的课程中，超过85%的学生同意该项目能够有效减少青少年吸烟。（见下表："干预后印象"表）

干预后印象

条目（Items）	均值（标准差）(SD)*	回答"是"的百分比（%）
教师知识渊博。	3.50 (0.64)	96.5
在这个项目课程中我学到了很多东西。	3.37 (0.68)	91.0
我喜欢这个项目课程。	3.27 (0.80)	84.9
我想要更多像这样的项目课程。	3.22 (0.82)	82.3
我会向朋友推荐这个项目课程。	3.23 (0.79)	84.3
我参加了这个项目课程。	3.26 (0.83)	85.9
这个项目课程引起了我的注意。	3.24 (0.83)	85.9
我已经不太可能抽烟了，因为我看过这个项目课程。	3.42 (0.89)	85.4
这个项目课程将有效地让孩子们不吸烟。	3.39 (0.80)	89.3
从现在开始我会用不同的眼光看吸烟。	3.34 (0.84)	85.4
从现在开始我将以不同的眼光看待广告。	3.27 (0.86)	82.2

*1 = 强烈反对；2 = 不同意；3 = 同意；4 = 强烈同意

7. 讨论与思考

过去对于学校烟草使用预防工作的研究并没有多大的令人鼓舞。[①] 然而，最近发现，与烟草使用有关的媒介素养与减少青少年吸烟和降低

[①] Peterson, Arthur V., Jr. and Kathleen A. Kealey. 2000, "Hutchinson Smoking Prevention Project: Longterm Randomized Trial in School-based Tobacco Use Prevention-Results on Smoking." *Journal of the National Cancer Institute* 92 (24): 1979–91.

对未来吸烟的易感性密切相关,① 这为发展更有效的学校发展规划开辟了一个充满希望的途径。研究人员的努力聚焦于将以前最好的烟草教育与关于媒介素养的整合观点在核心课程教育的背景下有机结合起来。

该研究主要发现,在干预期间,无论是一般媒体素养还是烟草媒体素养都有所提高。这个发现初步证实,该媒体素养项目能够缓冲赞成吸烟的大众传媒信息对青少年吸烟的负面影响。因为这个研究设计从被确立的时候开始就排除了一个因果关系。尽管即使没有干预,这种增长也有可能发生,但是因为以前的研究表明,媒体素养通常不会随着时间的推移增加,所以这种增长是不可能的。因此,这是一个重要的和有前途的结果。这个结果表明,需要继续沿着这些线研究。这项研究还支持两次媒体素养测量的有效度和可靠性。②

结果表明,学生赞成吸烟的态度从前测到后测都有所提高。这些发现提出了一个是否获得了"自食其果"效应的问题。伯恩(Byrne)和哈特(Hart)指出,在许多情况下,接触一种疗法都有一个与预期结果相反的影响。例如,与那些没有接受反暴力媒介素养干预的学生相比,接受反暴力媒介素养干预的学生,表现出较高的攻击性水平。③ 因此,该研究结果的一个可能的解释是,让学生接触一个反吸烟的课程增加了学生赞成吸烟的态度,尽管其预期的目标是让学生对烟草使用更不容易感染。这将减轻项目效能的主张。然而,有许多理由拒绝这个结论。甚至当集中于负面影响的时候,对吸烟的讨论都通常激起了学生对其他研究中暂时的话题产生了一些额外的兴趣。④

---

① Primack, Brian A., and Renee Hobbs. 2009, "Association of Various Components of Media Literacy and Adolescent Smoking." *American Journal of Health Behavior* 33 (2): 192 – 201.

② Primack, Brian A., Melanie A. Gold, Galen E. Switzer, Renee Hobbs, Stephanie R. Land, and Michael J. Fine. 2006, "Development and Validation of a Smoking Media Literacy Scale for Adolescents." *Archives of Pediatric Adolescent Medicine*, 160 (4): 369 – 74.

③ Byrne, Sahara and P. Sol Hart. 2009, "The Boomerang Effect: A Synthesis of Findings and a Preliminary Theoretical Framework." In *Communication Yearbook 33*, edited by C. Beck, 3 – 37.

④ Peterson, Arthur V., Jr. and Kathleen A. Kealey. 2000, "Hutchinson Smoking Prevention Project: Longterm Randomized Trial in School-based Tobacco Use Prevention-Results on Smoking." *Journal of the National Cancer Institute* 92 (24): 1979 – 91.

此外，这个年龄的青少年通常在赞成吸烟的态度方面表现出一个增长的趋势。这是由于大量接触媒体和其他影响。[1] 研究人员所测量的赞成吸烟态度的增加可能是研究的参与者一种自然成熟的功能。他们处于青春期阶段，他们在这个年龄阶段，在情感上和身体上协商他们度过青春期的方式，并同时进行独立性和风险性实验。[2] 在这个发展阶段，对吸烟的态度往往会变得更积极，所以测量的赞成吸烟态度的增加可能实际上要比没有干预的情况下小得多。另外一个对这个赞成吸烟态度的测量的增加的可能解释是"期望的悖论"研究中所发现的原因。[3] "期望的悖论"是在一个接受过与烟草使用有关的媒介素养课程的学生样本中发现的。在几个媒介素养干预的例子中，这些作者指出了在学生对媒体描述的正面情感增长的同时，他们也测量出学生出现了一个与危险的行为相关的信念和预期下降。[4] 例如，一个反烟草干预中的参与者报告说，与那些控制组的学生相比，他们发现烟草广告中的人物更为有趣和更受欢迎，但是这被认为是他们更大地意识到做广告的人使用的技术使他们的产品看起来更令人满意的结果。而且，情感的增长不与预测控制组的烟草使用情况的信念的相应增长相关。[5] 因此，该研究的参与者赞成吸烟信念的增加可能已经反映了他们对赞成吸烟的媒体讯息中的潜在信息的更大认识。而干预也以某种降低了烟草使用的可能方式增加了他们的

---

[1] Wiehe, Sarah E., Michelle M. Garrison, Dimitri A. Christakis, Beth E. Ebel, and Frederick P. Rivara. 2005, "A Systematic Review of School-based Smoking Prevention Trials with Long-term Followup." *Journal of Adolescent Health* 36 (3): 162 - 9.

[2] Dryfoos, Joy, and Jane Quinn. 2007, *Community Schools: A Strategy for Integrating Youth Development and School Reform*, Number 107: *New Directions for Youth Development*.

[3] Austin, Erin Weintraub, Bruce E. Pinkleton, and Ruth Patterson Funabiki. 2007, "The Desirability Paradox in the Effects of Media Literacy Training." *Communication Research* 34 (5): 483 - 506.

[4] Pinkleton, Bruce, E., Erica Weintraub, Marilyn Cohen Austin, Yi-Chun "Yvonnes" Chen, Erin Fitzgerald. 2008, "Effects of a Peer-led Media Literacy Curriculum on Adolescents' Knowledge and Attitudes Towards Sexual Behavior and Media Portrayals of Sex." *Health Communication* 23 (5): 462 - 72.

[5] Pinkleton, Bruce E., Erica Weintraub M. Cohen Austin, A. Miller, and Erin Fitzgerald. 2007, "A Statewide Evaluation of the Effectiveness of Media Literacy Training to Prevent Tobacco Use Among Adolescents." *Health Communication* 21 (1): 23 - 34.

逻辑决策能力，就像研究人员在一般媒介素养和吸烟媒介素养方面所报告的增长所表明的那样。一些研究结果可能也是一个地板效应的统计结果。① 赞成吸烟态度的最初的平均值（1.23）非常接近于量表的最低可能值（量表中1—4点的1）。未来的研究可以直接评估吸烟行为，或者进行一个纵向随访调查来证实这些研究结果的解释。

该项目研究人员希望提高教师的接受和项目使用，让课程适合于《密苏里州教育标准》和《年级水平预期目标》。从教师提供各种形式的反馈得到的研究结果表明，这是成功的。媒体素养可以成功地融入现有的课程标准，而不是作为一个额外的学科领域，与必须讲授的内容相竞争。同时，该研究对每所学校为满足自己的排课、课程、组织和教学需求而量身定做的灵活课程的使用，从实施的角度来看，是一个重要的资产。然而，从研究的角度来看，这提出了一个解释性的问题。②

尽管给每个教师团队都提供了相同的材料、培训和辅导，但结果表明，至少有90%的课程内容在所有的学校里得到讲授，项目实施的质量没有得到评估。此外，干预是多方面的，研究人员最初的评估测试只是项目的一个方面——基础课程。需要未来的研究更加仔细地检视教师和学校在实施项目方式上的差异，以及独立地测试各种项目的成分。尽管有结果表明，这个项目很受学生欢迎，但更深入地测量他们的态度和意见将作为进一步评价的一个有意义的元素。总之，该研究支持媒体素养强烈关注并纳入到初中烟草防御工作中。该研究提供有证据证明，将媒介素养融入烟草教育可以对学生的一般媒介素养和吸烟媒体素养有重要的影响，这可以以一种灵活的、受欢迎的方式来实施。鉴于媒体中赞成烟草信息的普遍性以及媒体在青少年生活中的重要性，提高媒介素养可以成为减少烟草诱惑和其他潜在的公共卫生

---

① Russo, Ricardo. 2003, *Statistics for the Behavioral Sciences*. New York: Psychology Press.

② Melinda C. Bier, Spring J. Schmidt, David Shields (2011), *School-based Smoking Prevention with Media Literacy: A Pilot Study*, The National Association for Media Literacy Education's *Journal of Media Literacy Education*, 2 (3), 185–198. Available online at www.jmle.org.

问题的关键。①

(二) 批判性传媒素养与初中社会研究课堂融合

贝斯 (Sara Beith) 在提交给美国埃弗格林州立学院 (The Evergreen State College) 的 2015 年教学硕士学位 (the Master Degree in Teaching) 毕业论文中,对自己参与的行动研究项目做了总结。本部分以该行动研究项目成果为基础,对初中社会研究课堂中的批判性媒体素养问题进行管窥。②

在传统的社会研究课堂中,课程是围绕着教材和对时间表和事实的记忆。如果我们的社会研究课程的目标是支持学生发展成为积极的民主公民,我们就必须创建一个重视诸如参与讨论的民主实践的课堂。批判性媒体素养是一种分析和批判各种形式媒体的方法,是让学生参与讨论的一种方式。为此,贝斯对初中社会研究课堂如何进行批判性媒体素养教育进行了探究。

1. 批判性媒体素养与社会研究课的结合逻辑

(1) 问题陈述

青少年因为受到媒体的严重影响,对媒体呈现的历史持有天真的态度。所有的学生都有先入为主的从媒体信息中吸收的观念和错误信息。③媒体经常描述和延续负面刻板印象,维持现状——这在多元文化的民主社会中是成问题的,因为它重视一些文化而贬低其他的文化。学生常常导致这样的误解:媒体提供了一个对世界的广泛的没有偏见的再现,然而,媒体受到强势精英的严格控制。④"学校系统和媒体密切相关,不断

---

① Melinda C. Bier, Spring J. Schmidt, David Shields (2011), *School-based Smoking Prevention with Media Literacy: A Pilot Study*, The National Association for Media Literacy Education's Journal of Media Literacy Education, 2 (3), 185 – 198. Available online at www.jmle.org.

② Sara Beith, *Critical Media Literacy and Controversial Issues In a Middle School Social Studies Classroom*, http://archives.evergreen.edu/masterstheses/Accession89 – 10MIT/Beith_S_MIT2015.pdf.

③ Sexias, P. (1994), *Confronting the moral frames of popular film: Young people respond to historical revisionism*. American Journal of Education, 102 (3), 261 – 285.

④ Shor, I., & Freire, P. (1987), *A pedagogy for liberation: dialogues on transforming education*. South Hadley, Mass.: Bergin & Garvey Publishers.

传播他们关于种族的妄想观念。这种'双重疯狂'仍然存在,因为学校和媒体都教育大众,使用带有种族歧视、性别歧视和阶级歧视的课程。"① 通过批判性媒体素养,中学生可以以某种方式探索历史,如分析历史文件和与同伴们进行讨论,探讨解决富有争议问题的方式。

批判性媒介素养让学生批判性地分析他们对刻板印象和偏见的看法,并为学生提供避免成为媒体信息接收器的工具,鼓励他们发展一个批判地接受这些复杂故事和历史的视角。② 沃尔德斯(Woelders)在关于在中学课堂上使用电影的研究中写道:"初中生不太可能自己读历史记录。那么,可以说,以历史为主题的媒体——无论是为了电影或电视、教育目的或娱乐目的而创作的——是学生最有可能遇到历史知识真实应用或被误用的地方……因此,社会研究课程必须包括探究性学习活动,为学生提供实践和发展批判地检视电影所需的技能和习惯的机会,确保学生不被他们每天接触的强有力的叙述、想法和观点'横扫'进去。"③

在一个美国初中社会研究课程中,批判性媒介素养提供了解释和理解媒体呈献给学生的信息所必需的分析工具。④ 学生必须开始不仅解读信息的表面价值,而且超越正被呈现的内容,开始解读世界。⑤ 王可(Walker,2006)说道:"1991年,美国全国英语教师委员会媒体委员会(NCTE)警告说,缺乏评估和使用非印刷媒体工具的学生将无法很好地深思和富有成效地活在当下和未来。因此,通过媒介来阅读信息的技巧和信息同样地至关重要。"⑥ 学生必须开发批判性地分析文件和媒体所必

---

① Yosso, T. J. (2002), *Critical race media literacy*: *Challenging deficit discourse about chicanas/os. Journal Of Popular Film & Television*, 30 (1), 53.

② Sexias, P. (1994), *Confronting the moral frames of popular film*: *Young people respond to historical revisionism. American Journal of Education*, 102 (3), 261 – 285.

③ Woelders, A. (2007), *"It Makes You Think More when You Watch Things"*: *Scaffolding for Historical Inquiry Using Film in the Middle School Classroom. Social Studies*, 98 (4), 146.

④ Woelders, A. (2007), *"It Makes You Think More when You Watch Things"*: *Scaffolding for Historical Inquiry Using Film in the Middle School Classroom. Social Studies*, 98 (4), 145 – 152.

⑤ Freire, P. (2000), *Pedagogy of the Oppressed*. New York: New York Bloomberg Publishing.

⑥ Walker, T. R. (2006), *Historical literacy*: *Reading history through film. Social Studies*, 97 (1), 30 – 34.

需的工具，使他们能够在美国初中社会研究课上探究复杂的历史。

学生在初中社会研究课上第一次接触复杂的历史，是他们进入课堂前通过电视和拥有媒体的六大公司学习到的历史。① 这些公司不断强化占主导地位的描述一个片面的历史版本的叙事和成见。青少年从电影、儿童故事、电视节目和广告中吸收这些信息。批判性媒体素养使用反思性写作过程挑战媒体视觉形象促进的学生看法，其次是学生与同行讨论有争议的问题。通过参与有争议问题的讨论，学生开始质疑他们对世界的看法，并对他们同伴的各种观点有所了解。

发展民主公民的过程开始于参与有争议的问题，并通过对他们个人信仰的反思过程增加学生的参与。② 结合批判性媒体素养的教育鼓励学生成为有素养的民主公民，民主公民不是接受表面价值的信息，而是搞清楚信息背后的谁、什么、哪儿、什么时候和为什么。③ 社会研究课的基础是在学生中灌输民主的价值观和原则，并通过批判性媒介素养，支持学生成为有效参与的公民。④

许多社会研究课堂继续沿用传统的教科书方法进行教学，而不是提供一个多元化的历史记述。⑤以教科书为主要的信息来源，课程往往忽视了有争议的问题，否定向学生介绍多种观点。有必要为学生提供一个多元化的美国历史。由于美国是一个多元文化的民主社会，有着许多不同的历史，要超越占主导地位的叙事去探究。通过使用批判性媒体素养，学生将参与批判地检视媒体。批判性媒体素养将为学生提供关于美国历史中重要问题的各种观点，并允许他们探索多种形式的文本。

---

① Sexias, P. (1994), *Confronting the moral frames of popular film: Young people respond to historical revisionism. American Journal of Education*, 102 (3), 261 – 285.

② Scott, T. J. (1999), *Student perceptions of the developing world: Minimizing stereotypes of the 'other'. Social Studies*, 90 (6), 262.

③ Carr, P. R. (2009), *Political conscientization and media (il) Literacy: Critiquing the mainstream media as a form of democratic engagement. Multicultural Education*, 17 (1), 2 – 10.

④ National Council for the Social Studies (2000), *NCSS strategic plan. Retrieved May 6, 2014, from http: //www. socialstudies. org/about/strategicplan.*

⑤ Clabough, J., Philpott, S., McConkey, L., & Turner, T. (2011), *Controversial issues: To teach or not to teach That is the question. The Georgia Social Studies Journal*, 1 (1), 32 – 44.

(2) 如何理解批判性媒体素养？

素养被定义为"阅读、解释和制作某些类型的文本和工件、获得智力工具的技能和知识，以及充分参与自己的文化和社会的能力"。① 批判性媒体素养包括通过批判视角审视各种媒体形式。批判教育学的主要研究者姚索（Yosso）写道："批判性媒体素养利用媒体作为一种教学工具，以促进学生在他们的世界中意识到自己与权力和统治结构的关系。这些结构创建和延续多个宏观和微观形式的种族歧视、性别歧视、阶级歧视以及其他形式的从属关系。把重点放在压迫的交叉点上是非常重要的，因为图像被种族化、性别化和阶级化，反过来，他们也影响了种族化、性别化和阶级化的社会。"② 通过批判性媒介素养，学生学会审视各种形式的媒体如何描绘主流化的有偏见的图像，赋权给学生改造他们的理解，以通过一个更具批判性的视角审视世界。批判性媒体素养是一种通过多种视角和多种形式的媒体，包括文本、图像和电影，在课堂上引入有争议的话题和问题的方法。批判性媒介素养是一种社会正义的教学，因为它要求学生审视主叙事和重新诠释它。③

盖纳（Gainer）发现，通过将批判性媒介素养融入课程，教师可以在课堂内培养民主的实践，给学生提供批判性地检查他们在课堂之外学习什么的工具。盖纳鼓励他的学生评价他们的历史如何被描述，并重新将其创建为更好地反映他们个人想法的某种东西。④ 凯尔纳（Kellner）和晒尔（Share）写道："媒体陈述有助于构建我们的形象和对世界的理解，教育必须满足多元文化社会中媒体素养教学和使学生和公众意识到

---

① Kellner, D., & Share, J. (2005), *Toward critical media literacy: Core concepts, debates, organizations, and policy. Discourse: Studies In The Cultural Politics Of Education*, 26 (3), 369.

② Yosso, T. J. (2002), *Critical race media literacy: Challenging deficit discourse about chicanas/os. Journal Of Popular Film & Television*, 30 (1), 59.

③ Gainer, J. S. (2010), *Critical media literacy in middle school: Exploring the politics of representation. Journal Of Adolescent & Adult Literacy*, 53 (5), 364 - 373.

④ Gainer, J. S. (2010), *Critical media literacy in middle school: Exploring the politics of representation. Journal Of Adolescent & Adult Literacy*, 53 (5), 364 - 373.

基于性别、种族和阶级的不平等和歧视的社会不平等和不公的双重挑战。"① 通过批判性媒介素养，学生能够参与主叙事并顶嘴主叙事，恢复自己的身份。②

盖纳在他的研究中得出结论说，学生观看媒介有许多不同的方式，这些方式都带给他们自己对文本的解释。这种变化的解释表明了在课堂内围绕着被分析的媒体的社会建构意义。当与同伴一起观看媒体的时候，通过倾听以各种视频、音频和语言文本形式呈现的多种视角和诠释，学生能够共同建构历史的意义。③

通过批判性媒介素养的参与，学生们在解构、辩论和重新想象占主导地位的叙述的时候汲取了他们的生活经验。学生挑战支配和压迫的现实，如种族主义和精英统治的神话。在传统的以教师为中心的课堂，学生被视为无知的知识接受者，但是通过批判性媒介素养，学生可以开始作为批判的思考者，而不是盲从的课程消费者，从而创造一个更民主的课堂。④

批判性媒体素养超越了媒体的审美乐趣，培养了批判性思维，让学生可以开始通过一个批判的视角看世界和所有形式的媒体。批判性媒介素养还可以用来参与有争议问题的讨论，这支持学生建构他们对世界的理解。⑤ 批判性媒介素养通过发展代表全球和多元文化世界的文化和亚文化的多元方法而促进多元文化素养。批判性媒体素养实践教导学生成为见多识广的民主公民，鼓励他们批评媒体，抵制媒体操纵，并以建设性的方式回应媒体。凯尔纳和晒尔论述了将批判地分析媒体融入到课堂中的重要性，强调："探讨和揭示压迫结构的批判性分析是至关重要的，因为在批判性分析中发出的声音是任何被边缘化的种族主义或性别歧视

---

① Kellner, D., & Share, J. (2005), *Toward critical media literacy: Core concepts, debates, organizations, and policy. Discourse: Studies In The Cultural Politics Of Education*, 26 (3), 370.

② Giroux., H. A. (1998), *Education Incorporated. Educational Leadership*, 56 (2), 12.

③ Gainer, J. S. (2010), *Critical media literacy in middle school: Exploring the politics of representation. Journal Of Adolescent & Adult Literacy*, 53 (5), 364-373.

④ Freire, P. (2000), *Pedagogy of the Oppressed*. New York: New York Bloomberg Publishing.

⑤ Freire, P. (2000), *Pedagogy of the Oppressed*. New York: New York Bloomberg Publishing.

群体的人也可以主张的声音。必须开辟空间和创造机会，使处于从属地位的人有机会集体反抗压迫，表达他们的关切，并建立自己的陈述。赋权的过程是变革教育的一个重要方面，它可以采取多种形式，从建立自尊到创造替代性媒体，发声反对社会问题。"①

批判性媒体教学涉及分担师生之间的学习责任的民主进程。② 学生往往比他们的老师更沉浸在媒体中，因此成为关系到他们生活的课程的共同建设者。③ 通过批判性媒体素养，学生发展批判性分析技能，他们开始作为批判的思考者看世界。在辩论与他们的生活经验有关的种族和社会不平等等有争议的问题时，学生可能会学习作为社会变革的代理人。

（3）讨论有争议的问题

在课堂中讨论有争议的问题的教师在准备项目方面常常感到准备不足。然而，教师往往觉得在社会研究课堂上讨论有争议的问题是必要的和不可避免的。④ 争议的问题是"由深深地划分一个社会以及基于替代价值系统产生冲突的解释和解决方案的问题定义的"⑤。存在争议的问题体现在观点的对立和冲突。批判性媒体素养可以被教师用作一个在教室里讨论有争议问题的机会。通过使用各种形式的媒体，学生更倾向于讨论有批判性与争议的问题。⑥

各种形式的媒体可以用来吸引学生讨论电影和广告等有争议的问题。"视觉形象不仅是社会现实的体现，而且是具有一定社会政治意义

---

① Kellner, D., & Share, J. (2005), *Toward critical media literacy: Core concepts, debates, organizations, and policy. Discourse: Studies In The Cultural Politics Of Education*, 26 (3), 371.

② Westheimer, J., & Kahne, J. (2004), *What kind of citizen: The politics of educating for democracy. American educational research journal*, 41 (2), 237-269.

③ Gainer, J. S. (2010), *Critical media literacy in middle school: Exploring the politics of representation. Journal Of Adolescent & Adult Literacy*, 53 (5), 364-373.

④ Kaviani, K. (2006), *Influences on social studies teachers' issue-selection for classroom discussion: Social positioning and media. Social Studies Research and Practice*, 1 (2), 201-222.

⑤ Clabough, J., Philpott, S., McConkey, L., & Turner, T. (2011), *Controversial issues: To teach or not to teach That is the question. The Georgia Social Studies Journal*, 1 (1), 40.

⑥ Stoddard, J. D. (2009), *The ideological implications of using "educational" film to teach controversial events. Curriculum Inquiry*, 39 (3), 407-433.

和意识形态话语的影响强烈的场所。"① 关胜（Sheng Kuan）在《媒体/视觉素养艺术教育：香烟广告解构（2005）》一文中指出："通过批判性媒介素养参与解构广告，学生能够融合他们透过批判的视角看世界的审美敏感性和社会意识。"②

通过让学生看促进种族歧视、性别歧视和同性恋等负面社会问题的广告，学生讨论有争议问题，重新诠释更好地代表了他们感觉的广告。学生分析广告解构成见，通过讨论和再创造自己的艺术应对广告。这要求学生批判地看待这个世界。教师对这一过程的制定极大地影响了学生参与有争议问题的水平。教师要精心创设支持这样一个过程的环境，规划分析和解构刻板广告的课程。③

斯托达德（Stoddard）发现，对于高中生来说，电影和讨论提高了学生对正在讨论的事件性质的认识，允许学生通过多元化的视角思考事件。这项研究发现，那些对电影中富有争议的事件有着先入为主观念的学生，能够从电影中找到一些适合他们先前确立的立场和支持他们立场的东西。对事件没有先入为主看法的学生更有可能采取电影或教师提出的立场，因此支持教师的意向与呈现极大地影响着学生对争议话题的理解。④ 这项研究发现，学生们相信纪录片和教师的观点是真实的。教师在课堂中使用媒体的意向成功打开了挑战学生的假设和促进课堂里的包括批判话语的民主空间。

卡夫安妮（Kaviani）的研究发现，所有教师都觉得他们可以而且应该和学生讨论一系列问题。但选择与他们的学生一起讨论哪些有争议的问题与教师的社会定位直接相关，并受这个教师社会定位的影响。他还发现，通过批判地审视媒体讨论有争议的问题，教师能够培养学生的民

---

① Sheng Kuan, C. (2005), *Media/visual literacy art education*: Cigarette ad deconstruction. Art Education, 58 (3), 24.

② Sheng Kuan, C. (2005), *Media/visual literacy art education*: Cigarette ad deconstruction. Art Education, 58 (3), 24.

③ Gainer, J. S., Valdez-Gainer, N., & Kinard, T. (2009), *The Elementary Bubble Project*: Exploring Critical Media Literacy in a Fourth-Grade Classroom. Reading Teacher, 62 (8), 674–683.

④ Stoddard, J. D. (2009), *The ideological implications of using "educational" film to teach controversial events. Curriculum Inquiry*, 39 (3), 407–433.

主心态。学生将他们的媒体生活经验带到教室。他们想要讨论有争议的问题,以更好地理解世界。老师也带来了他们的媒体经验,确定他们教室里讨论什么内容。① 批判性媒体素养为学生提供了一种讨论这种话题的方式。

(4) 通过批判性媒介素养培养历史探究能力

在社会研究课堂,使学生从事像历史学家一样思考的过程是非常必要的。② 历史探究是一种支持和鼓励学生通过问题探究的方式学会像一个历史学家那样审视历史。学生看一手和二手的来源文件,并将这些用作他们对历史的新理解的证据。王可(Walker)写道:"理解文本所需的解码和理解技能被这一事实复杂化了:根据形势、语境、用法、文化或历史时期,一个文本可以有不同的含义。解释和理解一个文本的历史素养技能或能力,通过分析文本对于参与者及其文化的意义,而为学生提供了一种理解历史的工具。"③

历史的思考支持对中小学来源文件的批判检视,深化学生对有争议问题的参与。④ 学生参与这一过程,因为它开启了不再是一个时间线的历史,允许学生通过检视历史的过程而与历史联系起来。应该从多元化的角度理解历史。为了让学生历史性理解一个人、地点、时间段或事件,学生必须参与学习历史素养。必须以一定的方式支持学生通过电影进行的历史探究。电影是促使学生进行历史探究的动力。电影能真实地展现出历史知识是如何建构出来的,也能够让学生参加媒体陈述的批判性考试。⑤

---

① Kaviani, K. (2006), *Influences on social studies teachers' issue-selection for classroom discussion: Social positioning and media. Social Studies Research and Practice*, 1 (2), 201 - 222.

② Wineburg, S. (2001), *Historical thinking and other unnatural acts: Charting the future of teaching the past*. Philadelphia: Temple University Press.

③ Walker, T. R. (2006), *Historical literacy: Reading history through film. Social Studies*, 97 (1), 31.

④ Lesh, B. A. (2011), *"Why won't you just tell us the answer?": teaching historical thinking in grades 7 - 12*. Portland, Me.: Stenhouse Publishers.

⑤ Woelders, A. (2007), *"It Makes You Think More when You Watch Things": Scaffolding for Historical Inquiry Using Film in the Middle School Classroom. Social Studies*, 98 (4), 145 - 152.

历史素养技能为学生提供了从一个历史时期理解一个文本的工具。不是使用电影作为历史事实的陈述,相反,电影应该被用来以某种方式鼓励学生去思考超越表面呈现的事物。学生可以通过历史思维实践,如分析和解释电影,而参与到电影的探究中。电影是文化的产物,可以作为主要来源文件。通过教师认真的脚手架教学,学生能够从事批判性思维,使用主要的来源作品审视电影,提供学生发展自己想法的机会,而不是记住什么被呈现的事实。[1]

不仅应该鼓励学生积极阅读电影,而且他们必须进行历史探究。研究发现,"历史探究要求教师做好示范,鼓励学生在一个多元化的媒体主导的社会中发展积极负责任的公民所需的技能。这些技能的学习可以迁移到观看最近的电影大片等休闲活动中的批判思维习惯"。[2]

沃尔德斯(Woelders)发现,K-W-L(知道、惊奇和学习)图的使用和预期,用脚手架式教学引导学生对历史主题的电影进行探索。这些图标也可用作进行历史探究的工具。初中学生没有和高中生、大学生相同的进行学科丰富的研究和评估信息的技能,因此,初中生需要更多的这类思维的脚手架式教学。教师必须塑造历史探究技能,引导学生发展历史思维技能。教师必须进一步发展学生的知识,使他们发展探究为基础的学习过程。为了让初中学生与历史联系起来,必须创建课程支持基于他们先验知识的学习。内容缺乏可达性可能会导致不能了解历史的重要性。

(5)历史素养

为了让学生参与到历史探究中,必须发展他们的历史素养技能。[3]莱德尔(Reidel)和德拉波(Draper)进行的研究发现,从事民主教育工作的社会研究教育者,仅让学生理解他们所读的内容是不够的。他们

---

[1] Walker, T. R. (2006), *Historical literacy: Reading history through film.* Social Studies, 97 (1), 30-34.

[2] Woelders, A. (2007), "*It Makes You Think More when You Watch Things*": Scaffolding for Historical Inquiry Using Film in the Middle School Classroom. Social Studies, 98 (4), 146.

[3] Mayer R. (2006), *Learning to teach young people how to teach historically: A case study of one student teacher's experience.* The Social Studies, 69-76.

还必须帮助学生掌握质疑所阅读内容和创造性地积极应对各种书面和视觉文本的技能。① 历史素养也使学生成为重要的民主公民，支持他们整个一生的生活。

莱德尔和德拉波得出结论说：没有卓越的批判素养方法，但是有一些跨学科的支持学生参与批判媒介素养活动的教学实践。这些包括：(1) 阅读补充读物或多个文本以探究作者的主观性；(2) 从反抗的角度解读以理解文本中真理的缺失；(3) 创建一个反文本，作为整合边缘声音和观点的一种方法；(4) 参与有着其他声音的文本对话；(5) 为研究课题提供机会；(6) 采取社会行动。② 这些步骤培养学生作为意义的制造商、评论家和演员，而不是被动的信息接收器。这个批判性素养支持学生成为多元文化民主社会的积极公民。

许多内容领域的教师，包括社会研究的教师，认为给学生教素养不是他们的工作。研究表明，尽管教职前教师批判素养，但他们常常未能将批判素养融入到他们的课程中。教师个人针对批判素养的立场将直接反映到他们的课堂里，然而，许多教师培训计划没有为职前教师准备支持和让学生参与批判素养。因此，至关重要的是，教师培训项目要支持职前教师，给他们提供有效地使学生参与到批判素养中所必需的技能和工具。③

教师可鼓励学生通过电影读历史，通过批判媒介素养反思他们对历史的互动分析。王可在《历史素养：通过电影阅读历史》一文中指出，在为期四年的研究中，集中注意是唯一的由指导教师评估的技能。他将此视为一个被错过的支持学生进行历史思考的机会。在课堂上使用电影从事历史的探究，必不可少的是，首先通过分析电影对偏见的使用来避免特定时期的有偏见版本的电影。将电影用作一个主要的来源文件，以

---

① Reidel, M., & Draper, C. A. (2011), *Reading for democracy: Preparing middle-grades social studies teachers to teach critical literacy. Social Studies*, 102 (3), 126.

② Reidel, M., & Draper, C. A. (2011), *Reading for democracy: Preparing middle-grades social studies teachers to teach critical literacy. Social Studies*, 102 (3), 125.

③ Reidel, M., & Draper, C. A. (2011), *Reading for democracy: Preparing middle-grades social studies teachers to teach critical literacy. Social Studies*, 102 (3), 124–131.

便学生自己能够审视一件作品，解释一段历史。① 王可写道："当学生思考、建构或解决问题而不是记忆信息的时候，就产生了更积极的和更有意义的学习。用电影来传播一些历史信息或事实的教师，无论他们是多么好意，他们取得的成绩不会多于仅仅依赖教科书和演讲的教师。视为文字文本的电影就像印刷教科书一样常常产生同样水平被动接受性的学生。历史教师在每一个教育努力中，例如在课堂上使用电影的过程中，必须为学生设定积极的、更高层次的期望。"② 批判性媒体素养是一种教师用来将各种文本融入课堂和支持学生讨论和解释有争议问题的工具。

（6）通过批判性媒介素养培养民主公民

讨论是一个有用的支持学生进行历史探究和提高历史素养的策略。"通过课堂讨论，学生可以学会与他人交流共同关心的问题，这是一种对重视公民培养的民主政府制度至关重要的能力。"③ 学生可以通过与他们的同龄人分析媒体和讨论不同的解释和看法养成批判性媒介素养。老师应该放手让学生自己来理解关于讨论的常见误解。否则，老师试图控制的谈话太多，希望学生达到预期的结果，但这是为学生做思考而不是让他们自己思考。

话题必须是值得讨论的话题，学生必须有一个强大的信息基础，进行有意义的讨论。必须创建一个安全、和谐的空间和课堂气氛，鼓励学生在坚持互相尊重彼此思想的前提下讨论问题。对话和讨论是创造培育民主公民的课堂气氛的必要条件。学生经常接触有争议的问题更可能发展对知识的复杂的、试探性的和怀疑的倾向。④

研究人员证实，在一个开放的有着明确的规则和牢固的知识基础的气候下教学有关争议的问题，能够产生促进民主的态度。然而，规划和

---

① Walker, T. R. (2006), *Historical literacy: Reading history through film. Social Studies*, 97 (1), 30 - 34.

② Walker, T. R. (2006), *Historical literacy: Reading history through film. Social Studies*, 97 (1), 34.

③ Rossi, J. (2006), *The Dialogue of Democracy. Social Studies*, 97 (3), 181.

④ Rossi, J. (2006), *The Dialogue of Democracy. Social Studies*, 97 (3), 112 - 120.

实施一个对争议问题令人兴奋的和深思熟虑的讨论不是一件容易的事。①虽然讨论是民主社会研究课堂非常宝贵的方法，但并非所有的教师都看到了讨论的价值。② 为了让学生参加让他们成为民主公民的民主课堂，他们必须准备和他们的同伴进行讨论——中学生想与他们的伙伴讨论有争议的问题。③ 批判性媒体素养是学生参与讨论有争议的问题和进行一个集体的相互探究过程的起点。制定课堂讨论的规范对于成功地让学生掌握批判性媒介素养是至关重要的。④

批判性媒体素养让学生进行批判性思考、参加社区建设和学习丰富的学科内容。批判性媒介素养让学生通过一个批判的视角审视世界，成为一个有思想的民主公民。美叶桉（Marri）的一项研究聚焦于谁参加了或没有参加民主社会的活动，哪些社会研究教师能够支持积极的和知情的公民。这个研究将批判性思考界定为"积极巧妙构思、应用、分析、综合和评估信息的过程，是由观察、经验、反思、推理或交流产生的"。⑤ 研究发现，通过鼓励一个重视积极关系、解决冲突和小组解决问题能力的课堂气氛，学生能够与不同背景的学生参加讨论和社会互动。教师研究者想要学生成为批判的思考者，认为学生需要理解多种观点和视角，并且有分歧也是好的。

（7）研究的问题

初中学生必须树立批判意识，并能够在以后把批判意识应用到他们的高中生活和作为成熟的民主社会公民的成人生活中。⑥ 通过在初中社会研究课堂实施批判性媒体素养，教师可以开始支持学生批判意识的发

---

① Rossi, J. (2006), *The Dialogue of Democracy. Social Studies*, 97 (3), 119.
② Larson, B. E. (2000), *Influences on social studies teachers' use of classroom discussion. The Social Studies*, 73 (3), 174–181.
③ Hess, D. (2002), *How high school students experience and learn from the discussion of controversial public issues. Journal Of Curriculum & Supervision*, 17 (4), 283.
④ Larson, B. E. (2000), *Influences on social studies teachers' use of classroom discussion. The Social Studies*, 73 (3), 174–181.
⑤ Marri, A. R. (2009), *Creating citizens: Lessons in relationships, personal Growth, and community in one secondary social studies classroom. Multicultural Perspectives*, 11 (1), 15.
⑥ Freire, P. (2000), *Pedagogy of the Oppressed.* New York: New York Bloomberg Publishing.

展,这种批判意识让他们开始看到刻板印象延续影响到他们的生活和别人的生活。① 学生将通过他们的批判性媒体素养的实践,做好成为积极的民主公民的准备。

贝斯(Sara Beith)认为,作为一名中学人文教师,其课堂必须包括讨论种族和其他社会偏见和刻板印象。作为一名在七年级和八年级社会研究课中使用批判性媒介素养讲授美国历史的教师,他希望创造一个课堂环境,让学生批判地探究美国史上的种族问题。批判的种族理论家认为,"社会现实是由关于个人情况的故事的构想和交流建构出来的。这些故事作为解释结构,使我们将秩序强加于我们的经验以及我们身上"。②

大多数学生被不准确的历史记载淹没,刻板印象往往是通过媒体而延续。从批判的种族理论家立场看,学生的社会现实是通过媒体而建构出来的。如果将刻板印象和不准确的历史强加于他们身上,学生将开始通过这个视角来建构他们对这个世界的理解。③ 贝斯的希望是,通过认真实施批判性媒体素养,学生的社会现实将被唤醒到新的故事和新的历史。通过批判性媒体素养方法,他希望探讨如何让学生在一个美国的历史课程中讨论有争议的问题。他提出的问题是:当教师使用批判性的媒介素养,让学生在美国历史课堂上讨论有争议的问题时,会发生什么事?

2. 研究方法

(1) 研究的参与者

贝斯的这项研究是在一所小的郊区公立初中进行的。该所初中的焦点在华盛顿西部的表演艺术上。研究期间的学校人口为 300 名学生。根据该学区的网站该学校种族和族裔的人口统计分别为 65% 白人、12% 西班牙裔、10% 亚裔和 2% 黑人。大部分学生来自富裕家庭,免费午餐和优惠午餐率为 32%。学校以其学术成绩而自豪,使用传统的学术教学方

---

① Yosso, T. J. (2002), *Critical race media literacy: Challenging deficit discourse about chicanas/os. Journal Of Popular Film & Television*, 30 (1), 52.

② Ladson-Billings, G., & Tate, W. (1995), *Toward a critical race theory of education. Teachers College Record*, 97 (1), 57.

③ Ladson-Billings, G., & Tate, W. (1995), *Toward a critical race theory of education. Teachers College Record*, 97 (1), 47-68.

法。本研究中的学生反映了这所学校整体的结构特点。这些学生支持贝斯,理解贝斯如何能够创建一个课程和课堂环境,使用媒介让学生讨论有争议的问题。这种教学方法在这所学校并不常用。

(2) 教学行动研究

社会研究教育的目标是支持发展积极的批判地参与周围世界的民主公民。通过批判性媒介素养,鼓励学生发展一个批判意识,鼓励他们积极地不是被动地看待媒体。学生发展一个批判意识是十分必要的。本研究使用了电影、文章、宣传和图像,目的是让学生用一个批判的视角参与审视美国的历史。

让学生参与批判性媒介素养实践,包括在课堂中积极地讨论有争议的问题。在教七年级和八年级社会研究课和使用一个批判性媒介素养框架教美国历史的时候,贝斯创设了一个允许学生批判地探究美国早期殖民阶段问题的课堂环境。贝斯对课程进行计划,支持学生分析包括文字、图像和电影在内等各种形式的媒体。他创建了一个空间,一个分析各种媒介形式的讨论结构。他为之收集数据的为期三周的单元是一个关于美国早期殖民历史以及波士顿大屠杀和独立宣言等一些具体记载的单元。他想让学生了解有许多版本的历史,想要让他们参与批判性媒介素养活动,并像一位历史学家那样思考。

当贝斯在计划自己的功课时,他记住了他的学生最喜欢的记忆,以及他们是如何享受课堂上的学习的。他构建了自己的课程,涉及文献分析,以便让学生分析波士顿大屠杀的历史图像。学生对这类社会研究课工作是新手,所以不得不认真地运用脚手架教学法准备课程。他注意到他有时做得很好,而在其他的时候他大大地低估了让学生从传统课堂的模式过渡到与他们的同伴一起参与到历史的思考和对话中的脚手架教学模式的程度。通过精心地实施批判性媒介素养,学生的社会现实开始被唤醒到新的故事和新的历史。①

---

① Sara Beith, *Critical Media Literacy and Controversial Issues In a Middle School Social Studies Classroom.* http://archives.evergreen.edu/masterstheses/Accession89-10MIT/Beith_S_MIT2015.pdf.

(3) 数据收集

在贝斯的研究中,他使用各种类型的数据,以帮助自己了解学生在课堂上如何感受和参与媒体。他进行了:(1) 两个独立的调查;(2) 坚持写反思日志;(3) 记录的视频。录制的视频是用来帮助他了解学生是如何讨论有争议的问题的。这些调查是在他的研究开始和结束时进行的,以帮他理解学生参与批判性媒介素养和对有争议问题的讨论。视频是他在一个关于波士顿大屠杀的研讨会期间拍摄的,他特别注意学生进行的各种讨论。他注意到是谁在说什么,他们在说什么。这帮助他分析了调查,并给了他看到整个课堂模式的能力。他在整个过程中都在反思研究日志。这些各种形式的数据让他看到发生在课堂的讨论,有助于解决他的研究问题。这些数据还允许他回顾和检查他对讨论中发生的事情的理解,并与他对同一堂课的反思日志做比较。

他进行的第一次调查让他看到学生对先前的社会研究课的最喜欢的和最不喜欢的记忆,帮助他了解学生是如何喜欢学习社会研究课的。这项调查是在他研究的最初几天进行的,并在该单元开始的时候进行了分析,有助于指导他思考和规划他的课。因为他想了解他们作为个人,以及他作为他们的老师怎样才能更好地服务他们,所以他不允许学生匿名。他后来做了第二次调查,重点放在学生与媒体和在单元末进行的讨论的联系上。调查是开放式的,以便他能够指导学生的理解,帮助他看看媒体和讨论如何引导他们思考有争议的问题。

调查有助于指导他的研究,允许他看看学生从先前的积极和消极的经验中如何思考社会研究课。最后的调查允许他反思自己的研究问题,允许他看看他的学生如何思考这个过程,以及如何思考媒体在课堂中的使用。如果媒体的使用支持他们讨论有争议的问题的话,也允许他看看学生如何感知课堂中的讨论。

通过使用个人反思日记,他能够评估自己的计划和在课堂上的行动。他在自己的日记中写过计划前、计划中和计划后对自己思考的反思,这些思考是关于如何让学生参与批判性媒介素养课堂和讨论、课程可被修改的方面,以及学生如何参与这课程。这个反思日记进一步允许他反思课堂中他对一位白人中产阶级妇女的定位,这位白人妇女热衷于社会正义,对维持现状采取零容忍的态度。这种反思日记让他反思自己整个单元的教学。它还提醒他,看看他是如何记住原来的他已经编码的关于学生过去社会研究课堂中积极和消极经验的调查结果,同时计划和反思他的课。①

(4) 数据分析

他用一个开放的思维方式来分析自己的数据,允许模式从自己的数据中出现。他的学生完成了他的初步调查后,他分析了它,因为他想用它来指导他思考他会如何实施他的课程计划。从这些数据中产生的模式证明,他如何可以让学生参与到社会研究课中,这影响了他与学生如何互动和计划课程。这鼓励他创建反映他们的积极课堂经验的课程,避免计划反映他们过去消极经验的课程。

他的反思研究日记指导了他整个单元的思考,但他在单元末才对它进行了编码。在对他研究日志的分析中,让他不去思考在他头脑中浮现的整个单元中的东西是很难的。他用开放的心态进行了编码,试图寻找具体信息而不进入分析。不过,由于他在这部分数据中的投入,这几乎是不可能的。他对学生如何聚焦于批判性媒介素养和讨论有争议问题的思考,指导着他的反思。因此,在这组数据分析过程中也存在他自己的偏见。

在教学经验结束之后,贝斯分析了其余的数据、视频、反思日记以及最后的诊断。他真的很好奇,他的数据显示了他的学生如何体验和参与他的课。当他开始分析这个数据的时候,他开始看到表明学生参与批判性媒介素养和讨论有争议的课程计划的主题出现。

他编码的视频,指出有多少学生在讨论过程中谈论,多么经常谈论,以及在说什么。在分析事后调查的时候,他做了一个图表,表征学生积极和消极经验的反应。这是一个非常相似的如何编码最初调查的方

---

① Sara Beith, *Critical Media Literacy and Controversial Issues In a Middle School Social Studies Classroom*. http://archives.evergreen.edu/mastarstheses/Accession89 - 10MIT/Beith _ S _ MIT2015. pdf.

法。他决定把学生的积极经历作为似乎有希望的反思,或者让学生陈述他们喜欢的活动或讨论。因为学生说过他们在活动中感觉准备得不好或者对活动不感兴趣,所以他决定对负面的事情也进行编码。①

由于贝斯个人在课堂中投入的个人偏见和经验,他个人反思日记的编码是最复杂的数据编码工作。在对日志进行编码的时候,他寻找说明课堂似乎是成功的反思,或者他能够用来加强他的理解的发展领域(即理解他需要做些什么来更好地让学生参与到批判性媒体素养的过程中和课堂上对争议问题的讨论中)。作为一名教师兼行动研究者,贝斯的这项研究的可信性会受到人们的质疑。为了加强自己研究的可信性和可迁移性,他对自己的研究和实践过程提供了丰富的描述。②

3. 发现与启示

(1) 规划和构建数据采集

贝斯研究项目研究批判性媒体素养如何脚手架式支持学生讨论有争议的问题。为了分析这个问题,他收集了包括调查、视频和教师个人反思日志的各种数据。在教师个人反思日志中,他反思了他的课,以及他对学生参与课程的观察。在分析他的数据的时候,出现了一系列主题。最终,他发现和确定了以下三个主题:①让学生有效参与的课堂活动;②批判性媒介素养和讨论所必需的脚手架教学;③批判性媒体素养的参与如何提升学生对有争议问题的讨论。他最初注意到学生在初步调查中对非传统课堂活动的兴趣,然后这种兴趣被他们参与的课堂讨论和课程给强化了。他开始思考脚手架式支持学生讨论初步调查中出现的有争议问题,并在他的反思日记中重新审视自己思考。他最后的主题出现于他的反思日志、学生视频和关于批判性媒介素养如何引导学生参与讨论的最后调查中。

---

① Sara Beith, *Critical Media Literacy and Controversial Issues In a Middle School Social Studies Classroom*. http://archives.evergreen.edu/mastertheses/Accession89 - 10MIT/Beith _ S _ MIT2015. pdf.

② Mertens, D. (2009), *Research and evaluation in education and psychology: Integrating diversity with quantitative, qualitative, and mixed methods* (3rd Edition). Thousand Oaks, CA: Sage.

第四章 美国传媒素养课程与实践案例

a. 学生有效参与的课堂活动

通过最初的调查，贝斯发现，学生认为社会研究是他们最难的科目，他们最喜欢的社会研究课的记忆是允许他们与同龄人交流讨论和超越使用教科书的活动。这一初步调查帮助贝斯了解到自己的学生将什么视为学校里有趣的或参与性的事情。他很好奇的是，学生认为最难的科目是什么科目，他们在一堂社会研究课上最喜欢和最不喜欢的记忆是什么，以及他们在教室之外的兴趣和生活是什么。他计划使用这些信息来帮助他了解自己的学生，并帮助他计划自己的功课。他想知道更多关于他的学生，这样他就能帮助他们找到能够与历史联系起来的方法，因为他发现学生有段时间很难与历史联系起来，所以贝斯就想了解和利用自己学生的一些个人的和有意义的信息，来以学生能够接受的方式计划课程。

最初的调查发现，学生认为社会研究课将是他们今年最难的课程。紧接着，许多学生认为，他们的数学课对他们来说也是一门很难的课。贝斯对学生这样的回答有点惊奇。为了更好地理解为什么他们认为社会研究课将是他们最难的课程，贝斯就思考学生关于一个社会研究课的最喜欢的和最不喜欢的记忆。最终，贝斯发现，学生喜欢取得好成绩，在课堂上玩游戏，进行课堂讨论，特定时间段的学习，做展示，以及学习新的策略。尽管学生有很多回答，但似乎学生们最感兴趣的是出于直接教学的正常发展的事情。教学的主题是从数据中产生的，而数据表明，社会研究课中学生最喜爱的记忆是以快乐的方式影响学生学习的活动。教学的主题应当允许学生与同龄人互动，允许他们以直接的课堂教学和教科书规范以外的方式进行学习。贝斯从学生口中得知，之所以学生认为社会研究课将是他们最难的课程，是因为社会研究课通常需要几个小时的夜间作业，他们似乎也不能得到正确的考试信息，这导致他们不能取得满意的成绩。许多学生都付出了很大的努力，但是结果却不能让他们满意。

贝斯还发现，学生不喜欢教师为中心的教学方式，他们喜欢以学生为中心的替代性教学方法。而这种替代性的教学方式方法正是批判性媒体素养教育所倡导的,这令他很受鼓舞。

贝斯还发现,记笔记、测试和被称为课堂评估(classroom based assessments)的高风险短文是他们最不喜欢的记忆。这证实了他的假设,学生在课堂上需要更多的东西而不是传统的方法。这一点也让贝斯进行批判性媒体素养教学信心大增。这是因为批判性媒介素养与学生最不感兴趣的或被认为是他们最不喜欢的记忆没有共同之处。

在教学中,贝斯坚持写反思日志,记录并反映了他的课是如何进行的,以及学生如何对课做出反应。通过这个日志,他能够看到他怎么能改善他的未来课程和利用他收集的信息为他的学生策划未来的活动。他发现,有几个主题连接到以前的调查数据。当他使用教科书、直接教学和记笔记这些传统的教学模式之外的方法计划课程的时候,学生在课堂上会更积极地学习历史内容。学生在最后的调查中陈述了这一点,他在他的反思日志中对学生陈述的情况做了评论:"这和我们通常做的是如此不同,我想我真的想了解美国的历史。"他发现,当他组织课程,使他们能够与他们的同龄人一起努力,使用媒体介绍内容和参与到讨论中的时候,学生学习课程内容变得更积极了。学生有兴趣讨论公平的概念是由于他们参与了波士顿大屠杀的讨论,这给了他一个支持他们讨论美国早期殖民历史上有争议话题的切入点。[①]

b. 批判媒体素养所必需的脚手架

在最初的调查分析中,贝斯发现他为学生计划的活动和课程类型与他们在社会研究课上所使用的活动类型大不相同。最初的调查通过给他看看学生喜欢什么和习惯于什么而帮助他了解如何让学生参与他的研究问题,如何能支持他为学生计划参与性强的课程。这个调查也指导他计划允许他与他的学生联系、允许他的学生以更加真实的方式与历史联系的课程,因为他能够通过课程的有目的的计划而将社会研究课与他们的生活联系起来。他特别想了解如何吸引学生讨论美国殖民地历史上的有

[①] Sara Beith, *Critical Media Literacy and Controversial Issues In a Middle School Social Studies Classroom*. http: //archives. evergreen. edu/masterstheses/Accession89 - 10MIT/Beith _ S _ MIT2015. pdf.

争议的问题,并想知道如何利用他们的兴趣支持他们通过一个批判性媒介素养的视角审视美国历史。

在最初的调查中,贝斯发现,学生还没有从事过文件分析或任何形式的批判性媒介素养。他希望学生用批判的眼光去看待媒体和历史文件,利用文件分析工作表参与主要源文件的分析。贝斯和学生在教室里做了第一个文件分析工作坊后,他在他的研究日志上指出:需要仔细地将学生计划安排到课程的脚手架教学中,因为这个过程对他们而言是新的东西。这些课程和活动帮助学生建立立场和使用从批判媒介素养课程中获得的证据。在批判媒介素养课中,学生分析历史文件以支持他们的立场,参与到与他们同龄人的讨论中。这对他的学生来说是全新的,他发现他必须小心地支持他们通过这个过程,以便他们在他们的学习中得到适当的支持。这些发现在他收集的数据中是显而易见的,继续有助于他如何规划他未来的课程。①

(3) 批判性媒体素养的参与导致学生讨论质量的提升

批判性媒体素养,是通过一个批判的视角分析各种形式媒介的方式,让学生在课堂中从事非传统的活动。贝斯的学生习惯于传统的活动。他发现,如果通过批判媒介素养的过程让学生能够适当地进行讨论,他们将与他们的同龄人进行复杂的讨论。批判性媒体素养保持以学生为中心,并允许他们与他们的同龄人进行讨论和从事其他形式的小组工作。

通过最初的与学生一起进行的兴趣调查,贝斯明白了如何科学地计划自己的课程,决定让学生学习批判性媒介素养,并支持他们与他们的同伴进行富有争议的讨论。从他的反思日志中产生的一个研究发现表明,通过一个批判媒介素养的过程学生成功地参与了讨论。在教学过程中,贝斯注意到,学生用批判视角分析主源文件和其他各种形式的历史媒体,他们最终能够与他们的同龄人联系和合作。学生起初是不愿意

---

① Sara Beith, *Critical Media Literacy and Controversial Issues In a Middle School Social Studies Classroom*. http://archives.evergreen.edu/masterstheses/Accession89 - 10MIT/Beith _ S _ MIT2015.pdf.

的，他们不确定与他们的同伴进行一个文件分析工作坊意味着什么。随着单元教学的进展而为他们分组工作的意义提供了进一步的脚手架支持。然而，学生开始注意到他们的文件，如在历史文件中存在着许多的观点和历史记载，他们开始与他们的同伴分享他们的思想和向同伴发起挑战，使用证据来支持他们的思考。学生们对波士顿大屠杀事件有两种不同的记载颇感兴趣。这让他们以一种新的方式思考历史，并让他们思考历史如何会有多个观点。这鼓励他们像历史学家一样思考，让他们开始思考听到一个版本的历史意味着什么，以及如何可以有不同的历史记载。

当在批判性媒介素养工作坊和文件分析之后最后来讨论有争议问题的时候，学生兴奋不已。他们提出自己关于他们认为波士顿大屠杀是谁的错的立场，并用他们发现的证据来支持他们的论点。反思了之后，贝斯意识到他应该更直接地满足学生在研讨会上进行讨论所需要的东西，可以提供给他们其他的方法来建构他们的论点，而不是只写一封信给编辑。然而，讨论顺利进行，学生相互交流自己的思想，并与持枪权利等当前争议的问题联系起来。学生使用从他们的批判性媒介素养文件分析中和从他们议论文的信中获得的证据支持他们的主张。他们向同伴提出问题来澄清他们的立场，他们通过让那些先前从未或很少发言的学生发表看法，而让所有的学生都参与到争议问题的讨论中来。

学生还参与了批判性媒介素养和对关于《独立宣言》有争议问题的讨论。讨论了谁被包括在文件中，谁被排除在文件之外。贝斯选择了一个有流行演员的视频，他知道他的学生对表演艺术感兴趣，所以有一个有演员的视频让他的学生与内容更加联系在一起。视频介绍了《独立宣言》以及《独立宣言》如何为白人男性的地主提供特权的。学生开始注意到这个问题。在放映了视频之后，师生讨论了《独立宣言》，学生立即开始参与讨论，谁被包括进来并被赋予了权利，而谁被排除在外，未被给予权利。学生对讨论这个非常感兴趣，真的很好奇为什么有些人被包括在内，而其他人被排除在外。学生们想谈谈有争议的被边缘化的声音的问题，视频为他们提供了一种进行这个讨论的方式。

当贝斯回顾课堂讨论的视频时,他发现学生在讨论波士顿大屠杀的时候,提到了先前参与批判性媒介素养的工作。这导致了这一发现——在学生从事一个批判性媒介素养的过程中,他们与他们的同伴进行了对有争议问题的讨论。在视频中,学生参考各种形式的媒体(来信、见证人记载和视觉艺术)以支持他们在讨论过程中的论点。一个学生说:"我认为波士顿大屠杀是英国的错,因为当我分析有关保罗·利维尔的画①时,它清楚地表明,是英国发起的大屠杀。"在另一段视频中,当师生讨论《独立宣言》时,另一个学生说:"在视频中,那个家伙说,并不是所有的人都拥有赋予给人民的权利,而只有白人享有这些权利。"这两个学生的陈述展示了批判性媒体素养如何支持他们与他们的同龄人讨论有争议的问题,并对其他学生所做的类似评论进行反思。②

在学生最后的调查中,很多学生说他们喜欢看视频,分析工作表帮助他更复杂地思考这些信息。由于在讨论之前对媒体的分析,学生在讨论中得到了支持。一些学生(42%)说,他们不高兴做讨论,其他人(48%)说,他们真的很喜欢谈论他们与他们的同龄人正在学习的事情。其余的学生对讨论持中立态度。③

(4)对未来教学的启示

通过这个行动研究项目,可以看到,学生普遍喜欢与他们的同龄人谈论他们的学习,批判性媒体素养是一种让学生参与讨论的方式。贝斯有信心继续寻找方法来支持学生创造一个充满对话的课堂。让学生以真实的方式联系课堂材料,有效地吸引学生的课堂活动是必要的。

贝斯的学生说,他们对涉及与他们同龄人的互动更感兴趣,也更愿

---

① 《保罗·利维尔午夜骑马》(*The Midnight Ride of Paul Revere*)是美国艺术家格兰特·伍德 1931 年的画。它描绘了美国爱国者保罗·利维尔在 1775 年 4 月 18 日午夜骑马往马萨诸塞州莱克星顿给独立人士报信的事情。

② Sara Beith, *Critical Media Literacy and Controversial Issues In a Middle School Social Studies Classroom*. http://archives.evergreen.edu/masterstheses/Accession89-10MIT/Beith_S_MIT2015.pdf.

③ Sara Beith, *Critical Media Literacy and Controversial Issues In a Middle School Social Studies Classroom*. http://archives.evergreen.edu/masterstheses/Accession89-10MIT/Beith_S_MIT2015.pdf.

意参与其中，而不是通过他们的教科书学习。弗雷尔（Freire）以支持学生阅读世界而不是阅读单词的方式谈论教学，① 这个观念支持贝斯的发现——学生想要参与互动性的活动。贝斯坚信，学生简单地读单词是不够的，他们必须学会如何以互动的方式阅读世界和学习。

贝斯的行动研究结果表明，必须支持学生进入复杂的学习方式，必须通过精心设计的课堂活动支持学生学习批判性媒介素养和讨论有争议的问题。崴泥博格（Wineberg）支持让学生进行历史思考的观点。② 教社会研究课的教师，必须支持学生像一个历史学家那样思考，允许他们使用那些技能参与批判性媒介素养和讨论有争议的问题。

毫无疑问，通过一个批判的视角分析媒体（文本、视频、图像）是一种支持学生讨论有争议问题的方式。当然，这不是唯一支持学生学习的方法。③

三、高中传媒素养融合课程案例

本部分主要介绍了两则高中传媒素养融合课程的案例。一则是将传媒素养融入高中英语语言艺术课中，另一则是将传媒素养融入高中社会研究课中。还简要介绍了传媒素养与其他学科课程的融合。结果表明，传媒素养教育教学对于高中生的学习和提高来说，是一种切实有效的途径和方式。

（一）康科德高中英语11课程"媒介/传播"课程

根据《2000年目标：美国教育法》，语言艺术课程标准包括以下几个方面：(1) 写作：能熟练运用写作过程中的一般技能与策略；能恰当运用写作过程中的文体和修辞手法；能符合语法和惯用法地进行书面表

---

① Freire, P. (2000), *Pedagogy of the Oppressed*. New York: New York Bloomberg Publishing.
② Wineburg, S. (2001), *Historical thinking and other unnatural acts: Charting the future of teaching the past*. Philadelphia: Temple University Press.
③ Sara Beith, *Critical Media Literacy and Controversial Issues In a Middle School Social Studies Classroom*. http://archives.evergreen.edu/mastersthesis/Accession89-10MIT/Beith_S_MIT2015.pdf.

达。(2) 阅读:能用阅读过程中的一般技能与策略;能灵活运用各种技能和策略阅读和诠释不同文体的语言材料。(3) 听说:能熟练用适合各种目的的听说技能与策略。(4) 视读:能运用视读的技能与策略看懂可视信息。(5) 媒体:理解媒体的特征与结构。① 其中,英语是美国语言艺术课程的主要语种。

在英语语言艺术课程中融入和学习媒介素养是自然的,一般来说也是最容易的,这一观点得到学界的诸多共识。总结起来,有以下几个原因:首先,英语强调分析文本结构。② 这一点,从语言艺术课程标准中可以看出。其次,质疑内容与探究未阐明的假设是20世纪英语教育的传统。20世纪30年代,当被问到一个好作者需要什么能力的时候,海明威回应说,"废话侦探能力"。英语教育支持批判思维发展的基本理念便基于这个有力的传统。③ 最后,杜克大学博士提斯利(Teasley)认为,英语课堂中包含媒介研究,一方面为教师提供了联系文学世界、正式写作和学生习惯的媒介世界的方式。另一方面,学生将他们生活的世界带给教师,教师将他们从不会自己选择的文本介绍给他们,教他们如何批判性和创造性地思考各种各样的文本,对文本做出个人精心设计和分析性的回应,发展贯穿于他们生活的、继续教育的承诺和思维习惯。④ 然而,正因为英语学科具有灵活性、兼容性和容易融入的特点,而且有着"媒介研究不是必须的"这样的暗示,当课时紧张的时候,媒介研究课程就很容易被从课程计划中拿掉。⑤

数十年来,美国英语教师协会一直致力于推动媒介素养教育的发展。20世纪70年代,该协会提出的一些解决办法和立场声明已经确认

---

① 胡庆芳:《绝不让一个高中生掉队——美国高中课程改革研究》,《全球教育展望》,2003年第3期。

② Allison Butler, *Media Education Goes to School*, Peter Lang Pub Inc. Dec 2009.

③ Renee Hobbs, *Digital and Media Literacy: Connecting Culture and Classroom*. Corwin Press, Sep 2011. 35 – 36.

④ Mary Christel. Ellen Krueger, *Seeing and believing: how to teach media literacy in the English classroom*, Portsmouth, NH: Heinemann, http://www.heinemann.com/products/0573.aspx#fulldesc.

⑤ Allison Butler, *Media Education Goes to School*, Peter Lang Pub Inc. Dec 2009. 187.

媒介文本对年轻读者的力量和影响。许多州在美国英语教师协会推荐的基础上修改了它们的英语语言艺术标准。

1996年,美国英语教师协会认识到媒介文本对于发展一系列全面技巧的价值,国际阅读协会发布了12项语言艺术课程标准。其中4项标准直接提出发展分析和创作印刷与非印刷媒体的批判性能力:

标准4:学生因为不同目的,调整他们使用口头、书面和视觉的语言(例如惯例、风格、词汇)和各种观众进行更有效的沟通。

标准6:学生运用语言结构、语言惯例(例如拼写和标点法)、媒介技巧、图像语言和类型去创作、批判和讨论印刷与非印刷文本。

标准7:学生通过产生想法和疑问以及提出问题对有兴趣的议题进行研究。他们从各种资源(例如印刷和非印刷文本、手工艺品、人)收集、评价和综合数据,以符合他们目的的方式传播自己的发现。

标准8:学生使用各种技术和信息资源(例如图书馆、数据库、计算机网络、视频)收集和综合信息,创造和传播知识。[1]

该协会在这些标准中提出了一个挑战,即让学生有效地利用时机和批判性地理解技术所产制的文本。这些标准要求,用对待文学文本一样的教育严谨对待媒介文本。

当前,英语语言艺术语境中的媒介素养教育已经深深受到传播、媒介研究、文学和文化研究等领域中正在进行的跨学科发展的影响。[2] 这表明,媒介素养教育可以满足教师将不同元素融入到更广泛课程中的需求,从而成为学科间的纽带。

康科德高中是美国最早将媒介素养完全广泛地融入到高中课程的少数学校之一。1998年9月至今,该校英语教师一直面向11年级学生开设一门英语与媒介素养的融合课程:"媒介/传播",它属于持续一个学年的必修课程。

---

[1] Mary Christel. Ellen Krueger, *Seeing and believing: how to teach media literacy in the English classroom*, http://www.heinemann.com/products/0573.aspx#fulldesc.

[2] Renee Hobbs, *Digital and Media Literacy: Connecting Culture and Classroom*. Corwin Press, Sep 2011.6.

1. 课程背景

(1) 社区情况

作为新罕布什尔州的首府,康科德市在公立教育上拥有值得骄傲的优秀传统。该市拥有 4.2 万居民,社区相对同质化,大部分为白人,熟练和半熟练的工人阶层,但是少数民族人口的数量正在上升,增加了文化和种族上的多样性。2003 年,全市学区只有 6.7% 的家庭的收入在贫困水平以下。该市的教育支出为每个学生 6864 美元,略高于州的平均水平,这些经费一半来自州财政,一半来自地方财政。①

(2) 学校情况

康科德高中的使命声明中指出,该校的学习者社区将挑战和期盼它的成员实现最高的潜力。社区将通过相互尊重和有效的沟通,创造一个积极的学习环境。声明强调学生的角色为:积极的自我引导的学习者、有效的传播者、有效的合作者、有见识的做决定者、富有创新精神的创造者、生活计划者和社区参与者。②

关于学生。2005—2006 学年数据显示,该校招生规模为 1962 人,为公立学校性质。该校学生在英语语言艺术上显示了优势。新罕布什尔州评定显示,康科德高中学生在阅读理解、分析和写作技巧上有很好的表现。2002—2003 年的数据显示,学生在 10 年级英语考试中的表现优于该州的平均水平。2002 年,该校三分之二毕业生进入高校继续学业。从 2005 年情况来看,学生退学率与全州的平均比例接近。总的来说,康科德高中尽管在种族的多样性上不如美国的其他学校,但是并未与许多公立中学有很大差异。③

关于教师。该校大部分教师具有大学学历,一半左右拥有硕士学历。该校的管理层、教师、职工、学生和家长,在日复一日的合作做决

---

① Renee Hobbs, *Digital and Media Literacy: Connecting Culture and Classroom*. Corwin Press, Sep 2011.

② Renee Hobbs, *Digital and Media Literacy: Connecting Culture and Classroom*. Corwin Press, Sep 2011.

③ Renee Hobbs, *Digital and Media Literacy: Connecting Culture and Classroom*. Corwin Press, Sep 2011.

定和相互尊重中,核心价值观相互影响。教师普遍认为,他们的学校是一个挑战的、令人兴奋的和精彩的工作场所。①

关于设施。20世纪80年代中期,有线电视公司在康科德高中建立了一个小型的社区电视中心,向公众开放。但是,只有参加了电视制作这个选修课程的学生才有权使用这个中心的设备,而且只限于摄影机和编辑设备,不能使用电视制作工作间。因此,该校拥有一个电视制作中心却没有充分利用它。②

(3) 课程情况

1998年前后,康科德高中进行校区扩张,将原本属于初中阶段的9年级纳入高中,变成4年学制,以便缓解该地区初中的拥挤。对英语系教师来说,这为他们重新思考和修订整个中等英语语言艺术课程提供了机会。教师们决定不仅要真正改变,而且要完全改变。

英语教师们有效利用了跨学科方式开发新的9年级课程,因为9年级社会研究课程聚焦在"世界历史"上,因此,英语系也将9年级的课程定为"世界文学",积极寻找途径使不同学科领域间潜在的联系最大化。③ 相同的是,教师们也将"美国文学"课程从11年级移到10年级。因为10年级必修的社会研究课程是"美国历史",这样,两门课程能够结合得很好。再加上社会研究系为11年级和12年级学生提供了选修课程的关系,因此,英语系教师有更多的自由去集中精力设计11年级的英语课程。

为此,英语系曾经艰难地思考了很长时间,有教师建议这一年教授以英国作家为焦点的英语文学。但是,也有教师认为不要将学生变成潜在的英语专业学生,而是要帮助他们在回应生活世界的时候成为批判性的思考者,这是11年级英语课程向媒介素养做出的一个巨大跨越。最

---

① Renee Hobbs, *Digital and Media Literacy: Connecting Culture and Classroom*. Corwin Press, Sep 2011.

② Renee Hobbs, *Digital and Media Literacy: Connecting Culture and Classroom*. Corwin Press, Sep 2011.

③ Renee Hobbs, *Reading the Media: Media Literacy in High School English*, Teacher College Press, 2007.

后，7个英语教师将文学和媒介整合成为一门新的、丰富的英语11课程"媒介/传播"课程（以下简称英语11课程），强调听、说、读、写、批判性思维以及研讨会式的讨论。

康科德高中英语与社会研究课程结构

年级＼课程类型	英语课程	社会研究课程
9年级	世界文学（必修）	世界历史（必修）
10年级	美国文学（必修）	美国历史（必修）
11年级	媒介/传播（必修）	选修课程
12年级	电影研究、公共演讲、诗歌、戏剧、电视制作、创造性写作等（选修）	选修课程

总结起来，在校区扩张带来课程改革的契机下，英语11课程的成功推行可以归结为以下几个因素：

首先，人的因素。既包括先锋教师的勇气与努力，也包括后援力量（校长等领导层、同事）的理解和支持，两者缺一不可。

对于开创这门课程的英语教师来讲，要创造性地开设一门以媒介和传播为核心的全新英语课程，是一个很大的跨越，需要很大的勇气和决心。尤其是，他们没有人在媒介研究方面接受过任何专业的训练，也没有特别的专长，而且在年龄和经验上也有很大差异（两位教师拥有超过30年的教学经验，另外两位教师是中期职业教师，还有两位教师教龄不超过10年，一位教师是第1年从事教学工作）。因此，在课程变成现实之前，教师们经过了多轮投票，也经历了一些教师的退出后，他们意识到取得共识对于课程顺利推进的重要性。之后，他们在课程设计、课程资料等方面做了许多准备工作，也克服了很多困难。

仅仅有先锋教师的努力是不够的，学校领导与同事的支持和配合很大程度上决定了课程的成败。英语系的决定得到学校领导层面的积极支持和热情回应，他们只有一个特别说明，就是这个项目应该在学术上是严格的。① 另外，图书馆媒介专家等一些教职工也是该课程的关键支持者，因为这所学校有一种互相尊重的气氛。

其次，关键的结构性因素。英语11课程取得成功还要归功于三大结构性因素，包括：大时段排课（block scheduling）、异类分组（heterogeneous grouping）和共同计划时间（common planning time）。②

"大时段排课"的制度从1996年就已经在康科德高中建立起来，每天4个90分钟的时段使教师可以灵活地进行多种教学活动。在这所学校，学生每隔一天上一次英语课。"大时段排课"保证了一个更加灵活和多产的课堂氛围，也增加了使用各种互动教学方法的机会。结果证明这些因素对于英语11课程的学习活动是必要的，这个课程需要持续时间进行小组、大组讨论，以及阅读、观看和写作等实践活动。

"异类分组"是一种将不同能力水平的学生编入学术课程的方式，康科德高中英语系自20世纪80年代开始使用这种方式。尽管这种方式在该校存在一定争议，但是学生认为异类分组拓宽了他们同龄人回应课堂中阅读到的文学和媒体态度和视角宽度，同时测试也证明，异类分组的学生可以取得好的成绩。研究者认为，这一成功很可能是影响英语教师们将媒介素养融入课程中的信心的一个因素。

"共同计划时间"是英语11课程教师用来分享经验和资源的时间。他们一般一周用一节课的时间来进行讨论，但是他们发现对于有意义的讨论，这个时间还是不够的。

2. 课程目标

英语11课程的教师们之所以设计"媒介/传播"这门课程，目的是在于发挥媒介素养的潜在好处，帮助学生理解文本的意义。他们将"文本"的定义扩展到包含所有将作者的意义传递给读者的符号表达，并认为，为了将素养与生活相联系，学生需要有能力在不同背景下（学校或

---

① Renee Hobbs, *Reading the Media: Media Literacy in High School English*, Teacher College Press, 2007. 28.

② Renee Hobbs, *Reading the Media: Media Literacy in High School English*, Teacher College Press, 2007.

工作中，为了休闲或公民活动）运用许多有效的意义生成策略。他们的目标，不仅在于帮助学生为学校考试做准备，也要使学生在一个高度复杂、充满媒体技术活力的文化世界中为生活做好准备。而且，英语11课程的教师有一个共同的"赋权"信念，通过教育使学生产生有意义的社会变化。

在设计英语11课程的目标时，教师们发现了许多他们想强调的教育目标已经包含在新罕布什尔州高中英语课程文件中。因此，尽管每个英语11课程的教师分别制订了他们自己认为最重要的目标，但是他们通常会从该州教育框架的目标列表中选择。从教师丹尼斯（Denise Pariseau）制订的"目标列表"中，我们可以看到她希望学生在英语11课程中达到的目标：① 理解、总结、分析和评估你所阅读的内容；检视说服性评论的结构；阐释和评价文学作品中语言和图片的使用；检视文字选择、语调、偏见、观点和结构的效果；写作组织良好、有说服力的短文；包含研究和对话的批判性分析；记录各种资料来源；确认情感诉求、宣传和说话者的偏见；确认讯息结构；评估讲话者的能力和可信度；根据你的受众调整口头和书面的语言；传递一个准备好了的展示；调查一个媒介再现或媒介产制的来源，即谁制造了它，为什么；理解和评估结构、图像和语言如何影响一个受众的情感与想法；评估资料来源的真实性、可信度和文本环境。还有一些教师希望州教育领导者能将文本的概念扩展到包括音频、大众媒体和流行文化资料，这在马萨诸塞州和北卡罗来纳州等地方已经做到了。当时，新罕布什尔州没有明确将媒介素养包含到州的教育框架中，如文学作品没有包含电影等。因此，这些教师从事的工作被认为是一项"先锋事业"。

3. 课程内容

课程内容由符合课程目标要求的一系列比较规范的间接经验和直接经验组成，用以构成学校课程的文化知识体系。课程内容是课程的主体

---

① Renee Hobbs, *Reading the Media*: *Media Literacy in High School English*, Teacher College Press, 2007. 39.

部分,是课程目标最直接的体现,是实现课程目标的手段,直接指向"应该教什么"的问题。

(1) 课程内容和选择标准

1998年9月,英语11课程的逻辑很大程度上还没有得到解决,这变成该计划中一个主要的关注点。于是,7位英语11课程的教师先为"媒介/传播"课程决定了8个关键的主题:广告、说服与宣传;电影、电视小说与当代文学叙述中的观点及其作用;人与技术的关系;新闻的作用;文学改编成电影的过程;历史文本的娱乐文化;媒介信息中的种族、性别和意识形态的再现;媒介暴力对个人和社会的影响。

在上述主题的引导下,每个老师开发他们自己的教学大纲、课程计划和作业。尽管各主题单元的内容与活动不完全一致,但是其中都包含了一些"一般元素",具体为:

新闻和信息。学生探寻发展知识好奇心的学习过程。他们分析新闻报道,包括本地的、全国的和新闻杂志报道;批判性地检视报纸和网站,在多种来源中,比较一个事件或人物的报道;检视记忆的过程,思考文学和媒介讯息如何通过从一代到下一代传播文化的理解,塑造人们对历史的理解。他们从分析文字选择、图像、信息顺序、内容强调和遗漏以及种族与性别的再现模式中学习传播技巧。他们学习评估信息可信度的策略,讨论大众媒介的经济结构。

广告、宣传与说服。学生通过观看电视、广告和新闻,运用能力分析讯息。分析广告时,学生检视印刷和电视广告中使用的技巧和方法。他们确定目标受众,指出情感诉求的使用和图片设计。许多学生参观一个广告公司,教授一个迷你的广告单元给更小的儿童,创造广告的嘲弄性模仿,或者组织消费者意识运动。他们阅读布兰德波利(Bradbury)的《华氏451》(*Farenheit 451*) 和安德森(Anderson)的小说《喂食》(*Feed*),以及一个悲剧的科幻小说故事。

种族、性别和社会阶级再现。学生们检视再现的概念,思考媒介和流行文化在塑造个人身份和理解社会世界中的作用。性别、种族、年龄和阶级如何塑造人们对于自己的力量和无力的理解。思考这些问题:谁的声音在大众媒介中得到呈现，谁的观点被遗漏？什么理念和价值观在媒介再现中被描述？学生们通过观看不同时期电视节目中的关系模式，追溯从20世纪50年代至今，罗曼史的媒介再现的变化，等等。

叙事方法。学生探寻以下问题：谁是我们的英雄？个人与社区间的关系如何？学生检视观点如何塑造一个故事的本质？例如，学生阅读《完美风暴》，讨论文学叙事与电影叙事之间的不同。学生自己有机会变成叙事者，他们将小说《在我弥留之际》改编成电影，创作剧本，检视电影的叙事结构，制作视频，用图像、语言、剪辑和声音表达思想。①

关于课程内容选择的标准，研究者和实施者看法不一。阿姆斯特朗教授认为应从立足点、重要性、真实性、适合学生的特点以及教师背景等五个方面选择课程内容。施良方教授提出选择课程内容的三项准则包括：基础性、贴近社会生活、与学生和学校教育的特点相适应。

英语11课程的教师对课程内容的选择具有较高的自主性，大致来说，他们主要遵从了以下几个标准：

联系学生生活经验。研究表示，当教育者帮助学生认识到他们在学校的学习与课堂外的生活发生联系时，便使学生建立了最终能够加强他们学术表现的参与动机和态度。②基于此，英语11课程的教师积极引入对青少年更为熟悉的流行文化的探讨，大量使用电影、电视、流行杂志、网络资源等，引入对消费社会和广告等话题的探讨。霍布斯认为，"联系"的力量，即学生将他们的生活经验与教室中发生的过程相联系，是媒介素养中无可否认的最引人注目的特点之一。③

激发学生兴趣。麦格林（McGlynn）在开始教授英语11课程时，对学习成绩不佳的学生抱有很大希望，很想知道这个教授英语语言艺术的新方法是否能够激起这些学生完成高中学业的动机和参与性。她选择了

---

① Renee Hobbs, *Reading the Media: Media Literacy in High School English*, Teacher College Press, 2007.

② Renee Hobbs, *Reading the Media: Media Literacy in High School English*, Teacher College Press, 2007.

③ Renee Hobbs, *Reading the Media: Media Literacy in High School English*, Teacher College Press, 2007.

以克林顿丑闻的突发新闻作为"新闻与新闻业"教学重点，希望吸引学生的关注，因为她认为这个事件以"性"和"谎言"为特色，是青少年长期感兴趣的两个话题。此外，大部分英语11课程的教师发现使用图书馆是学生在搜集信息和撰写研究报告过程中发展好奇心和兴趣的创造性方式。

基础性。在课程实施前，英语系教师向学校董事会做了一次展示，董事会对课程给予了积极的回应。他们只强调了一点：不要丧失学术严格性，不要忘记强调孩子们需要的一些基本技能，如阅读、写作和阐释文学等。[1] 在上述课程内容中，这些技能得到广泛融入。

重要性。教师们选择"广告"、"再现"等他们认为重要的话题和学生进行探讨。例如，广告在英语语言艺术课程中具有一个长期的历史和传统。如果有一个话题可以满足媒介素养的许多目标和目的，它就是广告。[2] 英语11课程的教师通常使用广告文本去实施辨识明显的或暗指的语言和图像的隐含、指示和联想的意义，这一训练帮助连接了学生对文学中的诗以及文学手法的理解。再如，再现的话题之所以重要，是因为青少年从理解图像、故事、身份模式如何通过电视喜剧和电视剧"自然地"呈现给他们而受益。对于唐尼斯基（Doneski）课堂的学生来说，男人和女人在电视故事中的行为并不是他们平常会注意或讨论的话题，但是再现的概念可以帮助学生发现，娱乐的媒介如何传递文化价值观和准则。[3]

（2）课程内容的编排

为了将孤立的教学内容有序地呈现给学生，需要对教学内容进行排序。有时候根据教学内容本身的特质，可以区分出教学内容的主次、轻重和一些提示。在一些情况下，教学内容呈现顺序不同并不会影响学生

---

[1] Renee Hobbs, Richard Frost, *Measuring the acquisition of media-literacy skills. Reading Research Quarterly* [J], 2003, Vol. 38.

[2] Frank Baker, *Media Literacy In The K-12 Classroom*, International Society for Technology in Education (January 15, 2012), 74.

[3] Renee Hobbs, *Digital and Media Literacy: Connecting Culture and Classroom*. Corwin Press, Sep 2011.

对文本知识的理解和掌握。① 在英语 11 课程中，课程内容的编排综合了主题序列和外部限制序列两种基本方式：

主题序列。1998 年 9 月，由于新的英语 11 课程的逻辑在很大程度上没有得到解决，教师们采取的方法是，先确定了上述的 8 个关键焦点主题。在实际教学中，英语 11 课程的 8 个主题又集中整合为几个单元，例如新闻单元、广告单元、再现单元等。

外部限制序列。一些重要的教学媒体的使用会影响到课程内容的优先性处理。由于教学资源有限，英语 11 课程的教师们想到一个办法，可以让 7 个老师的学生在一学年内，错时地使用有限的课程书籍与印刷的教学资料。因此，在 9 月中旬，一些 11 年级的老师以介绍广告、说服和宣传作为开始，另外一些教师则以理解和分析新闻媒介作为开始，其他以检视文学和当代媒介中的再现和观点问题作为开始。每位教师负责在每个新的领域中开发一个新的课程（course），建一个本地文件夹以便共享资源。没有一个老师设计完全相同的课程（lesson）或活动，只是偶尔分享报纸文章、杂志读物或者网络资料等教学材料。

(3) 课程内容的组织

用美国教育学者塔巴（Taba）关于课程内容组织的"四个水平"观点检视英语 11 课程，可以看到该课程在某种意义上整合了塔巴所述的四种水平，即运用事实来证明一些观念，这些观念被组织在更大的思想范围中，或者说被组织在思维模式或探究模式中。具体来说，英语 11 的课程内容大致沿着"事实——基本观念——概念——思维方式"四种水平组织。

首先，事实是发展思想的原料和建构一般见识的主要材料。尽管，事实的掌握不应该是教育者唯一关注的问题，但是事实在形成概念、观念和概括中的作用不容忽视。因此，考虑内容的一种水平就是能够获得一些具体事实和方法。一些事实的种类能以非常概括化的水平来陈述。② 例如，在英语 11 课程中，教师让学生概括各类照片（文件照片、新闻

---

① ［美］阿姆斯特朗：《当代课程论》，中国轻工业出版社，2007 年。
② ［美］赫莱伯威茨：《学校课程设计》，中国轻工业出版社，2006 年。

照片和肖像照片)的特点、杂志目标受众的人口统计学特征和电视蒙太奇的手法等。

其次，是基本观念的组织。在这个水平上，知识通过解释主要原理和概括化的主要现象的指导观念来组织。经验的事实与基本观念相联系，并且由基本观念做出解释。① 英语11课程中，最典型的基本观念就是媒介素养中心提出来的媒介素养的5个关键概念：所有的媒介信息都是建构的；媒介信息是一种再现；媒介信息都含有商业目的；个人对媒介信息有不同的解读；每种媒介形式都有其各自的特点。再如，教师发展出来的关于数字技术操纵照片、图片不代表客观等观念是这一水平内容的体现。

第三种内容组织的水平是概念。塔巴认为，概念是在不同的背景中，由连续的经验建立的极其抽象观念的复杂系统。例如，在小学数学中，课程的主要概念可能被描述为数字、运算、函数和图表、统计和概念等。在英语11课程中，教师们提出的概念，既包括传统的文学的概念，也包括新的媒介素养的概念，例如，在广告一节中，教师试图将许多概念融入到英语语言艺术的领域中，例如目标受众、品牌、说服诉求的修辞结构、语言和力量、消费和娱乐作为文化价值的角色等。其他还包括把关人、新闻价值、再现、类型、偏见和刻板印象等。

最后，在思维方式层面。这指的是包括在课程内容方面的思维方式是什么。例如，语言艺术能够通过不同阅读工具的使用来提供不同的途径去思考，结果我们能够像诗人和社会评论人等社会角色那样去思考。② 同样，训练批判思维是英语11课程的一个重要内容。因此，围绕思维方式层面组织内容是课程的一个特点。在英语11课程中，教师们安排有关新闻价值、媒介所有权、广告与宣传、消费文化、性别、种族与种族再现等议题，培养学生在面对一个议题时，如何运用批判思维去探究隐藏在媒介文本或事件后的深层意义。

---

① [美] 赫莱伯威茨著：《学校课程设计》，孙德芳、孙杰译，中国轻工业出版社，2006年。
② [美] 赫莱伯威茨著：《学校课程设计》，孙德芳、孙杰译，中国轻工业出版社，2006年。

第四章 美国传媒素养课程与实践案例

4. 课程实施

课程实施是将编制好的课程计划付诸实践的过程，是实现预期的课程理想，达到预期的课程目的，实现预期教育结果的手段。英语11课程的主题十分宽泛，教师们有时感觉该课程包含太多领域而不能让学生有效掌握。因此，教师们采用了一种简单的结构式启发教学方法，使学生可以容易地参与到这些主题和想法中来。具体来说，就是使用媒介素养的5个批判性问题和关键概念。这一方法同时使课程形成了更加严密的整体。

英语11课程的教师们采用的可以运用到任何文本中的5个批判性问题如下[①]：谁发出这个讯息，作者的意图是什么？哪些技巧被用来吸引和保持注意？这个讯息体现了哪些生活方式、价值观和观点？不同的人如何不同地阐释讯息？讯息中遗漏了什么？

在学年的开始，教师们设计体现这些问题力量的批判性观看、写作和讨论活动，以增强学生的分析技巧。例如，麦格林设计了利用5个关键问题分析媒介的活动，即让学生选择一个他们认为重要的电视节目或事件，把它录下来，仔细观看。要求学生向自己提出上述5个关键问题，再次观看这个录像。选择自己认为最能代表该节目重要性的10分钟片段，再次思考这5个问题，然用5段仔细写作的段落回答出来。学生需要将这个录像带到课堂，在播放录像前用3分钟阐述它的重要性。学生还必须在展示当天提交写作的5个段落。

同时，5个关键概念也是英语11课程教师们采用的一个强有力组织手段。1998年，秋季学期开学时，麦格林分析了克林顿性丑闻的突发新闻，学生的反应出乎她的意料。她首先放映了一段CNN电视节目《证据的担子》的介绍，提出了5个关键概念的列表，并首先解释了媒介素养的前3个概念：所有的媒介信息都是建构而来的；媒介信息是一种再现；媒介信息都含有商业目的；个人对媒介信息有不同的解读；每种媒

---

① Renee Hobbs, *Reading the Media: Media Literacy in High School English*, Teacher College Press, 2007.

介形式都有其各自的特点。

在观看和讨论这个片段后，学生能够解释《证据的担子》的介绍是被高度建构的，运用视频蒙太奇的有力技巧，表现克林顿是一个撒谎者。一个学生总结说："视频蒙太奇完全通过自身传递出一个观点，看起来主持人的观点是正确的和自然的。"

接下来，她放映了一个 7 分钟的美国有线电视新闻网时间报刊亭（CNN Time Newsstand）片段，将克林顿证实他与莱温斯基性关系的影像和美国政府决定对苏丹使用巡航导弹的图像放在一起，并提出"媒介讯息如何拥有自己的独特语言？"的问题。他们讨论视频蒙太奇与语言的结合，使事情看起来是克林顿轰炸苏丹仅仅是为了使公众的注意力从国内问题分散开。但是学生也指出节目片段的语言（包括画外音的关键段落）是如何强调责任意识和总统采取有意义的行动限制全球恐怖主义扩散这一焦点。讨论后，学生们对媒介素养的第 4 个和第 5 个关键概念表示认同。在完成对这些关键概念的介绍时，麦格林强调所有的 5 个关键概念对分析一个文本都是必要的。[①]

总的来说，英语 11 课程的实施呈现以下几个特点：

首先，文本概念得到很大扩展。在媒介技术和媒介形式发展日新月异的背景下，关于英语教学文本的变革，成为媒介素养教育与英语语言艺术结合的一个重要话题。学者们认为，英语教学中的文本概念需要扩展和延伸，呼吁英语教育者将包含电影、电视、广告、互联网、音乐和流行文化在内的大范围的文本形式吸收到课堂中去。因为，形式如此众多的媒介讯息在持续增加，学生需要理解作者传递有关社会建构经验意义的这个过程。在康科德高中，英语 11 课程的教师们，在分析传统文学形式以外，还分析了语言和图像，包括网站、电视秀、印刷和电视新闻、电影、广告、政治演讲、商业和人际传播。[②]

---

① Renee Hobbs, *Reading the Media: Media Literacy in High School English*, Teacher College Press, 2007.

② Renee Hobbs, *Digital and Media Literacy: Connecting Culture and Classroom*. Corwin Press, Sep 2011.

其次，以各种方式建立英语语言艺术和媒介素养之间的横向联结关系。横向联结反映的是在同一个年级内课程的一种联系方式，横向的轴线处理的是教育事件的顺序和一个年级中所教的关于重要的思想、概念内容的扩展范围。融合课程中，重要的是通过寻找两门或更多学科领域之间的一些共同基础，一些相关的课程设计，找出跨学科的横向联结关系。①

在英语 11 课程最初实施的一年，研究者通过访谈发现，由于在媒介研究方面缺乏专长，教师们对新课程将在媒介研究和意义生成过程的文学理解之间建立联系的自信度适中。当进行更多传统的阅读、文学分析和写作活动时，他们努力建立一个"媒介/传播联系"的联结关系。②例如，教师利用文学与广告之间的联结关系，开发广告单元。一方面，教师使用广告文本去实施辨识明显的或暗指的语言和图像的隐含、指示和联想的意义，这一训练帮助连接了学生对文学中的诗以及文学手法的理解。另一方面，英语使用《美丽新世界》《华氏 451》或《回顾 2000—1887》等文学作品，支持学生学习广告、宣传和说服的主题。这个单元以聚焦广告和当代消费社会作为开始，即使是课堂中最弱的读者也被激励得努力阅读这些书籍去寻找这种联系，学生们讨论书中描述的有关身份和关系的社会建构。再如，通过"改编"的方式，探讨传统文学作品与媒介节目在叙事和观点方面的异同，也是建立文学与媒介横向联系的一个途径。例如，学生通过分析《飞越疯人院》一书中的观点，检视书与电影如何通过操纵观点，使用不同的策略讲故事。

通过教学方法上的相互借鉴也可以建立学科间的横向联系。教师会采用解读赏析诗歌的"仔细阅读法"（close reading），即多次阅读理解诗歌如何影响我们的感觉，诗歌如何被建构以及诗歌及其特定图景或感觉的手段，来检视电视新闻节目的相关部分。这种方法大致相当于我们在阅读中所称的"精读法"。

---

① ［美］阿姆斯特朗：《当代课程论》，中国轻工业出版社，2007 年。
② Renee Hobbs, Richard Frost, *Measuring the acquisition of media-literacy skills. Reading Research Quarterly* [J], 2003, Vol. 38.

第三，英语 11 课程的实施围绕以下几个核心要素：批判性观看与阅读、讨论（分析与回应等）、写作（短文、剧本创作、媒介制作等）、展示与口头表达。因为康科德高中的教师认为，阅读、回应和分析文本以及写作是"探究、问题解决和发现"这个循环统一的组成部分，所以在 2—6 周的单元结构中，教师们使用观看、阅读、讨论和写作活动相结合的方式。如果有媒介制作，一般都在课堂外的时间内完成。

以格里科（Grieco）教授的关于种族再现的课程为例，她首先让学生阅读 20 世纪 70 年代《粘在电视机上》（Glued to the set）中的短文，然后放映了一个 2 小时关于 20 世纪 70 年代哥伦比亚广播公司电视节目的电视秀，探究电视节目中刻板印象的使用方式。在对节目的讨论中，学生被那个时期电视节目的种族再现方式震惊了。他们运用西尔弗布拉特（Silverblatt）的"媒介素养的钥匙"来理解娱乐媒介是如何塑造一个社会、文化的真实和价值，这些概念包括过程、文本、框架和制作准则等。在单元总结时，她让学生写作一些关于反映刻板印象的特定媒介文本的短文。类似的是，其他教师也大多采取这样的课程实施，这些环节的顺序并不固定，通常由阅读文本开始课程，但有时也由写作活动开始课程。

最后，教师角色的重新定位。如今，英语教师面临的挑战和问题包括：与文学和作文方面的训练相比，英语/语言艺术教师只有很少或者没有在媒介文本分析方面接受专业训练。教师们需要学习媒体行业方面的知识，学习批判性语言。[1]

英语 11 课程的教师，最初在探究位于学生生活最中心的媒介类型，如流行音乐、新上映的电影、视频游戏和体育等方面的舒服感是最少的。[2] 学生把丰富的媒介经验带入课堂讨论，有时与教师的期待并不一

---

[1] Renee Hobbs, *Digital and Media Literacy: Connecting Culture and Classroom*. Corwin Press, Sep 2011.

[2] Renee Hobbs, Richard Frost, *Measuring the acquisition of media-literacy skills*. Reading Research Quarterly [J], 2003, Vol. 38.

致,学生的回答是对教师自己信念与价值观的挑战。根据麦格林的经验,她认为教师在课堂讨论中主要扮演的角色是,维持秩序、鼓励学生倾听他人想法,尽量保留教师自己的观点,让学生说清楚他们观点的理由,并且抓住"教学时机"发展学生真实的学习经验。还有些教师为学生的冷淡和有时消极的回应所困扰。但是在另外一些教师看来,这却代表着课程奏效了,因为学生变得有批判性思维了。这些教师同意"媒介素养与批判自主性的培养密切相关"的观念,这种自主性使学生自己能够独立思考。对于一些教师因为学生没有接受教学文本中的政治主张而感到沮丧时的表现,帕金翰将这种愿望归纳为"通过为自己的目的'殖民'学生,从而强加文化、道德或政治权威于他们……反复记下传统的知识观念"。①伊丽莎白(Elizabeth)认为,教育者通过将媒介教学作为推进自己政治和道德评判的平台而把快乐、认同和意识形态上的挣扎和不安的倾向推向顶点。②

5. 课程评价

从评价主体上讲,对英语 11 课程进行评价的人员包括霍布斯、弗罗斯特(Richard Frost)等研究专家,也包括罗伯格利克(Mike RobbGrieco)、丹尼斯等英语 11 课程的教师,还包括参加该课程的学生。根据课程评价理论,通常情况下,课程的利益相关者是被评价者和受评价影响者。当他们的表达权得以进一步升华时,可以直接参与到评价中去而成为评价的主体之一,这被称为内部评价,与之相对应的是外部评价。例如,在课程/学业评价中,外部人员可以有评价专家、教育行政人员、别校的教师等。内部人员为本校领导、任课教师、其他学生和学生本人等。③根据这一划分,我们可以将英语 11 课程的评价形式分为两种,一种是外部评价,即由霍布斯、弗罗斯特等研究专家进行的

---

① Renee Hobbs, *Reading the Media: Media Literacy in High School English*, Teacher College Press, 2007.

② Renee Hobbs, *Reading the Media: Media Literacy in High School English*, Teacher College Press, 2007.

③ 钟启泉编著:《现代课程论》,上海教育出版社,2003 年修订版。

评价；一种是内部评价，即由英语 11 课程的任课教师以及参与学生进行的评价。

评价类型	评价主体	评价内容
外部评价	霍布斯、弗罗斯特	批判性观看、收听与阅读技能，写作技能
		广告分析技能
		政治效能
内部评价	罗伯格利克、丹尼斯等任课教师	公民参与
		阅读理解技能
	学生	素养学习

(1) 外部评价

多年来，霍布斯等学者采用定量研究与定性研究相结合的"混合式"研究方法，对康科德高中英语 11 课程进行评价。

①定性研究

1998 至 2005 年，研究者多次到该校与师生进行访谈，观察课堂。定性研究主要用于收集信息，记录英语 11 课程教学的自然状态，以及了解更多关于教师和学生在媒介素养与高中英语语言艺术融合课程中如何感知学习经验。

在访谈中，研究者要求教师描述刚刚结束或最近正在与学生进行的课程和活动，从而获得课堂实践和课程内容的间接资料。教师访谈的主要问题，也是该课程研究的引导性问题，它包括：

康科德高中英语 11 课程引导性研究问题

焦点	引导性研究问题
教师焦点	什么激发了教师进行媒介素养教学的兴趣？ 在媒介素养教学中，教师哪些现有的态度、技能、知识和行为导致了"最佳实践"？

（续表）

焦点	引导性研究问题
项目焦点	教师最经常采用的媒介素养教学的形式是什么？ 随着时间的变化，媒介素养教学发生了什么变化？ 教师如何使用媒介素养资料和资源？ 教师和学生比较频繁探索的话题和问题是什么？ 媒介素养教学如何影响其他技能和学科领域的教学？ 媒介素养教学中的最佳实践是什么？
社区焦点	父母与社区领导者如何回应媒介素养教学？ 同事与学校管理者如何回应？
学生焦点	学生如何回应媒介素养教学？ 媒介素养是否提高了学生的素养技能？ 媒介素养是否改变了学生对学校的态度？ 媒介素养是否对学生的动机、信心或认同发展方面产生了影响？ 媒介素养是否影响了教师与学生之间的关系质量？ 课堂中的媒介素养课程是否迁移到了学校外的生活？

例如，通过对教师的访谈，研究者了解到，英语 11 课程使一些原来在课堂上表现不积极的学生变得活跃，并且展现了突出的媒介分析和批评能力。[1] 此外，研究者还进行了多方面的观察，包括课堂活动、学生行为和学校环境氛围等。

②定量研究

1998—1999 学年，也就是英语 11 课程实施的第一个学年，霍布斯等人采用准实验非对等小组设计，对该课程的效果进行评价。评价内容包括以下几个方面：a. 学生的批判性观看、收听、阅读技能和写作技能；b. 学生的广告分析技能；c. 学生的政治效能。

实验的样本为参加过英语 11 课程的 293 名学生和从新罕布什尔州另一所高中抽取的 89 名没有接受过媒介素养训练的学生，分别组成实验组与控制组。控制组学生所在的高中，与康科德高中的学校面积、（英

---

[1] Renee Hobbs, *Reading the Media: Media Literacy in High School English*, Teacher College Press, 2007.

语）教学质量、教学项目以及学生人口特征等参数相匹配。两组学生的种族构成、家庭经济地位以及媒介使用情况等指标上也有明显的相似性。①

两组学生在 1998 年 9 月和 1999 年 5 月分别接受前测与后测。以下是评价内容一览表：

评价内容	文本/刺激物	评价要点
批判性观看技能	第一频道（Channel One）一段 5 分钟的新闻节目，关于安德鲁飓风所带来的毁灭性灾害。	1. 测量理解：概括文本主旨和辨识细节。 2. 分析技能测量：辨识文本的意图，确认受众，概括观点，辨识建构技巧和找寻"遗漏"信息。
批判性收听技能	美国国家公共电台一段 3 分钟的广播评论节目"所有事情都要经过考虑"。	
批判性阅读技能	《时代》杂志的一篇一页篇幅的文章《蚊子致死》。	
写作技能	根据阅读理解，写作一个段落。	段落的清晰度、连贯性和句子结构；段落长度、拼写与语法错误。

A. 批判性观看、收听和阅读技能以及写作能力

英语 11 课程重视对学生的阅读、写作等基本技能的培养，在任课教师的配合下，研究者从课程对学生批判性观看、收听和阅读，以及写作技能等方面的产生效果，进行了实验研究。

研究假设。媒介素养的教学提高了学生的理解能力；在操作过程中要评价学生识别信息中重要观点的能力以及从三种形式（印刷书籍、视频、音频）的媒介中回忆起重要细节的能力；媒介素养教育提高了学生的信息分析能力，包括阅读、听力以及理解三种形式（印刷媒体、视

---

① Renee Hobbs, Richard Frost, *Measuring the acquisition of media-literacy skills. Reading Research Quarterly* [J], 2003, Vol. 38.

频、音频）的媒介信息的能力；媒介素养的教学提高了学生的写作能力。在操作过程中还需评价学生写作的数量和质量以及拼写能力和习惯性用法的纠错能力。

研究过程。首先，对学生的批判性观看、收听和阅读三方面技能的测量方法大致相同。都是分别选取一定形式的媒介文本，如新闻节目片段（批判性观看）、广播节目片段（批判性收听），杂志文章（批判性阅读）作为前测和后测的刺激，要求学生在一张卷子上，就文本主旨、细节、文本的意图、目标受众、价值观、吸引受众的技巧（建构技巧）、遗漏信息等内容作答，并对自己的答案做出解释和说明。题目形式既包括选择题，也包括开放式问题。其次，对学生的写作技能测量则要求学生在阅读并理解规定的媒介文本后，写作一段开放性的回应段落。这项测验使用整体评分法（holistic writing scoring），对段落的清晰度、连贯性和句子结构给出一个综合的评价，采用5分制（5 point scale）。最后，计算段落的长度、拼写及语法错误。每个写作的样本都由两名受过整体评分法训练的教师阅读，如果两名教师都同意彼此的评价，则学生的分数基于二人的评分。如果不同意，则由第三名教师完成评分过程。所有的写作样本都是匿名的，并且评分过程不得做任何标记，以免影响后面的阅卷者。下面，以批判性观看技能测量为例，分析具体的测量过程：

在这一部分，研究者让学生观看1992年4月，第一频道播出的一段5分钟的新闻节目，关于安德鲁飓风所带来的毁灭性灾害。选择这段新闻的原因是两组学生都不熟悉第一频道的节目，因为当时美国高中接收不到第一频道。这则新闻聚焦于飓风对南佛罗里达州青少年生活的影响，镜头展现了一所被飓风破坏的学校以及采访该校学生如何应对飓风。新闻也介绍了飓风的科学知识以及如何确定各种飓风的强度水平。

研究者采用以下这张问卷分别对学生理解和分析两部分的技能进行测量（以下用表格的形式按问卷的原来顺序列出）：

观看理解与分析活动

操作指南：观看有关安德鲁飓风的电视新闻片段后，回答以下问题。

理解	用一至两个句子表达这则新闻的大意。 使用"谁、是什么、哪里、什么时候、为什么和怎么样了"的结构解释这个故事。 最值得记忆的细节是什么？写下你从新闻中回忆的一个重要事实。
分析	确认从这则新闻中遗漏的 3 个相关问题、事实或信息。 这则故事的意图是什么？告知（ ） 娱乐（ ） 说服（ ） 自我表达（ ） 赚钱（ ） 教育（ ） 用来吸引和维持观众注意力的技巧是什么？ 这则新闻中传递了什么样的价值观或观点？ 分别列举这则新闻故事与本地或全国性电视新闻的 3 个相似之处和不同之处。 相似：　　　　　　　　差异： 谁是这则新闻的目标受众？ 男性（ ） 女性（ ） 白人（ ） 非裔美籍人（ ） 亚裔美籍人（ ） 讲西班牙语的（人或民族）（ ） 其他（ ） 2—11 岁（ ） 12—17 岁（ ） 18—25 岁（ ） 25—40 岁（ ） 40—60 岁（ ） 60 岁以上（ ） 穷人（ ） 工薪阶层（ ） 中产阶层（ ） 中上阶层（ ） 富人（ ） 请给出可以解释你为什么做出这样选择的原因。

由上表可以看出，调查问卷的第一部分是考查理解能力。研究者用了两个方法测量学生的观看理解能力。在第一个问题中，要求学生总结这则新闻的主旨，并且使用"谁、是什么、哪里、什么时候、为什么和怎么样了"的结构解释这个故事。第二个问题，描述他们从节目中回忆的一个具体的信息性细节。答案的计分范围为 0—3 分。第二部分则是考查学生的分析能力。这一部分，研究者要求学生以选择或写作句子的形式，分析媒介讯息的"遗漏"、意图、吸引观众的技巧（建构技巧）、价值观、比较和对比、目标受众。最后，说明做出目标受众选择的原因。

研究结果。研究考查了主旨理解、细节辨识和写作技能等几方面。首先，主旨理解能力。结果表明，实验组与控制组在观看新闻节目中，对于文本主旨的概括表现有显著差异,后测中,实验组的平均值(2.85)明显高于控制组(2.25)。两组在总结杂志文章主旨上也呈现出了明显的不同,实验组的学生在后测时比控制组的分值高。控制组的学生在收听节目上的理解力要低于实验组的学生。这些结果表明,英语11课程确实提高了学生们在观看、收听和阅读媒介文本后,对信息的总结概括能力。其次,细节辨识。结果显示,无论是批判性观看、收听还是阅读媒介文本,控制组与实验组在回忆文本细节时,两组的数据无显著差异。最后,写作质量与字数。在后测中,实验组比控制组写作的段落长度要更长一些(72字:36字),而且段落的整体得分也高于控制组(3.01:2.64)。实验组学生拼写错误的平均值,由前测的2.8下降为2.2。这些数据说明,在英语11课程中融入媒介素养教育,确实提高了学生们的写作水平。

参与者阅读、收听与观看媒介文本时,主旨理解、细节辨识和写作技能平均值与标准偏差

		前测				后测			
		控制组		实验组		控制组		实验组	
		平均值	标准差	平均值	标准差	平均值	标准差	平均值	标准差
主旨理解	阅读	2.24	(0.78)	2.25	(1.0)	2.01	(0.89)	2.92	(0.96)*
	收听	1.80	(1.1)	2.07	(0.97)	2.31	(1.2)	2.49	(1.4)*
	观看	2.27	(0.90)	2.38	(1.0)	2.25	(1.0)	2.85	(0.93)*
细节辨识	阅读	2.33	(0.64)	2.35	(0.74)	1.87	(0.80)	2.31	(0.72)*
	收听	1.80	(1.3)	1.89	(0.96)	1.84	(1.2)	1.88	(0.96)
	观看	2.49	(0.84)	2.48	(0.66)	2.36	(0.90)	2.51	(0.61)
写作质量与数量	文章长度	44	(21)	49	(28)	36	(17)	72	(36)*
	写作整体水平	2.91	(0.71)	2.88	(0.88)	2.64	(0.74)	3.01	(0.75)
	拼写错误	1.3	(1.5)	2.8	(2.8)	1.2	(1.1)	2.2	(2.4)*

说明:协方差分析(ANCOVA)* $p<0.001$。

B. 分析文本的建构技巧、价值观和遗漏信息的技能

首先,分析文本建构技巧。统计结果显示,实验组与控制组在观看、收听、阅读媒介文本时,对文本中的建构技巧辨识表现,有显著差异并且均高于控制组。两组学生发现创作者在制作媒介信息时所设计的悬念、恐惧、侧重点、音调、图像、声音、速度以及顺序的能力得到提高。[①] 研究还发现,阅读方面建构技巧的确定能力与阅读理解力也是密切相关的($r=0.24$, $p<0.001$)。

其次,分析文本的价值观。无论前测还是后测,在辨识杂志文章中的价值观方面,实验组的平均值均低于控制组。但是实验组辨识电视新闻、广播节目价值观的平均值,均明显高于控制组。

第三,分析文本遗漏的信息。结果显示,两组之间在识别文本遗漏信息时,数据存在显著差异。实验组的后测平均值均高于控制组。实验组在收听媒介文本时,对于遗漏信息的辨识能力的数值有轻微下降。但是,在观看和阅读媒介文本时,实验组辨识遗漏信息的平均值明显提高。这表明,媒介素养教育至少对学生观看和阅读媒介文本时识别遗漏信息的能力有加强的影响。

最后,比较与对比不同媒介文本信息。结果显示,两组识别不同媒介文本的相似之处和不同之处的能力在数据上有明显不同。在前测中,实验组的平均值均低于控制组。但是在后测中,实验组的表现均优于控制组(1.99∶1.23,1.75∶2.12),并且自身的表现出现较大进步。这些数据显示,媒介素养教育使学生在分析不同文本的相似之处与差异方面的能力得到提升。

C. 分析文本的意图

首先,批判性观看。结果显示实验组与控制组的数据具有显著差异。例如,在后测中,实验组33%的学生认为节目的目的是娱乐,而控制组的这一数据为18%;认为节目的目的是赚取利润的实验组学生比例(23%),也高于控制组(16%)。康科德的学生更能认识到电视节目中

[①] Renee Hobbs, Richard Frost, *Measuring the acquisition of media-literacy skills. Reading Research Quarterly* [J], 2003, Vol. 38, No. 3: 344.

信息、娱乐和营销的混杂。

其次，批判性收听。与控制组相比，实验组的学生较少地感受到广播的告知目的，而更多地感受到了广播的说服、赚取利润和表达感情的目的。例如，24%的实验组学生认为这段广播的目的是赚取利润，16%的控制组学生认为这段广播的目的是赚取利润。

最后，批判性阅读。实验组20%的学生认为杂志文章的意图是赚取利润，控制组仅有13%的学生认识到这一点。

D. 分析媒介文本的受众

在分析测试的三种媒介文本受众时，实验组更倾向于确定目标受众为中年人，而控制组倾向于将受众确定为青少年。因此，实验组的判断是比较接近事实的。

在确定受众的社会阶层方面，接受了媒介素养教育的学生对于目标受众社会等级的界定范围更为集中。在阅读方面，实验组的学生认为测试的杂志文章的目标受众要么为贫困阶层，要么为富裕阶层。在收听方面，实验组学生比控制组学生更倾向于认为该段广播节目的目标受众阶层为高级中产阶层。

E. 广告分析技巧

英语11课程的教师们认为关于广告、说服和宣传的课程教学是他们课程中最有效和最有力量的部分。因此，研究者对英语11课程中的广告教学进行了定量研究，测量课程对学生的广告知识和分析技巧的影响究竟如何。

研究问题。教学对学生批判性分析广告的能力产生了什么影响？学生究竟从广告中学习到了什么？广告的学习经验如何影响了学生对于广告和消费文化的态度？

研究过程与结果。研究者从两个方面对学生的广告分析能力进行测量：广告制作过程的知识；分析具体广告的技巧。

首先，广告制作过程的知识。研究者在1998年9月前测和1999年5月后测时，都分别让控制组和实验组的学生观看一个30秒的商业广告《辛迪·克劳馥喝百事可乐》（Cindy Crawford drinks Pepsi）。这是一则著名的幽默广告，讲述两个小男孩看到辛迪在一个西部农村卡车站台停下来，从她闪亮的红色跑车中走出来，将一些25分硬币投入百事可乐自动贩卖机，兴致勃勃地取出一罐无糖百事可乐。在播放两遍广告以后，研究者要求学生思考这则广告建构过程的所有步骤，并在一张纸上列出15个以上的步骤。研究者开发了一个基于许多作家和行业专家确认的广告制作过程的清单，包括"制作前""制作中""后期制作"。他们将学生的答案对应此清单进行编码。所得结果见下表。

学生关于广告制作过程的知识

	控制组 n=89	实验组 n=287
制作前		
辨识目标受众	3%	12%*
策划和头脑风暴	31%	70%***
想法得到公司支持	3%	24%***
写作一个脚本	51%	48%
策划视觉效果	7%	16%**
雇佣出现在广告中的名人	88%	89%
选择地点和道具	72%	63%
创作或选择音乐	24%	13%*
制作中		
与名人排练	54%	47%
拍摄广告	81%	81%
后期制作		
编辑影像	82%	83%
增加音乐	23%	22%
在屏幕上增加文字	3%	1%
得到公司的最终支持	15%	23%**
从电视网上购买播放时间	21%	24%
播放广告	5%	7%
测量对消费者的影响	3%	19%***

*$p<0.05$; **$p<0.01$; ***$p<0.001$

第四章 美国传媒素养课程与实践案例

研究发现，英语 11 课程的学生学习到关于创造一个广告运动的复杂过程。与控制组相比，英语 11 课程学生在制作前与后期制作的学习上有统计上的显著收获。其中，在辨识目标受众、策划和头脑风暴、想法得到公司支持、策划视觉效果、得到公司的最终支持、测量对消费者的影响这几个方面，前测与后测的数据有显著差异。这说明，接受媒介素养教育的学生在这些方面的知识得到了明显提高。尤其是，"测量对消费者的影响"一项的数据，从前测的 3% 显著提高到 19%，说明英语 11 课程的学生对广告的经济维度有了更深刻理解。

其次，分析具体广告的技巧。测量时，学生首先观看一张黑白复印的米勒啤酒（Miller Beer）广告图。图片的主体为穿着西装的两个年轻非裔美籍男人，"生活在冷巷"的广告语非常突出，右下角的角落包含一个小的交通标志，写着"米勒酿造公司提醒您，当您在喝酒时，请思考"。在观看的过程中，学生要完成一张由开放式问题与选择题结合的，包含确认意图、目标受众、建构技巧和信息"潜文本"等题目的测试卷。该测试的目的主要为了评价学生以下几个方面的能力：辨识假定的目标受众；广告建构中的特定技巧，包含视觉的、词语的成分，象征和文字设计；假定的讯息潜文本或未阐明的广告讯息；广告假定的目的；分析广告的标志。

研究结果显示：在广告受众辨识方面，参加了媒介素养教育的学生更能利用证据支持他们的观点，使用广告中的文字或视觉的设计特点，证明他们关于受众的结论。这一点上，两组数据存在显著差异，实验组为 2.24，而控制组为 1.63。

在广告技巧辨识方面，实验组与控制组学生能够辨识的建构技巧要多，前者平均为 2.5 个，后者平均为 1.37 个，两者存在显著差异。这表明英语 11 课程的学生能够辨识更多用来吸引和维持观看者注意力的建构技巧。

在广告作者的意图方面，确认广告的商业目的，对于大部分学生来说，是容易的。控制组学生写出这一答案的比例为 79%，而实验组只有 27%。相反的，实验组学生（49%）比控制组（12%）更倾向于解释广告具有"说服"的目标。而且，实验组有 22% 的学生描述了广告具有

"联合感情"的意图,而控制组只有1%的学生写出了这样的答案。认为广告的目的在于创造一个与产品消费有关的,特别的感情回应给观众的学生被认为在理解广告的目的上有更高层次的理解。①

在广告的潜文本方面,在学生最经常确认的广告的三个潜文本(酷、生活方式转变、负责任地饮酒)中,实验组的人数比例均高于控制组,并具有显著差异。

在广告的标志方面,在确认广告标志作为公关策略这一部分上,两组并无显著差异。

F. 政治效能

在1998—1999学年的课程评价研究中,研究者只在问卷中采用了为数不多的问题,对学生的政治效能意识进行测量。政治效能被定义为公民对政府的信心和信任,以及他们对于自己能够理解和影响政治事务的信念。一般通过调查方法进行测量,并作为公民社会的广泛健康的指标。尽管研究者没有对英语11课程学生的政治态度或公民参与度做出全面广泛的测量,但还是找出了一些有趣的模式,并提供了媒介素养教育可能影响政治效能发展的证据。

用于测量的三个论断是:a. 有时候,政治和政府看似如此复杂,以致像我这样的人不能真正理解到底发生了什么。b. 我并不认为公共官员十分关心像我这样的人在想什么。c. 这些年,政府领导者十分注意在决定做什么之前考虑民众在想什么。

两组学生都被要求在一个从"非常同意"到"非常不同意"的5分制量表上,标注他们同意或不同意的水平。由于前两个问题属于消极论断,因此,在这两个问题上得分越高,就越显示消极的态度。

一般来说,政治行为中的性别差异在许多国家都存在,女性比男性的政治效能更低。在这次实验中,接受英语11课程的男学生和女学生在回应上述3个问题时,存在显著差异。在前测时,女学生比男学生感觉更有能力理解政治,前者平均分值为3.32,后者则为2.76。但是,后

---

① Renee Hobbs, *Reading the Media: Media Literacy in High School English*, Teacher College Press, 2007.

测时，女学生的这一数值下降，而男学生的数值上升。女学生对政治复杂性态度的显著变化并不可能是偶然的。此外，女学生对政治领导力的怀疑度高于男学生，这在前测和后测中都表现出来了。随着对政治赋权的知识和感觉的增长，学生的怀疑度也在增加，说明媒介素养教育可能已经在增加青少年的怀疑度和政治效能上起作用了。

（2）内部评价

①教师评价

A. 公民参与

2003年，英语11课程教师福尼尔（Denise Fournier）对学生关于政治过程的知识、新闻媒介运用和对媒体偏见的认识等方面进行了一个关于"公民参与"的教师行动研究。2003年秋天，在学期的第一周时，福尼尔让学生做了一份调查问卷，然后在2004年1月底，又重新做了一份该问卷。测量问题和结果如下表所示：

对学生公民参与度的正式测量

	前测 n=41	后测 n=39
2004年10位总统竞选者你可以说出几位的名字？	1.8	9
在5—1的范围内，你认为总统竞选者的真诚度是多少？	3.04	2.92
你能说出多少报纸的名字？	3.3	6
你能说出多少有线新闻的名字？	1.4	2.1
你多久观看一次电视新闻？		
每天	19%	36%
一周2—3次	26%	33%
一周一次	33%	26%
从不	21%	5%
你多久读一次报纸？		
每天	21%	41%
一周2—3次	33%	26%
一周一次	28%	28%
从不	16%	5%

(续表)

	前测 n=41	后测 n=39
你多久读一次互联网上的新闻?		
每天	9%	12%
一周2—3次	21%	26%
一周一次	31%	51%
从不	38%	11%

由上表可以看出，经过5个月对媒介素养的学习，学生对政治家参与总统竞选更加了解，也更懂得如何获得政治信息等，但是他们对政治人物真诚度的总体感觉并没有发生很大改变。另外，每天通过电视、报纸和互联网阅读新闻的学生比例都得到增加，尤其是从不阅读互联网上新闻的学生比例，从38%下降至11%，对于青少年来说，这是媒介消费行为上的重大变化。这或许因为学生被教师的喜好所影响，或者学生真的对新闻和时事变得更感兴趣了。

B. 阅读理解技能

英语11课程教师麦克使用了一系列策略支持学生阅读理解技能的发展，包括对关键段落的仔细阅读、基于阅读的分析性小论文写作等。他利用语言学的一些概念，设计一个对英语11课程学生阅读技能的行动研究。他选择《融汇》(*Brill's Content*) 杂志上的两篇文章，学生在前测时阅读一篇，后测时阅读另一篇。这两篇文章拥有共同的版式和关注点：两页的篇幅、两个图形、语境化的引文，内容均聚焦于本地报纸在引起社区问题讨论和探索以及如何表达这些问题等方面的责任。

他使用了5个问题评价学生的词汇理解、字面理解、得出推论、直接语境外的应用和开放式观点问题，测量学生用文章中的证据和先前的知识来支持意见的能力。例如，推论问题的例子为"麦克（Mike Pride）认为，'沉默法则'是康科德的一个问题。为他提到的'沉默法则'下一个定义"。学生在60分钟内完成阅读文章、问题和作答。每个问题的评分范围为1—5分。

阅读理解技能的教师行动研究

	前测 n = 12	后测 n = 12
语境中的词汇	60%	73%
字面理解	91%	91%
推论	38%	68%
语境外的应用	70%	72%
开放式观点	50%	72%

由上表可以看出，学生的阅读技能在 5 个月期间得到显著提高，幅度最大的为语境中的词汇和推论两项。麦克认为，这些进步看起来最像是写作教学的一个结果，其中，学生被持续要求用具体的例子描述他们的思考，向读者揭示他们的分析过程。

②学生评价

学生对英语 11 课程有自己的想法，一些教师邀请学生分享他们的学习经验。在一次课程上，学生通过写一些短文描述他们在该课程的一些经历。大部分学生认为这个课程提高了他们对当代社会生活许多方面现象的怀疑度。这一点，也使许多学生感到迷惑。例如，一位学生表示：" 如果所有的媒介都仔细地组合起来，使我按一定方式思考，我可能相信它吗？" 另一位学生表示：" 你如何知道什么时候可以相信媒介、政府和你最好的朋友？" 通过学生的反映，阅读有挑战的、呈现多种不同声音和视角的文学作品帮助学生发展更加深思熟虑的批判性思维技能。通过这门课程学生能够辨识创作媒介讯息的作者使用创造性的修辞和建构技巧来达成他们的意图。

(3) 小结与反思

A. 小结

首先，媒介素养教育能够帮助传统课程实现其教学目标。英语 11 课程的评价结果显示，通过在英语课程中融入媒介素养教育的方式，可以提高学生批判性观看、收听和阅读不同形式媒介文本的理解和分析能力，并且对学生的写作能力有一定提升作用。也就是说媒介素养教育对于学生传统的、基本的技能发展有积极的促进作用。

其次，要求学生利用文本中的证据解释支持自己论点的评价策略，让学生把解释性回应与信息文本特征相联系被视为促进批判性思考的重要策略。

第三，辨识媒介文本的意图、目标受众、价值观、吸引受众的技巧（建构技巧）、遗漏信息是能够有效评价学生对于媒介文本的批判性思维的几个关键维度。经过媒介素养训练的学生在这几个维度上的表现，能够优于没有经过训练的学生。

第四，接受了媒介素养教育的学生，在分析媒介文本讯息时，更能认识到媒介背后的经济利益驱动；并且对于媒介讯息的意图与目的，能够产生更高水平的认识，而不只是停留在大部分人都知道的水平。

第五，传统英语教学中，可以通过媒介素养教育融入大众文化来提高传统的听、说、读、写的技能。经过严格挑选的大众媒介文本应该得到像文学作品一样的对待。

最后，媒介素养教育融入英语教学时，不能丧失学术的严谨性。

B. 反思

关于课程评价的优势。首先，康科德高中英语11课程是该校课程体系中的一门正规、常规课程，由普通教师设计和实施，接受者也面向学校的普通学生。并不是由学者专门为特定群体设计的特殊的、短期实验项目，因此，该课程无论外部评价还是内部评价，都是在一个非常真实的环境中进行的，符合准实验研究的主要特征。其次，此次研究分别以三种媒介形式的文本作为刺激物，采用相似的测量方法，测量结果基本呈现一致性。这为今后测量受测对象对于其他形式媒介的使用，发展批判性思维的做法提供了借鉴。第三，英语11课程的评价类型多样，从主体上讲，既有外部评价，也有内部评价；从研究方法上讲，既有定性研究，也有定量研究。最后，教师在批判性思考训练所传授的内容与学生们就相关问题的回答表现出了明显的一致性，这其中包括传播目的、目标受众、文本价值观、文本构建技巧、文本忽略内容的确定。这些测量因为建立在教师的判断基础上而具有社会有效性，这再次印证了学校教学在媒介素养教育上的优先权。

关于课程评价的不足。首先，教师评价开展较少，广泛性、计划性和系统性明显不足。仅仅只是某些教师的个别做法，并且测量的主题和范围窄、样本有限，在实验方法等方面还存在许多可以提升的空间。其次，在外部评价方面，由于研究者对于课程内容和课程计划的了解有限，导致一些主题的评价不能充分进行。例如，由于研究者不能充分了解英语11课程将包含多少关于新闻、政治和时事的内容，所以，没有办法对学生的政治态度进行全面的测量。第三，由于研究方法的局限，准实验研究不能对因果关系作出准确解释。因此，尽管英语11课程的多种评价都说明了媒介素养教育对于培养学生的批判性思维起了促进作用，但是并不能解释究竟是教学中的哪一部分对培养批判性思维最为重要。第四，由于评估人员采取的是非对等小组的设计，而非对等小组的设计也不可能完全排除掉实验组和控制组之间的不同，而这种不同可能会降低实验的有效度。因为两个小组来自不同的地区，它们自然在某些变量上会存在区别，加之对控制组的运行情况和细节性信息了解较少，难免会影响测量的准确性、可信性。最后，教学态度以及互动方法都会对学生的表现产生重要作用，而这项研究没有明确记录或留意教师们的教学策略，也没有揭示出教师在此次项目中所运用的与以往不同的教学经验。

（二）传媒素养与当心项目社会研究融合课程

在美国，社会研究是集社会科学和人文学科于一体的综合课程，以促进发展公民行为能力为主要目标。主要包括人类学、地理学、考古学、哲学、经济学、历史、法律、政治科学、心理学、社会学、宗教学，以及自然科学、数学和人文学中的相关部分。课程的主要目标是帮助学生建立对公共利益的明智合理选择的能力，培养出具有多元文化、民主意识的公民，旨在鼓励和确保每个学生获取一定的基本知识、实用技巧及从科学角度的思考。① 历史、全球研究、环境/公民、经济等课

---

① 张伯成：《普通高中课程设计与实施研究》，东北师范大学硕士学位毕业论文，2009年，第11—13页。

程，在美国通常也属于社会研究的范畴。①

媒介研究在美国社会研究课程中具有较长的传统，许多州在社会研究课程中会提及大众媒介的兴起，很多历史标准中通常也可以找到"宣传"这一概念。教师也常引导学生通过学习竞选者如何使用媒介影响公民，以分析政治竞选过程中的媒介角色的方式提出媒介素养。

2009年，美国社会研究协会就媒介素养的重要性通过了一项地位声明。声明指出："媒介素养是这样一种教学方法，它促进不同类型的媒体和信息传播技术的使用（从蜡笔到网络摄像头），质疑媒体和社会的角色，以及所有类型讯息的多重含义。媒体内容的分析与媒介探究结合在一起。这种方法是以分析和技术为基础的。因此，当学生检视、创造和传播他们自己选择的图像、声音和想法时，媒介素养在媒体创造过程中整合了批判性探究的过程。"

美国社会研究协会课程标准包含了媒介素养技巧，例如识别符号、检视环境、分析一手资料、在市场经济中考虑经济概念和探索政府和媒体的角色。当前，辨别一手与二手资料、事实与虚构的能力与分析和创建媒体的能力紧密联系。②

有高中社会研究课程教师发现，将媒介素养教育运用到社会研究的方法，与美国历史教学的州课程框架自然地吻合，因为它强调批判性分析，通过要求学生参与评价声明和使用证据的任务，发展真实的思考。以下以当心项目（Project Look Sharp）的高中社会研究和媒体素养教育融合课程为例，管窥社会研究与传媒素养融合课程的基本状况和特点。

当心项目是由美国纽约伊萨卡学院（Ithaca College）与当地学区、纽约州协作教育服务处（BOCES）、美国媒介素养教育协会以及其他全国性的媒介素养机构合作发起的一个媒介素养项目。目前，该项目已经开发了社会研究（美国历史与全球研究）、科学与环境、健康、心理与

---

① Faith Rogow. Cyndy Scheibe, *The Teacher's Guide to Media Literacy Critical Thinking in a Multimedia World*. Corwin Press. Nov 2011. 125.

② http://www.socialstudies.org/positions/medialiteracy.

老龄化研究、一般媒介素养研究等5个领域、20余门媒介素养融合课程,适用于从小学到大学各个年级水平。① 其中,适用于高中的社会研究课程为11门。

本书作者之一何娟通过邮件的形式,就课程目标、课程内容、课程实施与课程评价等方面对该项目的"课程与教师发展主管"(Director of Curriculum and Staff Development),同时也是一名高中教师的斯佩里(Chris Sperry)进行了访谈。

1. 课程背景

当心项目致力于促进和支持将媒介素养与批评性思维有效融入到所有年级水平和教学领域的课程中,同时,评价媒介素养教育在各学校的效果。项目提供课程计划、媒介资料、教学策略与建议以及师资培训等支持,很大程度上发挥了联系教育者和媒介素养领域之间的纽带作用。"课程驱动""以素养为基础"和"以探究为基础"的课程方法是该项目进行媒介素养教育的三边基础(three-sided foundation)。

"课程驱动"要求教师在他们自己的课程中发现空间,这里媒介素养方法可以改进教学、学生参与和学生表现,然后针对这些需求开发定制的课程。因为这些活动结合了媒介素养技能和核心内容,教学实践的有效使用达到最大化,在许多案例课程中,不会占用比媒介素养引进前更多的课堂时间。

"以素养为基础"的方法深深根植于批判性思维和已经建立的素养实践,扩展了传统的惯例,适应更为广泛的媒介内容和形式,但是不以一种误导和无效的竞争,追求取代传统素养。②

"以探究为基础"意在培养学生的探究习惯,而这正是媒介素养的精华所在。当心项目的课程一方面从一线教师的实践经验和课堂实验总结与发展而来,另一方面又被更多的教师借鉴和运用到自己的教学中,产生了丰富的研究成果与实践经验。

---

① 根据http://www.ithaca.edu/looksharp/index.php?action=main 网站统计,数据截至2014年4月7日。
② https://www.projectlooksharp.org/?action=TGML.

目前，该项目开发的媒介素养与社会研究融合课程包括"中东的媒介建构""战争的媒介建构"等15门。其中高中阶段的融合课程有11门。如下表所示：

当心项目开发的媒介素养与社会研究融合课程

领域	课程名称	适用年级水平
社会研究	美国革命的原因	小学
	环境中的化学制品	高中和大学
	美国历史中的经济	初中
	濒临灭绝的物种	高中至大学
	马丁·路德金的媒介建构	初中
	中东的媒介建构	高中至大学
	和平的媒介建构	高中至大学
	总统竞选的媒介建构	高中至大学
	社会公平的媒介建构	高中至大学
	战争的媒介建构	高中至大学
	资源消耗	高中至大学
	海报中的苏联历史	高中至大学
	全球化媒介观点	高中至大学
	介绍非洲	小学
	看见非洲	高中至大学——2013年夏天可用

2. 课程目标

当心项目所使用的媒介素养方法中，教学活动首先是从课程目标与学习者需求出发的。例如，斯佩里指出，大部分高中学生使用谷歌作为他们搜集历史信息的唯一搜索工具，但是他们很少接受任何正式的评价互联网站可信度的教育。[①] 而且，现在"人们相信感觉而不是事实"，

---

① Chris Sperry, *Seeking Truth in the Social Studies Classroom: Media Literacy, Critical Thinking and Teaching about the Middle East*, Social Education 70 (1), 2006.

因此，教师可以在教授核心社会研究内容时，以将文档为基础的媒介分析融入课程的方式，为学生搜索理性的、深思熟虑的和有根据的真相提供便利。① 具体来说，当心项目的课程目标可以从以下三个层次进行分析：

（1）总体目标

在访谈中，斯佩里提出了当心项目课程最盛行的八个媒介素养目标，包括以下内容目标：识别、分析和讨论不同的观点（冲突性观点）；批判性地分析和批评、评价媒介建构、再现；识别偏见；认识文字和图像影响一个目标受众的力量；认识文字、图像和声音对塑造印象的力量；分析媒体文件，探究与受众、作者身份、讯息和再现有关的关键媒介素养概念；分析传递讯息的不同叙事技巧；分析不同形式电影纪录片的可信度、偏见和真相。

（2）特定课程目标

由于是融合课程，课程目标势必牵涉到核心内容领域与媒介素养两个方面。辛迪（Cyndy）认为，在进行课程开发时，开发者应从核心内容（而不是媒介素养方面）开始，牢记社会研究领域教师自己的目标与需求，聚焦于他们的年级和课程领域的基本学习标准。② 下面，以"中东的媒介建构"这门课程的目标为主要分析对象，并结合其他课程，具体阐释当心项目不同特定课程目标间的共同点及其与州标准的联系。

作为"中东的媒介建构"课程的开发者，斯佩里认为，尽管课程内容是世界历史，但是根本的课程是"追求真相"。该课程在纽约州伊萨卡的雷曼社区选择学校（lehman alternative community school, LACS）开发和实施，已经成功进行了大约20年，面向10年级学生，为时9周。课程目标为：为学生探究媒介在建构知识、评价历史真实和新闻客观

---

① Chris Sperry, *Seeking Truth in the Social Studies Classroom: Media Literacy, Critical Thinking and Teaching about the Middle East*, Social Education 70 (1), 2006.

② Cynthial Scheibe (2004), *A Deeper Sense of Literacy Curriculum-Driven Approaches to Media Literacy in the K-12 Classroom*, Sage Publications, 89-98.

性与主观性方面的政治、道德问题提供便利；训练学生理解和评价，包括网页、教科书、百科全书、时间表、新闻报纸、新闻杂志、社论漫画、照片、地图、歌曲、故事片和纪录片电影、电视节目（新闻、新闻分析、娱乐、音乐视频和喜剧）在内的，不同媒介资料来源和形式中的作者身份、可信度和偏见，使所有学生，尤其是从传统学业脱离的那些学生，参与复杂批判思维，以及支持终生民主公民的阅读、听力和视觉解码技巧和态度的发展。

结合"社会正义的媒体建构""战争的媒体建构""马丁·路德·金的媒体建构"以及"正在灭绝的物种"等课程目标，可以发现以下几个共同点：首先，这些课程都将教社会研究领域的核心信息和词汇作为首要目标。其次，都强调教学生从历史的、种族的、科学的等不同视角来看待历史与社会问题。第三，都注重训练学生的媒介素养技巧，包括辨识不同媒介资料的作者身份、可信度和偏见等因素。最后，都希望吸引所有学生，尤其是从传统学业脱离的那些学生，参与复杂批判思维，以及支持终生民主公民的阅读、听力和视觉解码技巧和态度发展。

从"中东的媒介建构"课程来看，该课程中的资料和活动满足美国社会研究协会①《社会研究课程标准》② 中的多条具体标准。例如，"预测人们可能如何从参考书中的不同文化视角和框架解释信息和经验"的这个标准，符合了社会研究课程的"文化"主题标准，如下表所示：

---

① 全美社会科协议会（NCSS）成立于1921年，是全国最大的协会，专门致力于社会研究课程教育。成员由来自地方、州和地区的100多个委员会的委员以及K-12年级的教师，大学教授，学校行政管理人员，顾问，出版商和其他社会研究课程专家组成，现已有来自全美各州和别的国家的个人和机构成员代表26,000多人。

② 社会研究课程标准为K-12年级学生的社会研究提供贯穿10个主题的内容框架。这10个研究主题是：文化；时间、连续性与变迁（历史观）；人、地方与环境（地理观）；个人发展与自身；个人、团体与机构；权力与管理；生产、分配与消费；科学、技术与社会；全球联系；公民理想与实践。主题跨度从小学低年级直到中学。

第四章 美国传媒素养课程与实践案例

"中东的媒介建构"课程和
资料满足《社会研究课程标准》的地方

"中东的媒介建构"课程和资料	满足《社会研究课程标准》的地方
提供学习经验以便学习者可以……	文化
预测人们可能如何从参考书中的不同文化视角和框架解释信息和经验。	文化
说明历史知识和时间概念是被社会化影响的建构,历史学家有选择性地挑选他们试图回答的问题和他们使用的证据。	时间、持续和变化
从东方的各种再现中,例如地图、地球仪和照片,创造、解释、使用和综合信息。	人物、地点和环境
比较和评价刻板印象、遵从、利他主义行为和其他行为对个人和集体的影响。	个人发展、身份
……	……

此外,"社会正义的媒体建构"等多个课程的课程目标,都显示了它们符合美国社会研究协会、英语教师协会、和平与社会研究协会核心学习标准、美国科学教育标准或 21 世纪素养等核心内容领域的教育标准。

申博(Cynthial Scheibe)指出,在利用课程驱动方法进行媒介素养融合时,明确列出媒介素养与州或地区学习标准之间的联系很重要,这样,教师们会利用课堂时间教授媒介素养的基本要素与原理,将媒介素养方法整合到他们总体的教学实践中,并感到更加舒服。[①]

(3)课堂活动目标

当心项目在一个高中"美国历史"课程中,对再现 16、17 世纪欧洲人和美国本土居民第一次接触的两幅画,即"索托发现密西西比河"(Discovery of the Mississippi by De Soto)和乔纳森(Jonathan Warm Day)

---

① Cynthial Scheibe (2004), *A Deeper Sense of Literacy Curriculum-Driven Approaches to Media Literacy in the K-12 Classroom*, Sage Publications, 89-98.

的《最后的晚餐》进行了解码，目标分解为历史目标与媒介素养目标。[①]

学习目标

历史目标	媒介素养目标
认识历史再现中冲突性的文化观点；学习15和16世纪西方扩展和欧洲对北美大陆的探索的事件与词汇；讨论和反思欧洲探索者与本地人第一次接触的事件，以及这些事件如何影响后来的信念与事件；认识历史事件和印象如何随着时间的推移被传播。	练习解码视觉讯息，包括使用在图画中的制作技巧的语法（例如，框架、线条、颜色、角度和光线）；运用分析媒介讯息的关键问题，包括关于作者身份、资助、意图、受众、观点和可信度；反思谁受益和谁可能受伤害，探究讲述历史故事的方式和谁的故事在传统的历史文本中没有被告诉或呈现。

3. 课程内容

目前，当心项目的社会研究课程采取围绕重大议题进行课程开发与实施的方式，这些议题主要分为以下几个方面：(1) 本国历史（人物）。美国革命、美国历史的经济、马丁·路德·金、总统竞选；(2) 外国历史。中东问题、苏联与非洲的历史；(3) 全球性问题。战争与和平、资源消耗、物种灭绝、社会正义。其主要内容包括[②]：探索时事与历史事件如何在新闻杂志或报纸标题中被构造，使用解码方式去介绍或回顾核心内容（例如，"战争的媒介建构"课程，通过分析每个战争期间传播的《新闻周刊》封面和照片，学生学习越南战争、海湾战争以及"9·11事件"之后的阿富汗战争）；解码政府宣传海报，介绍、比较或对比政治议程和不同国家的议程，尤其是在战争期间（例如，"海报中的苏联历史"与"和平的媒体建构"课程）；讨论在特殊地点、特殊时间，可用媒体影响立法和政治过程的方式（"总统竞选的媒体建构"课程，时间从1800年至今，范围从创新使用运动歌曲和大会作为早期平

[①] Chris Sperry, *The Search For Truth*: Teaching media literacy, core content, and essential skills for a healthy democracy. Threshold, Winter 2006.

[②] Faith Rogow. Cyndy Scheibe, *The Teacher's Guide to Media Literacy Critical Thinking in a Multimedia World*. Corwin Press. Nov 2011.

民主义运动的部分,到使用新媒介,例如 YouTube、社交网络吸引年轻的选民);探索媒介在全世界推进(或隐藏)社会正义和行动主义扮演的角色(例如,"社会正义的媒介建构"和"马丁·路德·金的媒体建构")。

(1)课程内容的选择标准

对于为什么选择了现有内容来发展社会研究课程,而不是其他内容,斯佩里表示,当心项目一直在持续评估对特定媒介素养资料有特别需求的地方,其中一些决定与(政府或机构提供的)资金机会有关,例如,总统选举、可持续性、经济和老龄化为主题的多个课程。其他的课程则与项目人员的经历和专长有关。通过对课程资料的研究还发现:

①该项目的社会研究课程内容多为时代中最具争议的和偏颇的问题。斯佩里指出,社会研究的教师们特别喜欢使用冲突性的媒体建构去教我们时期中最具争议的和偏颇的问题。[①] 例如,中东问题、战争与和平问题等。因此,当心项目的社会研究课程的主题大多聚焦于这些引起广泛争议的问题。教师常常通过引导学生对争议性的问题和事件的智力严谨、情感真诚和政治平衡的探索,帮助学生发展多元视角与多元观点。

②该项目的社会研究课程内容倾向于选择具有重大社会与历史意义的内容,例如,战争与和平、社会正义等。"社会正义的媒体建构"课程探索了美国人在过去的 180 年如何理解社会正义运动,以及美国的媒介如何建构公共观念。"正在灭绝的物种"一课聚焦于对正在灭绝的物种(从美国野牛到苏门答腊岛的棕榈树农场)的再现和历史综览。

(2)课程内容的编排

通过对该项目多门社会研究课程的分析,发现这些课程主要采用"主题序列",但同时也存在一些以"纵向序列"编排内容的课程。"主

[①] Chris Sperry(2010),*The Epistemological Equation*:*Integrating Media Analysis into the Core Curriculum*,*Journal of Media Literacy Education*,1(2).

题序列"是围绕并列的一些主题编排内容。例如，在"社会正义的媒介建构"一课①中，主要探讨了以下主题：

"社会正义的媒介建构"课程主题

单元序号	单元名称
1	废奴运动
2	女性的选举权
3	早期劳工运动
4	黑人的自由/公民权
5	女性的解放
6	移民的权利
7	男同性恋的解放
8	监狱的正义

"纵向序列"是按时间纵向顺序对内容进行编排，例如，"总统选举的媒介建构"课程按照历史时间的发展顺序对课程内容进行编排：

"总统选举的媒介建构"课程主题

单元序号	单元名称
1	1800：竞选运动的诞生
2	1828—1840：作为表演的竞选运动
3	1860—1872：奴隶制度、内战和战后重建
4	1896—1908：现代竞选运动
5	1932—1944：个人的总统
6	1952—1964：电视的降临
7	1968—1972：危机中的国家
8	1984—1992：大众营销形象
9	2000—2008：针对误导性的舆论

---

① http://www.ithaca.edu/looksharp/index.php?action=justice.

第四章　美国传媒素养课程与实践案例

（3）课程内容的组织

本部分同样用塔巴的课程内容组织的"四个水平"（"事实——基本观念——概念——思维方式"）来分析当心项目面向高中的社会研究课程：

首先，事实水平。项目中社会研究课程内容的一种水平是展示一些具体事实。概括出呈现出来的基本事实，包括不同媒体对同一历史事件的视角具有差异性，甚至是冲突性等基本事实。① 事实，只是这些课程的起点，更重要的是，由事实引出的观念、概念和思维方式。

其次，观念水平。课程内容在这一水平上，由观念对事实做出解释。例如，在学生意识到同一历史事件在不同的媒体报道中可能呈现出差异和冲突的时候，教师便开始发展出"历史具有主观性""冲突的真相""作者身份和视角影响历史在媒体中的再现"，以及"偏见导致信息的在场和缺席"等等观念。

第三，概念水平。在认识过程中，从感性认识上升到理性认识，把所感知事物的共同本质特点抽象出来，加以概括，就成为概念。②

最后，思维方式层面。训练批判思维位于媒介素养教育的核心。当心项目的课程开发者认为，学生需要理解多种视角、认识偏见、评估可信度和探索准确性，以及对自己信念自我反省，因此，教师就需要教学生如何思考。要吸引青少年探索真相，需要将思考和思维作为一个紧急的事情。在"中东辩论"项目中，教师要求学生在面对反对者时和看起来矛盾的真相时，理解、表述和捍卫他们扮演的角色的深刻信念，训练学生对身份的认知。

4. 课程实施

当心项目社会研究课程的实施主要围绕着"媒介解码"方法进行。这种方法广泛采用以文档为基础的媒介分析，分析媒介文档的过程被典型地称为"解码"、"解构"一个讯息，或"阅读"可能包含

---

① http://www.ithaca.edu/looksharp/index.php?action=middleeast.
② 汉典"概念"词条，http://www.zdic.net/cd/ci/13/ZdicE6ZdicA6Zdic8273099.htm.

在图片、文本中的一个视觉讯息。媒介素养中"解码"术语的使用，与传统的印刷素养不同。在传统素养中，解码与理解和分析是分离的。相反，在媒介素养中，这三者被紧紧联系在一起，希望学生能够同时学习这三个技巧。[1] 以"媒介解码"为中心的课程实施有以下注意事项：

首先，"媒介解码"首先取决于找到正确的解码文本。无论是文字的、视觉的或听觉的，这些文件应该是具有激发性和吸引力的，使学生聚焦于我们需要教的核心知识和概念。

其次，提供背景知识。没有背景知识，解码会变得缺乏背景和肤浅。学生可能可以分析灯光、图片设计和摄像机角度，但是没有历史的、政治的和文化的背景，他们不能开始分析更深层次的意义和大多数文件的解释说明。当心项目所有的课程都向学生提供了必要的核心知识的背景信息，从而他们可以有效分析每个文件。

第三，引导有效的以探究为基础的"媒介解码"需要一些技巧。心理学家艾伯克龙比（Abercrombie）认为，"如何告诉学生去寻找什么而不告诉他们去看到什么，是教育的两难境地。"为了教学生去寻找什么，教师需要从清楚地建立能够在媒介解码过程中得到满足的教育目标开始，这些可能包括词汇和其他核心内容。在解码的过程中，或在解码之前就应讲授这些词汇和核心内容。

此外，有效引导一个媒介文档的解码，在于问题的使用，试着将80%—90%所说的内容用问题的形式提出。例如，当心项目认为，追问任何媒介讯息都可以用到这6个基本问题[2]：

谁制造这则讯息？谁回应？他们的目的是什么？

谁是目标受众？这则信息是如何被剪裁给受众的？

哪些技巧被用来告知、说服、娱乐和吸引注意？

---

[1] Faith Rogow. Cyndy Scheibe, *The Teacher's Guide to Media Literacy Critical Thinking in a Multimedia World*. Corwin Press. Nov 2011.

[2] Faith Rogow. Cyndy Scheibe, *The Teacher's Guide to Media Literacy Critical Thinking in a Multimedia World*. Corwin Press. Nov 2011.

第四章 美国传媒素养课程与实践案例

哪些关于一定人物、地点、事件行为和生活方式等的讯息被传播？

这则讯息中的信息的时新性、准确性和可信度如何？

讯息中哪些可能重要的内容被遗漏了？

教师报告显示，在各种课程中使用一个单一的分析关键问题的框架，可以帮助他们组织教学。

对于如何实施媒介解码，当心项目提出以下7条建议：（1）以一定分析的背景开始解码；（2）通常以一个问题开始解码；（3）以证据探查跟随学生的问题；（4）当合适时，尤其是得到一个关键的内容点和视角时，持续探查；（5）对其他参与者开放讨论；（6）将你的问题剪裁得适合文档和你自己的目标和需要；（7）注意你是如何提问的。下面通过一个课程的示例，来看这7条建议具体是如何被贯彻和实践的：

示例1：战争的媒介建构

斯佩里认为，使用仔细选择的媒介文件，进行课堂解码，帮助他教授了已经包含的核心内容。这种办法，比以前阅读、讲课、电影的方法更加有效。例如，他通过媒介解码，用3节课的时间完成了教授美国在越南、波斯海湾和阿富汗的三次战争。首先，学生阅读为这个活动写作的关于每个战争的短故事，了解其背景信息。然后，教师引导全班快速地对每个战争的十二个《新闻周刊》封面做集体解码。主要以提问和回答的形式进行。例如，斯佩里提出了一些分别指向社会研究和媒介素养的问题：

社会研究核心问题：导致这张图片的历史背景是什么，哪个事件或哪些事件？你如何知道的？你的证据是什么？"我"是谁？"他们"是谁？《新闻周刊》的封面使人长期记住刻板印象了吗？

媒介素养问题：为什么《新闻周刊》选择了这些图片和题目？《新闻周刊》可能操纵或者甚至创造了这张图片吗？

学生运用故事信息辨认从每个封面中传达出来的关于战争的讯息。尽管老师鼓励不同的阐释，但是学生必须提供封面证据来支持他们的立场。也就是说，以证据探查跟随学生的问题。同时，通过对文档的集体阅读，鼓励其他学生参与讨论，表达多元的观点。通过这个课程，学生能够辨识图像和标题如何建构一个编辑关于伊拉克的未来战争的立场，认识到本·拉登和塔利班关系的简史等。这个过程训练学生提出关键媒介素养问题，帮助他们表达、澄清和保卫他们自己的阐释。

在媒介解码的过程中，教师的角色是"提供便利者"。① 学生投入相当多的精力、时间和热情（包括写作）到研究中去的意愿，取决于教师为有意义和真实地探索这些必要问题提供方便的能力。② 因此，掌握这种方法是以探究为基础的媒介素养教育者的一个规定的技能。

5. 课程评价

当被问及当心项目如何实施课程评价时，斯佩里指出，他们知道该项目的课程已经被成百上千次下载，但是直到最近他们才有能力对网站使用者进行调查。他们已经实施了一个注册的条款，正在对课程包使用者进行第一次广泛调查。该项目对一些课程包进行了重要的外部分析，例如总统竞选运动的媒介建构和科学与环境研究课程。此外，斯佩里在雷曼社区选择学校执教近 20 年时间，当心项目的一些课程便从这个学校的实践发展而来，这些课程的效果得到多年的评价。本部分首先聚焦于该项目提出的一些课程评价策略和方法，然后揭示项目课程的实际效果。

（1）课程评价的策略和方法

总的来说，基于探究的媒介素养教育，是关于提问和反思制作选择的过程，因此，学生回答具有多样性是正常的，这也导致了媒介素养课程评价的困难性。为了增加这个挑战，在课程驱动的媒介素养教育中，每个教师的课程都可能是不同的。就像媒介解码不是关于揭示一个单一的正确答案，因此，媒介素养教育没有，也不可能有一系列

---

① Cyndy Scheibe. Faith Rogow, *12 Basic Ways to Integrate Media Literacy and Critical Thinking into Any Curriculum.* Booklet, 63.

② Chris Sperry, *The Search For Truth: Teaching media literacy, core content, and essential skills for a healthy democracy.* Threshold, Winter 2006.

统一的评价工具。但是,当心项目从一些共同的方法中提出了一些策略和方法。①

许多媒介素养评价有关于"能力"的内容,比如提出关于媒介讯息的问题,评价来源的可信度,有能力用一系列媒介工具进行有效地传播。研究者认为,既然显示掌握一个技巧的最好方式是去做,那么使用的媒介素养评价方式,有必要超越传统的"纸笔考试",这包含显示学生进步的正式和非正式的机会。② 申博和罗格总结提出以下评价建议:③

①如何入手?

首先,要制定评价标准,即决定哪些标志将显示学生已经理解和能够运用已经教授的能力。可以采取以下几种方式:

A. 媒介素养定义的基本要素,例如,观看学生如何有效地体现理解、分析和反思的能力。在斯佩里的"中东辩论"课程上,学生在自我反思中这样认为:

学生甲:我学会了用理由和事实支持我的观点。我学会了倾听他人和考虑相反的观点。

学生乙:通过这个课程,我已经深深看到了自我,质疑我的道德和信念等。

斯佩里指出,当给予一个反思他们从一个单元中学习到什么内容的正式机会时,无论是口头或写作的,学生经常显示出有力的见解。

B. 使用关键问题类目,评价学生在媒介分析或创作中如何考虑背景、经济或影响因素等。

C. 头脑风暴得出一个可以寻找的具体事物的列表。例如,一个具有媒介素养的学生可能包括:得出结论前,追求从多个来源的任何一个话

---

① Faith Rogow. Cyndy Scheibe, *The Teacher's Guide to Media Literacy Critical Thinking in a Multimedia World*. Corwin Press. Nov 2011.
② Faith Rogow. Cyndy Scheibe, *The Teacher's Guide to Media Literacy Critical Thinking in a Multimedia World*. Corwin Press. Nov 2011.
③ Faith Rogow. Cyndy Scheibe, *The Teacher's Guide to Media Literacy Critical Thinking in a Multimedia World*. Corwin Press. Nov 2011.

题的信息；把自己和他人观点与特定的、文档为基础的证据联系起来；知道如何结合文本和图片去有效传播事实性的信息。

D. 构思一些发展性的、适合的期待。例如，如何决定一个儿童理解"意图的关键问题类目"，设定童年早期、小学、初中和高中时期应达到的标准，注意标准的逐步拔高和进阶。

②评价过程

评价过程中，教师在使用一定的规则时，需要用细节来明确自己的意思。有些细节是基于课程的，例如，社会研究教师可能想要强调提供关于一个出版物或广播（例如，服装、技术或一个有名的历史人物）可能的日期的视觉线索。一个英语或数学教师可能强调对比的词（更多、更好、少20%等），或者是否使用正确。

还有些细节通常与内容领域无关，但也是重要的。比如，如果媒介文档包含音频，那么能够描述什么被听见与什么被看见，是显示批判性听觉能力的重要体现。如果分析网站或信息来源，注意甚至是询问作者身份和目的将是学生理解的一个重要标志。

同时，学生引用媒介素养技巧（例如，引用文档中的特定证据去解释结论）的频率也是一个有用的评价媒介素养能力的方式。这些策略不是关于学生达到特别的阐释，而是评价学生如何使用证据和理由去达到他们的目的。教师可以把观察作为一个评价工具，有时，学生的肢体语言、面部表情或语调比他们说了或写了什么，是更好的理解标志、参与的渴望度或尊重。

另外，可以将媒介素养活动融入评价。使用媒介素养活动去评价媒介素养和核心内容能力与知识有多种方式，同时研究者承认，同时测试媒介素养能力和核心内容知识的可能性很小。[①] 例如，可以评价阅读理解：让学生阅读一个年级适合的文本中的一个段落，告诉他们写一个题目，选择哪个题目。问学生哪个图片可以最好地显示一个文本的主要点。还可以测试历史事件排序的知识，等等。

---

① Faith Rogow. Cyndy Scheibe, *The Teacher's Guide to Media Literacy Critical Thinking in a Multimedia World*. Corwin Press. Nov 2011.

③最终评价

示例:"战争的媒介建构"课程的最终评价①

"战争的媒介建构"课程包含有不同类型的考试,可以评价学生的历史知识、批判性思维和媒介分析技巧。该课程使用《新闻周刊》对阿富汗战争、海湾战争和越南战争的报道封面,对学生分析能力进行评价。评价采用百分制,每部分单独以点计分,具体包括四部分:

首先,在观看每个战争幻灯片读物后,做多项选择题。每个战争有20道多项选择题。测试中,每个学生需要这些幻灯片图像的一页纸的讲义。问题与学生这个简短的历史讲义(包括地图和时间线)以及幻灯片脚本的课堂信息有关。

其次,总结性评价。在阅读三个战争的所有读物后,做3个不同类型的短回答活动。每个活动包含一个1—2页的学生讲义,一个1页纸的图像讲义。

A."哪个战争?为什么?"该活动使用三个战争的《新闻周刊》的封面去评价学生辨识一个指向一个特殊历史时期新闻文档证据的能力,每个战争有两个封面。在这六个封面中,圈出正确的战争,给出至少两个封面中的证据支持选择。下面是封面44的问卷:

封面44	越南战争	海湾战争	阿富汗战争
证据1:			
证据2:			

B. 报道中的偏见。

在空白处写一个段落:辨识封面50/51,是支持战争还是反战争;对传播偏见的封面描述至少有3个不同因素;解释每个因素是如何传播偏见的。(确认使用封面中的证据支持你的观点)

---

① *MEDIA CONSTRUCTION OF WAR*: *A Critical Reading of History*,http://www.ithaca.edu/looksharp/index.php?action=war.

C. 目标命中伊拉克。

列举这个封面中传播有关萨达姆的 3 个不同讯息。描述每个讯息中被用来传播讯息的技巧（例如，特殊角度、特别文本、颜色的使用）
讯息：
技巧：
写一个段落，关于你为什么认为 2003 年 4 月 21 日《时代周刊》的封面建构了美国人对伊拉克前总统萨达姆的描述和方式。使用证据支持你的观点。

第三，文档为基础的问题的短文。比较和对比三个战争的《新闻周刊》封面。讨论美国政府自从 20 世纪 60 年代起影响媒介报道的方式。评价战争时代，美国拥有自由报道的范围。（要求使用证据，可添加其他相关信息）

第四，总结性问题。以下这些问题可能被用在讨论或改编写作活动，包含一个对这些资料的偏见的反思：《新闻周刊》关于阿富汗战争、海湾战争和越南战争的报道有什么不同？越南战争期间，《新闻周刊》反战报道反而增加了对后面战争的支持态度的原因可能是什么？

（2）当心项目课程的效果评价

研究显示，当心项目中的高中社会研究课程至少在帮助学生在标准化考试中取得好成绩、促进批判性反思和理解、突破印刷素养的障碍三方面取得积极效果。

①帮助学生在标准化考试中取得好成绩

研究认为，媒介素养教育是核心课程中的"平行任务"，帮助学生在标准化测试中取得好成绩。① 2003 年，斯佩里执教学校的 10 年级学

---

① Cynthial Scheibe, *A Deeper Sense of Literacy Curriculum-Driven Approaches to Media Literacy in the K-12 Classroom*, Sage Publications, 2004.

生，面临25年来，第一次参加纽约州高中的社会研究会考。在这之前的10年内，该校被允许开发替代性评价，代替会考。斯佩里的课堂中，有三分之一的学生在阅读和写作上技巧低，接受特殊教育服务，或者以英语作为第二语言，在标准化考试中可能面临困难。得到学生和他们家庭的支持，斯佩里冒着风险，并没有将课程改变为"为了考试而教"，而是继续坚持通过媒介素养活动和资料，发展学生的批判思维技巧。尽管学生从纽约州世界历史课程中学习到很少的特定内容，但是他们热情地参加课程，提出关于历史和世界有意义的问题。当他们参加6月的考试，平均分达到85%，最低分是77%。随后的班级在接下来的两年中，取得了相似的成绩。

斯佩里认为，作为社会研究教师，帮助学生为标准化考试准备，是可以理解的。但是这种驱动可能损害学生真正参与历史的动机。最为重要的是，它将我们从真正的奖励转移开。对于10年级学生来说，他们自己的课程是个性发展，他们希望教师帮助他们指出什么是可信的，为什么要相信。① 正如，辛迪所言，媒介素养可以被用来发展"平行任务"，为学生建立和实践他们在分析不同来源的讯息中，在听和记笔记中，以及在写作短文中用证据支持他们观点的能力，所有这些都是标准化测试中的关键成分。②

②促进批判性反思和理解

在《中东的媒介建构》课程的终极活动"中东辩论"结束后，斯佩里用三天时间加工处理学生的经历，引导学生反思已经学到的关于中东、战争与和平、历史与文化、媒介、严谨的学术工作以及他们自身等方面的那些东西。作为对所有班级的一个核心要求，他要求学生必须完成广泛的书面自我评价，与教师评论结合在一起，代替用文字评价。

一个两年多都在州考试处于年级水平之下的学生，在这个活动中完

---

① Chris Sperry, *Seeking Truth in the Social Studies Classroom: Media Literacy, Critical Thinking and Teaching about the Middle East*, Social Education 70（1），2006.
② Cynthial Scheibe, *A Deeper Sense of Literacy Curriculum-Driven Approaches to Media Literacy in the K-12 Classroom*, Sage Publications, 2004, p.4.

成了7页纸的研究论文，有技巧地融入了137个不同的来源，使用了153个应用。还有很多学生进行了深刻的自我反思，提出了深刻见解。斯佩里认为，如果不是有广泛的媒介素养教育，学生们不可能已经达到这些理解和在学术表现上取得成功。重复的、丰富的和复杂的以内容为基础的媒介解码实践活动建立了一个环境，在这个环境里学生能够进行认识论、知识与真相的研究。

③突破印刷素养的障碍

媒介解码在教授核心技巧和内容上，使一些以前在标准化考试上失败的学生，在这个课程中表现积极。学生在集体阅读媒介文件时参与的范围比分析印刷媒介时更广，视觉学习者，英语作为第二语言的学生和特殊教育学生，做到了以文件中的批判性细节来支持结论。这些学生通常是灵敏的思考者，但是在传统的印刷媒体解码上有困难。媒介素养让他们向班级同学、向老师和他们自己显示出自己的智力、能力，斯佩里也看到了媒介素养激发了他们解决了印刷素养的障碍。[①]

在学年结束时，不同的学生有不同的反馈，教师认为是课程奏效的一个表现，因为他们不愿意学生一味相信历史等。[②] 一个10年级学生评价说，媒介素养与社会研究的融合课程上的所有媒介分析工作导致他质疑一切，失去了理想的天真。但是他是感激的，产生了真实和生动的兴趣。从教科书、网站等文本展现的世界历史和冲突性的视角解码和讨论，使学生展示出说出其他人的历史和文化观点的能力，利用知识和反思来支持他们自己的观点。[③]

(三) 其他领域中的媒介素养教育融合课程研究

除了语言艺术、社会研究领域，美国的媒介素养教育还被融入到健康教育、数学、科学、艺术、体育、音乐等领域当中。

[①] Chris Sperry (2010), *The Epistemological Equation: Integrating Media Analysis into the Core Curriculum*, Journal of Media Literacy Education, 1 (2): 38.

[②] Chris Sperry (2010), *The Epistemological Equation: Integrating Media Analysis into the Core Curriculum*, Journal of Media Literacy Education, 1 (2): 42-43.

[③] Chris Sperry, *Seeking Truth in the Social Studies Classroom: Media Literacy, Critical Thinking and Teaching about the Middle East*, Social Education 70 (1), 2006.

1. 健康教育领域

在美国，学校健康教育主要是通过"服务"方式为学生提供各种健康知识与健康技能，学校现有的各种健康服务或通过学校所能获得的健康服务，包括：物质的健康服务、预防计划、心理健康服务、营养与食品安全服务、社区服务、体育锻炼及其他服务等，即除了通过已有的课程领域"灌输"健康知识（如语言艺术、社会研究、科学）之外，再开展一门或一组学校健康教育课程来传播健康信息，同时干预行为被认为是一条更直接、更见效的举措。美国一些健康教育研究者认为，通过具体的课程研究和实施能对学生的健康知识、健康技能和健康行为产生广泛而深刻的影响。①

随着各种形式的大众媒介在青少年中间的盛行，媒介开始进入健康教育的视野。近几十年来，美国健康专家越来越意识到媒介对年轻人健康的影响。由于不是所有的健康讯息容易被理解，而且一些讯息包含误导或错误的信息，导致青少年不是经常都知道可能的健康风险或预防措施。健康专家认同媒介干预是解决广泛的儿童和青少年健康威胁的一种方式。媒介干预的方法形式各异但又相关。其中有社会营销与媒介素养两种方法。社会营销方法强调使用大众媒介改变有关生活方式选择的感觉和态度，包括争斗行为、酒精与烟草使用、营养、非法药物使用、作为安全带使用等。让青少年儿童接触促进健康生活方式选择的媒介被认为是他们预防药物滥用的重要因素。尤其是在 1998 年 7 月，克林顿总统发布了一个 10 亿美元计划，包含一个旨在减少全国青少年药物使用的大众广告运动，凸显了社会营销方法的重要性。而媒介素养方法，也有"批判性观看"、"青少年媒介产制"或"媒介教育"的说法，兴起于 20 世纪 90 年代。由于人们普遍认为媒介接触塑造了儿童与青少年的态度、感觉和行为，许多教育者使用这种方法帮助人们批判性地分析不健康的生活方式的媒介讯息，同时使用媒介和技术创建自己的讯息。这种方法

---

① 郑文芳：《美国多元文化与学校健康教育课程》，首都师范大学硕士学位毕业论文，2003 年，第 5—6 页。

的基本观点是，帮助青少年避免电视、电影、音乐等媒介给人们带来药物滥用、争斗行为、不适当性行为或不良习惯的影响。通常，媒介素养项目在学校、课后或社区，面向本地的一个特定儿童或青少年群体进行。

过去，健康专家试图使用许多策略去应对媒介对健康的影响。控制媒介内容、限制儿童的媒介使用等都是传统的手段。但是媒介素养教育的出现，被认为是一个有希望的"审查"替代手段，取代控制不健康的项目或限制媒介使用。

许多教育者、学者和机构领导者已经发起了媒介素养的行动。例如，药物滥用预防专家和教育者已经开始看到促进对媒介讯息的批判性思维的价值，尤其是通过检视直接针对青少年的长篇有关酒精和烟草的讯息。在暴力预防领域，通过增加对"安全和预防毒品校园行动"（Safe and Drug Free Schools Act）等人员发展的资助，已经大大提高了将媒介素养融入暴力预防教育的 K-12 健康教师的数量。

在 K-12 教育阶段中，健康教育的教师迎来了英语、社会研究、视觉与表演艺术等领域同事的加入，他们共同将媒介素养融入课程中。尤其是在针对美国 11—13 岁学生的"睿智传媒青少年"项目的发展和实施中，健康教育者成为媒介素养教育中实际的领导者。

此外，在标准化运动的影响下，将媒介素养纳入健康教育课程框架的行动急剧增加。目前，美国的全国性健康教育标准中包含媒介素养的内容，同时，各州的标准中也广泛涵盖了媒介素养成分。例如，美国疾病控制与预防中心（CDC）在全国健康教育标准二特别提及媒介，学生能够分析家庭、同伴、文化、媒介、技术和其他因素对健康行为的影响。

就各州而言，目前，全美除了爱荷华州以外的 49 个州，都在其健康教育标准中纳入了媒介素养的内容。① 其中，一些州对高中阶段的教育标准表述如下：

---

① 2014 年 5 月 21 日搜索结果。

密苏里州的健康维持与提高框架，要求9—12年级学生"评价媒介描绘的理想的身体形象和精英行为水平，决定媒体对年轻承认自我概念、目标设定和健康决定的影响"。科罗拉多州的初、高中健康标准提出，学生应该具备确定和解释媒介可能影响行为和决定的能力。南卡罗莱纳州提出，高中学生检视媒介讯息和市场技巧影响酒精、烟草和其他药物使用的方式。佐治亚州的标准指出，学生确认各种类型的媒介，例如电影美化药物使用的方式。

在学校的媒介素养教育与健康教育融合课程中，学生学习媒介如何影响健康行为，议题通常包括：营养、性信息、酒精与烟草、暴力和压力等。

关于营养。适当的营养对于青少年来说，尤为重要，因为它们保障身体成长。但是，媒介常常呈现坏的饮食决定。一项研究指出，1990年，2—12岁的青少年在食物和饮料上花费820.4亿美元，研究还惊人地显示大部分广告中的食物几乎不含营养成分。更为惊人的是身体形象的问题。青少年被引导相信媒介制造的理想身体形象就是他们身体应该呈现的样子。针对这一问题，研究者提供了许多可以用来教育青少年儿童关于媒介中的营养讯息的任务。例如，学生选取一个他们喜欢的电视节目片段，记录每一个人物吃和喝的东西。创建一个表格，总结这些食物和饮料的消费。并使用这个表格去引导讨论，这样教师就能告诉学生这些人物消耗的食物和饮料的营养价值。如果人物在跑步的时候吃，那么指出这些人物经常吃东西的地方。其他的话题还包括探索食物类型和一个人物的生活方式、身高、体重等的关系。又如，有一个任务聚焦于身体形象和刻板印象。这个任务采用一男一女发言的模式创作一个商业广告，学生可以学习现有的广告，决定如何典型地描绘男性和女性。通过这样的活动，学生学习更多关于如何从一个产品中获得一则讯息，以及身体形象、身体语言和刻板印象的内在含义。

关于性信息。大众媒介提供正式和非正式的性信息。大众媒介传播的性信息最值得关心的是它牵涉到价值观。尽管性是一个很难与青少年讨论的问题，但是教师需要使学生变得有媒介素养，能够评价大众媒介提供的信息。一个适合初高中学生的任务包含辨识使用性诉求和性形象营销各种产品的广告。教师可以通过问一系列问题引导学生的分析，比如，与这个产品有关的性行为是什么？什么创造了性诉求：人、小道具、摄像机的角度、音乐、音效？学生可以比较商业广告中的相互作用和真实生活的行为。学生需要知道每天早上使用古龙水或香水不会引起即时的性经历。教师和学生也可以研究青少年电视角色如何应对他们自己对性的挣扎。在辨识电视中的青少年以后，学生需要讨论描述每个角色的性行为有多真实。

关于酒精与烟草。对于年轻的媒介消费者来说，媒介对酒精的描绘是撩人的、诱惑的。根据1991年的报告《青少年与酒精：一个全国性调查》（*Youth and Alcohol: A National Survey*），全国35%的酒冷却器被高中的高年级学生消费。这个报告还揭示了这些高年级学生每年饮用10亿罐啤酒。

与酒精一样，烟草也以青少年为市场。大量的酒精和烟草广告使媒介素养训练成为年轻人的一个必需品。一个任务可以从对吸烟学生的调查开始。数据收集应该包括学生的性别、开始吸烟的时间、他们烟的品牌、吸烟的频率和吸烟的原因等。这个调查可以是匿名的或在一个课堂讨论中完成。许多学生不会想起广告影响他们吸烟的决定，因为大部分人意识不到他们购买和使用各种产品的动机。教师需要创造和分享一个班级吸烟行为的概况。

可以使用这个概况来开展一些其他课程。例如，教师可以收集班级同学常吸的烟的杂志广告。学生应该研究这些广告中的词语和图片，注意被描述的行为、创造的情绪等。而且可以比较广告中的地点、性、年龄、工作描述、社会地位等。可以要求学生思考女性喜欢的香烟广告和男性喜欢的香烟广告之间的差异。

关于暴力。媒介中的暴力是一个被广泛研究的领域。尽管多年以来，关于电视传播的暴力是否导致了后来的争斗行为一直存在争议，但是大部分的研究者认为两者存在联系。因为青少年每周观看20个小时的电视节目（1990年数据），暴力画面对青少年行为的影响备受关心。

媒介主管、父母、教师和社区不能不考虑暴力节目的影响。因为媒介有塑造态度和行为的力量。许多活动可以被用在学校的课程之中。

初高中的学生可以通过讨论一些与观看暴力节目相关的概念，思考视觉暴力的功能。一些研究者认为，观看暴力内容导致了后来的争斗行为；另一些研究者则宣称观看暴力反而缓解了紧张，减少了暴力行为的可能性。学生可以检视这些说法以及其他关于暴力节目影响的观念，从而更好地理解视觉暴力的潜在效果。

关于压力。青少年早期是一个充满压力的时期，越年轻的媒介消费者更容易受媒介创造的额外压力的影响。波兹曼认为，电视呈现给年轻观看者成年人的知识，电视本质上模糊了儿童和成年人的界限。许多前面提到的媒介素养活动可以被用于讨论媒介对青少年产生了不必要的压力。教师只需要在每个练习中增加直接针对与压力有关的问题。例如，在与饮食和身体形象有关的任务中，可以谈论媒介如何带给青少年拥有完美体形的压力，但是又在广告中用垃圾食品引诱他们。酒精和烟草的广告，常常以青少年为目标受众，强化这样一种观点，即如果你使用这些产品，你将更像成人。因此，创造了一种额外的"成长"的压力。

关于效果评价。尽管媒介素养教育效果研究领域尚处于初级阶段，但是一些研究已经检验了各种媒介素养课程教育年轻人如何分析媒介讯息，改善各种健康话题选择的能力。

A. 关于身体形象和营养。美国饮食紊乱协会（National Eating Disorder Association）发起的"加油，女孩！"（GO GIRLS）计划评价结果显示，媒介素养技能可以帮助高中女孩在女性身体形象方面，提高自我接受和赋权意识。其他研究发现，即使是简单的同伴引导工作室，在抵消保持不真实的身体形象和促进不健康饮食的讯息方面，也是有效的。

高中男运动员媒介素养干预（ATLAS）的效果研究显示，这个项目帮助了在建立有关强力训练的知识时，发展了对激素和补充物的怀疑。一年后，男性青少年运动员的报告，显示了使用激素意愿的下降，以及使用大麻、安非他命、麻醉毒品等非法药物的减少。其他长期的健康效果包括减少补充物、改善营养行为和减少酒驾。

B. 关于性。尽管有一些证据显示预防不安全性行为的教育已经在进行，但是研究者称并不能找到探索该问题的媒介素养课程的"同行审查"研究。这可能出于对 18 岁以下儿童的"受试者保护"，也可能因为许多教育研究回避处理这种有争议的问题。

C. 关于酒精和烟草。作为新墨西哥媒介素养干预的项目之一，TUPAC 的目的是减少青少年吸烟。该项目的第一次尝试，是一个 90 分钟的展示，调查结果显示参与者可能会减少吸烟。在此基础上，TUPAC 项目在其他与健康相关的领域，扩展成一个更加长期的项目。所有的调查和后测结果显示参与者进行目标行为的可能性减少了。还有研究发现在一个媒介素养教育项目后，饮酒倾向的态度发生了改变。

一个面向高中生的广泛课程，由青少年领导者在成人教练的指导下开发和实施。评价显示媒介素养教育在做决定的程序上影响烟草使用。从未吸烟的青少年更加了解烟草广告的说服技巧，发展技能对抗，劝阻同伴远离吸烟。曾经吸烟的青少年更加理解烟草讯息如何影响自己和其他青少年，更少可能认同广告中吸烟的人，感觉到他们更不容易受到同伴吸烟压力的影响。还有研究显示，即使是单次的媒介素养干预也可以帮助儿童和少年理解烟草广告讯息的说服诉求，至少在短期内，使用烟草的意愿发生了变化。

D. 关于暴力。美国儿科协会 1999 年的文章指出，暴力节目的重度观看者，在接受媒介素养教育干预后，较少接受暴力或者显示下降的争斗行为。一个共识显示，美国增多的媒介素养教育可能成为一个青少年儿童应对有害媒介讯息的简单而潜在有效的方法。

研究显示媒介素养干预可以帮助高风险的年轻人发展更负责任的做决定的技能。根据一个由马萨诸塞州青少年争议系统实施的"闪点"（Flashpoint）评价，学习解构媒介讯息帮助青少年罪犯批判地思考冒险行为的结果，发展抵抗动力的策略，尤其是在他们生活充满压力的时候或"闪点"时刻。另一个由纽约州儿童与家庭办公室组织的项目有相似的发现，即高风险青少年在年少时接受媒介素养训练对自己有益处。

除了上述研究，也有研究者对近十几年有关促进健康的媒介素养干预进行了系统性的研究。考虑到还没有任何广泛的关于媒介素养干预健康问题的文献回顾和评论，伯格斯马（Lynda J. Bergsma）和卡尼（Mary E. Carney）两位学者对1990年至2006年的26篇符合特定要求的相关文献进行研究，确定4个与背景和过程相关的自变量（干预设置、干预时长、教学的核心概念/技能、谁教干预），基于结果对效果进行赋值，并且分析使干预有效的决定性因素。研究认为，促进健康的媒介素养干预领域相对较新，已经发布的研究数据有限，而且可得到的研究在干预、方法准确度和结果测量等方面相差很大。因此，两位学者只能对一个小样本进行非统计的分析研究。

该研究显示一个清楚的趋势是，大部分促进健康的媒介素养项目在课堂中进行。短期效果干预更多地由研究人员进行，这看起来有理由认为研究人员更熟悉干预的概念和教育技巧。一般而言，接受有关媒介素养教育概念和技能训练的教师，至少需要一年的持续实践，才能足够有技能辨识和胜任媒介素养教学的机会。数据显示，有许多有效和无效的促进健康的媒介素养教育项目，这些项目可能长，也可能短。尽管我们直觉认为长时间的教育应该产生更大的改变，但是从这个研究中不能得出这一结论。最有效的干预看起来更可能教了所有核心的媒介素养概念，以及符合目标的健康问题的知识。但是，因为样本的范围小，每个干预中的数据不能确定某些核心概念是否对效果有或多或少的影响。

2. 科学教育

尽管科学教育看起来似乎不太容易融合媒介素养教育，但是科学教师们在课堂中使用媒介，强调媒介研究的概念是易见的。很多人通过媒介学习有关科学和数学的影响和行动：人们对环境、生物、地球的理解通常从电视，尤其是纪录片、报纸和杂志中得来。这些媒介带有特定的视角，有特别的意图，提供关于数学和各种科学的许多数据。科学与媒介素养的融合课程，是建立在不对科学课程期待的学习结果做重大改变的基础上，通过媒介研究的视角带来批判性探究和分析。①

---

① Allison Butler, *Media Education Goes to School*, Peter Lang Pub Inc. Dec 2009.

南佛罗里达州大众传播学院教授提姆（Tim Bajkiewicz）在2003年美国媒介素养教育会议上指出，科学素养开始于二战后的教育运动，与媒介素养一样，在定义和应用方面存在争议。媒介素养和科学素养有相似的和兼容的目标和结果。学生制作的媒介为促进媒介和科学素养提供了有效的和可承担的手段。这些努力可以发生在现有的课程目标中。[①]

他总结多项研究指出，媒介素养和科学素养的主要目标（如下表所示）：

媒介素养和科学素养的主要目标

维度	媒介素养	科学素养
个人的	发展批判性思维 发展批判性的媒介意识 发展批判的自主性 解码、评价、分析和产制媒介意义的选择、批判性观看、探究所有权和原因	发展批判性思维 辨识流行媒介中的以科学为基础的术语 理解科学的关键概念和原则 知道并理解个人做决定的科学概念
有见识的/ 有创造性的	理解作为实践艺术的媒介历史、媒介创造、媒介使用和媒介评价 辨识大众媒介的结构和讯息 有审美欣赏的能力 积极参与制作过程	了解科学在现代社会中的角色 辨识数学、技术和科学的相互关系 理解作为人类事业的数学、技术和科技
社会政治的	为有见识的民主公民做准备 为社会支持使用 改变已经建立的师生力量关系 辨识作为建构讯息基础的信息	参与公民的和文化的事务 为个人和社会的目的使用科学 参与流行媒介中有关科学话题的有意义的课程

具体到教学方法上，贝克（Fank Baker）建议，教师可以利用学生对流行电影的兴趣，帮助他们分析错误的想法。例如，分析《彗星撞地

[①]《科学教育中的媒介素养方法》，http://www.frankwbaker.com/sciencemedialiteracy.htm。

球》和《世界末日》，提出一些问题，例如，如果地球处于被一颗行星或大彗星撞击的危险中，将会发生什么？即使科学家告诉我们这样的撞击机会很小，这些电影为教师提供了一个探索在电影中如何描述科学的机会。每个把使用录像、CD、互联网作为教学一部分的教师应该提出这样的问题：例如，生产者选择的影像如何塑造我们对科学概念的理解？教师还应当探究由知名的纪录片制作者完成的大量科学节目。而且，也应该对商业电影提出一些相同的问题：谁是生产者？他们的动机是什么？电影制作者使用什么技巧传递他们的讯息？

马斯特曼在《媒介教学》一书中提及课程联系。他认为，当观看或阅读有关科学和科学家的流行媒介讯息时，要考虑如下问题：① 媒介中的科学和科学家的形象、功能和地位（例如，纪录片和广告中将科学家作为专家）；作为英雄（戏剧中）或精神失常者（许多科学小说中）的科学家；广告中使用的科学测试和原则的效力（例如，科学测试或实验的复制）；将有关科学的流行节目融合到正式学校课程中；媒介中提出的有关科学问题的结论，以及这些问题下的科学原则；探索广告（作为能证实的事实的科学）和纪录片（作为分歧领域的科学）中没有言明的各种科学哲学思想。

3. 数学教育

美国将媒介包含进数学课程标准的州不多，但是数学和数字素养是每天媒介生活的一部分。媒介是人们获取投票数、选举结果、失业率和房屋成本等统计数据的重要来源。研究者认为，仔细查看新闻中的数字是一个很好的教学生思考和质询统计数字的来源，以及统计数字可能被误传的方式。例如，每一星期，尼尔森媒介研究基于节目的收视率和份额发布最佳收视的 100 个电视节目。学生是否知道收视率和份额真正意味着什么？这些数字如何产生？这些数字如何被广告者使用？这些数字是否准确？再如，广告行业已经使用了数十年数字和统计资料。许多人可能记得一个牙膏品牌宣传，它被 3 至 4 个牙科医生推荐（没有被调查

---

① Len Masterman, *Teaching The Media*, Routledge, 1986.

的数千名其他的医生如何认为呢？）。一个汽车广告宣称制造商的最新模式使得汽车平稳行使度比上一年增加了30%（平稳度如何测量？）。教师还可以让学生调查做出了不道德的或没有根据宣称的报纸、杂志和互联网广告。报纸和杂志通常使用条状图和饼状图呈现视觉信息。这些图表为学生提供了另一个机会，分析数据如何被描述，以及数据是否准确或有误。

2001年，美国加利福尼亚州一所走读高中——终生学习学院（Life Learning Academy）① 开发和实施了一门《摄影和数学》课程，联结了摄影和代数两个学科领域。这个课程由摄影教师和数学教师沃伦（Justin Warren）和皮勒斯（Jamie Pillers）共同开发，面向9—12年级，由8节课程组成，历时8周，每节课程为120分钟。该课程旨在帮助学生发现抽象的学术概念和真实世界实际运用的联系，以及更加清楚地理解面积、比例、比率等数学概念。这个课程的目标与学生的学习结果分别为（如下表所示）：

《摄影和数学》课程目标和学习结果

课程目标	学生结果
学生将学习一个观看、讨论和制作照片的词汇； 学生将学习用于控制摄影过程的基本数学方法和概念，包括圆周测量法、比例与比率的使用； 学生将学习使用摄影机和一个制作自己照片的暗室； 学生将学习如何拍摄纪录片； 学生将学习如何准备他们照片的公共展览。	学生将能观看和批判他们自己和他人的照片； 学生将能够使用比例、比率的数学概念去操纵摄影的过程； 学生将能操作复杂的摄像机和暗室设备，制作有趣的照片； 学生将能够制作和展示表达自己选择想法的照片夹。

该门课程的内容大纲和评估包括（如下表所示）：

---

① 该校由迪兰西街基金会（The Delancey Street Foundation）资助，作为青少年公平改革的一部分，致力于减少青少年禁闭和累犯。

《摄影和数学》课程内容大纲和评价手段

课程	名称	内容大纲	评价手段
1	审视照片	学生观看一张照片,调查它的内容和意义; 观看一些摄影书籍,更好地理解什么可能与摄影相关; 讨论一些摄影者试图解决的问题。	学生完成课程单; 课堂讨论参与度。
2	纪录片摄影 (第一部分)	发展一个关于纪录片摄影的定义; 列出一个"是"和"不是"的清单; 制订一个纪录片摄影的计划。	学生完成课程单; 书面的项目时间表; 课堂讨论的参与度。
3	纪录片摄影 (第二部分)	评论课程作业; 评论对摄像机的操作,包含数学知识; 执行他们的纪录片摄影计划; 讨论和写下他们在执行计划中的经验。	学生的课程讨论参与度; 学生执行计划时的行为(课程结束后与受影响的教师确认); 学生完成纪录片摄影计划(他们是否拍摄了他们所说的要拍摄的照片?)。
4	摄影运动	引导展现光圈和快门速度的实验; 调查光圈、快门速度、光圈数背后的数学知识; 讨论光圈和快门速度如何影响摄像机抓取动作的效果; 做一个摄影运动作业,写出做这个作业时的经验。	学生在课堂讨论的参与度; 完成课程作业单; 动作摄影作业的参与度; 学生写下他们创作动作照片的经历。
5	暗室冲印和暗室化学制剂比率	冲印纪录片摄影的作品; 通过学习暗室化学配方调查比率的概念。	学生在课堂和暗室活动的参与度; 学生完成他们照片和比率表格。

（续表）

课程	名称	内容大纲	评价手段
6	暗室冲印和黄金比例调查	冲印动作照片作业的作品；调查"黄金比率"以及它对照片观看的影响。	学生在课堂和暗室活动的参与度；学生完成他们的照片和课程单。
7	摄影评论	发展一个关于"评论"的定义和引导一个评论的基本规则；引导一个对学生纪录片和动作计划照片的评论。	学生在课堂讨论的参与度；完成评论模板；完成对两个关于摄影的问题的书面回应。
8	展览准备	从纪录片和动作计划中选用于展览的照片；装裱照片；创作一个展览的陈列计划。	无

这个课程发现了跨学科课程使学生的参与度和学习速度得到提高，摄影与数学学习在融合中得到很好配合与互补。①

此外，艺术、体育等课程也是融入的领域。在一个倾向于"考试"和"基础"学习的教育环境中，艺术、体育等课程处于一个不稳固的地位。这些课程似乎更像一个特殊的奖励，而不是一个全面的、多视角的课程。媒介研究的概念可以为这些课程提供框架和做出贡献：体育课程可强调自我反思的价值，尤其是在达到和掌握新技能的挣扎中；教师通过探索媒介对健康和审美身体的再现，教学生认识他们的身体在能力和健康上的价值。艺术课程发展再现和制作技能，因此，为审美发展和欣赏提供一个更微妙和复杂的家园。②

① http://gallery.carnegiefoundation.org/collections/exhibits/math_da_luz.html；http://www.lifelearningacademysf.org/learn-more/.
② Allison Butler, *Media Education Goes to School*, Peter Lang Pub Inc. Dec 2009.

后　记

本书是 2010 年 4 月新成立的中国传媒大学传播研究院设立的院级研究项目成果。当初申报这个院级项目是为了从比较研究的角度探究美国与中国各自的传媒素养教育发展有何特点和异同。但经过几年的研究和思考，发觉还是不要比较为好。这主要有以下两个原因：首先，因为中美两国的国情都是比较特殊的国家，各自的发展状况都是一个很大的复杂的问题，不是那么容易研究清楚的。既然无法这么容易地研究清楚，还不如就针对外方做专门研究。此所谓，知彼知己，百战不殆。其次，写作的容量远远超过了一本书的容量。目前的这个时代，都在追求"短小精悍"，或者说"短、平、快"。讲求"经济效益""论文影响因子"第一，重视核心期刊论文胜过了系统深入的研究著作。于是乎，一篇几千字的"短小精悍"的核心期刊论文胜过了一本二三十万字的系统论著，碎片化的知识胜过了系统化的知识。这让我这个愿意做系统深入研究的研究人员感到了一种很大的无奈。时常感到与时代潮流格格不入。作为一个人文社科的研究人员，我也曾有意检视了所谓人文社科核心期刊上的论文，发现这些论文的大多数用不了多长时间就被扫进了历史的垃圾堆。所以，我虽然是一个快乐的人，但遇到必须发表核心期刊论文的规范和要求，还是多少有点纠结和矛盾。要么继续自我，要么就索性加入制造核心期刊论文的大军。也许，自己真的颓废了，只想以后写写论文，而不想撰写任何著作了……但估计"顽冥不化"的自己还会按照自己心理的惯性继续下去。

此书的出版，感谢中国传媒大学新闻传播学部传播研究院雷跃捷院长、陈卫星副院长、张艳秋副书记等院领导和其他资深教授的支持。感谢中国传媒大学的出版资助。

秦学智于北京
2017 年 9 月 5 日